LIV 13

Chemen VeriteA

Manyèl Edikasyon Kretyén Pou Jèn ak Granmoun

Chemen verite a #13

Pibliye pa Discipulat Nazaréen International (DNI), Rejyon Mezoamerik
Rev. Monte Cyr

Legliz Nazareyen, Rejyon Mezoamerik

ISBN: 978-1-63580-308-2

Editè: Monte Cyr:
Fòmatè liv la: Bethany Cyr
Tradwi pa Dezama Jeudi

Patricia Picavea, Editè Panyòl
Mery Asenjo, Koeditè Panyòl
Loysbel Pérez, Korektè Teyoloji Panyòl

Dizay pou paj kouvèti: www.slaterdesigner.com / Joel Chavez
Dyagramasyon: www.slaterdesigner.com / Joel Chavez
Fotografi: Foto pa mwayen freestocks.org from Pexels

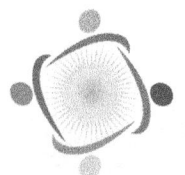

DISCIPULAT NAZARÉEN
INTERNATIONAL
RÉGION MÉSOAMÉRIQUE

Kontni

Prezantasyon

Nou pare pou yon nouvo ane etid biblik, yon ane ki gen anpil defi ki pral fè li nesesè pou n grandi nan konesans Pawòl la ak apwòch nou bò kote Bondye nou an.

Pandan ane sa a, nan premye trimès la, nou pral wè tèm "Pwosesis Bondye a ak pèp li a" atravè pwofèt la, Ezayi. Aprè sa a, nou pral etidye pwoblèm ki gen anpil aktyalite sou tit "Lafwa ak lavi kontanporèn nan". La nou pral abòde pwoblèm tankou tretman moun, rezo sosyal, pònografi, elatriye. Nou pral kontinye ak yon trimès ki genyen yon "Mesaj ki enpòtan pou legliz la" atravè apot Pòl ki te ekri moun ki rete lavil Korentyen yo. Nan dènye trimès la, nou pral reflechi sou "Pinisyon ak rekonpans" atravè liv pwofèt Ezekyèl la, gade ki jan sa te anonse pa pwofèt sa a ki rete valab pou jouk jounen jodi a.

Nou gen yon gwo defi k'ap tann nou pi devan!

Travay ou pral fè kòm pwofesè a pral san dout yon benediksyon pou moun ki gen pou patisipe yo. Piga w neglije lavi espirityèl ou: li Bib la; Priye pou tèt ou, pou ministè Bondye ba ou a, ak lavi li ba ou a, fè l konfyans. Pa neglije preparasyon pa w la: kòmanse ak ase tan pou w li leson an; byen enfòme w osijè de tèm nan; menm jan ak chèche epi òganize tout materyèl w ap bezwen yo pou jou prezantasyon leson an.

Piga w kanpe nan wout, piga w dekouraje; lè ke ou se yon pwofesè, sa pèmèt ou fè pati yon ministè ki ede transfòme lavi. Chak jou lè ou ale pou anseye, reflechi sou fason Bondye kapab sèvi avèk ou oswa sèvi lè w'ap fè leson an. Kite Bondye pale nan lavi ou an premye; epi konsa, w ap gen kapasite oswa pare pou w fè pataj ak elèv ou yo ak elèv ke Seyè a va pèmèt ou genyen pou w anseye yo.

Ou dwe kiltive ministè ke Bondye ba w la epi fè l pi bon chak jou; pou Seyè a kapab di konsa: *"Sa se bèl bagay !. Ou se yon bon domestik ki travay byen. Paske ou te fè ti travay sa a byen, m'ap mete ou reskonsab pi gwo zafè ankò. vin fè fèt avèk mèt ou"* (Matye 25:23).

Patricia Picavea

Editè Piblikasyon Ministeryèl yo

Rekòmandasyon

Bondye toujou ap rele nou pou nou fòme moun ak fè disip. Sa a se yon gwo responsablite; men, se yon gwo privilèj tou, paske nou kapab pataje sa nou resevwa lè nou ede lòt moun vin disip Jezi ki se Kris la.

Chak fwa ke nou pataje ak lòt moun ansèyman biblik ki mennen yo pi pre Bondye, epi ki gide yo nan lavi kretyèn yo; se disip ke n ap fè (2 Timote 2:2).

Nou vle fè travay ou a pi fasil toujou; kounye a, se ou menm ki genyen kontwòl tout bagay nan men ou. Pwofite resous sa a tout jan ou kapab; epi fè pati de moun sa yo k ap viv Gran Komisyon an, pandan ke w'ap anseye sa ke Seyè a te bay lòd fè a.

Preparasyon ak prezantasyon leson an:

1. Kòmanse priye pou ke Seyè a pèmèt ou prepare nan pi bon fason ki posib la. Se pou li ba ou sajès ak gras pou ke w jwenn mesaj la pou pwòp lavi w an premye.

2. Li leson an plizyè fwa pandan semèn nan pou apwofondi li.

3. Eseye konstwi materyèl travay ou yo: yon diksyonè, yon diksyonè biblik, epi, nan limit posiblite ou yo, apa de Bib pa w la, vèsyon biblik ki pa Vèsyon Louis Segond 1910 ke n ap itilize nan liv sa a. (ou kapab li anpil lòt vèsyon biblik sou www.biblegateway.com). Anplis de sa, ou dwe genyen nan men w tou, kreyon, gòm, ak papye.

4. Pou kòmanse prepare leson an, li Objektif leson an; kenbe li nan tèt ou lè w ap prepare li.

5. Asire w ke ou chèche epi li tout pasaj biblik leson an.

6. Pran yon fèy papye epi trase leson an. Ekri nan chak pwen, yon gid pou ede w lè w ap fè klas la.

7. Pa bliye ranpli Fèy Aktivite a pou chak klas yo. Sa a se yon gid pou kapab pratike leson an. Atravè Fèy Aktivite a, leson an vin kontèkstyèl, epi li bay gid li pou aplikasyon ak refleksyon nan verite ansèyman an nan lavi moun yo.

8. Chak leson gen yon vèsè pou aprann. Pote li nan klas la tou memorize; bay tan pou moun yo memorize li tou.

9. Fini leson an ak yon lapriyè; epi ou dwe atantif nan ka yon elèv gen nenpòt bezwen ki te rive nan leson an, epi priye pou li.

10. Etabli kontak ak moun yo pandan semèn nan. Sèvi ak tout mwayen ki disponib; epi fè yo santi yo enpòtan pou Bondye, e ke w ap priye pou yo.

Men kèk konsèy:

1. Pou anseye vèsè memwa a, ou kapab fè yo repete l ansanm plizyè fwa, oswa ou kapab ekri l sou tablo a epi efase mo pandan y ap repete li.

2. Rekonpanse moun ki asiste fidèlman yo.

3. Lè ke yon trimès rive nan bout li, ou kapab bay yon klas ki diferan, epi pase yon ti tan ap bwè yon ti kafe oswa ji ak kèk bonbon.

4. Pran tan nan sèvis la (oswa mande pastè a fè sa) pou ankouraje kòmansman nouvo trimès la ak sijè ki dwe trete a. Ou kapab mansyone tit yo nan leson yo, oswa bay yon ti eksplikasyon osijè de tèm jeneral la.

5. Kòmanse sou lè; pou w pa pèdi tan alafen, epi ou kapab byen pwofite lè klas ou a.

6. Si yon moun rakonte w yon sitiyasyon anvan w te kòmanse, oswa nan fen klas la; pa bliye priye pou moun nan pandan semèn nan, epi poze l kesyon pandan semèn nan oswa pwochen klas la sou sitiyasyon l lan.

Pwosesis Bondye a ak pèp li a

Leson 1

Denonsyasyon, jijman ak pwomès

Marco Rocha (Ajantin)

Pasaj biblik pou etid: Ezayi 1, 2, 3, 4, 5

Vèsè pou aprann: "Seyè a di konsa: -Nou mèt vini atò! Vini non! Ann regle koze a! Menm si peche nou yo ta tache wouj kou san sou tout kò nou, m'ap lave nou. M'ap fè nou vini blan kou koton. Nou te mèt tache wouj fonse, m'ap blanchi nou, m'ap fè nou blan kou lenn mouton" Ezayi 1:18.

Objektif leson an: Konnen jous ki kote peche a kapab rive, konsekans li yo ak travay redanmsyon Bondye a.

Entwodiksyon

Soti nan chapit 1 pou rive nan chapit 5 liv pwofèt Ezayi a, Bib la revele nou pwosesis Bondye a pou pèp li a. Nou jwenn kote ke konsekans peche a detaye byen klè devan je nou, nou wè apèl ke Bondye fè pou moun tounen vin jwenn li; nou wè avètisman jijman, redanmsyon ak glwa li. Avèk aplikasyon gwo literati li a ki te byen pwofon epi diferan, pwofèt Ezayi te bay yon bèl echantiyon nan chapit sa yo, osijè de bon konprann ak kapasite li pou reyalize yon entwodiksyon mesaj santral ministè pwofetik li a: Delivrans pa mwayen lafwa.

Ezayi te akonpli ministè li nan yon Jerizalèm ki te sekwe akoz de anpil chanjman sosyal ak politik nan epòk la, epi te genyen gwo afektasyon akoz de avansman kouran baalism nan moman an, te genyen gwo repiyans akoz de sèvis adorasyon ki te konn fèt pou fo dye Molòk ak imoralite nan tan sa ki te mennen pèp la viv yon lavi relijye sèlman sou fòm seremoni nan tanp lan, san yon konpreyansyon ki reyèl konsènan sentete Bondye a ak kòmandman li yo. Adorasyon pèp ke Bondye te chwazi a nan epòk pa pwofèt Ezayi a pat plis pase yon bagay sipèfisyèl, kontamine akoz de sèvis adorasyon ki t'ap fèt pou fo dye payen yo epi karakterize pa mwayen dekadans moral ki te genyen pou wè avèk gran kantite de sèks, divinò ak zidòl ki te enfliyanse lavi chak jou yo ni nan sektè ki defavorize yo menm jan ak zòn ki rezidansyèl yo. Epi nan mitan pèp la te genyen yon espri ògèy ak kesyon gonfle lestomak la.

Pou ke nou kapab antre nan sijè ke pwofèt Ezayi prezante nan chapit sa yo, mande elè ou yo pou ke yo òganize plizyè ti gwoup epi mande yo pou ke yo drese yon lis bagay ki montre ke kretyen yo nan tan n ap viv la kapab tonbe nan fè seremoni san kè yo pa ladan li. Aprè sa, mete fen avèk aktivite a pandan w'ap ekri konklizyon chak gwoup sou tablo a; epi reyalize yon refleksyon ki gen pou wè avèk enpòtans pètinans mesaj pwofèt Ezayi a pou epòk ke n'ap viv la jodi a.

I. Bondye denonse peche a ak konsekans li yo (Ezayi 1:1-9,22-23, 5:1-7)

Depi nan kòmansman an, nou wè byen klè ke vizyon Ezayi a se te yon revelasyon Bondye sou evènman ki te gen pou rive konsènan peyi Jida, wayòm ki nan Sid la; ak kapital li ki se lavil Jerizalèm (1:1). Fas avèk linivè etènèl la, Bondye te devwale peche pèp la pandan ke li t'ap denonse rebelyon ak mankman disènman li (1:2). Yo menm ki te chwazi pou ke yo te vin yon pèp ki apa, vin tounen yon bann pitit rebèl kote ke kantite mechanste ak depravasyon yo te mennen yo vin tonbe nan apostazi lè yo te abandone lafwa yo nan Bondye. Pinisyon ki te prepare pou sa daprè lafwa se ta anpil kout fwèt; men pasaj sa dekri yon moun ki pa gen plas nan kò li ankò pou resevwa kout fwèt, akoz de kantite peche ke yo te komèt. Sepandan, reyalite tris sa pat fè yo sispann fè peche kont Bondye, jan sa ekri nan 1:5: "Poukisa n'ap plede fè tèt di konsa? Pa gen kote ankò pou yo frape nou. Tout tèt la malad. Pa gen kò ankò pou sipòte".

Fas avèk mal jeneralize sa, pwofèt Ezayi te wè pinisyon Seyè a ki ta pral vini kont pèp Jida kòm konsekans peche yo: envazyon anpil nasyon etranje ki te pran vil la epi piye tout jaden yo, ak yon ravaj ki pèmèt sèlman yon ti gwoup siviv (1:9). Depravasyon pèp ke Bondye te chwazi a te manifeste nan mankman jistis sosyal bò kote lidè yo fas ak katye ki plis defavorize yo nan mitan pèp la (1:16-17). Ezayi 1:22-23 di konsa : "Lajan nou yo tounen labou, yo pa vo anyen! Bon diven nou yo tounen dlo! Chèf nou yo leve vire do bay Bondye. Yo fè bann ak vòlò yo! Tout moun cho dèyè avantaj pa yo. Y'ap kouri dèyè moun k'ap bay lajan. Yo pa defann kòz moun ki san papa yo. Lè yon fanm san mari nan ka, yo pa gade l' menm". Lavil ki te yon senbòl jistis ak bonte nan yon sèten tan, kounye a te vin tounen fwaye yon bann lidè ki adopte kòripsyon ak imilyasyon pwochen yo kòm yon mòd de vi.

Lè ke pèp la avèk gouvènè li yo te deside bliye Bondye epi meprize kòmandman li yo, yo te antre nan yon chemen peche ki te chanje fason ke y'ap vin konplètman. Sa ki te enpòtan nan nouvo fason pou viv nan peche sa, se paske yo te kontinye nan pratik seremonyèl yo a; men yo te sispann remèt kè yo bay Bondye. Kòm rezilta ipokrizi sa, yo te rive nan yon eta inyorans ak refi volonte Bondye pou lavi yo, nan akonpli yon relijyon sipèfisyèl pa mwayen moun sa yo ki te toujou ap patisipe, men yo te toujou avèg nan peche yo. Konsènan reyalite sa ki vrèman tris la, Purkiser deklare pawòl sa yo: "Pwosperite ak reyisit wa Ozyas la te enjekte youn ak yon lòt fwa ankò avèk kòripsyon entèn ak mondalite andedan kè. Fòmalis ak Legalis yo te wonje fòs relijyon jwif yo" (Purkiser, W.T. Konnen Ansyen Testaman ou. EUA: KPN, 1950, p.169). Se fas ak reyalite sa ke Bondye te itilize vwa li atravè pwofèt Ezayi pou denonse peche pèp la, epi anonse konsekans ki ta gen pou atenn yo pou fason yo t'ap viv la.

Kesyon:
- Èske nan tan ke n'ap viv la genyen yon moun ki sanble ak pwofèt la ki pou denonse?
- Ki peche sa yo ki lakòz nou separe ak Bondye jounen jodi a antanke sosyete?

II. Bondye fè yon apèl ala repantans (Ezayi 1:10-20)

Sakrifis pèp lavil Jerizalèm yo ak dirijan yo, ranpli ak fòmalite, men san obeyisans, yo te fè kè Bondye plen. Epi se menm bagay la ki te pase avèk fèt solanèl yo, yo pat genyen anyen pou wè avèk peche fo adoratè yo ki, olye pou ke yo te genyen men yo san peche, yo te genyen men yo tranpe nan san viktim peche a; v.10-15: "Lavil Jerizalèm sa a! Chèf li yo tankou chèf lavil Sodòm. Moun li yo tankou moun lavil Gomò. Nou tout ki la a, koute sa Seyè a ap di chèf lavil yo. Pare zòrèy nou pou nou tande lòd Bondye nou an ap bay moun Jerizalèm yo. Li di yo: Sa pou m' fè ak pakèt bèt n'ap plede ofri pou touye pou mwen yo? Mwen bouke ak belye mouton n'ap boule sou lotèl la, ak grès towo n'ap ofri ban mwen yo. Kanta pou san bèf, san mouton ak san kabrit yo menm, mwen pa bezwen sa. Lè n'ap vin fè sèvis pou mwen, ki moun ki mande nou pou nou fè tout ale vini sa yo nan lakou tanp mwen an? Nou mèt sispann fè bann ofrann sa yo ki p'ap sèvi nou anyen. Mwen pa ka sipòte lafimen lansan n'ap ofri m' lan. Mwen pa vle wè fèt lalin nouvèl nou yo, jou repo nou yo ak tout lòt reyinyon n'ap fè yo. M' pa ka sipòte fèt moun k'ap fè mechanste yo ap fè pou mwen. Mwen rayi fèt lalin nouvèl nou yo ak tout bèl seremoni n'ap plede fè yo. Se yon chay yo tounen pou mwen. Mwen pa ka sipòte yo ankò. Lè n'ap leve bra nou anlè pou nou lapriyè nan pye m', m'ap bouche je m' pou m' pa wè nou. Nou mèt fè lapriyè sou lapriyè, mwen p'ap tande nou! Men nou plen san!".

Men, akizasyon Bondye kont pèp li a pa egzante gras ak mizèrikòd la, pandan ke li t'ap fè yon apèl pou moun tounen vin jwenn li epi pwomèt ke menm si peche a te pwofon anpil, gras li sifi pou l restore karaktè moral ki fin pèdi a; v.16-18 : "Manyè netwaye lavi nou non! Mete nou nan kondisyon pou fè sèvis pou mwen non! Sispann tout lenjistis mwen wè n'ap fè yo! Wi, sispann fè sa ki mal! Manyè aprann fè sa ki byen! Chache fè sa ki dwat devan mwen! Pran defans moun y'ap kraze yo! Defann kòz timoun ki san papa ak fanm ki pèdi mari yo. Seyè a di konsa: -Nou mèt vini atò! Vini non! Ann regle koze a! Menm si peche nou yo ta tache wouj kou san sou tout kò nou, m'ap lave nou. M'ap fè nou vini blan kou koton. Nou te mèt tache wouj fonse, m'ap blanchi nou, m'ap fè nou blan kou lenn mouton". Vizyon pwofetik sa a, menm jan ke li ede nou konnen sa peche a kapab fè, epi li prezante nou nesesite ki genyen pou ke nou tounen vin jwenn Bondye ak tout kè nou, pou nou kapab libere de konsekans li yo. Women 6:23 di konsa: "Peche peye nou kach: li ban nou lanmò; men kadò Bondye ban nou gratis la, se lavi ansanm ak Jezikri, Seyè nou an, yon lavi ki p'ap janm fini". Se poutèt sa, menm nan tan ke n'ap viv la tou, pa genyen okenn moun k'ap jwi lavi ki pap janm fini an si l pa repanti de peche li yo ak tout kè li, si l pa aksepte Jezi kòm Kris la e Sovè ak Seyè epi viv apa pou Bondye. Peche a ak konsekans li yo se manifestasyon yon kòripsyon ki kòmanse nan kè a epi li vin repwodwi sou fòm aksyon ki, menm si yo kapab sanble aparans ki bon, yo nye sentete Bondye a ak kòmandman li yo. Anplis de sa, se sèlman Seyè a ki kapab restore moun ki tonbe a, epi rann moun ki te peche a vin pwòp ankò lè ke li tounen vin jwenn li ak tout kè. Konsènan sa, nou kapab afime ke "Kris la te vini pou sove nou kont aksyon peche yo epi detwi dispozisyon pechrès la (Mat.1:21; Wòm 6.&; 12:1-2). Li te mouri pou ke pèp li a te kapab sanktifye (Ef.5:25-27; Ebre 13:12). Sentete a nesesè si moun nan vle wè Seyè a (Ebre 12:14)" (Taylor, Richard. Diksyonè Teyolojik Beacon. EUA: KPN, 1984, p.504).

Apèl ke Bondye fè pou tounen vin jwenn li an mande pou ke genyen yon chanjman konplèt, yon transfòmasyon lavi, kote ke ni pèp la ak tout lidè yo te dwe repanti ak tout kè yo, admèt ke yo te pèdi rezon yo epi divòse avèk peche a nan fason ki volontè. Se sèlman nan fason ke yo ta kapab eksperimante padon ak restorasyon ki soti nan Bondye a (v.19).

Kesyon:
- Kisa repantans ak tout kè a genyen ladan li?
- Site kèk bagay ki demontre yon repantans ki sensè jodi a?

III. Bondye pwomèt jijman ak redanmsyon
   (Ezayi 1:24-3:26, 5:8-30)

Restorasyon pou sentete ke Bondye pwomèt la genyen ladan li yon pwosesis pirifikasyon ki genyen yon objektif redanmtè epi k'ap pote jistis la antanke rezilta. Tout moun k'ap gonfle lestomak yo ak moun sa yo ki pa pare pou antre nan pwosesis Bondye a gen pou fini nan dife ak lawont jan sa ekri nan 1:24-31: "Se poutèt sa, koulye a, koute sa Seyè a, Bondye ki gen tout pouvwa a, Bondye pèp Izrayèl la, Bondye ki gen fòs kouraj la ap di: Nou se lènmi m'. Nou pa vle wè m'. Mwen pral pran revanj mwen. Mwen p'ap kite nou ban m' traka ankò. Mwen pral regle nou. Mwen pral netwaye nou nan dife, tankou lè y'ap netwaye fè. Mwen pral wete tout vye kras ki sou nou. Mwen pral ban nou chèf ak majistra tankou sa nou te konn genyen nan tan lontan yo. Lè sa a, y'a rele lavil Jerizalèm: lavil kote moun mache dwat la, lavil ki renmen m' ak tout kè li. Seyè a ap fè sa ki gen pou fèt. L'a sove lavil Jerizalèm. Seyè a ap rann jistis, l'a delivre moun Siyon ki va tounen vin jwenn li yo. Men, l'ap kraze sa k'ap fè sa ki mal yo ansanm ak sa k'ap viv nan peche yo. L'ap touye tou sa ki vire do bay Seyè a. N'a wont akòz gwo pye bwadchenn repozwa nou te konn sèvi yo, akòz bèl jaden nou te plante pou zidòl yo. N'ap tankou yon pye bwadchenn k'ap deperi, tankou yon jaden ki pa jwenn dlo. Menm jan yon ti tensèl mete dife nan yon pil fachin bwa chèch, se konsa sa gwonèg yo ap fè a ap tounen yon tizon dife nan dèyè yo. Pesonn p'ap ka fè anyen pou sove yo".

Nan chapit 5:8-30, pwofèt Ezayi te detaye kantite peche sa yo ke peyi Jida te fè ki te fè Bondye fache konsa; ak jijman Bondye a sou fòm "malè!". Premye "malè" a se nan (vv.8-10) se kont moun sa yo ki te konn mete lapat sou ti tè moun pòv yo, nan yon fason ke lwa jwif la te defann. Sa ki t'ap tann moun sa yo ki te konn eksplwate tè ak yon anbisyon ki pa rasazye, se te menm solitid sa. Dezyèm "malè!" a se nan v.11-17 : "Li di yo: Sa pou m' fè ak pakèt bèt n'ap plede ofri pou touye pou mwen yo? Mwen bouke ak belye mouton n'ap boule sou lotèl la, ak grès towo n'ap ofri ban mwen yo. Kanta pou san bèf, san mouton ak san kabrit yo menm, mwen pa bezwen sa. Lè n'ap vin fè sèvis pou mwen, ki moun ki mande nou pou nou fè tout ale vini sa yo nan lakou tanp mwen an? Nou mèt sispann fè bann ofrann sa yo ki p'ap sèvi nou anyen. Mwen pa ka sipòte lafimen lansan n'ap ofri m' lan. Mwen pa vle wè fèt lalin nouvèl nou yo, jou repo nou yo ak tout lòt reyinyon n'ap fè yo. M' pa ka sipòte fèt moun k'ap fè mechanste yo ap fè pou mwen. Mwen rayi fèt lalin nouvèl nou yo ak tout bèl seremoni n'ap plede fè yo. Se yon chay yo tounen pou mwen. Mwen pa ka sipòte yo ankò. Lè n'ap leve bra nou anlè pou nou lapriyè nan pye m', m'ap bouche je m' pou m' pa wè nou. Nou mèt fè lapriyè sou lapriyè, mwen p'ap tande nou! Men nou plen san! Manyè

netwaye lavi nou non! Mete nou nan kondisyon pou fè sèvis pou mwen non! Sispann tout lenjistis mwen wè n'ap fè yo! Wi, sispann fè sa ki mal! Manyè aprann fè sa ki byen! Chache fè sa ki dwat devan mwen! Pran defans moun y'ap kraze yo! Defann kòz timoun ki san papa ak fanm ki pèdi mari yo", se te kont moun sa yo ki te konn jwe mizik pou akonpanye move lidè sa yo nan pase nwit nan yon kè kontan ki fo ak sipèfisyèl, san gade travay ke Bondye fè, ni reverans ke li mande, nan yon chemen ki genyen yon sèl rezilta ki se lanmò. Twazyèm "malè!" a se nan (vv. 18-19) se te kont moun sa yo ki t'ap gonfle lestomak yo epi panse ke yo te kapab bay Bondye defi. Katriyèm "malè!" a se nan (v. 20) se te kont moun sa yo ki te konn pèvèti valè moral yo pandan yo t'ap chèche kouvri peche a avèk aparans sentete, pandan yo t'ap eseye kache nati mechanste yo a. Senkyèm "malè!" a se nan (v. 21) se te kont moun sa yo ki te konn ap vante tèt yo nan montre ke yo pat bezwen konsèy okenn moun, paske yo te pretann konnen tout bagay, epi yo te konn kreye pwòp lwa pa yo. Sizyèm "malè!" a se nan (vv. 22-23) se te kont moun sa yo ki t'ap fè lwanj osijè de kantite tafya yo te kapab bwè, epi se te kont moun sa yo ki te, olye pou yo te bay moun ki gen rezon yo jistis, yo te konn lage kò yo nan kòripsyon pou yo fè lajan sou tèt malere yo menm si yo gen rezon ki jis. Konsènan peche yo te komèt yo ak konsekans peche sa yo, Richard Taylord di pawòl sa yo: "Peche a lanse pwazon mòtèl li a kòm kontaminezon, pandan l'ap defye souverènte Bondye a epi menase entegrite wayòm li an. Sa t'ap yon gwo enpinite si Bondye ta konsidere peche a kòm yon bagay ki lejè, tankou yon ti peche ki pa twò gwo" (Taylor, Richard, Eksplore Sentete Kretyèn nan, Volim 3. EUA: KPN, 1999, p. 24).

Pou pwofèt Ezayi, sous echèk ak kòripsyon kote ke pèp Izrayèl la te tonbe ak lidè yo se akoz ke yo te repouse lwa Seyè a, li menm ki te lalwa ki te ekri a, epi li te pawòl Moun ki apa a, se te vwa pa l menm. Rezilta desizyon sa a se te kòlè Bondye, destriksyon ak kalamite. Jijman Bondye a te rive nan peyi Jida pa mwayen pwofèt Ezayi tankou yon dife devoran, peyi a te ravaje anba kalamite ak envazyon moun lòt nasyon yo, jan sa ekri nan 5:24-30:"Se sa ki fè y'ap disparèt nou sou tè a tankou pay ak zèb chèch ki boule nan dife. Rasin yo ap pouri anba tè. Van ap pran flè yo, l'ap bwote yo ale tankou pousyè, paske yo pa t' koute lòd Seyè a, Bondye ki gen tout pouvwa a, te ba yo. Yo te meprize kòmandman Bondye pèp Izrayèl la te bay. Se sa ki fè tou, Seyè a te fache anpil sou pèp li a. Li te leve men l' sou yo, li frape yo. Lè sa a, mòn yo tranble. Kadav moun mouri yo ap trennen nan mitan lari tankou fatra. Men, se poko sa toujou! Se atò Seyè a move. Li poko fin ak yo. Seyè a leve drapo l' pou l' bay siyal la. L'ap rele yon pèp ki byen lwen. L'ap soufle byen fò, l'ap rele moun soti jouk lòt bò nèt, nan dènye bout latè. Gade! Y'ap vole konsa, y'ap kouri vini! Pa gen yonn ladan yo ki bouke! Pa gen yonn ladan yo ki fè bitay! Yo pa konn sa ki rele kabicha, ale wè dòmi! Ren yo toujou mare. Sapat yo toujou mare byen sere nan pye yo. Pwent flèch yo taye byen fen. Banza yo tou pare pou tire. Pye chwal yo di kou wòch. Kabwèt yo woule vit tankou van siklòn. Sòlda yo gwonde tankou fenmèl lyon. Yo rele tankou yon bann ti lyon. Yo gwonde, yo tonbe sou bèt yo pran an, yo pote l' ale. Pa gen moun ki pou rache l' soti nan bouch yo! Jou sa a, y'ap gwonde sou pèp Izrayèl la. Y'ap fè bri tankou lanmè lè li move. Voye je, gade peyi a! Se renk fènwa ak tray pou tout moun. Nwaj nwa bouche toupatou nan syèl la!''. Konsènan pwosesis netwayaj sa a, Purkiser eksplike: "Nan Ansyen Testaman, sentete a te gen gwo rapò avèk pirifikasyon an epi li konsidere kòm yon bagay ki pa melanje avèk bagay ki sal. Okontrè, sanble ke sentete a se sa sèlman: Pirifikasyon (Lev. 10:10; Jen 8:20)" (Purkiser, W.T. Eksplwore Sentete Kretyèn nan, Volim I.EUA: KPN, 1988, p.24).

Kesyon:

- Kijan nou kapab bay èd nou pou nou ede moun yo chape anba jijman Bondye a?

- Avèk pwòp pawòl pa ou, eksplike kisa redanmsyon an ye?

IV. Bondye pwomèt pwoteksyon ak glwa li (Ezayi 4:1-6)

Yon nasyon ki ravaje anba lagè, epi fas avèk mankman gason yo nan moman sa a, pwofèt Ezayi te deklare ke sèt fanm t'ap genyen pou batay pou yon sèl gason (4:1), yon bagay ki kont koutim yo, yon fason pou yo te evite degizman yo ki vle di ke nan epòk sa a, viv san mari oubyen mouri san pitit. Reyalite yon Jerizalèm ki plen ak peche bay vizyon yon Jerizalèm ki t'ap gen pou viv nan sentete. Yo t'ap gen pou yo pirifye ni andedan, ni deyò, atravè prezans Bondye. Nan vizyon Ezayi a, Shekina te parèt, prezans Bondye a tankou yon kolonn nyaj pandan lajounen, epi tankou limyè pandan nan nwit ki pwoteje pèp li a epi atenn yo avèk gras li jan ke Bib la montre sa nan Ezayi 4:2-6:"Jou sa a, Seyè a va fè tout plant nan peyi a boujonnen ankò. Y'a grandi byen bèl, byen gwo. Tout moun nan pèp Izrayèl la ki pa t' mouri va kontan bèl rekòt tè a va bay. Sa va fè yo leve tèt yo. Lè sa a, moun ki rete nan sa ki te sou mòn Siyon an, moun ki va chape anba lanmò pami sa ki te lavil Jerizalèm lan, y'a rele yo: moun Bondye mete apa pou li. Bondye va kite yo viv lavil Jerizalèm. Lè Bondye va lave malpwòpte medam yo t'ap fè nan lavil la, lè l'a lave tout san ki te koule nan lavil Jerizalèm, Bondye pral rann jijman, li pral pini lavil la. Lajounen, Seyè a va voye yon gwo nwaj vin poze sou tout mòn Siyon an ak sou tout moun ki sanble la a. Lannwit, se va lafimen ak yon gwo flanm dife la voye. Pouvwa Bondye a pral kouvri yo, l'ap pwoteje tout lavil

la. Lajounen, l'ap kouvri lavil la pou chalè solèy pa bat li. L'ap pwoteje l' pou loray ak lapli pa fè l' anyen''. Sentete a pa dwe konsidere kòm yon bagay ki kontrè ak lanmou Bondye; epi konsènan sa, Purkiser fè deklarasyon sa a:"Sentete a se gwo enkyetid li pou moun sa yo ki jis. Lanmou li se gwo enkyetid li pou byen limanite. Bondye pa kapab tolere peche, se pa sèlman paske li sen, men se paske nati li se lanmou tou. Li vle epi chèche byen ak felisite nou atravè jistis" (Purkiser, W.T. Eksplore lafwa kretyèn nou. EUA: KPN, 1994, p.149).

Aprè peche ke pèp la ak gouvènè li yo te fin tonbe a, ak soufrans ki te rive lè peyi a te fin ravaje antanke konsekans sa, ta genyen yon ti gwoup ki t'ap eksperimante esperans Mesi ki te pwomèt la ak restorasyon Wayòm li an nan mitan yo. Se esperans sa a ki t'ap pouse yo rasanble, epi chanje seremoni ipokrit pou yo devlope yon adorasyon ki soti nan yon kè ki san tache pi leve yon men ki san peche. Nan chemen sentete a, pèp Bondye a kapab santi li asire, pwoteje epi byen kache, pandan l'ap rekonèt ògèy se yon bagay ki fè moun tonbe nan lerè, men depann de Bondye a pote lavi ak kè poze. Fas avèk tantasyon pou viv yon lavi relijye sipèfisyèl ki mennen moun nan pèdi, chemen sentete a envite nou vin fè eksperyans ak yon lavi ki viktorye, entèg ak abondan, kote ke kè ki pwòp yo vin manifeste an entansyon ak panse ki soti nan lide Kris la menm, epi men ki san peche yo kapab leve ni pou ofri Bondye adorasyon, ni pou ede pwochen yo, sitou pou sa yo k'ap soufri. Chemen sentete sa a pa egzante devan difikilte yo; men pakou a ap posib gras avèk gid moun ki Sen an, moun sa ki rele nou vin swiv li a epi ki mande nou pou nou fikse je nou sou li a. Devye nan chemen sa se bay peche a plas nan lavi nou, menm si seremoni yo ta kontinye ap dewoule avèk yon aparans bon moun. Pou kwayan an kapab mache dwat devan li, li fòtifye kwayan an nan chak pa ke li fè, li pèmèt li simonte tout obstak ak defi ki parèt devan li yo.

Kesyon:

- Ki pwomès Bondye pou tout moun sa yo ki tounen vin jwenn li ak tout kè yo epi ki rete fidèl?

- Site kèk benefis ki genyen lè yon moun mache nan sentete jodi a nan lavi li.

Konklizyon

Senk premye chapit liv Ezayi yo anseye nou ke Bondye pa tolere peche pèp li a, sitou pou lè ke l'ap viv yon relijyon sipèfisyèl san ke kè yo pa ladan li. Peche sa a te devwale lè ke Bondye te fè yon apèl ala repantans piblikman. Moun sa yo ki pare pou tounen vin jwenn Bondye ak tout kè yo, epi vin tounen disip Kris la yo va resevwa lavi ki pap janm fini an epi y'ap kapab eksperimante restorasyon, pwoteksyon ak swen Seyè a antanke benediksyon. Men moun sa yo ki kenben tèt yo nan rebelyon yo va tonbe anba jijman dèske yo te refize Li.

Men mwen la

Richard Faúndez (Chili)

Pasaj biblik pou etid: Ezayi 6:1-13

Vèsè pou aprann: "Apre sa, mwen tande Seyè a ki t'ap di: -Kilès mwen ta voye la a? Kilès ki ta asepte ale pou nou? Mwen di: -Men mwen. Voye m'!" Ezayi 6:8.

Objektif leson an: Dekouvri ke ministè a ak sèvis kretyen an yo se rezilta yon rankont pèsonèl ak Jezi ki se Kris la.

Entwodiksyon

Ezayi konsidere kòm youn nan gwo pwofèt ki genyen plis enpòtans nan Ansyen Testaman. Yo rekonèt moun ki ekri liv ki genyen gran pwofondè sa antanke "… pwofèt evanjelik" akoz de pil bagay ke li te di konsènan travay redanmsyon Mesi a" (Ryrie, Charles C.Bib Etid Ryrie. EUA : Editoryal Portavoz, 1996, p.965).

Yo konsidere ke doktrin prensipal ki karakterize liv pwofèt Ezayi a se "lavi ki pap janm fini an atravè lafwa" (Price, Ross E. Kòmantè Biblik Beacon, volim IV.EUA : KPN, s.a., p.23) ; epi apèl li pou yon lavi nan sentete baze sou jistis sosyal ak moralite ki sensè sou tout nasyon an (Ezayi 9 :6-7, 25, 26 :7, 35).

Avèk nòt sa yo sou liv la, nou kapab konsidere chapit sis la kòm youn nan pasaj ki plis enpòtan nan liv Ezayi a. Eksperyans ke pwofèt la te fè nan chapit la se bagay ki enteresan anpil. Tout sentete Bondye ak majeste li te manifeste an fas Ezayi nan yon moman kote ke pwofèt la t'ap eksperimante yon gwo dout sou lavni li ak lavni nasyon li a.

Kèk evènman ki bay prèv sou bagay ki te rive pwofèt la se bagay sa yo: wa Ozyas te mouri kite yon gwo vid lidèchip politik nan yon peryòd ki vrèman difisil pou peyi Jida. Wa a te tonbe mouri san okenn moun pat pare pou sa; se pat sèlman pou laj li ki te prèske rive nan swasanndizan, selon 2 Kwonik 26 :3: "Ozyas te gen sèzan lè li moute wa peyi Jida. Li gouvènen nan lavil Jerizalèm pandan senkanndezan. Manman l' te rele Jekolya. Se te moun lavil Jerizalèm", men pito se paske li te malad avèk lalèp, n'ap kapab li pwen sa a nan 2 Kwonik 26:16-21: "Men, lè li fin chita pouvwa l' byen chita, lògèy vire tèt li, sa lakòz pye l' chape. Li fè bagay Seyè a, Bondye li a, pa t' ba li dwa fè. Yon jou li antre nan Tanp Seyè a pou boule lansan sou lotèl lansan an. Azarya, prèt la, antre dèyè l' ak katreven lòt prèt Seyè a, tout vanyan gason. Yo vin kanpe devan wa a, yo di l': -Ozyas, ou pa gen dwa boule lansan pou Seyè a. Se prèt yo ase, moun fanmi Arawon yo, yo mete apa pou fè sa. Wete kò ou kote yo mete apa nèt pou Seyè a. Paske sa w'ap fè a pa bon devan Bondye. Bondye p'ap kontan

avè ou poutèt sa. Ozyas te kanpe ak lansanswa a nan men l' pou l' te ofri lansan an. Li move sou prèt yo. Lamenm, nan mitan Tanp Seyè a, toupre lansan an, devan tout prèt yo, yon move maladi po parèt sou fwon li. Lè granprèt la, Azarya, ak lòt prèt yo gade l', yo wè maladi a parèt sou fwon li. Yo mete l' deyò. Li menm, li prese soti paske se Seyè a menm ki te pini l'. Wa Ozyas rete ak maladi po a sou li jouk li mouri. Li te rete nan yon ti kay apa pou kont li, jan yo fè l' pou moun ki gen maladi sa a. Yo enpoze l' mete pye l' nan kay Seyè a. Se Jotam, pitit gason l' lan, ki te reskonsab tout bagay nan palè a. Se li menm tou ki te gouvènen pèp la nan peyi a".

Wa Ozyas te asime manda li a kòm "sipòtè nan gouvènman papa l la nan ane 791 av.K., epi li te pase anviwon 52 ane ap gouvène" (Purkiser, W.T. Redaktè. Eksplore Ansyen Testaman an. EUA: KPN, 3yèm edisyon, 1994, p.289), li te kite yon reprezantan lapè, pwosperite ak lavi relijye ki te akseptab sosyalman selon 2 Kwonik 26:4-8: "Ozyas te fè sa ki dwat devan Seyè a menm jan ak Amasya, papa l', te fè l'. Pandan toutan Zakari te la pou moutre l' jan pou l' gen krentif Bondye a li t'ap sèvi Seyè a san mank. Pandan tout tan li t'ap sèvi Seyè a, Bondye te fè zafè l' mache byen. Ozyas leve al goumen ak moun Filisti yo. Li kraze miray ranpa lavil Gat, lavil Jabne ak lavil Asdòd. Li bati lòt lavil ak miray ranpa nan zòn Asdòd ak nan mitan peyi Filisti a. Bondye ede l' goumen kont moun Filisti yo, kont moun Arabi ki t'ap viv lavil Goubaal yo, ak kont moun Mawon yo. Moun Amon yo te peye lajan taks bay Ozyas. Yo t'ap nonmen non l' jouk sou fwontyè peyi Lejip, paske li te vin gen anpil pouvwa".

Nan moman sa lanmò wa Ozyas, konfwontasyon lagè ak nasyon vwazen yo te iminan. Lasiri, peyi Siri, peyi Lejip, wayòm nò a oswa pèp Izrayèl la, te kanpe tankou gwo lènmi peyi Jida. Apre sa, se ta pral peyi Babilòn.

Pwogrè ekonomik la te evidan nan tout wayòm nan; men li te makonnen ak pwoblèm ki te vrèman grav nan fè enjistis, abi sosyal ak koripsyon ki te lakoz ke ni pwofèt Ezayi tankou ak lòt pwofèt yo te kòmanse denonse. Epi sitou pou sa ki gen pou wè avèk absans vrè lafwa a; mank de yon eksperyans espirityèl ki te alyene tout sosyete jwif la konsènan vrè Bondye a. Pwofèt yo te konsidere apostazi sa a kòm kòz prensipal tout soufrans ke peyi Jida a t'ap andire yo (Izayi 2:8, 5:20, 57:3-21; Jeremi 3:1-3; Ezekyèl 8, 16; Amòs 5:26).

Avèk dezespwa ak tout vigè, pwofèt yo te rele pèp la pou yo repanti epi tounen vin fè yon sèl ak Bondye yo a. Yo te defann jistis sosyal ak devosyon pou nasyon an tout antye kòm plizyè pati nan menm pyès monnen an (cf. Amòs, Oze ak Miche).

Avèk panorama dezolasyon sa a, Ezayi te antre nan tanp lan; epi Bondye te parèt devan li. Repons li te resevwa a te sa ki annapre yo: Seyè pèp Izrayèl la se Wa; Li pral pwoteje pèp li a kont tout lènmi l yo; epi finalman, Bondye pral jije moun peyi Jida pou peche yo (Ezayi 6:10-13 ; cf. Jeremi 24:8-10; Miche 7:4).

Ezayi te dekouvri Bondye li a te plase pi wo pase tout moun sikonstans, kriz ak pwoblèm ke pèp li a kapab viv. Ke Bondye pèp Izrayèl la se Seyè a. Rankont sa a te bay travay li a yon pi gwo bourad antanke pwofèt. Sèvis li pou Bondye te sele ak sanktifikasyon l'ak avèk repons li a: "Men mwen, voye m" (6:8b).

I. Glwa a ak majeste Wa a (Ezayi 6:1-4)

Tristès ak mank de espwa ki nan yon pwen kapab akable kè ak lavi yon moun, pou kèlkeswa rezon an, pwodwi yon santiman nan laperèz ak enpwisans ki fè lavni an parèt nwa.

Referans lanmò wa Ozyas la (v.1) se pa yon bagay ki fèt pa erè. Malgre ke wa sa a te fin vye gran moun e li te malad; Lanmò li te gen yon enpak negatif sou vizyon lavni ke Ezayi te wè a konsènan tèt li ak nan nasyon li a.

Se yon bagay ki natirèl santiman sa a anfas lanmò yon moun ki te chèf; e ke, se poutèt sa, li te genyen yon enpòtans patikilye sosyal ak pèsonèl nan lavi chak jou nan yon vil ak moun. Patikilyèman ak pa pwofèt Ezayi a; pliske li te vrèman pwòch wa a.

Ozyas te gouvènen pandan plis pase 50 an. Fason ke li te konn gouvène a, reyalizasyon li yo, pwogrè pozitif nan ekonomi Jida a te pwodwi gwo pwosperite ak lapè

konsènan konfli fas ak lòt nasyon yo te genyen anpil valè. Ak lanmò Ozyas la, pwojè sosyal la te mouri tou. Anksyete te prezante ak ensètitid sosyal konsènan lavni nasyon. Ensètitid sa a te fòtman gen pou wè avèk revelasyon Bondye li menm fas ak pwofèt la.

Ezayi te wè Bondye pèp Izrayèl la "chita sou yon gwo fòtèy ki te byen wo" (v.1). Enkyetid, laperèz, ensètitid ak dout yo te disparèt. Malgre ke te genyen yon prens ki te mouri nan peyi Jida; Wa a te toujou chita sou fotèy li ap dirije istwa a epi gouvène avèk jistis ak sentete, pwisan ak Sen e majeste, li merite tout louwanj.

Vizyon grandè Seyè a se te prezans serafen yo, selon v.2-3:"Yon bann bèt vivan te kanpe fè wonn li. Yo te klere kou flanm dife. Yo chak te gen sis zèl, de zèl pou kouvri figi yo, de zèl pou kouvri pye yo, de zèl pou yo vole.

Yo t'ap pale yonn ak lòt byen fò. Yo t'ap di: -Seyè ki gen tout pouvwa a, li apa! Wi, li apa! Se yon Bondye ki apa vre! Pouvwa li kouvri tout latè". Sa yo dekri kòm twa pè zèl ke yo te genyen yo epi ki te kouvri figi yo, pye yo ak vole pou temwaye sou majeste Bondye a, se te deklarasyon ki genyen nan pèfeksyon li, nan sentete li ki eksprime an twa fwa "Sen"; epi deklare ke tout tè a ranpli ak bèl glwa li.

Lè sa a, yo dekri de siy ki anplifye transandans ak pouvwa Bondye a (v.4): yon tranbleman tè ki souke tanp lan; ak prezans lafimen ki plen tout espas enteryè kote ki apa pou Bondye a. Siy sa yo tou nou jwenn yo nan lòt epizòd biblik tankou kote Bondye t'ap bay lalwa sou montay Sinayi a (Egzòd 19, 20); dedikasyon tanp lan nan epòk wa Salomon an (2 Kwonik 7:1-2); ak nan istwa jou Lapannkòt la (Travay 2).

Sa yo se te siy ki pa klè pou pwofèt Ezayi. Bondye se Seyè a ak Wa peyi Jida a. Menm si sikonstans yo chanje, epi tout bagay transfòme an mal pou pèp la; Bondye toujou sou fotèy li. Sa pa depann de kapasite reyalizasyon, oswa kapasite èt imen. Pwòp lavni pa li ak pa peyi Jida depann de vrè ak sèl Wa yo a, Bondye pèp Izrayèl la.

Kesyon:
- Ki siyifikasyon ou bay senbòl yo dekri nan pasaj ki soti nan Ezayi 6:1-4 la?
- Èske se yon bagay ki jis pou ke kretyen yo enterese ak enkyete yo sou sitiyasyon sosyo-kiltirèl ak politik pwòp peyi yo? Kòmantè.

II. Konfesyon peche devan Wa a (Ezayi 6:5)

Pwen fò nan chapit sa a se vèsè 5 lan. Fas avèk majeste, glwa ak pouvwa Bondye, èt imen an sèlman gen posiblite pou koube tèt li devan li, dekouvri ak konfese pwòp kondisyon peche l'yo.

Nan Filipyen 2:9-11, nou li : "Se poutèt sa, Bondye leve l' mete chita kote ki pi wo a. Li ba li yon non ki pi gran pase tout lòt non. Konsa, tou sa ki nan syèl la, tou sa ki sou tè a ak anba tè a, yo tout va mete jenou yo atè devan Jezi pa respè pou non Bondye te ba li a. Tout moun va rekonèt Jezikri se Seyè a. Sa va sèvi yon lwanj pou Bondye Papa a" nou obsève ke la a genyen yon deklarasyon ki sanble ak vèsè sa a. Apot Pòl te di ke devan Jezi tout jenou yo pral koube epi fè louwanj non li ki sen.

Kilès moun ki kapab kanpe devan Bondye? Salmis la fè remake ke se sèlman moun sa yo ki sen ki kapab kanpe devan prezans Bondye epi se moun sa yo ki fè volonte l tou (cf. Sòm 15, 24 ak anpil lòt bagay ankò). Sentete Bondye a revele peche limanite. Ezayi pa t kapab fè eksepsyon. Li te konfese pwòp kondisyon li an premye, san li pa blame okenn lòt moun, lòt bagay, pèp la oswa Bondye li menm, sa a ki se yon atitid komen nan anpil gason ak fanm, ki pèmèt yo jistifye tèt yo epi yo pa fè fas ak pwòp fot yo. Ezayi te wè tèt li tankou yon pechè, epi pa diy pou fè fas ak Bondye; epi apre sa, li te gade kondisyon konpatriyòt li yo.

Ezayi 6:5 montre bon lòd jistifikasyon an: rekonesans peche pèsonèl, konfesyon ak repantans; etap ki nesesè nan lafwa ki rachte a. Men, anplis de sa, pwofèt la te aji yon fason kote ke li te identifye li ak rès pèp la. Dram yo nan sosyete a, enjistis, koripsyon, idolatri ak imoralite yo rekonèt avèk ekspresyon: "moun ki gen bouch ki pa pwòp".

Pwofèt Ezayi pa t konsidere tèt li pi bon pase rès pèp la. Li te identifye tèt li kòm youn ak yo, epi konfesyon li te enkli yo. Sa montre lanmou Ezayi te genyen pou Bondye ak wa Ozyas, epi li te renmen tout pèp Jida a tou.

Nou li, nan Kòmantè Biblik Beacon, ke "yon vizyon Bondye toujou genyen yon sans pwòp endiyite, epi premye enpilsyon yon kè ki pirifye se eseye mennen lòt moun vin jwenn Bondye" (Harper ak anpil lòt ankò, Editè. Kòmantè Biblik Beacon, volim 4. ETAZINI: KPN, s.a., p.30).

Rekonesans kondisyon pèsonèl la, konfesyon ak repantans se etap ki nesesè pou ke Bondye aksepte nou; e sa a pouse kwayan an identifye li ak lòt pechè yo, ak aksyon ki nesesè pou temwaye sou gras padon an, ke jodi a nou rele evanjelizasyon ak misyon yo.

Kesyon:
- Fè yon lis sou ki sa ki nan eksperyans jistifikasyon pa lafwa.
- Èske w kwè nan Ezayi 6 nou ka afime avèk sètitid doktrin sanktifikasyon total la? Poukisa?

III. Padon Wa a (Ezayi 6:6-7)

Nan pwen anvan an, nou te montre fòs ak enpòtans konfesyon pwofèt Ezayi a. Men aksyon sa a pou tèt li pa reyalize padon oswa pirifye peche yo ak kondisyon imen an pou kont li. Se sèlman Bondye ki kapab padone peche (Mak 2:7b; 1 Jan 1:9); epi chanje nati yon moun k'ap pratike peche (2 Korentyen 5:17).

Nan Kòmantè Moody a, nou li sou sa: "Kijan yon pwofèt ki te gen bouch li sal te fè kapab repete chan zanj lan? Konsyans li te akable pa yon sans de feblès ak echèk pèsonèl" (Pfeiffer, Charles F., editè. Kòmantè Biblik Moody. Ansyen Testaman. Etazini: Editoryal Portavoz, 5yèm edisyon, 1997, p.609).

Si nou ta vle fè yon parafraz apot Pyè, yon moun ta kapab di Ezayi konsa: "Ki moun ou pral jwenn?" Se sèl Bondye ki solisyon gwo bafon peche sa.

Li te deja deklare ke liv Ezayi a se youn nan liv ki, pami lòt sijè, apwofondi anpil sou kesyon lavi ki pap janm fini an pa lafwa. Pwofèt la te gen eksperyans pou l te resevwa pirifikasyon bouch li ak kè l gras a lafwa. Mwayen ke Bondye te itilize se te patisipasyon youn nan serafen yo ki te prezan nan vizyon an, ki te pran yon chabon dife tou limen soti sou lotèl tanp lan, li te vole al jwenn Ezayi, li te touche bouch li epi li te di l ke li sanktifye epi li pat gen peche ankò.

Se sèl Bondye ki kapab fè sa. Se pa merit pèsonèl okenn moun; se pa ke pwofèt la te fè mwens peche pase pèp la. Li se yon favè an repons a lafwa yon moun ki chèche sèvi Seyè a; epi santi li enkapab akoz de peche ak kilpabilite li yo.

Serafen yo te deklare travay Bondye a konplèt nan kè pwofèt la: "Kounye a, ou pa gen peche ankò, Bondye padone tout sa ou fè ki mal" (Ezayi 6:7b).

Dimansyon yo ak reyalizasyon redanmsyon yo parèt byen klè isit la, li eksprime nan travay gras Bondye a, jistifikasyon ak sanktifikasyon total, padon ak pirifikasyon. Kounye a, pwofèt la te soulaje chay li ak endiyite l. Kounye a li te kapab gen rapò ak Bondye epi li pa t mouri. Kounye a, li te pare pou koute vwa Bondye, konprann li epi obeyi li konplètman. Pwòp avni li ak nasyon li te nan men Bondye ki gen tout pouvwa, ki padone epi ki gide istwa pèp li a pi lwen pase wa yo oswa sikonstans yo. Pwofèt la te pare pou l bay tout lavi li pou sèvis Bondye.

Kesyon:
- Dapre Ezayi 6-7, ki valè ou bay konfesyon?
- Èske w konsidere ke atitid Ezayi te genyen pou l te identifye l ak pèp li a valab jounen jodi a?

IV. Komisyon Wa a (Ezayi 6:8-13)

Nan pati final pasaj sa a, nou jwenn yon kesyon retorik ke Bondye menm te poze. Kesyon sa a revele enkyetid ke Bondye manifeste pou transmisyon Pawòl li ak mesaj li bay pèp li a ak mond lan. Yon kesyon konsa ki pa dirèkteman adrese a okenn moun an patikilye, li vin transfòme an yon kesyon ki valab atravè listwa k ap chèche yon volontè ki vle pran apèl la epi bay repons kesyon sa a.

"Kilès mwen ta voye la a, e kilès ki ta aksepte ale pou nou?" (v.8a) se kesyon ki te sonnen anpil nan tanp lan; epi ki kontinye ap sonnen byen fò nan tan sa yo. Se yon kesyon k ap chèche repons nan men gason ak fanm ki, konnen ke peche yo padonnen ak totalman sanktifye, yo pare pou bay lavi yo nan obeyisans Bondye; epi sèvi l ak tout fòs yo, renonse pwòp lavi yo, pwojè ak privilèj yo.

Ezayi, avèk gwo detèminasyon, li te reponn ak vitès: "Men mwen, voye m'" (v.8b). Sa a se te sèl repons ki te solid pou yon moun tankou pwofèt la. Lanmou li pou Bondye ak pèp li a te fè l konprann ke kesyon an te gen yon sèl repons ke Seyè a t'ap tann. Se vre ke li te kapab kite tanp lan epi ale lakay li, epi pa te aksepte komisyon ke Bondye te remèt li a. Sa a se yon posibilite ke siman anpil moun ta adopte; men, pwofèt la te twouve li nan sant relasyon li ak Bondye. Kounye a, lavi l 'ak ministè li a te genyen yon rezon pou yo te ale pi lwen pase rityèl relijyon li ak ofis li kòm yon predikatè.

Apèl la se yon bagay ki pèsonèl, satisfè atant, geri emosyon, ba ou espwa pou pwòp avni ou ak pa nasyon w lan.

Travay Bondye a te chanje paramèt lavi pwofèt Ezayi nan yon moman. Fas avèk eksperyans ekstraòdinè sa a, yon sèl repons ke li te kapab bay: "Men mwen, ou mèt voye mwen" (v.8).

Sa a se repons ke Bondye ap chèche nan mitan pèp li a ayè ak jodi a. Se sèlman lè travay redanmsyon ke Jezi te fè nan lavi yon kwayan, e kòm yon konsekans lanmou anvè Bondye sou tout bagay ke moun ak chwa pèsonèl; li kapab bay repons ak detèminasyon sa a ak kouraj.

Sepandan, travay pwofèt Ezayi a t ap "difisil", plen obstak, malantandi, difikilte ak pèsekisyon. Pèp la ta fè kè yo di, fèmen zòrèy yo epi kouvri je yo fas ak vwa pwofèt la ki se te vwa Bondye.

Nan dènye vèsè yo, yo prevwa yon dènye pwen: " Lè sa a, mwen di: -Seyè! Kilè sa va sispann? Li reponn mwen: -Lè y'a fin kraze lavil yo. Lè p'ap gen moun ankò ki rete ladan yo. Lè tout kay yo va vid, lè jaden yo va tounen savann. Mwen menm, Seyè a, m'a mete tout moun deyò nan peyi a. Tout peyi a pral rete san moun ladan l' " (vv.11-12). La a pa gen okenn chanjman nan atitid pèp la, ni repantans, ni doulè pou sa ki rive epi ki pral rive yo. Okontrè, endiferans vwa Bondye ak satisfaksyon se ekspresyon ki kapab aplike pou abitan peyi Jida yo. Sepandan, Bondye te bay pwofèt Ezayi yon garanti. Genyen yon ti gwoup moun nan peyi Jida ki pral kenbe konfyans yo fèm nan Seyè a. Yo pral obeyi ak chèche sèvi l nan sentete nan mitan sitiyasyon ki pi difisil ak konplèks pou kenbe fidelite yo anvè Bondye. Yon "desandans ki apa" (v.13), se ke pati final la di nan chapit sa a.

Pwomès ki kache a la se Jezi antanke Kris la. Nan mitan ti rès sa a, pral genyen yon boujon ki pral soti nan rasin pye bwadchenn lan epi pye bwadchenn lan ap soti nan yon desandans ki sen, Sovè peyi Jida a, pèp Izrayèl la ak mond lan tout antye. Avèk pwomès sa a, pwofèt Ezayi te bay tèt li anplen nan travay predikasyon li jiskaske, daprè tradisyon, lanmò te pran l lè ke yo te touye li.

Kesyon:

- Ki sa ki yon rezon (aktyèl) pou aksepte apèl Bondye a?
- Ki jan ou evalye repons sosyete jodi a bay mesaj levanjil la?

Konklizyon

Rann tèt bay Kris la se yon risk ki byen kalkile. Pwomès prezans Bondye a, travay pèmanan ke li toujou ap opere nan kè chak kwayan k ap viv sou enkyetid yo tipik nan tan sa a, epi yo te yon pati nan pi gwo antrepriz ki egziste, misyon evanjelize lemonn antye se ta dwe motivasyon ki pi pwisan pou aksepte apèl Bondye a menm jan Ezayi te fè a.

Wa ki la pou lagè yo ak Prens lapè a

Leson 3

Dorothy Bullón (Kosta Rika)

> **Pasaj biblik pou etid:** Ezayi 7, 8, 9:1-7
>
> **Vèsè pou aprann:** "Nou gen yon ti pitit ki fenk fèt. Bondye ban nou yon gason. Se li menm ki pral chèf nou. Y'a rele l': Bon konseye k'ap fè bèl bagay la, Bondye ki gen tout pouvwa a, Papa ki la pou tout tan an, Wa k'ap bay kè poze a!" Ezayi 9:6.
>
> **Objektif leson an:** Dekouvri kòman Bondye travay nan kontèks istorik yon wa ki rebèl, epi kòman li bay esperans ki gen pou vini atravè vini Mesi a (Kris la).

Entwodiksyon

An nou mete tèt nou nan wityèm syèk anvan Kris la te vin fèt nan lachè a. Nan etid biblik yo, nou pral obsève kat wa: Akaz, wa peyi Jida; Rezen, wa peyi Siri; Pekak, wa peyi Izrayèl; ak Tiglat-Pilesè III, wa peyi Lasiri, nan nò. Epi tou, nou genyen twa ti moun ki gen non yo ki vrèman enpòtan: Chea-Jachoub, Mayè Chala-Chabaz ak Emanyèl. Pwofèt Ezayi te pataje mesaj Bondye a konsènan tout pèsonaj sa yo.

Akaz te twouve li anba gwo panik; paske wa peyi Siri yo ak Pèp Izrayèl la t ap atake peyi Jida. Sepandan, vrè lènmi an se te Lasiri, peyi ki nan nò Mezopotami an (kounye a se li menm ki rele Irak la), li menm ki te anpi a ki mechamman te konn pran abitid atake ak konkeri lòt pèp nan 8yèm syèk yo anvan epòk nou an.

Apre pwofesi sa a, pandan rèy Akaz la, nan ane 721 anvan epòk nou an, lame peyi Lasiri a te pran kapital Izrayelit la, Samari; epi yo te mennen sitwayen yo nan wayòm nò pèp Izrayèl la yo antanke prizonye, kote anpil pat janm tounen. Nan ane 701 av.K, Senakerib, wa peyi Lasiri a te atake vil ki gen gwo ranpa nan wayòm Jida a nan yon kanpay soumisyon (sou gouvènman Akaz la, pitit gason wa Ezekyas). Bondye te pwoteje yo; epi Jerizalèm pa t tonbe anba men moun peyi Lasiri yo.

I. Sa Bondye pa pèmèt: plan mechanste yo; ankouraje lafwa nan Li (Ezayi 7:1-9)

Akaz te gouvènen ant 732 ak 715 av.K. Li te yon wa ki mechan nan tèt peyi Jida, li te konn adore lòt dye, e li te menm ofri pitit gason l lan bay Molòk kòm sakrifis tou vivan, se selon sa ke nou li nan 2 Wa 16:1-4: "Wa Peka, pitit Remalya, te gen tan gen disetan depi li t'ap gouvènen peyi Izrayèl lè Akaz, pitit Jotam, moute wa

peyi Jida. Akaz te gen ventan lè sa a. Li gouvènen nan lavil Jerizalèm pandan sèzan. Men, li pa t' mache dwat devan Seyè a, Bondye li a, tankou David, zansèt li a, te fè l'. Li te pito fè tankou wa peyi Izrayèl yo, li menm rive ofri pwòp pitit gason l' pou yo boule pou zidòl yo, dapre vye prensip krimenèl nasyon Seyè a te mete deyò pou fè plas pou moun Izrayèl yo te konn swiv. Li fè touye bèt, li boule lansan nan tout tanp zidòl yo sou ti mòn yo ak anba gwo pyebwa". Akaz te yon lidè lach, sipèstisye e ipokrit; li te youn nan pi move wa ke peyi Jida pat janm konnen avan. Li te dekouvri ke Rezen, wa peyi Siri a, ak Peka, wa peyi Izrayèl la, ta pral atake peyi Jida, epi yo te gen plan pou konkeri lavil Jerizalèm, epi mete yon lòt wa sou fotèy peyi Jida a. Nan 2 Kwonik 28:5-15 ak 2 Wa 16:5-9, nou li sou tout mechanste ke yo t ap fè peyi Jida. Nan aji kont konsèy pwofèt Ezayi a, Akaz te mande èd ak Tiglat Pilesè III, wa peyi Lasiri a, pou ede l repouse anvayisè yo. Lasiri te bat peyi Siri ak Izrayèl; epi Akaz te bay tèt li kòm sèvitè wa peyi Lasiri a. Se pa t sèlman pou l te kapab amelyore sitiyasyon politik la nan peyi Jida; men Lasiri te mande peye gwo lajan taks, epi fo dye Lasiri yo te prezante nan tanp lavil Jerizalèm nan.

Lè ke wa Akaz al rankontre Tiglat Pilesè, nouvo chèf li a nan lavil Damas, li te wè lotèl payen yo ak plas pou sakrifis yo. Li te kopye desen sa yo epi li te reòganize tanp Seyè a nan lavil Jerizalèm pandan li t'ap swiv modèl tanp payen ak lotèl nan Damas la. Akaz se yon gwo egzanp yon moun k ap antre nan yon move alyans pou "bon" rezon, epi li konplètman kowonpi atravè yo menm (2 Wa 16:10-18).

Anvan ke wa Akaz al jwenn Asiri yo, Seyè a te voye pwofèt Ezayi al pale avèk li pou avèti l ke Li pa aksepte okenn akò politik. Ezayi te chèche l', li pran Chea-

Jachoub, pitit gason l' lan avèk li (Izayi 7:3), ki te gen non l ki vle di "yon rès pral retounen" (se nòt sa a ki anba paj Bib Etid Sosyete Biblik la). Pwofèt Ezayi te salye l ak yon gwo pwomès: "W'a di l' pou l' fè atansyon pou l' pa pèdi tèt li. Li pa bezwen pè. Li pa bezwen gen kè sote pou de ti bout bwa dife k'ap fè lafimen, ki vle di pou wa Rezen, moun peyi Siri a, ak pou wa Pekaz, pitit Remalya a, k'ap fè kòlè" (v.4). Pwofèt la te asire Akaz ke byenke de wa vwazen sa yo t'ap fè konplo sou li, yo t'ap atake peyi Jida, pou Bondye yo pa t plis pase de ti bwa dife ki t'ap fè lafimen. Akaz te pè pou wa nan nò yo pat chase l deyò pou pran fòtèy li a; Men, Bondye di l' pa mwayen pwofèt li a sa ki annapre yo: "Enben! Men sa mwen menm, Seyè ki sèl mèt la, mwen di: Sa p'ap mache! Sa p'ap pase konsa!" (v.7). Plan sa yo pa t'ap reyisi, paske nasyon yo te dirije pa mwayen yon banm moun mechan (Rezen ak pitit gason Remalya a), men se pat atravè Seyè a. Se sa ki te pwomès Bondye a; Epi Ezayi te mande Akaz pou l te mete tout konfyans li nan Seyè a ak nan pwomès li. Finalman, Akaz pa t fè Seyè a konfyans; men pito, li te mete konfyans li nan metòd chanèl ak nan wa Lasiri a. Jerizalèm te sove; san dout, Akaz te kwè ke te reyisi, e ke plan li a te byen mache. Men, sètènman, si Akaz te mete konfyans li nan Seyè a, lavil Jerizalèm t ap sove konplètman; e li ta resevwa benediksyon.

Mande: Poukisa Ezayi te pran Chea-Jachoub, pitit gason l lan pou ale avèk li? Petèt Bondye te vle Akaz te konnen ke poutèt move kalite konfyans li te plase nan wa peyi Lasiri a, peyi Jida te gen pou l tonbe nan kaptivite nan lavil Babilòn kote ke sèlman yon ti rès ta gen pou retounen. Mande: Èske nou menm tou nou fè erè jodi a nan fè moun konfyans plis pas Bondye? Ki jan?

Kesyon:

- Èske w konnen kèk moun ki te antre nan yon alyans ak moun ki gen prensip diferan pou anpil "bon" rezon, epi li te fini pa kòwonpi akoz de sa?
- Ki sa ki ka ede nou mete konfyans nou nan Seyè a nan moman eprèv yo?

II. Sa Bondye pèmèt la: disiplin li; epi ankouraje pasyans lan (Ezayi 7:17-8:22)

Ezayi te pote yon nouvèl terib bay Akaz (Ezayi 7:17). Asiryen yo te byen popilè akoz de mechanste yo, sitou ak nasyon yo te konkeri yo. Yo te pran plezi nan tòtire ak imilyasyon. Jida pa t sèlman atake pa Lasiri yo; men tou li te anvayi pa moun peyi Lejip yo, selon v.18: "Lè sa a, Seyè a pral soufle pou moun peyi Lejip yo soti tankou mouch byen lwen, bò dlo larivyè Nil la. L'ap rele moun peyi Lasiri yo pou yo soti tankou lesen myèl lakay yo". Envazyon sa yo re redwi peyi Jida, sa ki te lakoz ke yo pa t kapab kiltive nòmalman; epi olye de sa, se te sèlman lètkaye ak siwo myèl ki te manje tout moun ki rete nan peyi a, dapre v.21-22: "Jou sa a, chak moun va gen yon gazèl bèf ak de mouton pou yo chak. Lè sa a, bèt yo va bay lèt an kantite, tout moun va bwè lèt plen vant yo. Wi, moun ki va chape anba lanmò nan peyi a va bwè lèt ak siwo myèl ase". Agrikilti nòmal la ta pral devaste, selon v.23-24: "Jou sa a, kote ki te gen mil (1.000) pye rezen, epi ki te vo mil (1.000) pyès an ajan va plen pikan ak raje. Si yon moun pa gen zam nan men l', li p'ap ka pase la. Wi, pikan ak raje pral kouvri tout peyi a". Ansyen fèm yo te vin tounen jaden bèf yo t'ap foule anba zago yo, ak yon kote pou kite mouton yo moute desann (v.25).

Chapit wit la kòmanse ak yon aksyon senbolik enteresan: "Seyè a pale avè m', li di m' konsa: -Pran yon gwo wòch plat ak yon sizo mason. Ekri pawòl sa yo sou li an gwo lèt: Prese piye, prese devalize" (v.1). Lèfini, mwen pran de moun serye, Ouri, yon prèt, ak Zakari, pitit Jeberekiya a, pou yo sèvi m' temwen (v.2).

Aprè sa a, madanm Ezayi te vin ansent yon ti moun ki te rele Mayè-chalal-chasbaz, ki vle di "fè rapid pou piye a, prese pou piye a" (Braun, J. A. Ezayi. Labib Popilè. USA: Editoryal Northwestern, 2003, p.106). Nan yon sans, madanm Ezayi a, pwofèt la, "te akouche" pwofesi sa a. Nan vèsè kat la, pwofèt Ezayi te pwononse, "Paske, anvan pitit la ka pale pou l' di papa manman, moun peyi Lasiri yo va gen tan pran tout richès moun lavil Damas yo ak tou sa moun Samari yo pran nan piyay, y'a pote yo ale bay wa pa yo a". Avèk pwofesi sa a, Bondye te endike Akaz delè pou akonplisman l pou echèk peyi Siri ak pèp jwif ki nan nò a, pèp Izrayèl la, nan men moun peyi Lasiri yo.

Vèsè 5-10 fè konnen Jida pa t ap chape. Lasiri ta vini tankou yon inondasyon atravè anpil dlo sou peyi Siri ak pèp Izrayèl la; e li t ap vini nan peyi Jida: "L'ap anvayi tout peyi Jida a, l'ap rive ra kou, l'ap kouvri tout peyi a. Bondye avèk nou! L'ap pwoteje peyi a anba zèl li!" (v.8). Jida, sepandan, pa t 'nye dlo a ki ta gen pou rive jous nan kou li; pou siviv. Sepandan, li te oblije peye gwo kantite lajan taks bay moun Lasiri yo. Plizyè syèk annapre, Nebikadneza te konkeri Jida e li te mennen pèp la ale nan peyi Babilòn pou sèvi li antanke esklavaj.

Viktim dominasyon peyi Lasiri yo se te (Siri, Izrayèl ak Jida) ki te prepare pou envazyon an; men sa pa t rive pwoteje yo. Tout plan yo te fè, pawòl ke yo te pale ak lide yo te genyen nan tèt yo pa t kapab ede yo. Se te volonte Bondye ki te sèvi ak moun peyi Lasiri yo pou pini yo (vv.9-10).

Mande: Ki jan moun peyi Jida yo te kapab prepare yo pou envazyon sa a? Chèf yo dwe genyen krentif pou Bondye epi mete konfyans yo nan li, epi yo pa t'ap tonbe anba men moun peyi Lasiri yo (vv.11-15).

Vèsè 13 la di konsa, "Chonje, se mwen menm, Seyè ki gen tout pouvwa a, pou nou konsidere tankou Bondye apa a! Se mwen menm pou nou pè. Se pou mwen nou dwe gen krentif". Peyi Jida a pa ta dwe patisipe nan konplo a (v.12). Rekòmandasyon an pat dwe lòt bagay ke rete tann epi mete konfyans nan Seyè a (v.17). Ezayi te di ke li menm ak de pitit gason l yo te siy ke Bondye ta pral akonpli Pawòl li (v.18). Olye pou yo te konsilte majisyen ak divinò, abitan peyi Jida yo te dwe retounen nan "Lalwa ak temwayaj la" (v.20). Chemen yo te ranpli ak fènwa; paske yo te abandone Pawòl Bondye a epi yo te fè divinò, majisyen ak mò yo konfyans, yo te nan gwo fènwa, yo pa t nan limyè.

Kesyon:

- Olye pou l met konfyans li nan Seyè a, ki kote Akaz te ale pou l jwenn sipò, e ki rezilta sa te bay?

- Ki kote nou kapab jwenn pi bon konsèy pou lavi nou jounen jodi a?

III. Sa ke Bondye voye a: Mesi (Ezayi 7:10-16, 9:1-7)

Tèks sa yo sou Mesi a twouve yo nan de moman nan diskou pwofèt Ezayi te fè devan Akaz la.

A. Emanyèl (Ezayi 7:10-16)

Ezayi te envite wa a mande Bondye yon siy pou konfime pwofesi a. Men, wa a reponn ak yon ton ipokrizi: "Mwen p'ap mande, epi mwen p'ap tante Seyè a" (v.12). Siy ke Bondye te ensiste pou l ba li a se sa ki annapre yo: "Paske se mwen menm ki yon Bondye apa. M'ap tounen yon wòch k'ap fè nou bite, yon wòch k'ap fè moun peyi Izrayèl yo ak moun peyi Jida yo tonbe! M'ap tounen yon move pa, yon pèlen pou moun lavil Jerizalèm yo. Anpil moun pral bite, y'ap tonbe, y'ap kase ren yo. Y'ap tonbe nan pèlen an, y'ap pran ladan l'. Se pou patizan m' yo kenbe pawòl

Bondye di m' lan. Se pou yo kenbe lòd Bondye yo nan kè yo!" (vv.14-16). Konfòmite Pwoksimite pwofesi sa a te santre alantou Akaz, Jerizalèm, ak atak Izrayèl la ak Siri.

Sa a se youn nan pwofesi ki pi popilè sou nesans Jezi, Mesi a, nan Bib la (Matye 1:23). Li montre tou yon prensip pwofetik: pwofesi a kapab genyen yon akonplisman rapid oubyen yon akonplisman aprè anpil tan. Rodrigo de Sousa eksplike: "Relikti kretyen tèks sa a se yon ka akonplisman ki doub nan yon pwofesi, kote ke yon siy senbolik nan epòk pwofèt la te sèvi kòm anons yon reyalite siperyè, nan ka sa a, se ta nesans Sovè a..." (De Sousa, Rodrigo. Kòmantè Biblik Kontanporen. Ajantin: Editoryal Kairos, 2019, p.857).

Nan kontèks 8yèm syèk anvan epòk nou an, kilès moun ki ta rele Emanyèl? Anpil kòmantatè panse ke sa a te rive vre lè yon jèn dam nan kay wa a marye bonè, li vin ansent yon pitit gason, san li pa konnen, li ba l non Emanyèl "Bondye avèk nou". Nou pa konnen detay yo; men se te yon mesaj ki te pou wa Akaz an premye, li te klè. Li ta gen pou l konprann, lè sa te rive vre. Non "Bondye avèk nou" an se te yon mesaj pou wa a, pa mete konfyans li nan alyans ak wa etranje yo, tankou peyi Lejip ak peyi Lasiri.

Avèk Bondye bò kote l, bagay yo t ap mache byen. Avèk li, pa ta gen okenn kote pou pè lènmi li yo. Seyè a te atire atansyon li sou mank lafwa wa Akaz.

B. Nesans ak gouvènman Mesi a (Ezayi 9:1-7)

Se nan chapit nèf la ke nou wè trè klè pwofesi lwentèn nan: nesans Jezi ki se Kris la. Sèt san ane aprè, yon ti bebe te fèt ki ta chanje mond lan. Envazyon Lasiri yo te terib pou rejyon ki nan nò Tè Pwomès la, peyi Zabilon ak peyi Neftali. Men, ak rive Mesi a, bagay sa yo chanje konplètman: "Te gen yon lè, peyi fanmi Zabilon yo ak peyi fanmi Neftali yo t'ap drive nan labou. Men pita, va rive yon lè tout rejyon an, pran depi lanmè Mediterane rive bò larivyè Jouden, moute peyi Galile kote moun lòt nasyon yo rete a, tout rejyon an va kanpe ankò" (v.1b). Pwofesi a te anonse yon gwo limyè, bonè ak lajwa jan li ekri nan Ezayi 9:2-3: "Pèp ki t'ap mache nan fènwa a wè yon gwo limyè. Yo te rete nan yon peyi kouvri ak fènwa. Men, koulye a yon limyè vin klere yo! Ou fè yo vin anpil, Seyè! Ou ba yo gwo kè kontan. Yo te kontan wè sa ou fè pou yo, tankou moun k'ap fè fèt lè sezon rekòt, tankou moun k'ap fè gwo fèt lè y'ap separe sa yo pran nan lagè". Tribi nò yo te premye moun ki te soufri envazyon Lasiri yo; men nan mizèrikòd Bondye, yo te premye moun ki te wè limyè Mesi a. Li te pote yon gwo viktwa.

An referans a gwo kè kontan, repo pou moun ki anba chay yo ak baton moun k'ap peze yo, ak laviktwa konplè sou tout lènmi gen yon aplikasyon espirityèl nan travay Jezi a nan lavi nou. Bagay sa yo se pou nou ke yo ye nan Li!

Ezayi prezante nou twazyèm pitit li a: Emanyèl. Pwofesi gloriye sa a sou nesans Mesi a te raple pèp Izrayèl la ke moun ki t ap pote viktwa a t ap yon nonm ki t ap fèt tankou nenpòt ti moun. Vrèman vre, Mesi a te fèt kòm yon ti bebe, sa vle di sou fòm moun, men li "prezante" kòm yon pati nan Trinite a; epi li deside vini kòm yon sèvitè (Filipyen 2:5). Dezyèm moun nan Trinite Sen an te vini sou fòm moun. Ti bebe sa a te fèt pou l vin Wa; men jan ke Jezi te esplike Pilat la, Wayòm li an pa nan mond sa a (Jan 18:36). An reyalite, gouvènman an te déjà anonse nan yon fason ki mèveye. Chak fwa ke yon moun sispann itilize yon lavi nan dwòg oswa alkòl, oswa lavi nan peche epi li retabli, se la ke wayòm Bondye a ye. Wayòm li an deja nan mitan; epi yon jou li pral fini (Revelasyon 20:4-6).

Ti bebe sa a gen plizyè karakteristik: "Nou gen yon ti pitit ki fenk fèt. Bondye ban nou yon gason. Se li menm ki pral chèf nou. Y'a rele l': Bon konseye k'ap fè bèl bagay la, Bondye ki gen tout pouvwa a, Papa ki la pou tout tan an, Wa k'ap bay kè poze a!" (Ezayi 9:6). Mesi a mèveye, li se Konseye nou, li se Bondye tout kreyasyon an ak tout bèl pouvwa li. Lè Ezayi te rele li "Papa ki la pou toutan an", sa pa vle di ke Jezi se Moun ki nan Papa a nan Trinite a; men pito li reprezante inite esansyèl Trinite a. Jezi li menm te eksplike sa lè li di: "... Mwen nan Papa a, e Papa a nan mwen tou..." (Jan 14:11). Jezi se Prens lapè a; Li rekonsilye moun ak Bondye selon Women 5:1: "Koulye a, paske nou gen konfyans nan Bondye, Bondye fè nou gras, n'ap viv san kè sote ak Bondye, gremesi Jezikri, Seyè nou an"; Efezyen 2:14-19: "Paske, se li menm k'ap fè nou byen yonn ak lòt, li fè moun lòt nasyon yo fè yon sèl pèp ansanm ak jwif yo. Avèk pwòp kò li, li kraze miray ki te separe yo epi ki te fè yo yonn lènmi lòt. Li aboli lalwa Moyiz la ansanm ak kòmandman l' yo ak tout regleman l' yo. Li pran de pèp sa yo, li fè yo tounen yon sèl pèp tou nouvo k'ap viv ansanm nan li. Se konsa li fè nou byen yonn ak lòt. Avèk lanmò Kris la sou kwa a, li wete sa ki t'ap fè de pèp sa yo yonn

rayi lòt, li fè yo tou de vin byen ak Bondye, li mete yo ansanm yonn ak lòt nan yon sèl kò. Wi, Kris la te vini, li anonse bon nouvèl k'ap mete lapè a ni pou moun lòt nasyon yo ki te lwen Bondye, ni pou jwif yo ki te toupre Bondye. Paske, gremesi Kris la, nou tout, kit nou jwif kit nou pa jwif, nou ka pwoche bò kot Papa a, nan pouvwa yon sèl ak menm Sentespri a. Se sak fè, nou menm moun lòt nasyon yo, nou pa etranje ankò, ni moun ki depasaj. Men, se sitwayen nou ye ansanm ak tout moun nan pèp Bondye a, nou fè pati fanmi Bondye a". Kolosyen 1:20: "Se li menm tou ki te vle fè tout bagay byen avè li ankò, gremesi Kris la, tou sa ki sou latè ak tou sa ki nan syèl la. Li mete lapè toupatou, gremesi san Kris la ki koule sou kwa a".

Dènye vèsè etid nou an di: "Gouvènman li p'ap gen finisman. Nan peyi l'ap gouvènen an se va kè poze san rete. L'ap chita sou fotèy wa David la. L'ap gouvènen peyi wa David la. L'ap fè gouvènman an byen chita, l'ap ba li bon pye paske l'ap fè sa ki dwat. Li p'ap nan patipri, depi koulye a jouk sa kaba. Se Seyè ki gen tout pouvwa a ki soti pou fè tou sa rive vre!" (Ezayi 9:7). Tout bagay sa yo kapab sanble twò bon pou l verite; men sa pral rive. Bondye, Seyè tout lame ki nan syèl yo, li te pwomèt pou l akonpli pawòl sa a; epi yon pati ladan li te deja rive vre. Jezi kapab Admirab, Konseye, Bondye ki gen pouvwa, Papa ki la pou toutan an, Prens Lapè a tout moun k'ap viv nan tan kounye a. Yon jou yo pral fòse mond lan pote chay. Pou kounye a, yo reyèl pou moun ki resevwa Jezi yo epi soumèt devan li.

Kesyon:

- Ki sa "Emanyèl" vle di? Kisa sa vle di pou lavi nou, fanmi, legliz ak kominote nou yo jounen jodi a?
- Ekri yon lapriyè voye bay Jezi ki se Kris la pou w remèsye li pou tout bèl karakteristik ke Li genyen yo.

Konklizyon

Rodrigo de Sousa defye nou: "Seyè Jezi ki se Kris la se Bondye ki la avèk nou ki revele ni jijman I ni Delivrans pou mond lan ak limanite. Jous nan ki pwen ou kwè ke jijman Bondye ak delivrans Bondye a eksperimante nan lavi sosyete nou yo ak legliz nou yo ki nan Amerik Latin nan?" (De Sousa, Rodrigo. Kòmantè Biblik Kontanporen. Ajantin: Editoryal Kairos, 2019, p.861). Legliz la genyen yon misyon pou pataje ak viv Mesaj Emayèl la nan katye kote w ap viv la.

Bondye tout epòk yo

Mirelys Correoso (Kiba)

Pasaj biblik pou etid: Ezayi 9:8-21, 10, 11, 12

Vèsè pou aprann: "… M'ap fè lwanj ou, Seyè! Ou te move sou mwen. Men koulye a, ou pa fache ankò. W'ap ban m' kouraj" Ezayi 12:1.

Objektif leson an: Konprann kijan Bondye reyaji fas ak peche a, fason ke li renmen pechè a ak adorasyon ki dirab ki sòti bò kote pitit li yo.

Entwodiksyon

Karaktè yon moun rezime fason ke li genyen abitid reyaji fas ak yon sitiyasyon nan kèk sikonstans detèmine. Dapre Taylor, "nan yon siyifikasyon teyolojik, karaktè a endike kalite moral pèsonèl la" (Taylor, Richard. Diksyonè Teyolojik Beacon. Etazini: KPN, 1983, p.115). Malgre ke sikoloji a te defini ke gen diferan kalite karaktè ki jenere sèten kalite konpòtman, malerezman se yon bagay ki komen jodi a lè nou wè ke anpil moun ki soti nan plizyè peyi, rejyon, orijin familyal yo, entèlijans, laj ak tanperaman, aksyon egal; sa vle di, ak menm karakteristik sa yo ki te dekri nan 2 Timote 3:1-5, pa apot Pòl, kote ke li te defini tanperaman moun nan dènye jou yo. Se tankou deja pa ta gen okenn delimitasyon nan konpòtman; epi an majorite, limanite te "koupe ak menm sizo a".

Se konsa, se yon bagay ki byen komen tou pou nou jwenn nan tan sa yo anpil moun ki karakterize pa yon karaktè ki pa estab; yo chanje lide epi aji avèk anpil emosyon san pran tan pou reflechi, san yo pa pran yon pozisyon ki estab sou yon sijè oswa pwoblèm. Kisa yo di sou kòlè ak awogans k ap manipile mond ke n'ap viv la jounen jodi a, ki mennen l fè anpil zak vyolans bestyal ke anpil medya difizyon masiv bat bravo pou yo, sitou sou rezo sosyal yo!

Nan mitan senaryo malere sa a, pèp Bondye a genyen kòm sèl ak ekselan patwon moun ke apot Jak te pale de li a, "Tout pi bèl favè, tout pi bon kado nou resevwa, se anwo nan syèl la yo soti, nan men Bondye ki kreye tout limyè. Bondye pa janm chanje, ni li pa gen anyen ki ta ka sanble yon chanjman nan li" (Jak 1:17). Karaktè a Bondye se menm bagay la yè, jodi a ak pou tout tan. Li se epi l'ap toujou menm jan nan tout syèk yo: "Sen, Sen, Sen" (Ezayi 6:3); paske se nati li ak sans li. "… Li pa kapab nye tèt li" (2 Timote 2:13b).

I. Kòlè oswa mekontantman Bondye a (Ezayi 9:8-10:34)

Si nou pozisyone tèt nou kòm moderatè nan yon panèl yon gwoup kretyen konsakre, epi nou mande yo pou ke yo site atribi, kalite, ak aksyon karaktè Bondye; nou pral koute, byen fò ke anpil nan yo di sou yon ton efori:"li gen anpil lanmou, li gen tout pouvwa, omnipotan, omniprezan, mizèrikòd, jis, fidèl!" Ak anpil lòt bagay ankò ki rekonfòte nou lè ke nou tande yo. Sa k ap plis pa deklare se kòlè a ke, nan plizyè okazyon, Bondye manifeste. Mwen te fè dinamik sa a nan diferan kontèks ak plizyè okazyon, mwen te oblije mansyone li. Lè sa a, la figi pa sanble tankou anime.

Malgre ke nan Pawòl la parèt byen klè nan divès kalite pasaj ke Bondye nou an pa prese fè kòlè fasil, mizèrikòd li rich anpil (Nonb 14:18; Sòm 86:15); Sa se yon reyalite ke Seyè a te manifeste epi pral manifeste nan tranzaksyon li ak limanite, kote ke nou menm pitit gason ak pitit fi Bondye yo pa egzante. Pa genyen anpil gason ki damou oswa papa ki tèlman damou ki evoke bèl fraz tankou sa yo ke Bondye itilize pou l pale ak pèp li a, ki se pèp Izrayèl la, menm jan yo te fè aksyon ki vle di yon lanmou otantik ak enkondisyonèl konsa. Pou Seyè a, pèp Izrayèl la se "trezò espesyal" li (Egzòd 19:5), sant "lanmou ki pap janm fini" li a (Jeremi 31:3), "pom nan je li" (Zak 2:8). Pou sa, pèp li chwazi a, Jewova te fè yon pakèt travay, li afekte mond lan ak bèl bagay ak siy ki toujou nan istwa. Kidonk, pou pèp Izrayèl espirityèl ke nou tout ki rachte pa san Jezi ki se Kris la, se pa sèlman prepare tès ki pi enteresan konsènan renmen ke mond lan te konnen ak pral konnen: sakrifis Jezi a antanke Kris la (Jan 3:16); men ki kontinye revele tèt li pa mwayen glwa ak pouvwa li.

Nan pasaj ki konsène nou yo (Ezayi 9:8-10:34), nou wè kote ke Seyè a manifeste tèt li an kòlè devan pèp Izrayèl la. Nou pa anfas yon santiman emosyon ak san fondman; men pito, nan yon repons Bondye bay fas ak peche pèp li a.

Nou kapab konte kantite ak kalite peche pèp Izrayèl la ke jodi a yo apresye anpil pa sèlman nan mond lan; men tou nan kongregasyon nou yo, epi se bagay ke Bondye rayi. Li pale de ògèy (9:9-10), remò (9:9-24:10), malfezans (9:17-18), mank de pyete (9:19), mank nan objektif (9:17), chèf ak lidè k'ap twonpe moun (9:16), ki siyen dekrè ki enjis ki majinalize pòv yo ak dekouraje yo (10:1-2). Nan Ezayi 9:13, li rezime sa ki endike anwo a, lè yo di ke pèp chwazi a pa t ap chèche Jewova ki gen tout pouvwa a. Se yon reyalite ke Bondye pap fè konpwomi ak moun ki pèsiste nan peche; men repons li a pral manifeste dapre jistis li. Anpil moun ki kont Seyè a, e menm kwayan, ki pa gen konesans biblik, wè kòlè Bondye a kòm yon manifestasyon kontrè ak imaj li ak lanati. Yo pa imajine yo ke kòlè kapab soti nan yon Bondye ki ranpli ak lanmou (1 Jan 4:8). Yo pa konnen ke se egzakteman sa ki atribi Seyè a yo ki jistifye kòlè yo ak pinisyon korespondan yo.

"Bondye se yon Bondye ki apa (jagios) (Lik 1.49; Jn 17.11), yon mo Grèk ki vle di pami lòt siyifikasyon: Netwaye ak pirifye" (Vine, Edwy William. Diksyonè Ekspozitif Pawòl Ansyen ak Nouvo Testaman Konplè. Costa Rica: Editoryal Caribe, 1999, p.1502).

Mande: Poutèt sa, ki jan Seyè a ta kapab rete endiferan ak sa ki sal epi k'ap detwi relasyon entim li vle genyen ak limanite a?

Bondye rayi peche; paske se baryè a ki anpeche l viv nan kreyasyon ke li plis renmen an epi pou l pataje sentete l avèk li, pou fè yo fè eksperyans ak sanktifikasyon total la. An reyalite, akoz de sans jistis li a epi akoz de grandè lanmou ke Bondye pwofese anvè limanite, li pa kapab dakò ak aksyon dezobeyisans ki fèt ak fèm entansyon yo (Efezyen 5:6). Kòlè se rèl soufrans Seyè a ki wè anpil moun ap pèdi, k ap sèvi Satan. Li tou konstitye yon fason pou atire atansyon yo devan prezans majeste li yo ak plan redanmsyon li a.

Kesyon:
- Ki konpòtman lèzòm ki lakòz remò oswa kòlè Bondye?
- Bay kèk egzanp biblik kote nou wè Bondye fache.

II. Gouvènman Bondye a (Ezayi 11:1-16)

Ala bèl bagay lè ke nou konnen ke plan Bondye pou limanite se redanmsyon, men se pa kòlè! kòlè a se pa chwa ke Seyè a vle fè fas a rejè ak rezistans ke moun ki refize repanti nan peche yo a manifeste. Bondye ki fè pèp Izrayèl la mache sou tè sèk nan lanmè wouj la selon Egzòd 14:21-22: "Moyiz lonje men l' sou lanmè a. Seyè a fè yon gwo van nòde soufle byen fò pandan tout lannwit lan sou lanmè

a. Li fè fon lanmè a tounen tè sèk, dlo a fann de bò. Moun pèp Izrayèl yo antre sou tè sèk la, nan mitan lanmè a. Dlo a te kanpe de bò tankou yon miray sou bò dwat yo ak sou bò gòch yo"; ki te akonpaye l 'nan dezè a, lajounen kou lannwit, nan poto nwaj ak dife (Egzòd 13:21-22); ki te fè l pwisan nan batay la kont jeyan Golyat ke nou li nan 2 Samyèl 21:20-22: "Vin gen yon lòt batay ankò lavil Gat. Lè sa a, te gen yon sòlda bèl wotè ki te gen sis dwèt nan chak men, sis zòtèy nan chak pye. Se te yonn nan ras moun Arafa yo. Li t'ap pase moun pèp Izrayèl yo nan betiz. Jonatan, pitit gason Chimeya, frè David la, touye l'. Kat sòlda peyi Filisti sa yo te moun bèl wotè, potorik gason, nan ras moun Arafa yo lavil Gat. David ak moun pa li yo touye yo", li toujou okouran de grandè mechanste li, li pa ta kite l san yon altènatif; men sa ta debouche sou yon mirak siperyè: li ta bay sèl Pitit Gason l lan pou sakrifye, pou li ka gen lavi ak lavi annabondans (Jan 10:10).

Pwofèt Ezayi t ap anonse istwa lanmou ki pi bèl ak enteresan ke moun potko janm tande. Se ta pèp Izrayèl la ki pwotagonis nan redanmsyon mond lan. Pwofèt la te di konsa: "Lespri Bondye a pral desann sou li. L'ap ba li bon konprann ak lespri. L'ap ba li konesans ak ladrès pou l' dirije. L'ap fè l' konn Seyè a, l'ap fè l' gen krentif pou li" (Ezayi 11:2). Epi sa yo se kalifikasyon Wa tout wa yo ke pwofèt Ezayi te déjà pwofetize sa gen plis pase 2 000 ane. Nou tout, pitit gason ak pitit fi Bondye yo, nou fè pati de akonplisman pwofesi sa a.

Kris la ap gouvène, epi gen yon pèp ki gen plizyè ras diferan, kilti ak atitid ki adore l nan lespri ak verite (Jan 4:23); e k ap tann retou li, pa nan yon fason estatik, men nan akonplisman objektif li sou tè a, simen bon grenn nan: Pawòl Bondye a (Lik 8:11). Kris la ap gouvènen nan tout legliz ki pèsevere nan bon doktrin; nan minis ki san non sa ki pare pou bay sèvis li la a, kote ke se sèlman Bondye ki wè li; nan souri agreyab yon ti moun ki double Bib la kòm trezò ki pi chèche pou li; nan nou tout.

Nou nan fen tan yo, epi nou wè mond lan ap plenn nan doulè tranche (Women 8:22). Solisyon ke imen an itilize pou rezoud pwoblèm de pli zan pli ap grandi sou tè a, men se sèlman yon kalman. Mond sa a bezwen retou Kris la ak gouvènman glwa ak etènèl li a touswit, jis ak enklizif. E se poutèt sa ke li nesesè pou ke nou konte sou Sentespri a ki pou fòtifye ak rekonfòte nou, Pawòl ki gide ak soutni nou; toujou kenbe yon relasyon entim ak Seyè a, dezi nou se pou ke Kris la vini pou legliz li a. Epi nou pa sitwayen mond sa a; donk nou se sitwayen syèl la (Filipyen 3:20).

Non sèlman Ezayi te pwofetize konsènan wayòm Bondye a; Anpil pwofèt yo te fè sa tou, tankou apot Jan, ki nan liv Revelasyon an, li te fè nou konprann ke gouvènman sa a tap genyen pou l depase tout sa ke moun t'ap rete tann (Revelasyon 21:1-3). Finalman, moun ki te rachte pa san Ti Mouton an pral libere anba doulè ak lanmò (Revelasyon 21:4); n ap satisfè ak dlo ki bay lavi a (Revelasyon 21:6); nou pral rete nan kay ki nan syèl la yo, pou ke nou kapab patisipan glwa Bondye a (Revelasyon 21:22-25); n'a sèvi l', n'a fè lwanj li ak adore Seyè a (Revelasyon 19:1-18, 22:3); n ap wè figi l (Revelasyon 22:4); epi n ap gouvènen avèk li (Revelasyon 22:5).

Mande: Èske n ap chèche pou wayòm Kris la k ap la pou toutan an; oswa èske n ap chèche pou lajwa k ap dire pou yon ti bout tan an sou latè? (Matye 6:33).

Se pou sousi mond sa a pa fè nou pèdi redanmsyon nou an ak valè enpòtan kouwòn lan nan lavi (Revelasyon 2:10b).

Kesyon:

- Ki siyifikasyon gouvènmam Bondye a genyen pou legliz la?

- Ki jan apot Jan dekri wayòm Bondye a, nan liv Revelasyon 19:1-18, 21:4, 6, 22-25; 22:3-5?

III. Remèsiman an (Ezayi 12:1-6)

Nan Bib la, nou kapab wè anpil sòm ki gen pou wè avèk remèsiman pou plizyè rezon diferan: pou viktwa militè yo (Sòm 18), paske yo te delivre anba danje oswa lanmò (Sòm 30), gras a favè Seyè a (Sòm 138); osi byen ke chante rekonesans, fwi gwo mèvèy ak siy Bondye bay pèp li a. Yon egzanp konsa se nan Egzòd 15:2, lè pèp Izrayèl la travèse Lanmè Wouj epi chante Kantik Moyiz ak Mari a, ki pa yon kout chans pou li se menm kantik ak pa pwofèt la nan Ezayi 12:2: "Se Bondye ki delivre m'! Mwen gen konfyans nan li. Kè m' pa kase ankò! Se Seyè a ki tout fòs mwen. Se pou li m'ap chante. Se li menm ki delivre m'!". Akoz de kantite tan ki pase yo, li di nou ke kantik sa a te pase de jenerasyon an jenerasyon. Epi sa ki espesyal la se ke tèm ak menm sans lan se Wayòm Bondye a: Lavi ki pap janm fini an.

Pèsonèlman, lè mwen deprime, mwen fè yon egzèsis ki ede m soti nan eta sa a. Mwen mete nan youn Enskri tout benediksyon Seyè a ban mwen. Sipriz mwen, lis la ap vin pi long ak pi long toujou, pou mwen, teknik sa fonksyone tankou yon medikaman dwòg; Se konsa, byento mwen santi mwen trè beni. Men, pami tout fraz mwen ekri yo, gen youn ki repete nan tout lis mwen yo, epi ki parèt aklè pou preponderans li: mwen sove!

Lefèt ke w te fin libere anba chay peche a; fason ekstraòdinè nou te jistifye, rejenere ak adopte kòm pitit

Bondye; pwomès lavi etènèl la ak patisipasyon nan wayòm syèl la se rezon ase pou nou vin adoratè etènèl li. Pa gen anyen ni pèsonn ki kapab retire konkèt espirityèl sa yo, si nou pèsevere nan lafwa.

Viv yon lavi rekonesan anvè Bondye pa opsyonèl pou kretyen an; se yon kòmandman (Efezyen 5:20); se yon disiplin espirityèl ki vire vin tounen yon defi reyèl pou lafwa nou.

Mwen rankontre anpil minis adorasyon ki gen "bèl vwa" ki fè tout yon kongregasyon krake; men ak yon lavi byen lwen chak jou nan rekonesans yo anvè Bondye.

Jou Aksyon de Gras la se pi plis pase chante ak li sòm enspire. Nou pa souzestime valè vrè louwanj ki soti nan kè yon sèvitè adoratè a. Nan Revelasyon 19, nou prèske kapab wè ke sèn glwa kote vwa yon gwo foul moun t'ap fè louwanj ak adorasyon anvè Seyè a nan sa yo rele maryaj ti Mouton an.

Louwanj abondan sa a kapab sèlman fwi yon foul nanm rekonesan ki depi sou tè a te déjà fè konnen sakrifis louwanj lan (Ebre 13:15); e ke finalman, yo rive konsonmen dezi sa a nan syèl la pou yo rete etènèlman devan prezans Seyè a pou ba li adorasyon.

Aksyon de Gras la se viv atravè tout etap nou sou tè a ak yon lajwa nan nanm nan ki san parèy, nan mitan tout sikonstans. Se aprann wè nan chak sitiyasyon, pa gen pwoblèm ki negatif ke li kapab sanble, yon objektif ki soti nan Bondye ki pral travay pou byen (Women 8:28). Se wè Bondye kòm sèl pwotagonis nan siksè nou yo. Se sèlman apre yo fin fè eksperyans sa yo, se lè sa a ke gwo ekspresyon rekonesans espesyal yo kapab soti nan bouch nou anvè Bondye.

Men, pi gwo akonplisman aksyon gras la se genyen lavi sanktifye ki respire yon bèl odè, agreyab nan je Seyè a, se vin tounen ofrann remèsiman pou li (Women 12:1).

Kesyon:

- Kisa aksyon de gras la ye pou ou menm?

- Ki jan nou kapab mennen yon lavi ki rekonesan anvè Bondye?

Konklizyon

Bondye nou an, kontrèman ak lòm, l'ap toujou manifeste tèt li ak menm karaktè a. Atribi li yo se bagay ki pap janm fini. Konsa tou, sentete l ap fè l parèt ak kòlè fas avèk peche; men li gen lanmou ak mizèrikòd pou tout moun ki tounen vin jwenn li. Li te pwomèt yon wayòm etènèl ak konplè pou moun k'ap chèche l' ak tout kè yo. Fas avèk tout sa yo, nou aple pou nou ofri Bondye remèsiman, se pa sèlman nan bouch; men tou se atravè yon fason pou viv apa.

Yon relasyon pou moun ki gen privilèj yo ak devwa yo

Leson 5

Walter R. Rodríguez (Irigwey)

> **Pasaj biblik pou etid:** Ezayi 13, 14:6-23, 22, 23, 24, 34
>
> **Vèsè pou aprann:** "Mwen ta pito wè nou renmen m' tout bon pase pou n'ap fè tout ofrann bèt sa yo ban mwen. Mwen ta pito wè nou chache konnen m' vre, mwen menm Bondye nou an, pase pou n'ap boule tout bèt sa yo pou mwen" Oze 6:6.
>
> **Objektif leson an:** Rekonèt ke relasyon avèk Bondye a se yon alyans ki gen pou wè avèk devwa, benediksyon, kondwit etik ak benefis depi nan kòmansman istwa limanite.

Entwodiksyon

Pwofesi sa yo ki chwazi pou leson sa a kapab kite nou tris ak fremi konsènan tan ki gen pou vini an. Sepandan, genyen anpil nòt ki gen pou wè avèk restorasyon ak espwa si yo pwofite opòtinite Bondye li menm prezante yo a. Nan tout pwofesi ke nou pral wè yo, genyen kèk leson ki trè enpòtan ke yon lekti ki medite kapab anrichi etidyan ki sensè a. Piga nou twonpe tèt nou, paske avètisman pwofesi sa yo se bagay ki reyèl.

Pwofèt Ezayi te viv epi li te pwofetize nan yon tan ki te gen gwo enstabilite politik, anpil aktivite militè, lagè ak chanjman anvayisè yo, ki afekte lavi moun ki rete nan rejyon sa a nan mond lan. Se te yon moman ki te vreman difisil pou pèp jwif la; ki te abandone relasyon yo ak Bondye.

Yon lòt bò, pèp sa yo ki te ataque pèp ebre a te oblije soufri konsekans yo nan aksyon sa yo. Ann wè sa ki mansyone anba a an detay.

I. Destriksyon nasyon yo (Ezayi 13:1-22, 14:6-23, 23:1-18, 34:1-17)

A. Babilòn

Pwofesi kont peyi Babilòn nan, ki soti nan chapit 13 ak 14, te deja rive vre. Lavil Babilòn te konkeri, detwi, rebati epi detwi ankò. Kounye a, se sèlman dekonb ki rete. Vil sa a, ki genyen kilti li ki te gen enfliyans nan tout mond lan, sou gouvènman Nebikadneza, li te rive atenn yon bèl glwa ak yon gwo figi ki te konsidere antanke youn nan sèt mèvèy ki egziste nan mond ansyen an: Jaden pandye nan lavil Babilòn nan. Diksyonè Biblik Ilistre a di konsa: "Kòm tout gwo vil, Babilòn te distenge… pou pwosperite li yo… tou pou kòtèj li yo ak laks koutim li yo. Idolatri li a te bay ekriven biblik yo repiyans…se te kapital gwo anpi a ki… te lite ak peyi Lejip pou sipremasi sou Palestin ak rejyon ki antoure

li yo" (Nelson, Wilton M., editoryal. Diksyonè Biblik Ilistre a. Etazini: Editoryal Caribe, 1982, p.67).

Langaj ak emosyon pwofesi sa a se mo ankourajman pou moun ki te soufri envazyon ak soumisyon. Te gen vrè espwa ke Bondye te pral fè jistis: "Jou Senyè a" ap pwoche (13:6); "Jou Seyè a ap vini" (v.9). Sanksyon moun ki t ap maltrete pèp Bondye te chwazi a yo te di anpil. Tèks la di konsa: "Seyè a kase baton mechan yo. Li kase kokomakak chèf ki t'ap maltrete nou an! Lè yo move, yo te konn woule pèp la anba kou. Lè yo ankòlè, yo te konn kraze pèp la anba pye yo, yo pa t' ba yo souf" (14:5-6). Gwo chèf nasyon sa a te pèdi batay: "Mò ki wè ou yo ap fikse je yo sou ou. Y'ap gade ou, y'ap di: Se pa moun ki te konn fè tè a tranble a sa? Se pa li ki te konn fè chèf yo tranble a sa? Se pa li ki te kraze tout lavil yo, ki te fè latè tounen yon dezè a sa? Se pa li ki pa t' janm kite moun li fè prizonye tounen lakay yo a sa?" (vv.16-17); "Lè sa a, n'a chante pou nou pase wa lavil Babilòn lan nan betiz, n'a di: Gade ki jan moun ki t'ap maltrete nou an disparèt! Gade ki jan yo desann kòlèt li non!" (v.4). Tout seksyon sa yo ki chaje ak iwoni dwe sonnen rekonfòtan nan zòrèy pèp Izrayèl la.

Li klè isit la tout sa ki mal ke nasyon pwisan yo te fè pèp Izrayèl la (pèp Seyè a) pat chape anba siveyans Bondye; ni abi otorite pou nenpòt nivo aktivite. Menm jan Babilòn te jwi epi li te pwofite sitiyasyon avantaje l nan abize sa yo ke li te konkeri; li posib pou aplike menm obsèvasyon ak konsekans yo nan nenpòt otorite nan youn oubyen plis moun ki, olye pou yo konplètman konfòme yo ak sa Bondye te akòde yo, pwofite sou sitiyasyon an pou pwòp benefis yo. Peche li yo, kit se nan aksyon oswa omisyon ("Se poutèt sa, moun ki pa fè byen li konnen li gen pou l' fè a, li fè peche" Jak 4:17), yo fini pa dirije moun ak òganizasyon sou yon move chemen, ki vin debouche sou gwo konsekans tou. Sonje ke kretyen an se reprezantan levanjil la kèlkeswa kote l ap viv ak sa l ap fè, sipòte ak/oswa rejte, sa li ankouraje, osi byen ke sa li pèmèt nan otorite ak responsablite li.

B. Tir

Tir, pò fenisi ki te sèvi Sidon; gran vil ki pat genyen anpil kilomèt de distans. Li te grandi rapidman, ak pwospere nan komès maritim: "Tir te pi popilè pou navigatè li yo. Komès li yo te lye lès ak lwès ... se te yon gwo sant komèsyal ak maritim atravè prèske pi fò nan istwa li... Pwofèt Ezayi di konsa :"Achte ble yo rekòlte bò larivyè Nil nan peyi Lejip la, apre sa pou nou mache vann li avèk gwo benefis. Nou t'ap fè kòmès ak tout peyi" (v 23:3), epi Ezekyèl menm di konsa :"W'a pale ak moun lavil Tir yo, lavil ki kanpe bò lanmè a, lavil k'ap fè kòmès ak dènye moun ki rete bò lanmè, w'a di yo men mesaj Seyè sèl Mèt la voye ba yo: -Nou menm, moun lavil Tir, k'ap mache di: Pa gen pi bèl peyi pase peyi nou an!" (v 27:3)" (Nelson, Wilton M., editoryal. Diksyonè Biblik Ilistre a. Etazini: Editoryal Caribe, 1982, p.664). Akòz siksè biznis li ak pwosperite finansye li yo, li te vin fyè ak awogan; li te fè pèp Izrayèl la mal lè li te vann Izrayelit kòm esklav bay peyi Edon, selon Amòs 1:9-10: "Seyè a di konsa: Moun peyi Tir yo ap plede fè peche sou peche san rete. Mwen fin pran desizyon m', mwen p'ap chanje lide. Yo depòte tout yon nasyon. Yo vann yo tankou esklav bay moun Edon yo. Yo pa respekte kondisyon yo te pase pou yo viv yonn ak lòt tankou frè ak frè. Se poutèt sa, m'ap voye dife sou miray lavil Tir. L'ap boule gwo kay li yo ra tè". Avèk anpil awogans li te meprize lòt pèp, menm jan ak Babilòn. Vèsè Ezayi yo 23:8-9 di konsa:"Se lavil Tir wa a te chita ap nonmen chèf. Tout kòmèsan li yo, se gwo chèf yo te ye. Negosyan l' yo menm, se moun yo te respekte toupatou sou latè. Kilès ki te pran desizyon fè lavil Tir la sa? Se Seyè ki gen tout pouvwa a ki te pran desizyon sa a. Li fè sa pou kraze lògèy yo te genyen pou tout bèl bagay yo te fè, pou l' te ka trennen tout grannèg peyi a nan labou". Se konsa ke yo te pini lavil Tir pou yon peryòd de swasanndizan, selon Ezayi 23:15:"Yon lè ap rive, yo pral bliye lavil Tir pandan swasanndizan, laj yon wa rive genyen anvan li mouri. Men, apre swasanndizan sa yo, lavil Tir pral tankou jennès yo pale nan chante a: Pran gita ou! Mache nan tout lavil la! Ou menm, jennès yo te bliye a! Jwe bèl mizik, chante bèl chante ou yo ankò pou yo ka chonje ou!".

Bondye te beni lavil Tir ak siksè ak richès; men li te sèvi avèk benediksyon sa a pou ke li te akimile, fè liks, chèche prestij ak pouvwa sou moun ki pi fèb yo. Kounye a, se te pou moun ki te bay Bondye santralite ke yo te genyen. Vèsè 18 la di konsa:"Men, y'ap pran lajan y'ap ba li a ansanm ak benefis l'ap fè nan kòmès sal li a, y'ap mete yo apa pou Seyè a. Li p'ap ka ranmase yo pou l' sere. Se moun k'ap sèvi Seyè a ki pral sèvi ak lajan sa a pou achte manje plen vant yo ak bèl rad pou mete sou yo" (Bib Vèsyon Jerizalèm, ane 1910. Etazini: Aneko Press, 2016, p.794), anseye kont eksè sa yo. Kawotchou te konkeri plizyè fwa, ak plizyè fwa retabli. Chak fwa, yo te pwospere ankò akòz bon jan kalite machann yo ak kapasite flòt yo; byenke kounye a pa genyen anyen ankò ki rete nan pwosperite ak bote li yo.

C. Edon

Ezayi chapit 34 se yon pwofesi kont peyi Edon. Vèsyon Reina-Valera 1960 la bay tit pwofesi sa a:"Kòlè Seyè a kont nasyon yo"; epi vèsyon Bondye Pale Jodi a ba li pou tit: "Pinisyon Bondye kont peyi Edon". Sijè santral la eksprime nan vèsè 8: "Paske, se jou Seyè a pral pran revanj li sou lènmi peyi Siyon yo. Se jou li pral fè yo peye sa yo te fè a, pou l' ka delivre moun Siyon yo". Pwosè Siyon an fè referans ak lènmi istorik ant desandan Ezaou yo ak desandan Jakòb yo ak Izrayelit yo. Lè pèp jwif la te sou wout pou antre nan peyi ke Bondye te pwomèt yo a, moun Edon yo pa t kite yo pase nan peyi yo a, selon Resansman 20:14-21:"Moyiz rete Kadès, li voye kèk mesaje bò wa peyi Edon an pou di l' konsa: -Men sa moun pèp Izrayèl yo, moun menm fanmi ak ou yo, voye di ou: Ou konnen tout tray nou pase. Ou konnen ki jan zansèt nou yo te desann al rete nan peyi Lejip pandan lontan, ki jan moun peyi sa a tonbe maltrete nou menm jan yo te maltrete zansèt nou yo. Lè nou wè sa, nou rele nan pye Seyè a. Li tande vwa nou, epi li voye zanj li, li fè nou soti kite peyi Lejip sa a. Koulye a, men nou Kadès, yon lavil ki toupre fwontyè peyi ou la. Tanpri, n'ap mande ou yon ti pèmisyon pou nou pase ase nan mitan peyi ou la. Nou p'ap kite wout nou pou n' pase nan mitan jaden ou, ni nan mitan pye rezen ou yo. Ata dlo nan pi ou yo nou p'ap bwè. Nou p'ap kite gran chemen w'a moutre nou an, nou p'ap vire ni adwat ni agoch, jouk n'a fin travèse lòt bò peyi a. Wa Edon an voye di yo: -Non. Nou p'ap kite nou travèse peyi a. Si nou chache fè sa, n'ap mache pran nou, n'ap atake nou. Men, moun pèp Izrayèl yo voye di l' ankò: -Nou p'ap kite gran chemen w'a louvri devan nou an. Epi si yonn nan nou, osinon yonn nan bèt nou yo ta bwè nan dlo peyi ou la, n'ap peye ou pou sa. Se annik pase nou bezwen pase nan mitan peyi a, pa lòt bagay! Men, wa Edon an voye di yo ankò: -Non! Nou p'ap pase menm! Epi li soti avèk yon gwo lame ak yon bann lòt moun, yo mache kontre moun pèp Izrayèl yo. Se konsa moun peyi Edon yo te refize kite moun pèp Izrayèl yo pase nan peyi yo a. Kifè moun Izrayèl yo te blije vire do yo, fè yon lòt wout". Anplis de sa, se te okazyon pou wa Nèbikadneza te sènen Jerizalèm, kote moun Edon yo te kolabore ak anvayisè a (Sòm 137:7). Pwofèt Abdyas te rezime atitid moun lavi peyi Edon yo anvè Izrayelit yo: "Se awogans nou ki fè nou pèdi tèt nou. Nou bati kapital nou sou tèt gwo wòch yo. Nou moute kay nou byen wo nan mòn yo. Epi n'ap di nan kè nou: Ki moun ki ka fè nou desann la a!" (Abdyas 1:3); epi li te tou pwofite dekri kèk nan aksyon moun lavil peyi Edon yo kont pèp Izrayèl la, dapre Abdyas 1:11-14: "Nou te rete kanpe la ap gade, lè moun lòt nasyon yo t'ap piye tout richès yo. Nou pa t' pi bon pase etranje yo ki te defonse pòtay yo lè sa a, ki te separe bay chak moun tout richès lavil Jerizalèm yo. Nou menm tou, nou te fè menm bagay la. Nou pa t' dwe kontan wè kouzen nou yo nan malè. Nou pa t' dwe kontan wè y'ap fini ak moun fanmi Jida yo. Nou pa t' dwe pase yo nan rizib, lè yo te nan tray. Nou pa t' dwe janbe pòtay lavil pèp mwen an pou nou te antre ladan l', jou malè te tonbe sou yo a. Nou pa t' dwe kontan wè jan y'ap soufri, jou malè te tonbe sou yo a. Nou pa t' dwe mete men nou sou byen yo, jou malè te tonbe sou yo a. Nou pa t' dwe kanpe nan kalfou yo pou nou touye sa ki t'ap chache chape kò yo. Nou pa t' dwe lage sa ki pa t' mouri yo nan men lènmi yo, jou malè te tonbe sou yo a". Anpil ane te pase; men pat gen okenn repantans. Okontrè, moun lavil peyi Edon yo te pèsevere nan peche yo. Laèn ak ògèy te motive atitid rebelyon ak lènmitay kont Bondye ak pèp li a. Li fasil pou w santi ke reyalite istorik ak divizyon sa a pa gen anyen pou wè avèk jodi a; sepandan, leson an se ke awogans, ògèy ak mepri pou ansèyman Pawòl la gen konsekans yo pou pechè a ak pou tout zòn enfliyans li yo. Inyore Bondye ak/oswa imilye ansèyman li yo nan yon kategori kèlkonk ak diskite se yon erè. Konpòtman ki soti nan inyore Bondye ak meprize etik ke li anseye yo, gen rezilta negatif nan nenpòt kalite aktivite kote moun nan ap travay. Li nesesè pou w enb, saj ak obeyisan.

Kesyon:

- Èske w kwè ke konpòtman ki soti nan inyore Bondye ak neglije etik ke li anseye yo, gen rezilta negatif?

- Ki jan sa afekte mond nou an jodi a?

II. Destriksyon lavil Jerizalèm (Ezayi 22:1-25)

A. Lavil la

Nan chapit 22, Ezayi te pwofetize konsènan lavil Jerizalèm. Li te di konsa: "Tout lavil la tèt anba. Toupatou se bri, se banbòch. Moun ki mouri nan mitan nou yo, se pa nan goumen ni nan lagè yo mouri" (v.2); Epi li te ajoute detay tankou chèf yo ak lame yo te pèdi batay: "Tout chèf lame nou yo vole gadjè. Anvan menm yo te voye yon flèch, yo te gen tan fè yo tout prizonye. Tout moun ki t'ap kouri met deyò yo, yo fè yo tout prizonye tou" (v.3).

Vèsè sa yo bay lide yon egzistans supèfisyèl, chèf san konpwomi, epi sòlda ki pi brav yo pa t tèlman brav. Moun ki rete Jerizalèm yo ak chèf yo te inyore apèl Bondye te fè pou repantans lan (v.12); epi repons lan se te anpil fèt, bri ak plezi senbolize pa mwayen vyann ak diven. Yo te fè fas ak danje ki te prèt pou rive, yo te opte pou yo evade avèk anpil fèt, bwè ak anpil bri (v.13). Yo te viv pou "jwi lavi"; yo pa t panse twòp; ak "pwofite" moman an, pandan ke yo te kite pou lòt moun te responsablite avni an pou yo. Yo te mete nan yon plas ki serye nenpòt lòt kalite bagay. Bondye li menm te konsidere kòm yon senp responsablite relijye.

B. Gouvènman an

Nan pwofesi a, yo fè referans ak yon chèf: Chebna ki se administratè a (v.15), ki, nan mitan sitiyasyon ke yo t ap viv la, li te enkyete li egoyis li ak enterè pèsonèl pase pou l te fè devwa li. Pou atitid sa, li te pèdi travay li ak tout sa li te konnen pou l te travay di: "M'ap kase ou nan plas kote ou ye a, m'ap fè ou desann soti kote ou chita a" (v.19). Yon nouvo administratè te nonmen pou pran plas li: Elyakim. Sa a te fè travay li byen, li te fè byen, Bondye te beni l epi li te sipòte l: "M'ap mete l' chita, l'ap tankou yon zegwi bwa yo fè antre byen fon nan yon poto. Li pral sèvi yon lwanj pou fanmi papa l'" (v.23); men li konnen enkyete pou lokalize fanmi l 'ak asire avni yo nan yon fason san mezire: "Men, tout fanmi l', tout ti fanmi l' yo pral tounen yon chay twò lou pou li. Yo pral pandye nan kou l' tankou gode ak bòl ki pandye nan yon zegwi bwa" (v.24). Sa a te yon ka tipik nan nepotism ki te fini detwi l'ak fanmi li: "Lè sa a, men sa Seyè a, Bondye ki gen tout pouvwa a di: Zegwi yo te fè antre byen fon nan poto a pral rache. L'ap soti, l'ap tonbe atè, epi tout chay ki sou li a pral tonbe tou. Se Seyè a ki di sa" (v.25).

Pwofèt Ezayi se te moun sa ke nou kapab rele jodi a jodi a yon travayè Bondye ki angaje nan travay li epi nan moman sa a ke pèp li a t ap viv la. Olye pou li te "akonpanye" chèf pòs la, li te fidèl nan apèl li a ak sa ke Bondye te konfye li a. Men, pèp la te chwazi inyore mesaje a ak mesaj li a. Chak moun te konsantre pou viv daprè yo menm; endividyalis tèlman tipik nan sosyete nou yo, ak an menm tan an twò lwen enkyetid pou lòt la ke Pawòl la anseye: "Piga nou tire revanj sou pesonn. Piga nou kenbe moun menm ras ak nou nan kè, men se pou nou renmen yo tankou nou renmen pwòp tèt pa nou. Se mwen menm ki Seyè a! " (Levitik 19:18; Matye 5:43). Akoz de bagay sa yo, lè lè a te rive pou yo te mete tèt yo ansanm pou fè fas kare ak lènmi yo genyen an komen an, yo pat prepare pou fè fas ak advèsite a. Relijyon sipèfisyèl yo a pa t ase; yo te bezwen yon lafwa solid epi ki edike nan ansèyman Seyè nou an, ke yo pa t genyen.

Kesyon:

- Èske w panse menm jan ak epòk Ezayi a, jodi a moun yo inyore apèl pou repantans lan? (Ezayi 22:1-14). Menm jan ak Chebna jodi a, èske gen chèf ki panse ak tèt yo? (Ezayi 22:15-25), Kòmantè.

- Si nou reyaji menm jan ak moun nan epòk Ezayi yo: ki sa atitid nou ta dwe ye jodi a?

III. Jijman kont latè (Ezayi 24:1-23)

A. Planèt la

Nan twazyèm pwofesi sa a, Ezayi te itilize langaj senbolik, apokalips, ke pi fò vèsyon biblik yo bay tit nan yon nati jeneral, evènman yo ki pral kouvri tout planèt la. Sètènman moun sa yo ki te tande Ezayi pwoklame pwofesi sa a diman te gen yon konsèp sou planèt la kòm nou genyen li jodia. Yo te konprann ke pwofèt la te fè referans ak tout sa ke li te ye; sepandan, depi pandan kèk ane, pèp la te okouran de ke gen yon posiblite reyèl pou ke pwofesi sa a kapab rive nan planèt.

Jodi a, limanite gen mwayen pou oto-detwi ak depeple tè a, kit pa lagè nikleyè, aksidan atomik, eleman chimik, pandemi bakteri, oswa pa resous teknolojik, tout kalite resous ki motive pa peche ak dekadans moral ak etik kapab itilize pou fini ak imen an.

Pa gen moun ki chape pri peche a. Ezayi 24:2 di klèman ke tout kalite moun pral afekte; epi li fè lis yon kantite travay ak relasyon komèsyal yo. Konsekans inyore Bondye a, oswa fè peche pa eksprè a afekte lemonn antye. Dezekilib ekolojik ki soti nan abi anviwònman an afekte tout moun, ni moun ki abize yo a, ni moun ki pran swen yo a. Se nan menm fason an ke peche a gen konsekans pèsonèl li, e li gen konsekans sosyal yo tou.

B. Abitan yo

Ezayi 24:5 di konsa: "W'a pran vennkat liv farin frans, w'a fè douz pen. Chak pen va fèt ak de liv farin". Se lòm nan menm ki koupab yon trajedi konsa. Li te vyole kòmandman espesifik Bondye a, tankou lalwa ak kontra li te etabli ak pèp la; epi li te inyore sa yo rele "kòmandman ekolojik" ki nan Jenèz 1:28. Komantè

Biblik Beacon fè remake:"Soumèt li epi dirije sou li...Li se yon otorite delege ... pa ki moun li responsab anvè Kreyatè li a... Li pa t 'akòde l privilèj pou eksplwate lanati, kite dèyè kawo ak dezolasyon" (Livingston, George Herbert ak Komantè Biblik Beacon, volim I. Etazini: KPN, 1969, p.19).

Moun sa yo ki te sove anba evènman yo mansyone nan pwofesi a se moun sa yo ki pral chante lwanj pou Bondye:"Sa ki chape yo pral rele, yo pral chante byen fò ak kè kontan. Y'ap rete bò solèy kouche a, yo pral di jan Seyè a gen pouvwa" (Ezayi 24:14). Sepandan, pwofèt la te di:"Byen lwen nan dènye bout latè, nou tande y'ap chante, y'ap fè lwanj pou moun ki mache dwat yo. Men mwen menm, mwen di: Pa gen rechap pou mwen! Pa gen chape pou mwen! Gade nan kisa m' ye! Trèt yo ap trayi moun toujou! Chak jou y'ap trayi moun pi rèd!" (v.16). Menm moun ki te soufri akoz peche yo epi yo te siviv yo pa t repanti; Men, yo te fè lwanj, yo te eseye apeze kòlè Bondye a, diskou pwofèt la te plenn ak gwo tristès. Pwofèt Oze te eksprime yon bagay ki sanble epi di konsa:"Mwen ta pito wè nou renmen m' tout bon pase pou n'ap fè tout ofrann bèt sa yo ban mwen. Mwen ta pito wè nou chache konnen m' vre, mwen menm Bondye nou an, pase pou n'ap boule tout bèt sa yo pou mwen" (Oze 6:6).

Chante yo gen plas yo; men li nesesè pou ke se rezilta fason yon lavi ki fè Bondye plezi. Nou dwe rete fidèl ak manda ekolojik sa a ki soti nan renmen ak obeyisans anvè Bondye. Se li menm ki te bay resous yo e ki te komisyone nou pran swen yo ak jere yo, konnen ke abi, neglijans ak eksplwatasyon, Evaris se yon peche epi konsekans li yo afekte lemonn antye.

Kesyon:

- Konsènan kote n ap viv la, èske nou byen akonpli manda Jenèz 1:28 la? Poukisa?

- Kisa nou kapab fè antanke legliz jodi a pou nou pran swen kote n ap viv la?

Konklizyon

Kontinyèlman, nan pasaj etid sa yo, pwofèt Ezayi te bay gwo avètisman sou konsekans peche yo, ni pèsonèl, ni sosyal. Li te kondane ògèy, awogans ak Evaris; epi asosye yo ak abi anviwònman an. Sonje ke Bondye te rele nou ala repantans, epi li te dispoze padone ak restore; men desizyon an rete a lòm nan antanke moun epi antanke yon pati nan sosyete a. Se pou nou viv atantif ak volonte Bondye ki eksprime klèman nan Bib la; mete konfyans nou nan li, avèk pye nou byen plase sou tè a, obeyisan ak angaje nan tout sa nou konprann yo.

Louwanj, konfyans ak esperans nan Bondye

Zeida Lynch (Etazini)

Pasaj biblik pou etid: Ezayi 25, 26, 27

Vèsè pou aprann: "Ou menm, Bondye, w'ap ba yo kè poze! Moun ki toujou kenbe pwomès yo, wi, w'ap ba yo kè poze, paske yo mete konfyans yo nan ou!" Ezayi 26:3.

Objektif leson an: Rekonèt benediksyon Seyè a nan lavi nou ak nan sa ki gen pou vini an; epi renouvle angajman fidelite ak rekonesans nou anvè Bondye.

Entwodiksyon

Ezayi te pwofetize pandan tan wa peyi Jida yo. Espesyalman, pandan rèy Ozyas yo, Jotam, Akaz ak Ezekyas, ane anvan ann egzil la (Ezayi 1:1). Pèp Bondye te chwazi a pa t viv dapre ansèyman ki soti nan Bondye yo. Okontrè, yo te sèvi zidòl e yo te dezobeyi lalwa Bondye yo. Menm si ke genyen kèk wa ki t'ap chèche l', genyen anpil lòt moun ki te rejte li ak tout fòs yo. Sa a te mennen pèp la ale pi lwen Bondye epi viv nan idolatri, nan dezobeyisans total ak volontèman.

Misyon Ezayi se te avèti dirijan peyi Jida yo konsènan jijman ki t ap vin sou yo ak sou pèp jwif la. Bondye te pasyan; men dezobeyisans peyi Jida t ap pini menm jan ak wayòm nò a, Izrayèl, t ap pini tou.

Sepandan, Ezayi te pataje espwa a tou ke Bondye ta gen pou l akonpli pwomès li te fè wa David la, ke gouvènman li an t ap toujou pou desandan l yo, selon 2 Samyèl 7:1-29 : "Wa David te byen chita nan palè li. Seyè a te pwoteje l', li te fè tout lènmi ki te alantou peyi a pa chache l' kont ankò. Wa a pale ak pwofèt Natan, li di l' konsa: -Gade! Mwen rete nan yon kay bati ak bwa sèd, men Bwat Kontra Seyè a se anba yon kay twal li ye. Natan reponn li: -Tou sa ou gen lide fè, ou mèt fè l', paske Seyè a kanpe la avè ou. Men, menm jou lannwit sa a, Seyè a pale ak Natan, li di l' konsa: -Ale di David, sèvitè m' lan, men sa mwen menm Seyè a, mwen voye di l': Se pa ou menm ki pral bati yon tanp pou m' rete. Depi jou mwen te fè moun pèp Izrayèl yo soti kite peyi Lejip rive jòdi a, mwen pa janm rete nan yon kay. Tout kote m' pase se anba yon tant twal mwen toujou ye. Nan tout deplase mwen ansanm ak moun Izrayèl yo, mwen pa janm mande yonn nan chèf mwen te chwazi pou gouvènen pèp mwen an poukisa yo pa bati yon kay an bwa sèd pou mwen. Koulye a, men sa w'a di David, sèvitè m' lan: Men sa Seyè ki

gen tout pouvwa a voye di ou: Se mwen menm ki te pran ou dèyè mouton ou t'ap gade nan savann yo, mwen mete ou chèf pèp mwen an. Nan tou sa ou t'ap fè, mwen te kanpe la avè ou. Mwen kraze tout lènmi ou yo devan ou. Mwen pral fè yo nonmen non ou tankou y'ap nonmen non pi gwo chèf ki sou latè. Lèfini, mwen pare yon kote pou pèp Izrayèl mwen an. Mwen pral tabli yo la pou yo ka viv san yo pa bezwen pè anyen ankò. Mechan yo p'ap vin maltrete yo ankò jan yo te konn fè l' anvan an, lè mwen te mete jij yo pou gouvènen pèp Izrayèl mwen an. M'ap delivre ou anba men tout lènmi ou yo. Mwen te fè ou konnen m'ap ba ou pitit ak pitit pitit. Lè lè a va rive pou ou mouri, lè y'a antere ou, m'ap pran yonn nan pitit ou yo, m'ap mete l' wa nan plas ou. M'ap fè gouvènman l' lan kanpe fèm. Se li menm ki va bati yon tanp pou mwen. M'ap fè gouvènman l' lan kanpe fèm pou tout tan. M'ap yon papa pou li. Li menm l'ap yon pitit pou mwen. Si li fè sa ki mal, m'ap korije l' tankou yon papa korije pitit gason li. Men, m'ap toujou soutni l', mwen p'ap lage l' jan mwen te lage Sayil lè mwen te kite l' tonbe pou m' te mete ou nan plas li. Ap toujou gen moun nan fanmi ou chita sou fotèy la ap gouvènen apre ou, paske m'ap fè gouvènman fanmi ou lan kanpe fèm pou tout tan. Natan rakonte David tou sa Bondye te fè l' konnen nan vizyon an. Apre sa, wa David ale nan tanp lan, li chita devan Seyè a, li di l' konsa: -Seyè, Bondye sèl Mèt la, kisa mwen ye, kisa fanmi mwen ye pou ou te fè tou sa ou deja fè pou nou? Men ou wè sa pa kont toujou, Seyè, Bondye sèl Mèt la, kifè koulye a w'ap fè konnen sa ki pral rive fanmi mwen denmen nan lanne k'ap vini yo. Epi ou fè m' konn sa, mwen menm ki yon senp moun, Seyè, Bondye sèl Mèt la! Kisa mwen menm David, mwen ka di ou, Seyè, apre sa? Ou konnen ki moun mwen ye, mwen menm k'ap sèvi ou la. Se paske ou te fè pwomès la, se paske ou te vle l' konsa, kifè ou te fè tout bèl bagay sa yo pou ou te fè m' konnen yo. Seyè, Bondye mwen, ala gwo pouvwa ou la gwo! Pa gen tankou ou! Pa gen lòt Bondye pase ou menm! Yo te toujou di nou sa. Pa gen lòt nasyon sou latè tankou pèp Izrayèl la! Se ou menm ki delivre yo pou yo te ka tounen yon pèp ki rele ou pa ou. Se pou yo ase ou fè sa. Toupatou sou latè, y'ap nonmen non ou yo pou gwo mirak ak bèl bagay ou fè pou yo. Ou mete lòt nasyon deyò nan peyi ou la ansanm ak bondye yo pou fè plas pou pèp ou, pèp ou te delivre anba pouvwa pèp peyi Lejip la, pou yo te ka tounen pèp pa ou. Ou fè pèp Izrayèl la tounen pèp pa ou pou tout tan, ou menm ou tounen Bondye yo. Koulye a, Seyè, Bondye, se pou ou kenbe pwomès ou te fè sèvitè ou la ansanm ak fanmi li an. Se pou ou fè sa ou di w'ap fè a. Toupatou sou latè y'a toujou rekonnèt jan ou gen pouvwa. y'a di se Seyè ki gen tout pouvwa a ki Bondye pèp Izrayèl la. Konsa, gouvènman ki nan men fanmi David, sèvitè ou la, va kanpe fèm pou tout tan anba pwoteksyon ou. Seyè ki gen tout pouvwa a, Bondye pèp Izrayèl la, se ou menm ki te fè m' konnen tou sa. Ou te di m', mwen menm sèvitè ou la, w'ap ban mwen yon fanmi, lèfini w'ap fè baton gouvènman an toujou rete nan men fanmi mwen. Se poutèt sa mwen gen kouraj fè lapriyè sa a nan pye ou. Koulye a, Seyè sèl Mèt, se ou ki Bondye tout bon an. Ou toujou kenbe pwomès ou yo. Gade bèl pawòl kè kontan ou di sèvitè ou la! Tanpri, beni tout fanmi mwen apre mwen pou yo ka toujou anba pwoteksyon ou. Wi, Seyè sèl Mèt, ou te pwomèt mwen sa. Se pou ou toujou voye benediksyon ou sou fanmi mwen''. Pwomès sa a t ap akonpli ak arive Mesi a, nan yon avni byen lwen pou epòk sa a. Nan liv Ezayi a, nou jwenn anpil pwofesi sou Mesi a. Espwa sa a se te ankouraje moun yo chwazi a pandan tan nan pinisyon an ak ekzil la. Lòt pati nan mesaj Ezayi a te ke ta gen jijman kont nasyon Bondye te itilize pou pini pèp ke li te chwazi a. Nasyon sa yo t ap mechan anpil ak moun peyi Jida yo; epi paske yo ta vante tèt yo, epi yo pa ta rekonèt Bondye nan mitan yo, yo ta detwi nèt.

Soti nan chapit 13 la pou rive nan chapit 24 la, pwofèt Ezayi te mansyone pinisyon Bondye te bay nasyon Babilòn yo, peyi Lasiri, Filisti, Mowab, Damas, nò peyi Izrayèl la, peyi Letyopi, peyi Lejip, Dima, Arabi, Tir, ak anpil lòt nasyon ankò ki ta fè pèp Bondye te chwazi a soufri anba move tretman.

Soti nan chapit 25 pou rive nan chapit 27 nan liv pwofèt Ezayi a, se ekspresyon louwanj pou Bondye pou sa li te fè, ap fè ak pral fè pou redanmsyon pèp Izrayèl la. Se yon apèl pou nou mete konfyans yo nan Seyè a pandan tan esklavaj la; epi kenbe espwa vivan ke redanmsyon sa a pral manifeste tèt li ak retounen nan peyi yo aprè ekzil la.

I. Pèp Bondye a fè lwanj li epi remèsye li pou tout sa ke li te fè yo (Ezayi 25:1-12)

Nan Ezayi 25:1-12, pwofèt la te envite peyi Jida pou l fè lwanj Bondye. Ezayi te mennen pèp la rekonèt ke se pral gras a Senyè a ki pral pèmèt yo wè lènmi yo tonbe. Nasyon fò tankou Lasiri, ak pita Babilòn, ta dwe detwi pou tout tan (v.2).

Aksyon sa yo ta gen konsekans pa sèlman nan mitan pèp Bondye a; men tou nan mitan nasyon vwazen yo lè yo dekouvri konpasyon Seyè a ak pèp li a ki te nan afliksyon ak imilyasyon yo (v.4).

Ezayi te fè konnen tou, atravè menm pèp peyi Jida a, pral gen benediksyon pou tout nasyon, envite yo ale Jerizalèm, sou mòn ki apa pou Bondye a, dapre sa ki nan v.6-7 :''Seyè ki gen tout pouvwa a pral fè yon gwo fèt sou mòn Siyon an pou tout nasyon ki sou latè, avèk bèl plat manje byen pare ak bonjan vyann gra. L'ap sèvi bon kalite diven ki la depi lontan. Se sou mòn sa a li pral wete gwo vwal ki te sou tèt tout nasyon yo, vwal ki te ba yo kè sere a''.

Pwomès letènite a parèt nan menm chapit sa a tou: Bondye pral detwi lanmò epi fini ak soufrans yo (v.8). Pwomès sa a pral reyalize tou nan nouvo syèl la ak nouvo tè a (Revelasyon 21:4).

Ki jan nou kapab aplike pasaj sa a pou lavi nou?

Ezayi 25:1-12 se yon pasaj espwa ak yon apèl pou di Bondye mèsi. Menm nan mitan moman difisil yo, li pa janm kite nou, paske li toujou la avèk nou. Pafwa, nan lavi kretyèn nan, nou kapab pase atravè moman ki byen difisil, moman gwo eprèv, nan kè sere oswa ensètitid akòz de kèk sikonstans pèsonèl, fanmi oubyen sosyal.

Pasaj ki anwo a ban nou de rezon poukisa nou ka kontinye fè louwanj non Bondye, menm nan mitan difikilte yo. Premye rezon an: Bondye te fè bèl bagay nan lavi nou. Nou tout gen eksperyans valè pèsonèl lanmou, fidelite, pwovizyon ak benefis Bondye yo. Sepandan, pafwa nou pa sonje yo; oswa sa ki pi mal la, nou pa rekonèt ke yo soti nan li.

Se vre nou p ap janm kapab konte tout benediksyon l yo, jan Sòm 40:5 di a: ''Seyè, Bondye mwen, ou te fè anpil bèl mèvèy pou nou, ou te fè anpil lide pou nou. Pa gen tankou ou, Seyè! Mwen ta renmen fè moun konnen yo, mwen ta renmen pale sou yo. Men, yo sitèlman anpil, mwen pa ka rakonte yo''.

Men, nou dwe aprann devlope yon lespri rekonesans pou sa ke nou kapab wè yo. Nou dwe aprann rekonèt ke se Bondye k ap aji pou nou tou. Pafwa, nou kapab kwè ke yo se sitiyasyon sou chans epi se pa yon benediksyon entansyonèl ki soti nan Bondye pou nou.

Dezyèm rezon li ban nou an se ke "konsèy ansyen li yo se verite ki solid" (Ezai 25:1). Pwomès Bondye yo se verite. Menm jan li te anonse ke li ta pini pèp li a, li te anonse delivre li ak pini tout pèp ke li te chwazi pou te abize li a tou. Sa te fèt, epi nou wè ekriti sa nan plizyè liv pwofetik.

Menm jan an tou, nou dwe konsidere Pawòl Bondye a pou ede nou grandi nan lafwa. Pwomès Bondye yo mande yon gwo angajman ki soti bò kote pa nou tou, yon abitid ki chanje, yon desizyon ki pran, yon chanjman nan panse oswa atitid. Bondye pa kondisyone pwomès li yo; men li vle pou nou grandi epi kite nou fòme pa li menm.

Men tou nan Ezayi 25:8-9 nou jwenn yon lòt rezon pou fè louwanj li: pwomès la se ke gen yon jou k'ap vini kote ke p'ap gen ni lanmò, ni dlo nan je. Jezi ki se Kris la te pwomèt disip li yo ke li ta gen pou l' ale prepare yon plas pou nou (Jan 14:1-2); epi apot Pòl menm, nan I Korentyen 15:54, te di nou ke lanmò pral pèdi batay.

Esperans Dezyèm Vini Kris la, osi byen ke pwomès syèl la pou tout moun ki te kwè nan li yo, se yon lòt rezon pwisan pou nou fè louwanj li.

Revelasyon 7:17, 21:4 afime ke Seyè a pral siye tout dlo nan je epi pa pral gen lanmò oubyen doulè. Lè nou fè fas ak ensètitid, nou kapab genyen sètitid ke sa n ap viv la pral tanporè, an konparezon ak letènite k ap tann nou an; yon letènite san doulè, lanmò oswa separasyon. Esperans sa a se yon lòt rezon ki kapab pouse nou fè louwanj pou Bondye. Louwanj pou Bondye a dwe yon abtid nan lavi chak kretyen. Sa dwe rezilta yon konviksyon nan kè an rekonesans fidelite Bondye pandan lavi nou; sekirite nan akonplisman pwomès li yo; epi ki baze sou espwa nou genyen nan li pou letènite.

Kesyon:

- Drese yon lis ki genyen twa rezon Ezayi bay pou nou egzalte ak fè louwanj Bondye (vv.1, 8).

- Ki kèk nan rezon pèsonèl ou genyen pou w fè louwanj ak egzalte Bondye (v.8)?

II. Pèp Bondye a fè l konfyans epi obeyi li (Ezayi 26:1-21)

Ezayi chapit 26 la se yon ekspresyon konfyans nan Bondye. Li se yon chante ki ta dwe chante lè jwif yo tounen nan vil kote yo te rete avan an apre yo fin pase yon bon bout tan nan ekzil. Yo t ap finalman rekonèt ke Bondye se moun ki te pèmèt yo retounen epi li se moun ki te bat lènmi yo a; v.5-6: "Li fè moun ki te gen gwo lide nan kè yo bese tèt yo byen ba. L'a kraze gwo lavil yo te bati pou pwoteje yo a, li demoli l' nèt ratè. Pòv yo ak malere yo ap foule l' anba pye yo!". An menm tan an, li ta dwe repons pou repantans sensè pèp Bondye a; ak rekonesans pou yo te jwenn yon repons pou rèl dezespere yo te pete pou mande Bondye jistis; v.8-9: "Nou vle fè volonte ou, nou konte sou ou. Se ou menm nou anvi wè! Se ou menm n'ap chonje tout tan! Lannwit, se ou menm m'ap chonje. Lide m' ap travay sou ou. Paske lè w'ap jije sa k'ap pase sou latè moun ki sou latè resi konnen sa ki rele jistis".

Jida te tèlman lwen Bondye; paske li te kontinye ak idolatri li a malgre mesaj pwofèt yo. Pandan tan egzil la, Bondye te kontinye voye pwofèt pou ede yo repanti epi kwè ke li ta gen pou l padone yo.

Li bèl pou w fè eksperyans benediksyon lè w te simonte yon eprèv oswa yon moman difisil. Lè nou tcheke ak fè yon ti gade dèyè pou nou wè jan ke Bondye te fidèl pandan tan sa a e li te ban nou viktwa a, nou kapab reyafime konfyans nou nan li.

Ezayi 26:3 di nou ke Bondye ap pwoteje lavi nou lè nou aprann pèsevere nan li; paske nou mete konfyans nou nan moun ke Li ye a. Kè poze ke Bondye ofri a se menm sa Jezi te pale de lia a nan liv Jan 14:27 ak sa ke apot Pòl mansyone nan Filipyen 4:7. Kè poze sa a se pas an pwoblèm; men se yon lapè nan mitan yo. Se yon lapè ki jwenn baz li nan konfyans nou nan Bondye.

Lè nou pèsevere nan kontinye fè konfyans a moun ke Bondye ye a malgre sitiyasyon nou pase yo; nou kapab jwi kè poze nou an.

Ni se yon konfyans triyonfalis ki kwè ke tout bagay pral byen, oswa ke pa gen anyen mal ki pral rive kretyen an. Se yon konfyans ki baze sou konesans kiyès Bondye ye; ki kenbe pwomès li yo; ke mizèrikòd li pap janm rive nan bout li; e ke li te pwomèt li pral avèk nou pou tout tan (Matye 28:20).

Ezayi 26:5-9 ankouraje pèp la pou yo kontinye mete konfyans yo nan Bondye epi pa dekouraje; paske li bese vanyan sòlda yo (vv.5-6). Bondye te kraze tout nasyon ki te maltrete peyi Jida yo.

Bondye jis. Li evalye aksyon nou yo, epi li konnen entansyon kè nou (vv.7-8). Paske atravè sitiyasyon difisil sa yo, Bondye ap anseye nou jistis li (v.9). Difikilte yo se yon mwayen ki pèmèt ke nou konnen li nan yon fason ki nouvo; lè atribi ak benefis li yo vin pi vizib nan lavi nou.

Se nan mitan rekonesans kiyès Bondye ye a ki ede nou rive nan yon repantans sensè. Soti nan vèsè 16 la, pou rive nan vèsè 18 la, nou jwenn reyaksyon pèp Bondye te chwazi a. Pwofèt Ezayi mansyone nan vèsè 16 la ke pèp la t'ap chèche Bondye nan lapriyè. Nan mitan pinisyon, yo rekonèt ke yo te dezobeyi epi yo te tounen fas yo nan direksyon Bondye pou chèche padon, restorasyon ak restitisyon. Nan vèsè sa yo, nou jwenn ke yo rekonèt ke tout efò yo pou libere tèt yo anba konsekans dezobeyisans yo a te anven. Konparezon an fèt ak doulè yo ak soufrans yon fanm pandan akouchman; v.17-18: "Seyè, nou t'ap rele nan pye ou, tankou yon fanm ansent ki prèt pou akouche, k'ap tòde, k'ap rele lè tranche a pran l'. Li nan lapenn, l'ap tòde anba doulè. Men, lè pou l' akouche, li pa fè anyen. Konsa tou, nou te nan lapenn, men, peyi a pa rive sove. Moun ki pou rete nan peyi a pa rive fèt". Sepandan, malgre tout efò yo te fè, yo pa t jwenn delivrans anba men lènmi yo. Ala bon sa bon pou nou rekonèt ke se sèlman Bondye ki kapab bay viktwa! Nan demonstrasyon repantans sa a, ògèy la rete sou kote.

Anpil fwa nou vle "ranje" lavi nou; epi aprè sa a, vin pi pre Bondye. Lè reyalite a se ke li aksepte nou kèlkeswa jan nou ye a; epi ranpli nou ak Sentespri a pou nou kapab fè chanjman ki nesesè yo ki pral transfòme lavi nou.

Ezayi 26:20-21 vle di li fè referans ak tan soti nan esklavaj la. Yon envitasyon pou tann, fè konfyans, pèsevere nan panse yo (v.3), nan Bondye ke nou mete konfyans lan.

Menm pawòl sa yo ta dwe ankouraje nou lè n ap travèse moman difisil yo epi sanble ke Bondye pa reponn: "Ale non, pèp mwen an! Antre lakay nou. Fèmen pòt dèyè nou. Kache kò nou pou yon ti tan, jouk kòlè Bondye a va fin pase" (v.20). Kontinye fè konfyans, kontinye pèsevere, Bondye pa chanje, li pral akonpli sa li te pwomèt la.

Kesyon:

- Nan Ezayi 26:5-9, fè lis twa rezon ki fè pèp Bondye te chwazi a ta dwe fè Bondye konfyans.

- Ki etap repantans pèp Izrayèl la te montre (vv.16-18)?

III. Pèp Bondye a fè eksperyans restorasyon li (Ezayi 27:1-13)

Nan Ezayi 27, pwofèt la te envite pèp yo te chwazi a kontinye espere ke Bondye ap restore li. Nan premye pati chapit sa a, Ezayi te kòmanse lè l te anonse pinisyon ak destriksyon lènmi peyi Jida yo. Egzanp li te itilize a se ak levyatan (v.1). Èt sa a se yon reptil maren. Li itilize nan kèk pasaj nan Bib la pou fè referans ak lènmi Bondye yo. Nan Jòb 41, yo dekri li kòm yon bèt ki gen anpil fòs. Nan Sòm 74:14, se destriksyon li pa Bondye ki mansyone, nan Ezayi 27, li te fè referans ak li nan pèspektiv istorik wa Nèbikadneza, wa peyi Babilòn nan, ki ta pral genyen batay la sou peyi Jida epi mennen l nan esklavaj selon 2 Kwonik 36:17-21: "Se konsa Seyè a fè wa Babilòn lan moute vin atake yo. Wa a touye tout jenn gason peyi Jida a nan Tanp lan menm. Li pa t' gen pitye pou pesonn, granmoun kou timoun, fanm kou gason, malad ou pa malad. Bondye lage yo tout nan men wa a. Wa a menm pran dènye sa ki te nan Tanp lan ak nan pyès trezò Tanp lan ansanm ak richès wa a ak richès lòt gwo chèf yo, li pote yo lavil Babilòn. Lèfini, li mete dife nan Tanp lan. Li kraze miray lavil la. Li boule tout gwo kay yo ak tout bèl bagay koute chè ki te ladan yo. Li pran tout moun ki pa t' mouri yo, li depòte yo lavil Babilòn kote yo sèvi l', li menm ansanm ak pitit li yo, tankou esklav, jouk gouvènman an pase nan men wa peyi Pès la. Se konsa, sa Seyè a te mete nan bouch pwofèt Jeremi an rive vre: Pandan swasanndizan tè a pral rete san yon moun ladan l', li pral pran repo pou tout jou repo yo pa t' janm ba li a''.

Espwa ke pwofèt Ezayi te bay pèp chwazi a se te ke destriksyon lènmi sa a ta gen pou l fèt nan yon fason ki total.

Vèsè sa yo Ezayi 27:2-13: "Jou sa a, y'a chante yon chante sou jaden rezen k'ap bay bon diven an. Se mwen menm, Seyè a, k'ap okipe jaden an. Se chak lè m'ap wouze l'. Lajounen kou lannwit m'ap veye l', pou pesonn pa fè l' anyen. Mwen pa fache avè l' ankò. Si mwen jwenn pikan ak move raje ladan l', m'a rache yo. M'a sanble yo, m'a boule yo nan dife. Men, si lènmi pèp mwen an vle pou m' pwoteje yo, se pou yo vin fè lapè ak mwen. Wi, se pou yo vin fè lapè ak mwen. Nan jou k'ap vini yo, fanmi Jakòb la pral pouse rasin ankò, pèp Izrayèl la pral boujonnen, li pral fè flè. Li pral kouvri latè ak donn l'ap bay. Seyè a pa t' pini l' menm jan li te pini lènmi l' yo. Li pa t' touye moun li yo menm jan li te touye moun ki t'ap ansasinen l' yo. Pou l' te pini pèp la, li mete yo deyò nan peyi a, li depòte yo, li voye yon move van soti nan lès pote yo ale. Men, pou l' padonnen peche pèp Izrayèl la, se pou tout wòch lotèl zidòl yo tounen pousyè lacho, se pou yo kraze tout estati zidòl yo ansanm ak lotèl kote yo boule lansan pou yo. Se konsa li p'ap fè yo peye pou sa yo fè a. Lavil ki te gen gwo ranpa ap fin kraze. Pa gen moun ki rete la ankò. Lavil la tounen yon savann. Se la jenn bèf vin rete, se la yo manje, se la yo kouche. Y'ap manje dènye ti pous raje. Branch bwa yo cheche, yo kase. Medam yo ranmase yo pou fè dife. Paske pèp la pa t' konprann anyen, Bondye ki te kreye l' la p'ap gen pitye pou li. Bondye ki te fè l' la p'ap fè l' gras. Jou sa a, tankou lè y'ap bat pwa sou glasi, se Seyè a menm ki pral jije tout moun nan peyi a, depi bò larivyè Lefrat la jouk ravin ki sou fwontyè ak peyi Lejip la. Apre sa, nou menm pitit Izrayèl yo, l'ap ranmase nou grenn pa grenn, tankou lè y'ap ranmase grenn pwa sou glasi. Wi, jou sa a, y'a kònen gwo twonpèt la. Tout moun ki t'ap deperi nan peyi Lasiri, tout moun yo te depòte nan peyi Lejip yo pral tounen lakay yo. Y'ap vin adore Seyè a sou mòn ki apa pou li a, nan lavil Jerizalèm'', se afimasyon sou jan ke Bondye te pran swen pèp li a malgre li nan esklavaj. Bondye pral pran swen yo tankou yon jaden rezen espesyal (v.3). Moun ki gen eksperyans ak jadinaj konnen ke li pa ase pou plante grenn nan sèlman; men plant yo dwe toujou resevwa swen. Anplis awozaj, ou dwe netwaye, retire move zèb k ap grandi tou pre plant yo, elatriye. Nan eta peyi Etazini yo, kote mwen rete ak fanmi mwen, nou dwe vijilan ak move tan an; paske nou ka gen lagrèl oswa nèj pandan ete a. Lè sa rive, ou gen pou kouvri plant yo ak materyèl ki kapab pwoteje yo kont move tan.

Ezayi te mete aksan sou Jewova li menm k ap pran swen pèp li a pou pèsonn pa fè l mechanste. Se pou nou konsidere ke li pa ta retire pinisyon an; men menm nan mitan egzil la, Bondye ta kontinye pran swen yo, epi kenbe yon rès.

Epitou, li eksprime envitasyon Bondye te fè pèp li a pou yo te fè lapè avèk Li. Disiplin ki soti nan Bondye a pap detwi moun Seyè a renmen an; men pito se pou restore li, Ebre 12:5-8:''Eske nou gen tan bliye pawòl Bondye te di pou ankouraje nou tankou pitit li? Pitit mwen, lè Bondye ap pini ou, pa pran sa an jwèt. Lè l'ap fè ou repwòch, pa dekouraje. Paske Bondye pini moun li renmen. Se moun li rekonèt pou pitit li li bat. Enben, sipòte soufrans sa yo tankou si se papa nou k'ap pini nou. Paske soufrans sa yo se prèv Bondye konsidere nou pou pitit li. Nou janm tande yon papa ki pa janm pini pitit li? Si Bondye pa peni nou tankou tout papa pini pitit yo, sa vle di nou pa pitit lejitim Bondye tout bon, nou se pitit deyò''.

Pinisyon peyi Jida a se akòz de idolatri li ak dezobeyisans konstan li anvè Bondye. Ezayi 27:9 di nou ke Bondye pra l epaye Izrayelit yo lè yo detwi lotèl yo kote yo adore lòt bondye yo. Lavni pou ti rès moun ki te chape nan mitan pèp Izrayèl la se te yon siyal viktwa. Yo t ap retounen nan peyi yo depi tout kote yo te depòte yo; men yo ta tounen renouvle ak tout dezi pou yo fè Bondye plezi epi adore li (vv. 12-13).

Ki jan nou kapab aplike pasaj sa a pou lavi nou ak legliz la?

Vèsè sa yo ta dwe bay anpil espwa pou legliz la jodi a. Premyèman, lènmi an komen nou genyen an se Satan, li menm ki pral detwi nèt (Revelasyon 20:10). Lè nou wè tout doulè ke peche a pwovoke ak konsekans li nan tout mond lan, nou kapab renouvle konfyans nou ke Kris la pote viktwa sou lènmi an, epi yon jou lènmi sa a pral detwi konplètman.

Dezyèmman, nou resevwa swen ak pwoteksyon Bondye li menm. Menm jan ak yon kiltivatè ki okipe jaden li, Bondye pral fè sa ki nesesè pou legliz li a rete san okenn tach. Nan Jan 15, Jezi antanke Kris la pran egzanp pye rezen an tou; epi li envite nou rete atache avèk li, pou nou resevwa nan men li eleman nitritif ki nesesè pou lavi nou.

Sepandan, pasaj ki nan Ezayi 27 la montre nou tou ke gen yon pwosesis restitisyon pou mennen nou nan vrè repantans ak chanjman kondwit la. Pwosesis restitisyon sa a, ki diferan pou chak kwayan, gen objektif pou montre nou sa li ye, epi pran premye plas nan lavi nou, sa ki ranplase Bondye nan nou an, epi ede nou renouvle yon angajman pou ke nou rete fidèl ak Bondye.

Nan mitan sitiyasyon yo ke Bondye itilize pou poli ak moule lavi nou, lanmou li toujou rete menm jan an; li kontinye pran swen nou. Epi entansyon li se travay nan nou pou ke nou vin tankou Kris la.

Kesyon:

- Ki reyaksyon ou genyen anvè enjistis ki fèt nan anviwonman travay oswa biznis ou?

Konklizyon

Nan Ezayi 25 a 27 nou jwenn yon apèl pou nou fè louwanj, konfyans ak mete espwa nou nan prezans Bondye nan lavi nou. Louwanj nan mitan difikilte; konfyans nan rekonèt kilès Bondye ye; ak espwa nan retou li a. Nou dwe devlope atitid sa yo nan lòd pou ke nou genyen yon lavi viktorye nan Kris la; epi temwaye ak lavi nou bay moun ki bò kote nou yo.

Jistis Bondye pou nasyon yo

Joel Castro (Espay)

Pasaj biblik pou etid: Ezayi 28:1-15,18-29, 29, 33:1

Vèsè pou aprann: "Paske lwijanboje a pral jwenn ak bout li. Moun ki t'ap pase Bondye nan betiz la pral disparèt. Yo pral fini ak tout moun ki t'ap chache okazyon pou fè sa ki mal" Ezayi 29:20.

Objektif leson an: Konprann ke si nou pa chèche prezans Bondye avèk tout senserite nou, jistis li gen pou l trajik menm jan sa te ye kont peyi Jida, Izrayèl ak Lasiri.

Entwodiksyon

Liv pwofèt Ezayi a gen chapit ki pi long pase nenpòt lòt liv pwofetik. Kontni ki nan 66 chapit liv li a te lakoz li resevwa yon tit espesyal ki se "ti pòtrè Bib la". Epi menm jan ke Bib la touche tèm jenerik tankou peche, Mesi a, delivrans, jijman, elatriye, se menm bagay la tou ke pwofèt la te fè nan liv li a. An referans a jistis ki soti nan Bondye a, Ezayi te preche ak temwaye jijman ke pèp Izrayèl la te oblije soufri a.

Pwofèt Ezayi te reprimande nasyon yo pou yo pran an konsiderasyon jijman Bondye a ki te prèt pou vini; si yo pa t repanti pou pèvèsite yo. Genyen de seksyon nan reprimand li yo ki sou fòm plenn oswa malè ak plizyè nasyon diferan k ap koute. Premye ekip moun ke li te adrese a se te pèp Izrayèl la, li te denonse yo akoz de mechanste yo (5:8-22); epi dezyèm seksyon an adrese a nasyon sa yo ki te pi prè pwofèt la (28, 29, 30, 31, 32, 33). Premye a gen yon sèl chapit; epi dezyèm lan se yon seksyon nan tout chapit yo, ke yo rele tou "liv malè yo" (Youngblood, Ronald. Tèm Ezayi a. Etazini: Editoryal Vida Miami, 1987, p.65).

Nan etid nou an jodi a, nou pral gade yon pati dezyèm seksyon sa yo; pliske tit leson nou an se deja "Jistis Bondye pou nasyon yo". Ann wè poukisa yo te jije kòz nasyon Izrayèl yo, peyi Jida ak peyi Lasiri.

I. Jijman pou branch fanmi Efrayim nan (Ezayi 28:1-13)

Apre lanmò wa Salomon, pèp Izrayèl la te divize an de wayòm. Wayòm sid la te fè sèlman de tribi; men nan wayòm nò a, yo te rete dis tribi, ak branch fanmi Efrayim nan ki pi dominan. Anvan sa, Ezayi te rele Samari kòm "chèf Efrayim" konsa li fè referans ak vil sa a kòm kapital wayòm nò a (7:9). Efrayim te tonbe anba jijman paske yo te dejwe nan bwè tafya (28:1). Vis la te tèlman pwisan nan nasyon sa a, dapre Vèsyon Biblik Jerizalèm 1999, Samari te pote non " kouwòn glwa moun k'ap bwè tafya yo"; epi li

ajoute, "Madichon pou gwògmann ki alatèt peyi Efrayim lan! Pouvwa yo ap fini tankou bèl flè ki te nan kouwòn yo te mete sou tèt yo a. Madichon pou bèl kapital k'ap deperi sou tèt mòn kote li dominen bon venn tè ki nan plenn lan! Madichon pou nou tout ki anba gwòg nou!".

Konsekans alkòl yo pat janm bon; okontrè yo te pote anpil erè ak laterè nan lavi moun, ni nan yon nivo pèsonèl, fanmi, travay epi sitou espirityèl. Alkòl la se yon bagay ki pwovoke revòlt, debòch ak aksyon ridikil; Kidonk, kisa ki ta kapab espere nan men moun ki t'ap dirije nasyon wayòm nò a?

Alkòl bay moun k ap dirije yo yon fo otorite; paske yo fè sa ak ògèy ak diktati. Se poutèt sa, Bondye te vin leve yon nasyon ki te pou vin pilonnen kouwòn ògèy moun branch fanmi Efrayim yo (v.3). Kontrèman ak awogans nasyon sa a akoz de alkòl la, nasyon Bondye te itilize a t ap vini kòm yon "tanpèt lagrèl... tankou yon gwo dlo ki pou inonde ak fòs..." (v.2). E reyèlman, pa te gen okenn tras awogans ankò nan mitan pèp Izrayèl la; paske fwi sa a te derasinen ak gwo vyolans (v.4), se konsa ke Lasiri te fè ak nasyon sa a nan ane 721 anvan epòk nou an.

Pwoblèm tafya a te tèlman pran chè, non sèlman chèf sivil yo te tonbe nan vis sa a; men tou gid espirityèl yo tankou prèt ak pwofèt la (28:7). Malerezman, akòz de vis sa a, yo te pèdi tout sansiblite espirityèl yo, yo te dekouraje, deranje, ak dezole; yo pa te genyen okenn vizyon espirityèl, ni yo te aji totalman nan desizyon yo (v.7). Sitiyasyon sa a te tèlman prezante aksyon malpwòpte, sou tout tab ak biwo travay yo se te sèlman vomisman ak pousyè tè (v.8). Nan Levitik 10:8-11, Bondye te kòmande Arawon ak jenerasyon li yo pou yo sispann konsonmen alkòl la, yon fason pou ke yo te kapab konnen ki jan pou yo fè diferans ant sa ki byen ak sa ki mal; men reyalite a pa t konsa. Epi menm jan ak lidè sivil yo tou, yo te deklare yo ke yo pral sibi destriksyon anba men peyi Lasiri; depi yo te rejte avètisman li yo.

Menmsi yo pa t vle aprann tankou ti moun; lè sa a, yo t ap resevwa ansèyman nan men etranje nan yon nasyon etranje. Se konsa, yo te tonbe anba men moun peyi Lasiri yo, selon Ezayi 28:9-13: "Y'ap pale sou mwen, y'ap di: Ki moun l'ap moutre tout bagay sa yo? Ki moun l'ap fè konprann sa Bondye fè l' konnen an? Gen lè se pou timoun ki fèk sevre, timoun ki fèk kite tete? Tankou pwofesè lekòl, l'ap repete lèt apre lèt, liy apre liy, leson apre leson. Si yo pa koute m', Bondye pral voye yon bann moun k'ap pale yon lòt lang yo p'ap konprann menm pou pale ak yo. Se li menm ki te ban nou yon kote pou n' poze kò nou, yon peyi kote tout moun ki bouke ka jwenn kanpo, yon peyi kote moun ka viv ak kè poze, men nou derefize koute. Se poutèt sa, Seyè a pral pale ak nou, l'ap repete lèt apre lèt, liy apre liy, leson apre leson. Lè sa a, n'a pral bite, nou pral tonbe sou dèyè, nou pral kase pye nou, nou pral pran nan pèlen, y'ap fè nou prizonye"; paske yo te mennen yo nan esklavaj nan yon nasyon etranje.

Nan Nouvo Testaman an, apot Pòl, nan enstriksyon pastoral li yo, te avèti Tit ak Timote ke pastè ak dirijan espirityèl yo pa dwe lage kò yo nan bwè diven (1 Timote 3:3; Tit 1:7). Men, egzòtasyon sa a tou pou chak disip Kris la; pliske alkòl kenbe nou lwen nan reyalite ak domine nou anpeche nou aji anba kontwòl Sentespri a. Retounen nan pasaj Ezayi a, nan mitan ankourajman lidè sivil ak relijye yo ki t ap benyen nan alkòl, epi kontrèman ak kouwòn ògèy la; gen yon kouwòn glwa ak dyadèm an bote pou moun ki reyèlman chèche sentete espirityèl la, selon sa ki di nan Ezayi 28:5-6: "Jou sa a, Seyè ki gen tout pouvwa a pral tankou yon bèl kouwòn flè pou rès moun ki pa mouri yo, yon bèl kouwòn dyaman pou sa ki chape yo. L'a fè moun ki chita nan tribinal yo gen bon konprann pou yo pa fè lenjistis. L'ap bay sòlda yo fòs pou yo ka kilbite lènmi yo lòt bò pòtay lavil la". Pou fè sa, nou dwe swiv konsèy apot Pòl yo, pou ke nou kapab pito ranpli ak Lespri Sen an, olye pou nou bwè kote ki gen disolisyon ak lanmò (Efezyen 5:18).

Kesyon:

- Ki sa ki te epi ki toujou vis ki kraze anpil lavi ak anpil fanmi? _____
- Ki konsekans ki te prezante lè ke chèf relijye yo te tonbe nan konsomasyon bwason ki gen alkòl (v.7)?

II. Jijman pou branch fanmi Jerizalèm nan (Ezayi 28:14-15,18-29, 29:1-24)

Ezayi te yon pwofèt ki te rete nan lavil Jerizalèm; se poutèt sa ke, li te konnen konpatriyòt li yo trè byen. Pa konsekan, li te denonse wayòm sid la tou akoz de mechanste li yo.

A. Jijman pou mansonj yo (28:14-15,18-29)

Nasyon jwif la te konsyan de kriz militè ki te genyen nan rejyon an; men olye li te chèche èd Bondye, li te prefere pran refij nan relijyon manti ak twonpe moun (v.15). Ezayi te denonse reyalite sa a kòm yon betiz sou Bondye (vv.14, 22); pliske lidè relijye ak sivil yo, konnen nan ki moun ke vrè delivrans la t ap soti, yo te pi pito fè yon kontra ak peyi Lejip. Alyans sa a se te ak lanmò epi "kontra ak kote mò yo ye a"; paske olye de lavi, yo jwenn lanmò (v.18).

Kidonk, jodi a moun pito tande pale de fo predikatè yo ki pale de lapè, pwosperite, ak sekirite, san entansyon pou fè Bondye plezi. Nan sans de fo mesaj sa a, dyab la pran avantaj ak yon manti abiye tankou yon benediksyon.

B. Jijman pou ipokrizi espirityèl yo (29:1-14)

Pwofèt Ezayi te kòmanse chapit 29 la nan moman kote ke li te lanse yon kri lapenn pou jijman ki t ap gen pou anvayi lavil Jerizalèm.

"Malè" sa a se te akoz de mank de senserite yo nan kilt yo te konn ap ofri Bondye yo. Nan vèsè 2 a, gen yon jwèt mo ak tèm ki rele "Aryèl". Clarke di konsa: "Premye Aryèl isit la parèt pou fè referans ak lavil Jerizalèm, ki ta dwe prije pa moun peyi Lasiri yo; dezyèm Aryèl la sanble fè referans ak lotèl pou boule nèt sakrifis yo" (Clarke, Adam. Kòmantè Biblik Bib Sen an, volim II. Etazini: KPN, 1974, p.192). Li klè ke Bondye te atire atansyon pèp lavil Jerizalèm nan; paske sakrifis yo te anven. Rekòmandasyon diven an te fason sa a: "Nou pa ka konprann tou sa Bondye fè nou konnen la a. Y'ap tankou yon liv yo sele. Si nou pote l' bay yon moun ki konn li pou nou mande l' li l' pou nou, l'ap reponn nou li pa kapab, paske liv la sele" (1:11). Bondye te fatige ak mouvman relijye yo a; se poutèt sa ke, nan 29:2, li te avèti yo: "Seyè a pral voye yon sèl laflìksyon sou lotèl Bondye a. Moun pral rele, yo pral plenn. Lavil la pral tounen yon lotèl Bondye tout bon kote y'ap ofri bèt yo touye pou li". Menm jan yo boule sakrifis yo, san adorasyon sensè, menm bagay la tou yo te gen pou boule lè y'ap resevwa pinisyon ki soti nan Bondye a.

Nou pa ka twonpe oubyen chantaje Bondye avèk rityèl adorasyon nou an. Ezayi te deklare: "Seyè a di: -Lè moun sa yo ap fè sèvis pou mwen, se pawòl nan bouch! Y'ap louvri bouch yo pou fè lwanj mwen, men lespri yo byen lwen. Si y'ap mache di yo gen krentif pou mwen, se pawòl granmoun lontan moutre yo y'ap repete lè konsa" (29:13). Bondye vle vrè adoratè "nan lespri ak nan verite" (Jan 4:23). Ipokrizi espirityèl la nwasi ak bouche vizyon kretyèn nou avèk kwasans espirityèl nou. Bouch la dwe konfese sa kè a kwè a; men si kè a lwen Kreyatè a, bouch la pral manipile pa yon relijyon senp ki manke senserite. Ipokrizi espirityèl la se dapre Beacon, "Analfabetizasyon espirityèl" (Price, R. E. Kòmantè Biblik Beacon. Etazini: KPN, 1991, p.128). Mande: Ki sa w ka atann de yon dirijan kretyen ki gen kè li k'ap dirije pa Bondye ak Pawòl li a? Gen yon sèl lespri andòmi ak avègleman espirityèl (Ezayi 29:10).

C. Jijman pou peche yo ke yo t'ap kache (Ezayi 29:15-24)

Sa ki mal atire sa ki mal; manti ak ipokrizi te fè Jerizalèm kwè ke yo te kapab kache pou Bondye pat wè yo. Se konsa, se te ak premye paran nou yo ki te vle kache anba pye bwa yo; epi konsa montre ke pa gen anyen ki te pase. Ezayi te pale ak kontanporen li yo pou yo konprann ke pa gen moun ki kapab kache peche li; paske Bondye tankou yon potye ki konnen labou a byen (29:16).

Seyè nou an, Jezi ki se Kris la te pale osijè de sa ki kache yo lè li te di: "Nanpwen anyen ki kache ki p'ap devwale, nanpwen sekrè pou moun pa rive konnen, ki p'ap parèt aklè" (Lik 8:17). Devan Bondye, tout bagay parèt aklè. Salmis la te di: "Pou chèf sanba yo. Se yon sòm David. Seyè, ou sonde m', ou konnen ki moun mwen ye. Ou konnen lè m' chita, ou konnen lè m' kanpe. Ou rete byen lwen, ou konnen tou sa k'ap pase nan tèt mwen. Mwen te mèt ap mache, mwen te mèt kouche, ou wè m', ou konnen tou sa m'ap fè. Mwen poko menm louvri bouch mwen, ou gen tan konnen tou sa mwen pral di. Kote m' vire, ou la bò kote m', w'ap pwoteje m' ak pouvwa ou. Konesans ou genyen yo twòp pou mwen. Yo depase m', mwen pa konprann yo. Ki bò mwen ta ale pou m' pa jwenn ak ou? Ki bò mwen ta ale pou ou pa wè m' devan je ou? Si m' moute nan syèl la, se la ou ye. Si m' desann kote mò yo ye a, ou la tou. Si m' vole ale bò kote solèy leve, osinon si m' al rete bò lòt bò lanmè, l'a ankò, w'ap toujou la pou mennen m', w'ap la pou pwoteje m'. Si mwen di: -Bon! M' pral kache nan fènwa a. M' pral rete kote tout limyè mouri. Fènwa pa fè nwa pou ou. Lannwit klere kou lajounen pou ou. Kit li fènwa, kit li lajounen, se menm bagay pou ou?" (Sòm 139:1-12). Si pa gen yon repantans ki sensè; "Paske lwijanboje a pral jwenn ak bout li. Moun ki t'ap pase Bondye nan betiz la pral disparèt. Yo pral fini ak tout moun ki t'ap chache okazyon pou fè sa ki mal" (Ezayi 29:20). Se sèlman moun ki enb yo ki pral grandi nan lajwa, epi y ap genyen lajwa ki pap janm fini (Ezayi 29:19).

Kesyon:

- Pou ki rezon peyi Jida te dwe kondane?
- Gade 28:14-15, 18-29; epi gade 29:1-14.
- Ki sa w konprann lè w li Ezayi 29:13? Ki jan ou kapab aplike li nan lavi ou?

III. Jijman pou Lasiri (Ezayi 33:1)

Lasiri se te yon nasyon ki te lye ak istwa biblik Ansyen Testaman anpil. Li te vin youn nan twa premye nasyon ke yo plis mansyone nan Bib la (Jenèz 2:14). Gwo istoryen yo dekri li kòm premye gwo pwisans mondyal la. Moun peyi Lasiri yo te vini gwo pwomotè enperyalis, sitou nan 8yèm ak 7yèm syèk anvan epòk nou an. Yo rekonèt Lasiri kòm youn nan inisyatè sistèm mondyal la nan fè sa ki byen nan matyè

teknoloji; depi anba anpi l la, li te kouvri yon gwo pati nan sa yo rele kounye a Mwayen Oryan an, te gen anpil komès ak transpòtasyon moun, byenke dènye yo te transpòte yo se te kòm esklav. Lasiryen yo te gen yon repitasyon pou yo te asasen anpil: "yo pa t sèlman devaste vil yo konkeri yo... men anpil fwa yo te defòme yo san pitye lè yo te koupe zòrèy yo, nen oswa bouch yo" (Rojas, J. Diksyonè Biblik Nouvèl Popilè. Etazini: Editoryal Unilit, 2013, p.38).

Nasyon sa yo ki te tonbe anba jouk peyi Lasiri a te oblije peye gwo kantite taks. Pa menm anba sa a pèp Bondye a te chape lè ke li te tonbe devan menas Lasiri akoz de rebelyon yo; men li te fòse yo peye gwo sòm lajan pou taks. Yon lòt nan pil vye bagay ke Lasiryen yo te komèt yon fwa kote ke yo te fin konkeri yon vil, li te echanje popilasyon an nan lòd pou kontwole rebelyon yo. Se konsa li te fè ak Samari, apre yo te fin soumèt li, selon sa ki di nan 2 Wa 17:24-41: "Wa peyi Lasiri a pran moun lavil Babilòn, moun lavil Kout, moun lavil Ava, moun lavil Ama ak moun lavil Sefavayim, li voye yo al rete nan lavil peyi Samari nan plas moun Izrayèl li te fè depòte yo. Moun yo pran peyi Samari a pou yo, y' al rete nan tout lavil yo. Moun sa yo pa t' nan sèvi Seyè a. Konsa, lè yo fèk vin tabli nan peyi a, Seyè a voye lyon ki touye kèk ladan yo. Yo voye di wa peyi Lasiri a: Moun ou te voye vin rete lavil peyi Samari yo pa konnen jan pou yo sèvi Bondye peyi a. Se konsa bondye peyi a voye lyon k'ap fini ak yo. Lè sa a, wa peyi Lasiri a bay lòd sa a: Pran yonn nan prèt nou te fè prizonye yo, voye l' tounen al viv laba a pou l' ka moutre moun yo jan pou yo sèvi bondye peyi a. Se konsa yonn nan prèt yo te depòte yo tounen nan peyi Samari, l' al rete lavil Betèl, li moutre yo jan pou yo fè sèvis pou Seyè a. Men, chak nasyon te fè bondye pa yo nan lavil kote yo te rete a, yo mete yo nan tanp ansyen moun peyi Izrayèl yo te bati pou zidòl yo. Moun lavil Babilòn yo te fè pòtre Soukòt Benòt. Moun lavil Kout yo te fè pòtre Negal. Moun lavil Amat yo te fè pòtre Asima. Moun lavil Ava yo te fè pòtre Nibaz ak Tatak. Moun lavil Sefavayim yo ofri pitit yo pou boule pou Adramelèk ak Anamelèk, bondye pa yo. Kifè yo t'ap sèvi Seyè a, men an menm tan yo chwazi moun nan mitan yo pou sèvi prèt zidòl yo, pou fè sèvis pou yo nan tanp zidòl yo. Se konsa yo t'ap adore Seyè a men yo t'ap adore bondye pa yo tou, dapre koutim peyi kote yo te soti. Jouk jounen jòdi a y'ap fè sa yo te konn fè a. Men, yo pa adore Seyè a, yo pa fè sa li mande nan lalwa ak kòmandman li te bay moun fanmi Jakòb yo swiv. Se Jakòb sa a Bondye sèl Mèt la te bay yon lòt non, li te rele l' Izrayèl. Seyè a te pase yon kontra ak pitit Jakòb yo, li te ba yo lòd sa a: Pa sèvi lòt bondye, pa mete jenou atè devan yo. Pa fè sèvis pou yo, pa ofri ankenn bèt pou touye pou yo. Se mwen menm Seyè a pou nou sèvi, mwen menm Bondye nou an ki te fè nou soti kite peyi Lejip ak gwo kouraj mwen, ak fòs ponyèt mwen. Se mwen menm sèlman pou nou sèvi, pou nou adore. Se pou mwen ase pou nou ofri bèt pou touye. Se pou nou toujou kenbe prensip ak regleman, lòd ak kòmandman mwen te ekri ban nou pou nou te ka swiv yo chak jou. Piga nou gen krentif pou bondye lòt nasyon yo. Piga nou bliye kontra mwen te pase ak nou an. Piga nou gen krentif pou bondye lòt nasyon yo. Se mwen menm ase, Seyè a, Bondye nou an, pou nou sèvi, m'a delivre nou anba men lènmi nou yo. Men, moun yo pa koute m', yo toujou ap fè sa yo te konn fè anvan an. Konsa moun nasyon sa yo t'ap sèvi Seyè a, men yo te toujou ap sèvi zidòl pa yo tou. Pitit yo ak pitit pitit yo ap fè tankou papa yo jouk jounen jòdi a''. Sa a te ankouraje moun ki rete nan Jida yo pandan plizyè syèk.

Pwofèt Ezayi te denonse peyi Lasiri, li te revele peche li yo, vyolans ak malonètete (33:1). Fas ak vyolans san koutcha sa yo, Li di li: "Malè pou ou menm, k'ap piye". Lasiryen yo, nan konkèt yo, te kenbe tout sa yo te kapab. Sa revele nou kè egoyis ak mechan nasyon sa a ki te pwofite fòs li pou maltirize moun ki san defans yo. Menm bagay la tou ka rive ak kèk moun jodi a ki plis chèche pwòp enterè yo ak benefis san yo pa prete atansyon a bezwen lòt moun. Nou kapab wè yon gwo egzanp konsènan anpil reyaksyon anpil moun fas avèk ogmantasyon pandemi ki te fèt nan ane 2020 an. Anpil moun, nan kòmansman kouvrefe a, te ale nan makèt epi demoute tout bagay, achte bezwen an gran kantite, yo te panse plis pou tèt pa yo san yo pa kite anyen pou lòt moun. Sa a se fè piyaj san panse ak lòt moun. Antanke kretyen, nou pa kapab egoyis epi viv pou Bondye an menm tan. Moun ki egoyis la toujou vle genyen plis: plis lajan, plis bote, oswa chèche plis pase lòt moun san kontwole si l'ap pilonnen pwochen li, yon fason pou yo kapab reyalize aspirasyon yo. Pou toutbon ke tout egoyis yo pral kondane tou nan gran jou a lè ke Bondye va di yo ke li pa konnen yo (Matye 7:23). Se konsa, li te di konsènan Lasiri: "Kite nou rete nan peyi nou an. Pwoteje nou anba moun ki soti pou fini ak nou yo. Moun ki t'ap kraze nou an p'ap la ankò. Piyay la ap fini. Moun ki t'ap pilonnen peyi a anba pye yo a ap disparèt" (Ezayi 16:4).

Moun peyi Lasiri yo te denonse tou pou jan yo te malonèt oubyen trayizan (33:1b). Depi lè wayòm nò a te soumèt pa Lasiri yo, Wa Ezekyas te dirije nan pati sid la. Li fè yon kontra ak Senakerib, wa peyi Lasiri a, peye l anpil lajan taks epi konsa pa ba l' pwoblèm nan lagè ke nou jwenn nan 2 Wa 18:13-14 : "Wa Ezekyas t'ap mache sou katòzan depi li t'ap gouvènen peyi Jida lè Senakerib, wa peyi Lasiri, vin atake tout lavil ak gwo ranpa peyi Jida yo. Li pran yo. Lè sa a, Ezekyas, wa peyi Jida, voye yon mesaj bay Senakerib ki te lavil Lakis. Li di l' konsa: --Sa m' fè a mal. Tanpri, pa atake m' ankò. Nenpòt kisa w'a egzije m' bay, m'ap ba ou li. Wa peyi Lasiri a egzije pou Ezekyas, wa peyi Jida a, ba li dis tòn ajan ak yon tòn lò''. Sepandan, yon fwa

ke taks sa a te peye, wa Lasiri a inyore pwomès li a epi li te voye sòlda li yo lavil Jerizalèm pou pran vil la, selon sa ki ekri nan 2 Wa 18:16-17: "Li dekale tout lò li menm li te fè plake sou pòt ak chanbrann pòt Tanp Seyè a, li voye yo bay wa peyi Lasiri a. Apre sa, wa peyi Lasiri a rete lavil Lakis li voye kòmandan chèf lame li a, chèf gad pèsonèl li a ak chèf gad palè li a ansanm ak yon gwo lame bò kote Ezekyas. Yo moute lavil Jerizalèm pou atake l'. Lè yo rive la, yo moute kan yo sou wout ki mennen nan jaden kote yo lave twal ki fenk tenn yo, toupre kannal ki bay dlo nan rezèvwa anwo lavil la''. Sa a se te yon trayizon tout règ; "paske li pa t' respekte kondisyon lapè yo ke li menm te mete a'' (Price, R.E. Kòmantè Biblik Beacon. Etazini: KPN, 1991, p.138). Yon moun te di ke trèt ak anpil atansyon chwazi lè a ak kote a. E sa a se yon verite; paske se pandan moun nan ap tann rezilta, se vrèman etonan pou wè kijan trèt la parèt.

Trayizon manifeste tèt li lè nou manke amitye a, onè ak konfyans. Pou salmis la, lènmi an se pa t opoze avèk li; men pito se moun ki te trete an konpayon an, epi li pa t fidèl, selon Sòm 55:12-14 : "Si se te yon moun ki rayi m' ki t'ap pale m' mal, mwen ta reziyen m'. Si se te yon moun ki pa vle wè m' ki te leve dèyè mwen, mwen ta kache kò m' pou l' pa jwenn mwen. Men, se ou menm, kanmarad mwen, yon bon zanmi m' ki te konn tout ti zafè m'. Nou te konn fè ti koze nou ansanm. Nou te konn al lakay Bondye a ansanm ak foul moun yo''. Trayizon an mache men nan men ak ipokrizi. Legliz la jodi a dwe fè atansyon ak temwayaj li; paske apre w fin pran angajman pou li rete fidèl ak Bondye, li kapab rate sou pwomès li nan renmen mond sa a pi plis, oswa tou senpleman echwe pou akonpli revandikasyon li yo ak misyon li yo. Bib la plen avèk anpil egzanp fidelite ki pat kenbe. Mande: Ki kote ou ye? Trayizon se yon peche li ye, epi li genyen pwòp sanksyon li. Lasiri, ki te destriktif e ki pa fidèl, te tonbe jiskaske li te disparèt pou toutan. Destriksyon total li yo te kòmanse nan ane 612 av.K

Kesyon:

- Ki de peche ke peyi Lasiri te fè ki lakoz ke pinisyon l genyen an la pou toutan?
- Ki sa ki te malonètete peyi Lasiri a? Ki jan antanke kretyen nou kapab kenbe pwomès nou oswa angajman nou yo kèlkeswa jan sa piti e menm si li difisil pou nou?

Konklizyon

Peche p'ap rete san pinisyon; paske talè Bondye pral manifeste jistis li. Jezi ki se Kris la te vini pou bay lavi ki pap janm fini an; men si nou vire do ba li, yon jou ki pa twò lwen, nou pral fè eksperyans jistis Bondye k'ap vini ak "flanm dife devoran an... pou konsonmen". Repantans sensè a se sèl sali nou.

Benediksyon ki genyen lè yon moun mete konfyans li nan Bondye, men se pa nan lòm

Eudo Prado (Pewou)

Pasaj biblik pou etid: Ezayi 30:1-26, 31, 32, 33:17-24, 35

Vèsè pou aprann: "Tout kòd batiman yo p'ap sèvi yo anyen. Ma yo pèdi fòs, vwal yo pa ka louvri. Y'ap piye tou sa lènmi yo te pote sou batiman yo. Ata moun enfenm pral nan piyay la tou" Ezayi 33:22.

Objektif leson an: Rekonèt benediksyon nou kapab resevwa lè nou mete konfyans nou nan Bondye, men se pa nan lòm.

Entwodiksyon

Nan etid nou trimès sa a sou liv pwofèt Ezayi a, nou rive sou yon sijè trè enpòtan tankou benediksyon ki genyen lè yon moun mete konfyans li nan Bondye, men se pa nan lòm.

Seri chapit sa a ke nou pral etidye annapre yo pale nou sou yon tan istorik-san parèy pou pèp Bondye a menm jan ak menas peyi Lasiri a. Ezayi te jwe yon wòl enpòtan antanke pwofèt Bondye nan pwoklame mesaj ki soti nan Bondye a bay yon pèp ki te gen yon gwo feblès pou avègleman espirityèl yo; e li te gen gwo enfliyans nan lavi wa Ezekyas, yon lidè ki te konn mache dwat nan wayòm Jida a, ki gen istwa li ki rakonte nan 2 Wa 18-20.

I. Bondye pini moun sa yo ki ale lwen li epi mete konfyans nan moun (Ezayi 30:1-17, 31:1-3)

Fas ak menas konstan yo nan lavi a, nou menm pitit Bondye yo, nou dwe aprann fè l konfyans pi plis pase tout bagay. Nan Bib la, nou konnen ke sekirite nou twouve li sèlman nan Bondye; men anpil fwa, nou jete pwoteksyon diven an epi mete konfyans nou nan moun. Pasaj ki soti nan Ezayi a, ki fòme baz premye pati leson sa a anseye nou ki mal terib ki genyen nan vire do bay Bondye ak mete konfyans nan moun.

A. Lè nou mete espwa nou nan moun

Lè pèp Izrayèl la te fè yon alyans ak peyi Lejip, pou l te chèche pwoteksyon kont menas Anpi Lasiri a, li te tonbe nan peche terib la ki se rebelyon. An reyalite, li t ap rejte Bondye. Nan chapit 30 lan, pwofèt Ezayi te pwoteste kont alyans sa yo ke li te konsidere anven ak initil (v.7). Anplis de sa, aprè ke li te fin eksprime klèman rezon ki lakoz dezakò Bondye kont aksyon sa a, li te prezante chemen Bondye a pou fè fas ak sitiyasyon an avèk siksè.

"Lagè nan mond ansyen an te - e menm jouk jounen jodi a tou - lye ak kontra ak alyans... relijyezman, alyans ki mennen nan enfidelite, paske yo vle di antre nan yon relasyon kiltirèl ak relijye ak pèp nan kwayans diferan ki, pi fò, pral konkli, paske yo te enpoze pwòp fason yo viv" (Simian, Horacio. Kòmantè sou Ansyen Testaman an -II- Ezayi. Espay: Kay Bib la, 1997, pp.26-27). Pou sa ak anpil lòt rezon, Bondye te avèti pèp Izrayèl la pou yo pa chèche èd nan men peyi Lejip oswa nenpòt lòt nasyon. Nou menm, pitit Bondye yo, nou dwe aprann byen chwazi kalite relasyon nou deside genyen yo, paske yo entèvni siyifikativman nan lavi espirityèl nou. Se konsa ke apot Pòl te di li nan 2 Korentyen 6:14: "Pa mete tèt nou ansanm ak moun ki pa gen konfyans nan Kris la: Se pa sosyete konsa ki bon pou nou. Ki jan nou ta vle wè sa pou bagay ki bon, bagay ki dwat, mele ak bagay ki mal? Ki jan pou limyè ta ka mache ak fènwa?".

Sepandan, lavi a fèt ak desizyon. Chak jou, nou genyen pou nou pran desizyon de tanzantan; epi nan sèten ka, nou lite kont gwo enkyetid pliske nou pa wè kisa nou dwe fè. Aktyèlman, lè nou gen konesans sou Pawòl Bondye a, nou konnen kisa bon desizyon an ta dwe ye; men se sitou mank lafwa nan Bondye ki se youn nan kòz ki mennen nou pran desizyon ki pa gen rapò avèk volonte li. Nou trete nan tèt nou ankò ak ankò sa ki te kapab depase altènativ ki devan yo; men finalman, nan kèk okazyon, nou meprize konsèy Bondye a.

B. Pinisyon Bondye ki san repwòch la

Menm jan avèk nan ka pèp Izrayèl la, anpil nan sitiyasyon ke nou menm kretyen yo nou twouve nou enplike se konsekans pwòp aksyon dezobeyisans. Liv Ezayi a dekri pèp Bondye a nan epòk sa a kòm yon nasyon ki fè peche. Tout kalite mal te prezan nan mitan sosyete sa a (Ezayi 1).

Se poutèt sa, nan eta moral deplorab sa a, nasyon an te klèman merite jijman ki soti nan Bondye. Kidonk, chak èt imen, nan eta natirèl nou an nan peche, nou koupab devan Bondye e nou merite pinisyon li ki san repwòch ke nou li nan Women 3:9-20: "Men, sa sa ye menm? Nou menm jwif, èske nou pi bon pase moun lòt nasyon yo? Non, se pa vre menm. Mwen deja moutre nou sa: tout moun, ou te mèt jwif, ou te mèt pa jwif, tout moun anba pouvwa peche a. Jan sa ekri nan Liv la: Nanpwen moun ki gen rezon devan Bondye. Non, pa menm yon grenn.

Yo yonn pa gen konprann. Yo yonn p'ap chache Bondye. Yo tout lage kò yo nan bwa, yo tout pèdi chemen yo. Nanpwen yonn ladan yo k'ap fè sa ki byen. Non, pa menm yon sèl. Bouch yo ou ta di yon kavo ki louvri. Se twonpe y'ap twonpe moun ase ak lang yo. Pawòl nan bouch yo se pwazon, ou ta di venen sèpan aspik. Bouch yo plen madichon ak jouman. Ti krik ti krak, se fè san koule. Kote yo pase se dega, se malè yo kite dèyè. Yo pa konn ki jan pou yo viv byen ak moun. Yo mete nan tèt yo pa gen rezon pou gen krentif Bondye. Nou konnen egzijans lalwa se pou moun ki anba lalwa. Konsa, pa gen eskiz ki pou soti nan bouch pesonn: tout moun antò devan Bondye. Se pa paske yon moun fè sa lalwa a mande kifè li inonsan devan Bondye. Poukisa? Paske lalwa annik fè nou konnen sa nou fè a pa bon"; men Bondye gen anpil mizèrikòd epi padone moun ki repanti yo (Nonb 14:18).

Se yon kondisyon terib lè nou menm antanke kretyen rive manke konesans espirityèl. Se yon bagay ki vini lè nou meprize konsèy Bondye a.

C. Repantans: sèl fason pou sòti

Sepandan, byenke pèp Izrayèl la te yon nasyon koupab, Bondye te toujou konsidere li baze sou lanmou pwofon li, lè ke li te bay li konsèy ak pwomès yo atravè pwofèt yo. Pwomès ke nou jwenn nan Ezayi 30:15 lan enpòtan anpil. Sèl espwa pèp Izrayèl la kont gwo pinisyon ki ta gen pou vini an se te anbrase favè Bondye a atravè repantans ak lafwa. Sa a se yon bèl pwomès pou nou jodia. Nou dwe sispann goumen ak pwòp fòs nou pou sekirite nou, epi mete tout konfyans nou nan Bondye totalman (Pwovèb 3:5-6).

Pèp Izrayèl la te rejte konsèy Bondye te voye a pwofèt li yo; epi sa ki te youn nan kòz prensipal yo nan echèk li. Se poutèt sa ke Bib la envite nou chèche konsèy li; epi anplis de sa, atravè moun ki mache dwat ak saj ki renmen Seyè a. Bondye mete nan nou chak, kapasite pou disène volonte l, ki rive sèlman lè nou nan kominyon avèk li. Sentespri a responsab pou ban nou konpreyansyon ki nesesè, atravè Pawòl la pou pran bon desizyon. Jezi te pwomèt sa nan Jan 14:26.

Kesyon:

- Ki sa ki kapab fè nou pran desizyon kont volonte Bondye?

- Ki sa sa vle di "mete konfyans nan moun"? Eksplike.

II. Bondye beni moun ki pèsevere ak mete konfyans yo nan li (Ezayi 30:18-26, 31:4-9)

Fas avèk pèspektiv envazyon Lasiri a ki te prèske rive, li te natirèl pou laperèz la anvayi pèp Izrayèl la. Sepandan, solisyon an pa t dezobeyi a Pawòl Bondye a, epi etabli alyans imen an. Benediksyon an se te nan fè Bondye konfyans epi tann delivrans li.

A. Benediksyon ke lafwa gen ladan l lan

Lè ke nou twouve nou nan yon sitiyasyon kote ke nou pè, nou pa konnen kisa pou nou fè oswa kisa pou nou atann, an nou sonje gwo benediksyon an ke lafwa nan Bondye ban nou: asirans prezans li (Detewonòm 31:8).

Ezayi 30:18-26 montre nou ki jan lafwa fè yon diferans nan lavi kwayan an fas ak pèspektiv advèsite ak soufrans lan.

Se yon bagay ki nòmal ke lè laperèz la anvayi yon moun, li paralize l, li fè l pa kapab avanse. Sans laperèz la ogmante lè nou poukont nou e nou san defans. Se sa ki rive nou antanke moun lè nou pa plase konfyans nou nan Bondye; nou rete dekouraje epi san kapasite devan sikonstans yo. Men, byenke nou pa merite favè ki soti nan Bondye a, menm jan ke pèp Izrayèl la pa t gen lafwa pou l jwenn favè Bondye.

Pèp Izrayèl la te akimile peche apre peche, dezobeyisans apre dezobeyisans, jiska pwen kote ke pinisyon Bondye ki prèske a mansyone isit la. Men kanmenm, vèsè ouvèti pasaj sa a enpòtan anpil. Yo konsidere lafwa kòm yon eta benediksyon nan pitit Bondye a, ke nou kapab obsève tou nan Ezayi 30:18 : "Men, Seyè a ap tann lè pou l' fè nou gras. Li tou pare pou l' gen pitye pou nou, paske Seyè a, se yon Bondye k'ap toujou fè sa ki byen! benediksyon pou moun ki mete konfyans yo nan li". Tèks sa a revele karaktè padon Bondye a ak plas li nan mitan afliksyon moun ki mete konfyans yo nan li. Ala bèl bagay! se jwi benediksyon gras Bondye a!

Se pou nou sonje tou ke Seyè a toujou avèk nou. Anpil fwa, nou travèse sikonstans difisil yo akòz de enfidelite nou anvè Bondye. Menm jan ak nan ka Izrayèl la, n ap pase moman ki byen difisil kote Bondye, gras a jistis li, li ban nou "pen nan kè sere ak dlo nan kè sere" (v.20). Men, nan tan sa yo se lè l ap tann pou tande rèl nou pou ede nou: "Nou menm ki rete lavil Jerizalèm sou mòn Siyon an, nou p'ap kriye ankò. Rele n'a rele l', l'a fè nou gras. Tande l'a tande nou, l'ap reponn nou" (v.19).

Yon retou sensè pou vin jwenn Bondye atravè repantans ak plen konfyans nan li se sa ki pral fè diferans lan. Bondye pa janm twonpe pitit li yo oswa kite yo poukont yo. Fidelite pwomès li yo soutni nou nan mitan move moman yo. Nou kapab sèten ke Li toujou la epi pare pou ede nou.

B. Benediksyon sali a konplèt

Apre sa, nan 31:4-9, pwofèt la te anonse atravè bèl figi literè grandè sali a ki te pwomèt a pèp Izrayèl la. Malgre renome terib gouvènman peyi Lasiri a, Izrayèl te kapab espere yon gwo delivrans nan men Bondye, jan sa te ye a (2 Wa 19). Premye figi li itilize a, "Men sa Seyè a di m' ankò: -Menm jan yon gwo lyon osinon yon ti lyon ap gwonde lè li fin pran yon bèt, tout gadò yo te mèt mete ansanm pou goumen ak li, yo te mèt rele, sa p'ap fè l' pè, yo te mèt anpil, sa p'ap kraponnen l', konsa tou, Seyè ki gen tout pouvwa a pral desann pou l' pran defans mòn Siyon an ak ti mòn ki pou li a" (Ezayi 31:4), dekri jalouzi Bondye pou pèp li a. Dezyèm nan: "Menm jan zwezo louvri zèl li anwo nich li pou pwoteje pitit li, konsa tou Seyè ki gen tout pouvwa a pral louvri zèl li pwoteje lavil Jerizalèm. L'ap pwoteje l', l'ap delivre l', l'ap pran defans li, l'ap sove l'" (v.5), endike swen pwovidansyèl la klèman.

Kidonk, nou dwe rete tann delivrans konplè Bondye a. Travay li nan lavi nou pa kite anyen deyò.

Pa gen anyen tou ki ka anpeche reyalizasyon objektif li avèk nou. Avèk tout konfyans, nou kapab eksprime ak Pòl: "Kisa n ap di sa? Si Bondye pou nou, kiyès ki ka kont nou? (Women 8:31).

Kesyon:

- Ak kisa benediksyon lafwa a fè referans?
- Ki jan travay sali a nan pèp Izrayèl la ak legliz la sanble?

III. Bondye pwomèt anpil bon bagay pou pèp li a (Ezayi 32:1-20, 33:17-24, 35:1-10)

Pou nou konsidere dènye pati leson sa a, nou pral etidye twa pasaj: Ezayi 32:1-20, 33:17-24, ak 35:1-10. Nan tèks sa yo, gen yon denominatè komen: gwo pwomès Bondye fè pou pèp li a.

A. Pwomès Mesi a

Gen kèk kòmantatè ki te rele liv Ezayi a "Levanjil Ansyen Testaman an", paske li gen ladan l anpil pwofesi konsènan Kris la ak zèv li yo. Anpil sitasyon nan liv sa a parèt nan levanjil yo ak lòt liv Nouvo Testaman an.

Nan premye pasaj la, nou gen anons "Wa ki san repwòch la". Istorikman, kòmantatè yo te deba ant lide si sa a se yon referans a rèy Ezekyas la, oswa èske se yon alizyon dirèk nan wayòm mesyanik la atravè Jezi ki se Kris la.

"Sepandan, li posib pou ke pwofesi Ezayi 32-33 a te bay anvan epòk pwofesi Ezayi 30-31 an. Tou de fikse epòk envazyon peyi Lasiri kont peyi Jida a, men Ezayi 30-31 yo te plase nan epòk wa Ezekyas la, kòm envazyon an te toupre Jerizalèm. Pifò kòmantatè kwè ke wa a ki ta gouvènen la Ezekyas te jis, epi pliske li di l'ap gouvènen, pwofesi a te gendwa te bay byen bonè nan karyè pwofetik Ezayi a, pandan rèy wa Akaz la, predesesè wa Ezekyas la "(Ezayi 32-Wayòm jistis wa a. Rekipere nan: https://enduringword.com/bib-commentary/isaias-32/, 9 mas 2021).

Sepandan, opinyon ke alizyon "Wa ki san repwòch la" ki twouve li nan chapit sa a se sou yon pwofesi mesyanik konplètman dakò ak karaktè levanjil liv Ezayi a.

B. Pwomès Lespri a

"Avètisman pou medam Jerizalèm yo" kòmanse nan 32:9 la gen anpil enpòtans nan kontèks pasaj la. "Nou menm medam k'ap viv alèz yo, leve non. Koute sa m'ap di! Nou menm medam ki san pwoblèm yo, louvri zòrèy nou tande sa m'ap di: Bann paresèz, nan ennan ankò, nou pral nan kont traka nou, paske p'ap gen rezen pou nou keyi, p'ap gen rekòt rezen k'ap fèt. Bann byennerèz, nou pral nan ka! Bann paresèz, nou pral tranble! Wete rad sou nou, rete toutouni, mare ren nou ak ranyon, paske nou pral nan lapenn lè n'a chonje bèl jaden ak bèl grap rezen nou yo, lè n'a wè se pikan ak raje k'ap pouse nan tout jaden pèp mwen an. Nou pral kriye lè n'a chonje tout kay kote moun yo te konn gen kè kontan nan lavil ki te gen anpil aktivite a'', fidèlman sa yo reprezante lespri ògèy ak avègman espirityèl nasyon an, ki pa t 'pèmèt rekonèt kondisyon mizerab yo ak dat ke Bondye fikse pou pinisyon li a. Men, pwoklamasyon pwofèt Ezayi a te gen ladann pwomès yon avni ki gen espwa ki te make pa devèsman Lespri Bondye a sou pèp li a: ''Men, Bondye gen pou l' voye lespri li desann sou nou ankò. Dezè a va tounen yon bon venn tè. Jaden nou yo va bay bèl rekòt'' (v.15).

Avèk devèsman Lespri a, genyen yon gwo transfòmasyon ki ta gen pou rive nan kondisyon etik pèp la ki ta lakòz relasyon ''jistis, repo ak sekirite pou tout tan an'' (v.17).

San okenn dout, akonplisman èskatolojik bèl pwomès sa a fè referans ak devèsman Lespri Sen an sou legliz la nan jou Pannkòt la. Se gras a plenitid Sentespri a ke yon moun kapab rive atenn objektif sentete Bondye a pou pèp li a ke nou li nan (Efezyen 3:14-19).

C. Pwomès jistis la

Nan dezyèm pasaj la, Ezayi 33:17-24, nou jwenn pwomès jistis Bondye bay pèp li a. Men, se jisteman, vèsè memwa nou an:

''Paske, se Seyè a menm k'ap chèf nou, se li menm k'ap gouvènen nou, se li ki wa nou, se li k'ap delivre nou'' (v.22).

Bèl deklarasyon sa a gen ladann tout sa Bondye reprezante pou nou. Li enteresan ke tout deklarasyon ki nan vèsè sa a fè referans ak Bondye kòm administratè jistis la. Yo pwobableman refere a tout nivo gouvènman an; se sa ke nou rele jodi a pouvwa leta yo.

Youn nan non Bondye nan Ansyen Testaman an se te ''Jewova Tsidkenu'' (Jewova, jistis nou; Jeremi 23:6). ''Nan non senbolik sa a yo rezime tout byen yo te pwomèt pou tan mesyanik yo. Mo ebre ki tradwi jistis la gen ladan li lide jistis ak ladwati, delivrans ak liberasyon. Cf Eza 9:7; Miche 5:4'' (Vèsyon biblik Jerizalèm 1999, Edisyon Etidye. Sosyete Biblik Ini, 1995, p.960).

Nan epòk sa a, lè koripsyon gouvènman imen an fè nou desi nèt, se bèl bagay pou nou konnen pitit Bondye yo fè pati yon wayòm jistis ki pap janm fini; Jezi ki se Kris la, Wa nou an.

D. Pwomès redanmsyon an

Dènye pasaj etid la pou mitan seksyon sa a nan liv Ezayi a se chapit 35 lan. Chapit sa a se yon bèl powèm ki genyen yon seri de pwomès ki gen rapò ak delivrans. Li genyen yon kontras remakab ant chapit sa a ak youn anvan an ki te pale sou kòlè Bondye. Isit la, anfaz la se sou pwogrè nan lavni nan bonte Bondye anvè pèp li a ''Ezayi te sèvi ak talan li siperyè powetik pou ban nou yon lide sou tout bèl pouvwa ak kontantman ki karakterize yon pèp sove ki retounen nan lavil Bondye yo a'' (Price, Ross F.; Gray, C. Paul; Grider, J. Kenneth, & Swimm, Roy E. Kòmantè Biblik Beacon, volim 4. Etazini: KPN, s.a., p.146).

Yon jou, tout bèl pwomès sa yo ke nou jwenn nan Pawòl la pral reyalize alafen. Legliz la pral rasanble, selebre delivrans etènèl ak grandè Bondye jan apot Jan dekri li nan Revelasyon 19:1.

Kesyon:

- Ki sa Lespri Bondye a vide sou pèp li a?
- Ki jan pwomès Ezayi 35 yo aplike pou nou jodi a?

Konklizyon

Pèp Izrayèl la te fè eksperimante atravè soufrans, erè lè li te vire do bay Bondye; men grandè delivrans lan lè li mete konfyans nan li. Gen yon gwo espwa delivrans pou tout moun ki mete konfyans yo nan Bondye. Li te pwomèt bon bagay pou pèp li a. Pwomès li yo pa janm desevwa; epi l ap akonpli objektif li nan lavi tout moun ki renmen l yo.

Leson 9

Pwisans lapriyè a

Efraín Muñoz (Etazini)

Pasaj biblik pou etid: Ezayi 36, 37, 38

Vèsè pou aprann: "Koulye a, Seyè, Bondye nou an, tanpri, delivre nou anba men Senakerib, pou tout nasyon ki sou latè ka konnen se ou menm sèl, Seyè, ki Bondye" Ezayi 37:20.

Objektif leson an: Konnen Bondye nan mitan menas ki prezante nan lavi a atravè pwisans lapriyè a.

Entwodiksyon

Bondye toujou atantif ak lapriyè pèp li a, menm nan mitan maladi ki pi terib. Lapriyè ak lafwa a gen pouvwa ke Bondye koute nou e li ban nou viktwa sou lènmi nou yo (37:36); epi pwolonje lavi nan mitan agoni (38:5).

Se te katòzyèm ane wa Ezekyas (701 anvan epòk nou an). Lè Senakerib, wa peyi Lasiri a, li te vin atake peyi Jida avèk entansyon yo pou mete l anba kontwòl li. Se sèlman lavil Lakis ak lavil Jerizalèm ki pa t detwi nan atanta sa a; se konsa, Senakerib voye Rabchake, youn nan kòmandan lame li a, pou l pale mal epi fè entimidasyon pou wa Jerizalèm la nan: "Chèf gad palè wa Lasiri a di yo konsa: -Ale di wa Ezekyas men mesaj gran wa a, wa peyi Lasiri a, voye ba li: Poukisa ou gen tout konfyans sa a?" (36:4). Kesyon sa a te genyen objektif pou ranvèse nenpòt konfyans ke pèp lavil Jerizalèm nan te gen yen: 1) mete konfyans nan peyi Lejip (36:6); 2) mete konfyans nan Seyè a (36:7); ak/oswa 3) mete konfyans nan wa Ezekyas (36:14). Pou di laverite, Jida pa t kapab mete konfyans li nan farawon an ki se moun peyi Lejip la; pliske li te yon moun ki te trayi alye li yo. Se poutèt sa, Jida pa t ' dwe mete konfyans nan pouvwa militè etranje yo. Li pa t kapab fè wa Ezekyas li menm konfyans; ebyen li sèlman reprezante yon gouvènman sivil. Men kote Senakerib an reyalite te twonpe tèt li, se ke li te dwe fè Seyè a konfyans; byen ke li pa t gen okenn konesans sou kiyès Bondye te ye reyèlman, ni sou pouvwa li pou defèt lènmi pèp li a.

Mwen envite w fè leson sa a yon etid pwodiktif pou klas la. Se dezi mwen pou Sentespri a ki pou revele nou Bondye ki gen tout pouvwa a, se sèlman li menm ki kapab chanje sikonstans lavi yo. Isit la, ou kapab bay tan pou klas la pataje temwayaj sou aksyon Bondye nan lavi yo.

I. Senakerib, wa Lasiri a menase Ezekyas (Ezayi 36)

Jida, ke yo rekonèt kòm wayòm sid la nan tan Wa Ezekyas la te viv nan yon kalm relatif (v.1). Oswa omwen fè fas ak pi gwo pwoblèm lavi komen ak chak jou a, san anpil chòk, jouk katòzyèm lanne rèy li a rive. Anperè Lasiri a, Senakerib te nan mitan yon kanpay militè kont pèp Izrayèl la; e kounye a, li tounen vin jwenn peyi Jida.

Se konsa, Senakerib te voye Rabchake, youn nan chèf li yo ki te la (v.2) epi yon gwo lame pou menase wa Ezekyas ak tout moun ki rete lavil Jerizalèm yo.

Mesaj Senakerib te voye bay Ezekyas la te klè epi gen anpil fòs. Li te voye di nan mesaj li a pou ke moun yo te vin rann tèt, pou yo pat eseye fè rezistans ak envazyon an; deja ke lavil Jerizalèm pou moman sa a pa te gen okenn fòs militè, ni li te kapab fè wa peyi Lejip la konfyans, paske farawon an se te yon nonm trèt (v.6). Ni, dapre wa Lasiri a, li te kapab fè Seyè a konfyans; paske pa te gen okenn prèv ki montre Bondye nan peyi Izrayèl la te kapab delivre li ak pèp li a. Men, Senakerib pa t konnen kiyès Jewova te ye. Sa a te parèt byen klè lè Rabchake te deklare: "Nou pral di m' koulye a se nan Seyè a, Bondye nou an, nou mete konfyans nou! Atò, se pa kote nou te mete apa pou li yo ansanm ak tout lotèl li yo wa Ezekyas te fè disparèt nan peyi a, lèfini li mande pou tout moun peyi Jida ak moun lavil Jerizalèm vin adore devan yon sèl lotèl la"? (v.7).

Nan vèsè sa a, li klè ke lènmi peyi Jida a pa t gen okenn lide sou kiyès Jewova te ye reyèlman:"Pa koute wa Ezekyas! Wa peyi Lasiri a mande pou nou fè lapè avè l', pou nou rann tèt nou ba li. Konsa, nou tout n'a manje rezen nan jaden rezen nou, n'a manje fig frans nan pye fig frans nou, n'a bwè dlo nan pi nou" (37:16).

Rabchake te itilize de estrateji pou ke wa Ezekyas te vin rann tèt li: 1) konfizyon an: sa yo se te deklarasyon lènmi yo: "Epitou, pa konprann se san konsantman Seyè a mwen vin atake peyi a pou m' detwi l'. Se Seyè a menm ki di m' vin atake peyi ou la pou m' detwi l'" (v.10); 2) Laperèz: Men chèf gad palè a di yo an ebre: -An! Nou konprann se avè wa nou an ansanm ak nou twa la a ase wa mwen an voye m' vin pale pawòl sa yo? Non. Se ak tout moun ki chita sou miray la menm m'ap pale. Yo menm tou pral manje poupou yo, yo pral bwè pipi yo ansanm ak nou! (v.12). Deja ke konviksyon pou gen lafwa a) soti apati de sa w ap tande a (Women 10:17), Rabchake te aplike entimidasyon kont pèp la nan tire yon kantite de reyalite ki te verifye; paske ni fo dye Amat la, ni fo dye Afat, ni menm dye Samari yo te kapab kont lame Lasiri a. Lè sa a, poukisa Jewova te kapab delivre yo? (vv.18-20). Fas ak menas Senakerib yo, Jerizalèm te viv yon kè poze relatif. Li pa t 'wè tèt li nan gwo bezwen pou priye ak konviksyon ke Seyè a t ap sèlman reponn lapriyè yo (v.1). Yon lapriyè pwisan anpil fwa soti nan yon kè ki gen lapenn, konfonn ak pè pou trajedi. Chapit 36 la gen anpil enpòtans; paske li ede nou konprann ke nou pa t kapab fè eksperyans rezilta lapriyè pwisan an san nou pa bezwen egzèse li.

Nan lòt mo yo, menas yo kont Jerizalèm yo te yon sitiyasyon ki depase kapasite peyi Jida pou l reyaji, menm ak èd etranje. Ezekyas te konprann ke li pa t ak yon lame, ni ak fòs; men ak Lespri li (Zak 4:6b).

Kesyon:

- Ki jan ou reyaji fas ak sikonstans ki menase lavi ou oswa sekirite ou?

- Ki bagay nan lavi sa a ki ba ou kèk sekirite?

II. Ezekyas lapriyè, e Bondye ba li viktwa sou peyi Lasiri (Ezayi 37)

Lè ke blasfèm Rabchake a te deklare kont Jewova ak Jerizalèm, Ezekyas, sèvitè l yo, ak Prèt yo chire rad yo epi yo mete twal sak sou yo kòm yon siy gwo lapenn ak repantans (vv.1-2). Premye etap pou ke

Bondye tande priyè w yo, dapre pasaj sa a, se te yon repantans otantik. Apre repantans lan, se lapriyè endividyèl la ki vini ak pèsonèl. Ezekyas te kòmanse yon mouvman lapriyè; li pa t izole tèt li. Okontrè, li te chèche otorite espirityèl nasyon an; li te voye yon komisyon devan pwofèt Ezayi ki te fòme ak plizyè lidè gouvènman l lan ak kèk dirijan ki jwe wòl sakrifikatè (v.2); pou kapab priye pou lavil Jerizalèm. Lide pou w al jwenn wa Lejip la te evidan; men wa Ezekyas te rejte posiblite sa a. Menm lè a, li mete yon estrateji an mouvman: chèche Bondye nan lapriyè; epi, li pa ta fè li poukont li, kidonk li te enplike kabinè gouvènman l lan ak otorite espirityèl li yo. Sa a te yon desizyon saj ki te kòmansman viktwa a.

Rekèt Ezekyas te fè pou Ezayi se te priye pou li ke Bondye ta tande ak wè blasfèm yo ke Rabchake a te pwononse (v.3). Se pa sèlman awogans Senakerib kont Seyè a; men kounye a, anprizonnman pèp la te mennen nan yon gwo feblès fizik nan yon nivo ke yo ba nou yon detay ki kriyèl anpil:"Men mesaj Ezekyas te ba yo pou Ezayi: -Jòdi a se yon jou malè pou nou! Bondye ap pini nou. Se yon wont pou nou. Nou tankou yon fanm ansent ki deja kase lezo men ki pa gen fòs pou li pouse pitit la soti" (v.3b). Lè ke mesaje yo te rive kote pwofèt Ezayi, Bondye te deja kòmanse aktive yon plan an favè pèp li a (v.6). Premye mesaj la konsa: "Men repons Ezayi ba yo pou wa Ezekyas: -Men sa Seyè a voye di ou: Ou pa bezwen pè tout pawòl ou tande yo, tout jouman moun wa Lasiri yo di sou mwen". Dezyèm pati mesaj la te sa Bondye te deja fè kont Lasiri yo (v.7). Si Senakerib te itilize estrateji pou l te simen konfizyon nan lespri abitan Jerizalèm yo; kounye a, Bondye te konfonn wa peyi Lasiri a tout bon vre (v.7). Konfizyon sa a nan lespri Senakerib ta fè gwo eskandal li nan teritwa Izrayelit yo; epi sa ta pral mennen pwòp lanmò li anba men de nan pitit gason l yo, v.37-38: "Senakerib, wa peyi Lasiri a, leve, li pati. Li tounen lavil Niniv. Yon jou, antan wa a t'ap fè sèvis nan tanp Niswòk, bondye li a, de nan pitit gason l' yo touye l' ak nepe yo, epi yo kouri al kache nan peyi Arara. Yo te rele Adramelèk ak Sarezè. Se yon lòt nan pitit gason l' yo ki te rele Asaradon, ki te vin moute wa nan plas li".

Le pli vit ke posib, Ezayi te pwoklame pwomès Bondye a an favè lavil Jerizalèm, v.6-7: "Men repons Ezayi ba yo pou wa Ezekyas: -Men sa Seyè a voye di ou: Ou pa bezwen pè tout pawòl ou tande yo, tout jouman moun wa Lasiri yo di sou mwen. Mwen pral fè wa Lasiri a tande yon sèl nouvèl, li pral kouri tounen nan peyi l'. Rive li rive, m'ap fè touye l'", wa peyi Lasiri a te tonbe nan konfizyon (vv.8-13). Nan okazyon sa a, li ta voye kèk anbasadè kote wa Ezekyas pou menase l ankò; men fwa sa a li te fè li atravè yon lèt, se te yon fason pou pwodwi yon isterik ki ta mande pou l rann tèt li a fèt nan yon fason ki enstantane ak konplè. Bondye t ap lonje men l; sèvi ak lòt nasyon pou sove pèp Jerizalèm nan, epi an reyalite, pou tout peyi Jida a. Ezekyas pran lèt sa a, li ale nan tanp lan, li ouvri lèt la devan prezans Bondye, epi li lapriyè (vv.14-20). Nan fraz sa a, Ezekyas te rekonèt: 1) kiyès Jewova ye (v.16); 2) li mande pou Bondye ta tande epi koute lapriyè li (v.17); 3) li pa t 'nye reyalite pou l te rekonèt ke Lasiri te deja detwi nasyon ki te antoure li yo (v.18); 4) li te mansyone youn nan rezon ki fè nasyon sa yo te detwi (v.19); epi 5) finalman, li te mande pou libere li kont lènmi li yo (v.20). Pwofèt Ezayi te voye yon mesaj bay wa Ezekyas, ki se repons Bondye a pou priyè li yo ke nou kapab jwenn nan v.21-35: "Lè sa a, Ezayi, pitit Amòz la, voye mesaj sa a bay Ezekyas. -Ou te lapriyè Seyè a, Bondye pèp Izrayèl la, pou Senakerib, wa peyi Lasiri a. Men repons li voye ba ou. Men pawòl Seyè a di sou li: Senakerib, lavil Jerizalèm ki sou mòn Siyon an ap ri ou, l'ap pase ou nan rizib. Moun lavil Jerizalèm yo ap rele chalbari dèyè ou. Ki moun ou konprann ou derespekte, ou joure konsa? Sou ki moun ou pale fò konsa? Se sou Bondye pèp Izrayèl la ki yon Bondye apa. Ou voye moun ou yo vin manke Bondye dega. Ou deklare: O wi, avèk tout kantite cha lagè m' yo, mwen moute sou tèt tout mòn ata sou mòn Liban an. Mwen koupe pi gwo pye sèd li yo, pi bèl pye sikren li yo, mwen rive jouk anwo nèt sou tèt li, nan mitan rakbwa li yo ki tankou bèl jaden. Mwen fouye pi nan peyi moun lòt nasyon yo, mwen bwè dlo. Mwen cheche dlo nan tout larivyè Lejip yo pou sòlda mwen yo pase san pye yo pa mouye. Ou pa t' konnen gen lontan depi mwen te fè lide pou tou sa te rive? Gen lontan depi sa te nan tèt mwen? Koulye a, mwen kite sa rive, pou ou te ka kraze tout lavil ak ranpa yo pou fè yo tounen yon pil demoli. Moun ki te rete la yo te san fòs. Yo te pè, yo pa t' konn sa pou yo fè. Yo te tankou raje nan jaden, tankou zèb gazon, tankou raje k'ap pouse sou do kay, tankou pye mayi ki cheche anvan li mete zepi. Mwen konnen lè ou leve, mwen konnen lè ou chita. Mwen konnen lè ou soti, mwen konnen lè ou antre. Mwen konnen lè ou fin anraje sou mwen. Koulye a, mwen vin konnen jan ou move sou mwen, jan ou vin awogan. Se poutèt sa, mwen mete yon fè won nan bwa nen ou, ak yon mò nan bouch ou. Mwen pral fè ou pran menm chemen ou te pran pou vini an pou ou tounen. Apre sa, Ezayi di wa Ezekyas konsa: -Men sa ki pral sèvi yon siy pou ou. Lanne sa a, n'a manje rès grenn ki te tonbe atè. Lanne k'ap vini apre sa a, n'a manje grenn nou pa t' plante. Men, apre sa ankò, n'a ka plante, n'a ka fè rekòt. N'a plante pye rezen, n'a manje rezen. Rès moun peyi Jida ki va chape yo va pran pye ankò. Y'a kanpe ankò. Va gen yon ti rès moun nan lavil Jerizalèm ak sou mòn Siyon an ki va chape. Se Seyè ki gen tout pouvwa a ki soti pou fè sa, paske li renmen ou anpil. Men sa Seyè a di sou wa peyi Lasiri a: Li p'ap mete pye l' nan lavil sa a. Li p'ap gen tan voye yon sèl grenn flèch sou li. P'ap gen yon sèl sòlda ak plak pwotèj k'ap pwoche bò kote l'. Ni yo p'ap fouye twou pou sènen l'. Chemen li te pran pou l' vini an, se li menm l'ap pran pou l' tounen. Li p'ap mete pye l' nan lavil sa a. Se mwen menm, Seyè a menm, ki di sa. M'ap pwoteje lavil sa a, m'ap delivre l' pou m' fè respè tèt mwen, pou m' kenbe pwomès mwen te fè David, sèvitè m' lan. Zanj Seyè a al nan kan moun Lasiri yo, li touye sankatrevensenk mil sòlda. Nan maten, lè moun leve, se kadav yo ase yo jwenn. Yo tout te mouri. Senakerib, wa peyi Lasiri a, leve, li pati. Li tounen lavil Niniv. Yon jou, antan wa a t'ap fè sèvis nan tanp Niswòk, bondye li a, de nan pitit gason l' yo touye l' ak nepe yo, epi yo kouri al kache nan peyi Arara. Yo te rele Adramelèk ak Sarezè. Se yon lòt nan pitit gason l' yo ki te rele Asaradon, ki te vin moute wa nan plas li". Nan tout vèsè sa yo, Bondye montre li pral an favè rès ki pa t rann tèt yo bay lènmi yo. Jerizalèm, ki te reziste jiska lafen an epi, li te montre lafwa nan mitan menas, li te konte sou lapriyè a kòm yon mwayen pou delivre.

Bondye te pwomèt ke wa Lasiri a pa t ap antre lavil Jerizalèm; e ke li pa ta menm tire yon sèl flèch sou Pèp Bondye a (vv.33-34). Rezon an se paske se Bondye menm ki ta gen pou kouvri vil la akoz de lanmou non li ak lanmou li genyen pou David, sèvitè li a (v.35).

Repons lapriyè Ezekyas ak Jerizalèm yo konkretize lè Bondye te voye zanj li touye san katrevensenk mil sòlda peyi Lasiri ki te sènen lavil Jerizalèm. Apre sa, Senakerib kouri al lavil Niniv. Lè sa a, de nan pitit gason li yo te touye li devan pwòp fo dye Niswòk (vv.37-38).

- Ezekyas te kouri al lage li nan lapriyè kòm yon mwayen delivrans. Èske w sonje kèk eksperyans ki sanble ak sa nan lavi w? Pataje.

- Ki jan Bondye te reponn priyè w yo?

III. Ezekyas te priye, e Bondye te ba li lavi (Ezayi 38)

Aparamman, anvan menas Senakerib yo, oswa pandan sa t'ap pase a, wa Ezekyas te vin malad byen grav (vv.5-6). Se poutèt sa nan premye vèsè a nou ye a, li di konsa: "Nan epòk sa yo, Ezekyas te malad, li te prèske mouri". Konsa, nou pa konnen nan ki lè pwofèt Ezayi te vin kote wa a pou anonse l lanmò li epi konseye li ke li te dwe bay lòd nan fanmi li, delege gouvènman li an bay lòt moun. Desizyon final Bondye a te: "paske ou pral mouri, epi ou p'ap viv" (v.1b). Ki jan Ezekyas te reyaji devan nouvèl la? Yon lòt fwa ankò, li te pran refij li nan lapriyè. Epi se pa t nenpòt ki kalite lapriyè; paske nan lapriyè li a, nou kapab santi menm sa k'ap pase nan kè wa a. Li vrèman remakab pou nou mete aksan sou pasyon ke wa Ezekyas te itilize pou l te fè lapriyè a (vv.2-3). Se te yon fraz ki genyen kredibilite ke mesaj la te reyèl; se konsa, li tounen fas nan mi an kòm yon siy konpreyansyon ki jan nouvèl la te verite. Se te yon lapriyè pwisan; paske li te enb. Wa a "sipliye" pou lavi li; epi mande pitye pou ke Bondye ta pran an konsiderasyon "entegrite kè l".

Yon lòt eleman trè enpòtan nan lapriyè wa Ezekyas la se fason li t ap kriye a. Yon lapriyè ki pwisan se sa ki pa kenbe anyen nan sekrè a. Sa te dwe yon lapriyè kote ke li te vide tout sa ki te andedan tèt li nèt. Sa a se te yon lapriyè ki te rive nan kè Bondye menm, e sa te fè l aji. Si gen yon bagay ke lapriyè wa Ezekyas la te reyalize se te sekwe kè Bondye; e se poutèt sa ke, li te gen pitye pou li. Sa fè nou sonje kè Jezi menm lè li te wè moun avèg yo ak moun ki malad yo. Lè l te konn wè yo, li te santi l gen konpasyon pou yo (Matye 20:34).

Nan vèsè 4-6, Bondye te voye pwofèt Ezayi pou al reponn priyè Ezekyas la. Te gen twa bagay ke Bondye te vle pou wa Ezekyas te konnen: 1) lapriyè l gen repons pozitiv, Bondye te wè dlo nan je l yo, se konsa li te ajoute kenz ane ankò nan lavi wa a; 2) Bondye ta delivre wa a tou ak Jerizalèm anba men wa peyi Lasiri a; epi 3) pou si sa pa t ase, apre liberasyon vil la,

Bondye te pwomèt pou l pwoteje lavil Jerizalèm ak moun ki abite ladan l yo. Nou te kapab afime ke Seyè a te vle sele pwomès li a ak yon siy fizik (vv.7-8); men, nan vèsè 22 a, wa Ezekyas li menm t ap mande yon siy kòm garanti ke pawòl Ezayi a te soti nan Bondye. Malgre ke tout bagay sa a sonnen tankou yon dezòd, li enpòtan pou remake ke nan vèsè 21 an, pwofèt Ezayi t ap resevwa yon endikasyon nan men Bondye kòm yon siy atravè kòmandman pou l te fè yon mas fig frans pou aplike sou blesi Ezekyas la, kòm yon kalite medikaman, ke wa a sanble pat twò santi l satisfè. Se sa a ki te lakoz demand yon siyal ki pi "kwayab" la.

Ant vèsè 9 a 20, nou jwenn yon kote ke wa Ezekyas te ekri kote li eksprime lapriyè li nan yon fason pi laj, santiman li anvè lavi, epi kite nou wè kote ki pi fon nan kè li. Li vo lapèn pou nou reflechi konsènan ekriti sa a ki se sòm Ezekyas te ekri lè li te geri anba maladi li a (Sòm 38:9).

Kesyon:

- Esplike ak pwòp mo pa w ki jan Ezekyas te priye fas avèk anons lanmò li ki te prèt pou rive a.

- Anpil fwa nou wè travay Bondye apre lapriyè. Ki sa ou panse ki ta dwe vrè atitid legliz la fas avèk lapriyè?

Konklizyon

Nou tout vle jwenn repons lapriyè nou yo, sitou lè nou fè fas ak sitiyasyon difisil, ki se gwo echèl evènman negatif yo. Epi sètènman, Bondye reponn yo selon volonte li. Nou pa konnen kisa Bondye vle nou mande nan lapriyè; se konsa Sentespri li a va ede nou, epi lapriyè pou nou ak jemi ki pa kapab eksprime atravè anpil pawòl.

Majeste, gras ak souverènte Bondye

Loysbel Pérez Salazar (Kiba)

Pasaj biblik pou etid: Ezayi 40, 41, 42:1-9,14-25, 43, 44:1-8,21-28, 45

Vèsè pou aprann: "Se mwen menm ki Seyè a. Pa gen lòt! Se mwen menm sèl ki Bondye. Se mwen ki ba ou tout fòs ou atout ou pa t' konnen m' lan" Ezayi 45:5.

Objektif leson an: Konprann atravè pasaj yo ki nan liv Ezayi a, revelasyon majeste, gras ak souverènte Bondye.

Entwodiksyon

Liv pwofetik yo kote ke nou jwenn liv Ezayi a tou, gen anpil diskou oswa "pwoklamasyon oral nan non Bondye" (Julca, Jorge L. TA Modil II. Gwatemala: Editoryal, KN-MAC, Legliz Nazareyen an, 2003, p.216) ki jeneralman deklare kondisyon nasyon pèp Izrayèl la ak tretman Bondye bay li a. Nan chapit etid ki konsène nou an, pwofèt Ezayi te pale ak moun ki te ann egzil yo nan lavil Babilòn. Pwofèt la te mete aksan sou sans karaktè Bondye a ak garanti ke pwomès li konsènan redanmsyon pèp li a. Soti nan chapit 40 pou rive nan 48, genyen pwomès yon nouvo liberasyon pèp Izrayèl la dirije pa Bondye li menm.

Ann obsève kijan pasaj biblik sa yo transmèt nou revelasyon karaktè Seyè a; nan sans li atravè aksyon li yo, nan peryòd sa a nan istwa pèp Izrayèl la; ak ki jan li ede nou rive genyen yon pi gwo konesans sou li.

I. Grandè ak majeste Bondye (Ezayi 40, 41, 42:1-9,14-25)

Pwofèt Ezayi te dekri majeste Bondye nan pasaj sa yo nan yon fason ki byen kategorik, ki te evidan nan menm istwa a te viv. Tèm sa a ki se "majeste Bondye" a revele nou grandè absoli ak pouvwa san limit li a.

Pwofetikman, Ezayi te transpòte nou nan tan an egzil pèp Izrayèl la ak dominasyon peyi Babilòn; men deja nan tranzisyon an nan règ Pèsik la, de nan pi gwo anpi ke tout limanite te genyen. Nan mitan sitiyasyon sa a, pwofèt la te dekri fason ke Bondye te aji ak pèp li a, epi revele karaktè li.

A. Deskripsyon grandè ak majeste Bondye a

Dekri, epi afime grandè ak majeste Bondye nan mitan yon jenerasyon ki atribiye li bay wa yo, anpi ak fo dye yo se te bagay ki ekstraòdinè pou pwofèt la.

Kidonk, pwofèt Ezayi te di bagay sa yo konsènan Bondye:

- Li deside sou kreyasyon li (40:4-5).
- Sa ki kreye yo gen pou mouri; men Pawòl li ap toujou rete (40:8).
- Tout kreyasyon obeyi li (40:12-16, 22).
- Li pi gran pase nenpòt anpi ke moun ap gouvène (40:17).
- Li gouvène chèf k'ap gouvène lòt moun; epi nasyon yo obeyi li (40:23-24, 41:1-5).
- Li pa gen okenn konparezon ak anyen (40:25-26).
- Li se Bondye ki la pou toutan ak Kreyatè (40:28).
- Li bay moun ki fatige yo fòs (40:29-31).

Pou pèp Izrayèl la, deskripsyon sa yo te plis pase yon mo pou pale oswa ekri. Yo te viv li nan eksperyans yo, yo te wè Bondye ann aksyon, yo te konprann sa Bondye ye, apati lavi li menm. Anpil leson te aprann atravè yo menm; epi ki jodi a sèvi legliz la nan relasyon pèsonèl li ak gwo Bondye ki gen tout pouvwa a. Legliz la gen pou misyon egzalte Bondye ak bouch li ak nan zèv li nan mitan jenerasyon sa a. Li kontinye pwouve ke se li menm ki Wa k'ap gouvène.

B. Li se wa ou

1. Li te chwazi ou, epi ou se sèvitè li (41:8-9, 42:1-9)

Bondye te chwazi pèp Izrayèl la kòm pèp li, sa a se yon mo ki te komen nan bouch ekriven biblik yo. Bondye te toujou chwazi yon pèp pou tèt li: pèp Izrayèl la nan Ansyen Kontra a; epi legliz la, nan Nouvo Kontra a, ak moun ke li te revele lanmou ak objektif li. Konsènan tèks Ezayi 42:1-9, yo ofri de entèpretasyon

---

sou kiyès Sèvitè Jewova a ye: premye entèpretasyon an fè referans ak pèp Izrayèl la kòm sèvitè sa a ki gen yon misyon Bondye bay, anvè rès limanite a (Ezayi 42:6). Epi, dezyèm entèpretasyon an soti nan yon etid èmènetik yon ti tan pita, epi li te fè referans ak Jezi menm antanke Sèvitè sa a ke pwofèt Ezayi te pwofetize sou li a.

Tou de entèpretasyon yo genyen an komen gwo siyifikasyon nan akonplisman misyon Bondye a, ki se sa legliz li a angaje pou reyalize.

2. Li pwoteje w (41:10-12)

Li te esansyèl pou pèp Izrayèl la konnen ke Bondye te pwoteje yo. Yo te viv li anpil fwa, epi ankò pwofèt la te anonse sa ki annapre yo nan men Bondye:

- Ou pa bezwen pè (41:10).
- L ap fòtifye w, l ap ede w e l ap sove w (41:10).
- Li pral fè lènmi ou yo tonbe (41:11-12).

Ta genyen anpil temwayaj nan pwoteksyon atravè Bondye ke legliz li a ta kapab site ak lòt ke nou pa konnen; paske gen anpil bagay ke Bondye te delivre nou san ke li pa fè nou konnen.

3. Li fè ou genyen viktwa sou tout bagay (41:15-16)

Pasaj biblik sa a montre kijan Bondye te ba yo zouti pou yo simonte yo. Avèk li, pèp li a gen viktwa; e anyen ki leve kont li p ap genyen.

4. Li ede w nan bezwen w yo (41:17-18)

Vèsè sa yo dekri pwochen depa pèp Izrayèl la pou kite peyi Babilòn ak wout li nan dezè a; ki te trè difisil, men yo te gen pwomès sekou Bondye. Grandè Bondye a tèlman gwo, li fè rivyè koule epi sous dlo pete nan dezè sou tè sèch (v.18). Sa dekri Bondye ki ede w la; e sa se nan mitan tout advèsite, li pa kite ou poukont ou, men li travay pou w kapab byen.

Chak kwayan te kapab wè grandè Bondye nan mitan anpil dezè espirityèl ke li te travèse; ak jan ke li te soti byen fasil, soti nan enposib, Li te fè gwo bagay pou li.

5. Li pi gran pase lènmi ou yo, li konnen lavni ou (41:21-29)

Seyè a rele nasyon yo pou yo prezante agiman yo nan vwa fo dye yo. Sa a se diskou ki afime majeste li devan nenpòt nasyon pwisan ak fo dye yo te konn adore yo. Li fè yo parèt ridikil; epoutan pa genyen

okenn nan fo dye sa yo ki te kapab reponn anyen fas ak grandè li, selon 22-24: "Pwoche non! Vin di sa ki gen pou rive! Kisa nou te di k'ap rive ki rive vre? Di nou ki jan sa pral pase pou n' ka pran prekosyon nou! Fè nou konnen sa ki gen pou rive pou n' ka rekonèt sa lè l'a rive vre! Di nou kisa ki gen pou rive pita. Lè sa a, n'a konnen se bondye nou ye vre! Fè kichòy non, li mèt bon, li te mèt pa bon, pou n' ka wè l', pou nou ka egzaminen l' ansanm! Men, gade! Se pa anyen nou ye! Tou sa n'ap fè yo pa vo anyen menm! Se yon avilisman pou moun ki pran nou pou bondye yo!". Sa a montre yon fwa ankò ke Bondye pi wo pase tout fo dye; epi grandè li tèlman ale lwen, se konsa ke li toujou konnen epi kapab anonse ak sètitid tout sa ki pral rive a, v.25-26: "Se mwen menm ki chwazi yon nonm soti bò solèy leve. Se mwen menm ki fè l' desann soti nan nò vin atake. Li kraze tout chèf yo tankou labou anba pye l', menm jan moun k'ap fè krich kraze tè pou l' travay. Anvan sa te rive, kilès nan nou ki te di sa pou n' te ka konnen? Ki moun ki te di davans sa tapral rive konsa, pou n' te ka di se vre? Non. Pesonn pa t' di anyen sou sa. Pyès moun pa janm tande nou di yon mo sou sa". Li kapab pale sou byen ki pral rive pèp li a (v.27).

6. Wa a disipline ak pini peche an menm tan (42:14-25)

Sa a se bagay ke anpil nan nou pa renmen, epoutan se yon pati karakteristik Wa nou an ; epi li egzekite sa ak tout jistis.

Kesyon:

- Ki jan yo defini majeste Bondye a?
- Site kèk afimasyon nan lavi ou ki demontre majeste Bondye.

II. Gras Bondye ki bay delivrans lan (Ezayi 43, 44:1-8,21-28)

Ala bèl sa bèl se lè ke nou konnen ke menm Bondye ki pini an, gras li pa janm sispann! Malgre ke pèp li a pa merite sa li fè; gras li kontinye aji.

A. Lanmou ki rachte nou an

Bondye tèlman bon ke, byenke Pèp Izrayèl la te fè peche ke pèsonn moun pa kapab konte, li toujou montre gras li. Li pa difisil pou obsève gras Bondye a atravè Ansyen Testaman an.

Li te pini yo nan plizyè fason diferan pou peche yo; men li te toujou renmen yo. Ann wè kèk echantiyon nan gras li:

1. **Li te pwomèt yo yon retou san danje.** Li te enpòtan anpil pou nasyon an te retounen; men yo te gen sèten laperèz. Bondye yo te bay pwomès li pou l retounen ak pwoteksyon (Ezayi 43:1-3.5-8, 44:1-2). Si n'ap panse avèk panse lachè, sa ki jis la se t'ap kite yo nan esklavaj la; men gras Bondye a aji nan yon fason ki byen diferan.

2. **Li te montre yo valè li ak lanmou li.** Bondye te fè pèp li a konnen jan li te renmen l ak gwo siyifikasyon li te genyen pou li, se sa ki fè gras li a: bay valè nou e renmen nou san nou pa merite sa. Ann konpare lavi nou yon ti moman an relasyon ak fidelite nou anvè Bondye, ak pwa lanmou li anvè nou; epi li pral lakòz favè li. Diksyonè Beacon nan di li konsa: "Esans doktrin gras la se ke, menmsi lèzòm merite pou Bondye aji kont li, Bondye pran pozisyon l pou defann li. Nan yon fason trè espesifik epi klè, se nan bò pa nou an Bondye kanpe" (Taylor, R. S., Grider, Jk, ak Taylor, WH. Diksyonè Teyolojik Beacon. Etazini: KPN, 1995, p.314).

3. **Yon sèl Sovè a.** Nan relasyon lanmou sa a pa gen okenn lòt moun ki gen plas. Gen yon sèl Bondye, ki se Sovè a, epi temwen lanmou sa yo ki konnen Bondye ak konprann li (43:10-13). Bondye te pwomèt yo lavi ki pap janm fini an, e li te ba yo reyalite difisil sou aksyon yo sot pase yo (43:14-18). Kontinwite konsèp "Bondye Sovè" sa a debouche sou gwo reyalite li nan Nouvo Testaman an, atravè Jezi antanke Kris la ak sakrifis ekspyatwa l pou limanite. Nan Nouvo Kontra sa a, tèm "Sovè" a pi laj; paske li non sèlman rete nan liberasyon tanporè, men nan liberasyon etènèl anba peche.

B. Bondye fè bagay yo san okenn kondisyon

Bondye te pwomèt pèp li a ke li te gen pou l fè bagay ki tou nèf, mache nan dezè a, bay pwoteksyon kont bèt, ba yo dlo (43:19-21); sepandan, sa ke li te resevwa se ke pèp Izrayèl la pa t onore li atravè sakrifis ak ofrann yo. Okontrè, li te akable Bondye ak peche li yo (43:22-24); men gade jan gras li a byen klere: "Se mwen menm ki padone w akoz de lanmou mwen genyen nan kè mwen an e moun p ap janm sonje peche w yo ankò" (43:25).

Se menm jan an tou, Bondye kontinye aji ak legliz li a, menm lè nan anpil okazyon li gen menm konpòtman oswa pi mal pase pèp Izrayèl la. Ann evalye si nou onore Seyè a jan ke li merite sa: ak tout kè nou, san okenn ti rezèv anvè li. Tout sa nou genyen se pou li, kidonk se pou nou toujou ba li avèk rekonesans. Apre sa, an nou obsève kèk aksyon Bondye ak pèp li a ki reflete gras li:

- Li vide Lespri li ak benediksyon li sou pèp la (44:3-5).
- Li netwaye mechanste ak peche yo (44:22).
- Li montre l bèl glwa li (44:23).
- Li akonpli plan li pou restore ak retabli li (44:26-28).

Gras Bondye te tèlman gran, li te padone pèp li a, Li te pwomèt li ke li t'ap fè l retounen, e li te fè sa vre. Yo te wè glwa li parèt aklè; epi yo te kapab wè ki jan Bondye te pwofetize Siris sa a te gen pou fè volonte li (44:28). Se konsa li te kolabore pou yo te rebati Jerizalèm ak tanp lan. Mande: Èske yo te merite yon bagay konsa? Nan sans lachè, non; men, favè li ak lanmou li se yon bagay ke okenn moun pa kapab eksplike. Bondye kontinye rebati ak restore anpil bagay nan lavi chak moun ki mete konfyans yo nan li. Pafwa nou panse ke Bondye fè anpil bagay; men se gras li ki plis pase yon doktrin oswa yon konsèp.

Kesyon:

- Site kèk fason kote ke Bondye te montre gras li anvè pèp Izrayèl la.
- Ki jan ou ta dekri gras Bondye a nan lavi pa ou?

III. Souverènte Bondye a (Ezayi 45)

Malgre ke gen kèk moun ki di ke pati sa a nan liv la te ekri depi anvan moun peyi Pès yo te pran lavil Babilòn, akòz klète mesaj la ak presizyon nan non wa Siris la; genyen lòt moun ki "di ke Ezayi antanke pwofèt te predi monte wa sa a 150 an avan" (Carro, Daniel; Poe Tomás, José; Zorzoli; Rubén, O. Kòmantè Biblik Mundo Hispano, volim 10. Etazini: Mundo Hispano, 1993, p.148). Tou de entèpretasyon yo ofri nou yon gwo limit revelasyon pwofon pwofèt la ak verite a nan diskou li yo. Se yon pasaj ki deklare yon Bondye ki souveren kategorikman; epi konprann karakteristik li nan pèspektiv pwofèt la trè enteresan.

Gen de konsèp souverènte diven ki trè siyale andedan chapit sa a:

A. Seyè a, sèl Bondye a

Nan anpil okazyon, Bondye rekonèt kòm sèl divinite. Sa a se yon egzanp klè nan monoteyis jwif yo ki kont politeyis tout nasyon ki nan alantou yo. Li klèman deklare ke li se Seyè a, sèl Bondye ki egziste (45:5-6, 18c, 21-22). Diksyonè Beacon nan fè referans a konsèp sa a pou di nou ke:

"Konsèp jeneral souverènte Bondye a se pwen debaz pou tout vrè teyis biblik yo (Sòm 115:3). Premyeman, sa esansyèl nan monoteyis la. Bondye pa sèlman diven; Li se sèl divinite a" (Taylor, R. S., Grider, Jk, ak Taylor, WH. Diksyonè Teyolojik Beacon. Etazini: KPN, 1995, p.656).

Sa a te yon mesaj ki te byen klè pou pèp ebre a konstamman bonbade pa adorasyon fo dye ke tout nasyon payen yo te konn ap ofri yo, epi se nan sa ke li te tonbe plizyè fwa. Se yon mesaj ki rete byen klè pou legliz nan tan ke n'ap viv la k ap viv nan yon mond plen ak adorasyon fo dye tou. Pou konprann souverènte Bondye a, li nesesè pou nou kòmanse soti nan premis sa a: Li se sèl Bondye ki egziste.

B. Bondye aji selon volonte l; epi tout sa l fè toujou bon

Nou dwe konprann li antanke Bondye Kreyatè linivè a, ki dirije ak kontwole tout bagay. Sa a se yon bagay ki pa gen repons nan souverènte li. Pwofèt Ezayi te di l konsa: "Mwen fè sa pou tout moun sou latè, depi kote solèy leve jouk kote solèy kouche, ka konnen pa gen lòt bondye pase mwen menm! Se mwen menm ki Seyè a. Pa gen lòt!" (Ezayi 45:7).

Mande pou kisa Bondye fè oswa pa reflete yon karaktè mank de matirite kwayan an. Nou dwe asime volonte l kèlkeswa sa li ye. Gen kwayan k ap viv nan kesyone bagay ki rive yo nan lavi yo; epi genyen kèk lòt menm ki rive blame Bondye. Sa rive lè ke moun nan pa konprann konsèp yon Bondye souveren. Sa se youn nan diskisyon ak Bondye ki pa genyen okenn repons. Pwofèt Ezayi te anseye l nan fason sa a: "Madichon pou moun k'ap diskite ak Bondye ki fè l' la! Li tankou yon krich nan mitan yon bann krich. Yon krich pa ka di moun k'ap ba li fòm lan: Sa w'ap fè la a? Travay ou fè a pa bon" (v.9).

Konprann ke gen bagay ke Bondye etabli, sa rive nan lavi nou epi nou pa kapab retire yo, ke Li pèmèt

yo epi nou jis dwe aksepte yo, se jis chèche konprann Bondye Souveren k'ap gide nou an. Li posib ke nan plizyè okazyon, nou pa konprann tout pwosedi li yo; men san dout, tout sa ki rive yo se pou byen. Bondye toujou konnen sa li fè a.

Li te difisil pou Izrayelit yo te konprann kijan fè ke Bondye ta chwazi nasyon ki fè plis peche pase yo kòm yon metòd pou bay yo pinisyon; pou fè yo soufri ann ekzil, epi an menm tan mennen yon wa payen yo rele Siris pou rebati lavil la epi libere moun ki ann ekzil yo (v.13b).

Ezayi dekri li konsa: "Se mwen menm ki fè wa Siris kanpe pou li mete jistis sou latè. M'ap louvri tout wout devan li. Se li menm ki pral rebati lavil mwen an. L'ap fè moun pa m' yo te depòte yo tounen lakay yo san yo pa bezwen peye anyen, ni yo p'ap bezwen fè kado anyen pou sa. Se Seyè ki gen tout pouvwa a ki di sa!" (v.13). Sa a dwe yon fraz ki komen nan bouch tout kwayan yo: "Se sa Bondye mwen an deside"; epi tout sa li deside, se pou byen pitit li yo. Sa se konfyans ke nou genyen nan li.

Bondye te deside:

- Ba yo richès ki nan peyi Lejip yo pou ke non li te kapab egzalte (45:14-15).
- Fè moun ki fè imaj taye yo wont (45:16).
- Sove pèp Izrayèl la (45:17).
- Se pou tout moun obeyi li (45:23).
- Se pou moun ki fache sou li yo wont (45:24).
- Se pou tout desandan Izrayèl yo fè lwanj li (45:25).

Annou rekonesan anvè sa ke Bondye ki souveren an deside.

Kesyon:

- Site de konsèp souverènte ki te analize nan liv pwofèt Ezayi a.
- Ki jan souverènte Bondye a manifeste nan relasyon pèsonèl ou ak Bondye?

Konklizyon

Lè nou analize pasaj sa yo, nou kapab afime ke Pawòl Bondye a revele sa li ye: yon Bondye majeste epi ki gran anpil, ke gras li la pou toutan nan lavi pèp li a epi li toujou disponib pou limanite sa a. Men an menm tan, li se Bondye ki souveren an.

Mansonj lan

Josué Villatoro (Meksik)

Pasaj biblik pou etid: Ezayi 44:9-20, 46, 47, 48:12-16, 57:3-13, 65:1-12

Vèsè pou aprann: "Lè n'a rele mande sekou, se pou tout zidòl nou yo vin sove nou si yo kapab! Yon senp ti van ap pote yo ale, yon ti briz van ap pati ak yo. Men, moun ki mete konfyans yo nan mwen va rete nan peyi a, y'a rete sou mòn ki apa pou mwen an" Ezayi 57:13.

Objektif leson an: Konprann gwo konsekans pratik idolatri a pa sèlman atravè yon egzanp istorik pèp Izrayèl la; men tou nan lavi nou ak pratik aktyèl nou, epi deside toujou adore sèl Bondye vivan epi ki vrè a.

Entwodiksyon

Idolatri a se yon tèm ki te toujou prezan nan ansèyman biblik yo. Depi nan premye kòd legal la, dis kòmandman yo, Bondye te trè klè sou jan li enpòtan pou rekonèt li sèlman kòm sèl vrè Bondye a. De premye kòmandman yo se yon avètisman klè sou rekonesans Seyè a kòm sèl e vrè Dye a: briskeman, Bondye te bay lòd: "Ou p ap gen lòt Bondye devan mwen" (Egzòd 20:3); epi, dezyèmman, li te di: "Piga nou janm fè ankenn estati ni ankenn pòtre ki sanble bagay ki anwo nan syèl la, osinon bagay ki sou latè ou ankò nan dlo anba tè a" (Egzòd 20:4).

Se menm pi plis! Bondye te fè konnen byen klè konsekans ki ta gen pou rive sou lavi moun sa a ki dezobeyi kòmandman sa a. Pou moun ki pa fè sa a, Li se yon Bondye ki vizite "mechanste zansèt yo sou pitit ak pitit pitit yo gen pou peye sa soti nan twazyèm ak katriyèm jenerasyon akoz de paran yo ki te rayi li" (Egzòd 20:5); men pou sa yo ki akonpli manda a, Bondye di ke "m'ap moutre l' jan mwen renmen l' tou ansanm ak tout pitit pitit li yo pandan mil jenerasyon" (Egzòd 20:6).

Bondye te vle trè klè epi byen sevè ak òdonans sa a; paske li te konnen ke, atravè listwa, pèp li a t ap gen pou fè fas ak anpil sitiyasyon ki t ap vin ankouraje li adore lòt bondye, pou venere moun oswa bagay ki pa t 'e ki pa vrè Bondye vivan an an reyalite. Pandan plizyè syèk yo nan esklavaj nan peyi Lejip, pa egzanp, yo te rankontre avèk anpil fo dye; genyen kèk ladan ki nan fòm bèt, anpil lòt ki sou fòm moun, e anplis de sa, yo ta menm tante adore farawon an li menm. Menm bagay la tou ta rive nan peyi Pès la, nan peyi Lasiri ak chak kote pèp Bondye a te ale, dapre volonte yo oswa pa lafòs.

Youn nan mesaj ki pi klè nan sans sa a se sa ke pwofèt Ezayi te bay la konsènan tout bagay sa yo. Ann pran yon ti tan pou ke nou gade sa ke Seyè a te di pèp li a atravè liv pwofetik ki pi long lan nan ansyen.

I. Sa pa genyen okenn sans! (Ezayi 44:9-20, 57:3-13)

Nan Ezayi 44:9-20, Bondye pale sou jan li ridikil pou adore yon zidòl. Nan vèsè 13-17 la, li bay egzanp yon zidòl an bwa. Li eksplike tout pwosesis la: bòs chapant la koupe pye bwa a; epi li pran yon pati nan bwa a, pou li chofe; epi yon lòt, pou fe manje; ak yon lòt, li fè yon fo dye. Li bese tèt li devan l, li adore l, epi: "Avèk rès bwa a, yo fè estati yon bondye pou yo sèvi. Yo mete ajenou devan l', yo lapriyè devan l', y'ap di: Ou se bondye mwen. Delivre m' non! " (v.17). Reflechi sou sa: menm moso bwa ki itilize pou boule a, oswa pou kwit manje a, oswa pou fè nenpòt lòt aktivite, se menm moso bwa a ki itilize pou fè yon imaj ke yon moun priye. Konsènan moun ki fè sa, Bondye di: "Moun sa yo pa konn anyen, yo pa konprann anyen, paske je yo bouche, yo pa ka wè. Lespri yo bouche, yo pa konprann anyen " (v.18). Mande: Kijan yon moun ap fè mete lafwa li, li pral priye, li pral fè konfyans epi li pral adore yon bagay ke li menm te kreye ak anyen?; ki pwisans yon vye objè kapab genyen, li menm ki pat anyen ditou kèk èdtan de sa, epi kounye a li la a, men li te fèt ak fòm pa menm moun k ap priye l la?; ki fòs yon sèl imaj ki kapab kase, domaje, grate, pouri oswa pèdi nenpòt ki lè genyen?

Men, idolatri a pa sèlman enplike yon aksyon ki pa genyen okenn sans pou adore yon èt kreye; men tou pratik aksyon sa yo ki fè lòm nan pèdi diyite ke Bondye ba li an reyalite. Nan Ezayi 57, Bondye kondane idolatri a nan mitan pèp li a; epi li te fè yo konnen ke yo te fè aksyon ki genyen lawont pou adore fo dye. Li te fè yo sonje bagay sa yo: "Yonn apre lòt, moun yo pral di: -Se pou Seyè a mwen ye! Y'a vin mete tèt yo ansanm ak fanmi Jakòb yo. Yo tout pral make non Seyè a nan pla men yo. Y'a di se moun pèp Izrayèl la yo ye tou" (v.5). Sa vle di, pèp la te bliye endikasyon Seyè a te bay la; epi yo te lage tèt yo piblikman nan imoralite seksyèl pou adore zidòl. Anplis de sa, yo te fè sakrifis avèk lavi moun, yo te touye ti moun piti pou yo adore yon fo dye.

Tout sa fè nou panse ke idolatri a se yon pratik ki fèt pa moun ki manke konpreyansyon; san yo pa kapab disène ant sa ki byen ak sa ki mal; moun ki pa jwenn sajès Bondye a ki klere je yo; yo pa genyen okenn kapasite pou konprann sa ki fè Seyè a plezi ak sa ki pa fè Seyè a plezi. Idolatri a se yon pratik ki pa genyen okenn sans, se yon aksyon bèbè chòchòt. Jodi a, nou kapab wè anpil egzanp ki fè nou panse menm jan an tou: nan ka patikilye Meksik la, genyen anviwon 60% nan popilasyon an ki pwofese Katolik Womèn nan, 12 desanm se yon jou nan Jou ferye nasyonal la. Lè sa a, se jou Vyèj Gwadalup la. Ladan li, anpil moun fè yon pelerinaj soti yo kote orijin nan vil Meksik pou rive mache plis pase mil kilomèt, dòmi deyò pou de oswa menm twa semèn, manje mal, pote anpil ti moun piti nan do yo, epi ekspoze lavi yo fas ak yon aksidan ak nenpòt ki konsekans trajik. Epi tout bagay sa yo fèt, pou adore yon zidòl. Nou kontinye ap dekouvri ke sa Pawòl Bondye a di a se vre. Tout moun ki adore yon zidòl "Se tankou si yo te mete konfyans yo nan sann dife. Se tèt yo y'ap twonpe. Yo pèdi wout yo. Yo p'ap ka sove lavi yo, yo pa konprann zidòl yo gen nan men yo a se pa bondye li ye" (44:20).

Kesyon:

- Èske w kapab bay yon ka aktyèl sou pwosesis yo montre nan Ezayi 44:13-17? Ki jan yo ta kapab bay egzanp jodi a?

- Èske w konsidere kounye a gen moun ki toujou fè aksyon ki, lè yo adore yon zidòl, li fè yo pèdi diyite yo antanke moun, tankou sa yo ekspoze nan Ezayi 57:5? Kòmantè.

II. Wi gen yon Bondye ki vivan! (Ezayi 46)

Rezon prensipal ki fè idolatri a se yon pratik ki pa genyen okenn sans, se paske pa gen okenn nesesite pou yon moun envante yon fo dye; oswa pou priye yon divinite ki envante; oswa pou adore yon estati ki pa menm kapab fè mouvman. Gen yon Bondye ki gen tout pouvwa deja, li menm sèl ki genyen ase karakteristik pou I Bondye. Li di pèp li a konsa: "Ak ki moun nou ta konpare m'? Ki moun nou ka di ki sanble m'? Ki moun nou ka mete bò kote m' ki tankou m'?" (v.5).

Vèsè biblik la pral prezante nou anpil istwa kote ke

siperyorite Seyè a sou zidòl yo nan divès nasyon ki te lènmi pèp Bondye a parèt klè tankou dlo kòk. Youn nan istwa sa yo, youn nan sa ke moun pi byen konnen yo, fè nou sonje epòk Moyiz ak Arawon te rankontre yo te prezante devan farawon an pou mande pou yo retire pèp Izrayèl la anba opresyon yo nan peyi Lejip. Nan okazyon sa a, se kote ke Baton Arawon an te tounen yon sèpan pou montre pouvwa Bondye; epi byenke majisyen nan peyi Lejip yo te fè menm bagay la tou, baton Arawon an, te tounen yon koulèv pou manje baton majisyen, konsa montre ke Seyè a, Bondye pèp Izrayèl la, te pi gran pase fo dye moun peyi Lejip yo, ann gade Egzòd 7:8-13 :"Seyè a di Moyiz ak Arawon konsa: -Si farawon an mande nou fè yon mirak pou moutre ki moun nou ye, ou menm Moyiz w'a di Arawon pran baton l' lan, voye l' atè devan farawon an. Baton an va tounen yon koulèv. Moyiz ak Arawon al bò kote farawon an. Yo fè sa Seyè a te ba yo lòd fè a. Arawon voye baton l' lan devan farawon an ak devan tout moun farawon yo. Baton an tounen yon koulèv. Men farawon an rele nèg save l' yo ak divinò l' yo. Yo menm tou, avèk maji yo, yo te rive fè menm bagay la tou". Yon lòt istwa ankò prezante nou defi Eli te mete prèt Baal yo, lè li te montre ke sèlman Seyè a te kapab fè lapli tonbe, e menm voye dife pou boule sakrifis la, jan ke nou kapab li sa a nan I Wa 18:23-39:"Mennen de jenn towo ban nou. Pwofèt Baal yo va chwazi yonn, y'a touye l', y'a koupe l' an moso, y'a mete l' sou yon pil bwa, men piga yo limen dife. Mwen menm m'a fè menm jan an tou ak lòt towo a. m'a mete l' sou yon pil bwa, mwen p'ap limen dife. y'a rele bondye yo a. Mwen menm, m'a rele Seyè a. Sa ki va voye dife pou reponn lan se li ki Bondye. Tout pèp la reponn: -Nou dakò! Lè sa a, Eli di pwofèt Baal yo: -Nou anpil, mwen ban nou devan. Chwazi yon towo. Pare li. Lèfini, rele bondye nou an. Men, pa mete dife nan bwa a. Pwofèt Baal yo pran towo yo ba yo a, yo pare l'. Lèfini, yo pran rele Baal depi nan maten rive vè midi. Yo t'ap di: -Baal o! Reponn nou non! Yo t'ap danse fè wonn lotèl yo te moute a. Pa yon vwa, pa yon repons. Vè midi, Eli tanmen pase yo nan betiz. Li di yo: -Rele pi fò non! Se bondye li ye. Li dwe okipe anpil. Li ka ap kalkile, osinon li nan vwayaj. Li ka ap dòmi tou. Se pou nou leve l'. Pwofèt yo pran rele pi fò. Yo pran nepe ak kouto, yo make tout kò yo jan yo te konn fè l' la. San t'ap koule sou yo konsa. Lè midi fin pase, yo pran rele Baal pi rèd toujou jouk lè pou yo fè ofrann apremidi a rive. Men, ankenn vwa pa reponn! Anyen pa pati. Lè sa a, Eli mande pèp la pou yo pwoche bò kote l'. Lè yo pwoche vin jwenn li, li rebati lotèl Seyè a paske yo te kraze l'. Li pran douz wòch, yonn pou chak branch fanmi pitit Jakòb yo. Se Seyè a ki te bay Jakòb non Izrayèl li pote a. Li pran wòch yo, li rebati lotèl Seyè a. Li fouye yon kannal fè wonn lotèl la. Kannal la te ka pran kat galon dlo. Li ranje bwa yo sou lotèl la, li dekoupe towo a, li mete moso vyann yo sou bwa yo. Lèfini li di: -Plen kat krich dlo vide yo sou ofrann lan ak sou bwa yo. Apre yo fè sa, li di yo: -Fè l' yon dezyèm fwa. Apre yo fè l', li di yo ankò: -Fè l' yon twazyèm fwa. Yo fè l' ankò. Dlo a koule tout atè bò lotèl la, li plen kannal la. Lè lè pou yo fè ofrann apremidi a rive, pwofèt Eli pwoche bò lotèl la, li di: -Seyè, Bondye Abraram, Bondye Izarak ak Bondye Jakòb, fè yo wè jòdi a se ou menm ki Bondye pèp Izrayèl la. Fè yo rekonèt se sèvitè ou mwen ye. Se ou menm ki ban m' lòd fè tout bagay sa yo. Reponn mwen, Seyè! Reponn mwen pou pèp sa a ka konnen se ou menm Seyè a ki Bondye, pou yo rekonèt se ou menm k'ap fè yo tounen vin jwenn ou. Seyè a voye dife soti nan syèl la, li boule ofrann lan, bwa yo, wòch yo ak anplasman kote lotèl la te ye a, li fè tout dlo ki te nan kannal la cheche. Lè pèp la wè sa, yo tonbe fas atè, yo pran rele: -Se Seyè a ki Bondye! Se Seyè a ki Bondye!". Yon dènye ka se te pa Ananyas, Mizayèl ak Azarya (ki gen non Babilòn yo, Chadrak, Mechak ak Abed-nego, sa yo ki pi popilè ak rekonèt sou non sa yo pase non orijinal yo). Pliske yo pat dakò pou ke yo te mete ajenou pou adore yon estati ki te reprezante wa Nèbikadneza, li menm ki te konsidere tèt kòm yon dye devan je tout moun ki t'ap suiv li yo. Yo te jete yo nan gwo founo dife a. Men, Bondye te delivre yo anba li, Bondye te prezève lavi yo; e siy sa a te tèlman gwo ke tout wayòm nan te dwe rekonèt ki moun ki te vrè Bondye a (Danyèl 3). E menm ak tout bagay sa yo, pèp la chwazi vire do bay Seyè a, li trayi li, li chèche zidòl pou adore fo dye.

Nou menm, jodi a, nou te kapab jije Izrayelit yo; epi akize yo kòm moun sòt ak sèvi zidòl. Sepandan, menm si tout sa a se yon bagay ki trè abityèl pou nou, e nou pa gen okenn dout sou siperyorite Bondye fas ak fo dye ak zidòl yo; li gen anpil chans pou nou menm, kretyen 21yèm syèk yo, se idolat menm jan ak pèp Izrayèl la, ki te vire do bay Bondye youn ak yon lòt fwa ankò, oswa menm plis. Nenpòt ki moun oswa objè ki pran plas Bondye nan lavi nou, li tounen yon zidòl pou nou. Se konsa, si lajan w lan kapab ba ou sekirite, sa se zidòl ou; si byen materyèl ou a kapab ba ou kè poze, sa se zidòl ou; si travay ou fè ou santi ou estab, sa a se zidòl ou; si bon sante w la fè w santi konfyans, sa se zidòl ou... Okenn nan bagay sa yo pa siperyè pase Bondye; paske tout bagay soti nan li (Jak 1:17). Li ban nou tout bagay, se li menm ki fè nou genyen tout bagay; e menm jan li

bay li a, li gen dwa pou l pran li (Jòb 1:21).

Epi malgre tout sa yo, li toujou rete souveren; Li toujou Bondye; Li pi wo pase tout sa nou genyen yo. Adore zidòl se pa ti bagay; se poutèt sa nou wè rekòmandasyon Bondye a nan sans sa a nan tout tèks biblik la: soti nan Penntatek la (Egzòd 23:13; Levitik 19:4); ale nan liv istorik yo (1 Samyèl 15:23); literati sajès (Sòm 16:4, 135:15, 115); pwofèt (Jeremi 11:12; Jonas 2:8; Miche 5:13; Abakik 2:18), e menm parèt nan lèt ki ekri nan Nouvo Testaman an (Women 1:23; 1 Korentyen 6:9, 10:19-22; Galat 4:8; 1 Jan 5:21) e menm nan Revelasyon (9:20). Se pa yon konyensidans ke sijè idolatri a parèt anpil fwa, epi nan tout tèks biblik yo.

Idolatri a se yon sijè trè delika, epi li se yon sijè ke Bondye vle fè parèt trè klè pou nou, pitit li yo. Li pap janm pataje plas ki pou li a avèk anyen oswa pèsonn. Pa genyen okenn lòt moun ki ta dwe okipe premye plas nan kè nou; pa gen lòt moun nou pral adore; devan okenn lòt moun nou pap bese tèt nou, men sèlman se devan yon sèl vrè Bondye vivan an.

Kesyon:

- Nan leson an, twa istwa biblik yo te ekspoze kote li te evidan ke Seyè a te siperyè fo dye yo ki soti nan lòt nasyon yo. Èske w konnen yon istwa oswa yon eksperyans ki sanble tou pre w kote yo te pwouve menm bagay la? Pataje li ak gwoup la, pandan ke w ap ekri kèk nòt.

III. Konsekans idolatri a (Ezayi 47, 48:12-16, 65:1-12)

Idolatri a se yon peche danjere ki ofanse Seyè a, epi li pa kapab inyore li. Bondye pale sou atitid pèp li a ki vire do ba li, li di konsa: "Chak jou mwen t'ap lonje men m' bay yon pèp ki t'ap kenbe tèt ak mwen, ki t'ap fè sa ki mal, ki t'ap fè sa yo pito" (65:2). Nan pale sou pratik idolatri a ke pèp la te konn ap kontinye fè ankò epi ankò, pawòl la di konsa: "Apre sa, yonn di lòt: Pa pwoche m'. Pa manyen m', paske yo mete m' apa pou Bondye! Non, mwen pa ka sipòte sa y'ap fè a. Sa fè m' move, kòlè mwen tankou yon dife ki p'ap janm mouri" (65:5). Men pita, rekonpans pou aksyon sa yo gen pou vini. Vèsè ki soti nan Ezayi 65:11-12, yo se deklarasyon trè di ki soti nan bouch yon Bondye ki fache sou pèp li a, ki an kolè; paske pitit li yo vire do ba li. Li deklarasyon Bondye yo youn ak yon lòt fwa ankò. Vèsyon Biblik Jerizalèm ane 1999 la tradwi l konsa: "Men pou nou menm ki vire do bay Seyè a, nou menm ki bliye mòn ki apa pou mwen an, epi ki al fè sèvis manje pou Gad, ki al fè ofrann bwason pou Mini, m'ap fè nou mouri nan lagè. Nou tout nou pral bese do nou pou yo koupe kou nou, paske mwen te rele nou, nou pa t' reponn. Mwen pale nou, nou pa t' koute m'. Nou fè sa ki mal devan je m', nou pito fè sa ki p'ap fè m' plezi".

Pa genyen okenn nan nou ki ta vle tande pawòl sa yo nan bouch Bondye. Mesaj la klè: idolatri a pote lanmò, separasyon, tristès ak kòlè nan kè Bondye, ki toujou ap chèche nou; men ki resevwa sèlman rejè ak betiz nan men nou.

Lè sa a, nou pa ta dwe pè fas avèk konsekans lan. Ki jan nou vle resevwa bonte nan men yon Bondye ke nou toujou ap trayi? Ki jan nou vle jwenn mizèrikòd nan men yon Bondye ke nou refize tande? Ki jan nou kapab mande gras yon Bondye ke nou toujou mete sou kote epi bliye? Nan 2 Kwonik 36:15-21, nou kapab jwenn konsekans dezobeyisans lan epi pa koute vwa Bondye; vire do ba li, ak adore zidòl ak fo dye yo. Gade pasaj la epi analize li ak anpil atansyon, pou w kapab wè ki kalite rezilta pèp Izrayèl la te jwenn "Seyè a, Bondye zansèt yo a, pa t' manke voye pwofèt pou avèti pèp li a, paske li pa t' vle anyen rive ni pèp li a ni Tanp li a. Men, yo pase mesaje Bondye yo nan betiz, yo pa okipe sa Bondye te di yo, yo pase pwofèt yo anba rizib. Bout pou bout, Seyè a te vin sitèlman fache pa t' gen rechap pou yo ankò. Se konsa Seyè a fè wa Babilòn lan moute vin atake yo. Wa a touye tout jenn gason peyi Jida a nan Tanp lan menm. Li pa t' gen pitye pou pesonn, granmoun kou timoun, fanm kou gason, malad ou pa malad. Bondye lage yo tout nan men wa a. Wa a menm pran dènye sa ki te nan Tanp lan ak nan pyès trezò Tanp lan ansanm ak richès wa a ak richès lòt gwo chèf yo, li pote yo lavil Babilòn. Lèfini, li mete dife nan Tanp lan. Li kraze miray lavil la. Li boule tout gwo kay yo ak tout bèl bagay koute chè ki te ladan yo. Li pran tout moun ki pa t' mouri yo, li depòte yo lavil Babilòn kote yo sèvi l', li menm ansanm ak pitit li yo, tankou esklav, jouk gouvènman an pase nan men wa peyi Pès la. Se konsa, sa Seyè a te mete nan bouch pwofèt Jeremi an rive vre: Pandan swasanndizan tè a pral rete san yon moun ladan l', li pral pran repo pou tout jou repo yo pa t' janm ba li a".

Idolatri a se yon sijè trè espesifik pou nou jodi a. Nan kontèks Amerik Latin nou an, ki te kraze atravè istwa pa mwayen kilti tout kalite pèp, ak yon gwo enfliyans ansyen tradisyon katolik, apostolik ak women, majorite kwayans relijye a se jisteman katolik women yo, kwayans relijye ki plis konnen an se lafwa katolik la women nan. Anpil nan moun ke nou rekonèt yo, oubyen menm nou menm,

nou soti nan yon tradisyon familial ki kwè nan adorasyon imaj sen, moun ke yo te touye, jenn fi, ak anpil lòt bagay ankò; anpil fèt pou fè onè li, e menm nan lapriyè pou mande lapriyè li pou plizyè pwoblèm ak bezwen. Si byen anpil nan nou te vin nan lafwa biblik la atravè Jezi ki se Kris la, kòm sèl medyatè ant Bondye ak lèzòm (1 Timote 2:5), epi nou di pa adore imaj oswa gen zidòl lakay nou; li posib ke idolatri a toujou la andedan nou, epi pouse nou onore ak adore Seyè jan Li vle l la. Ann sonje ke "idolatri a se pa sèlman lè yon moun mete ajenou devan yon imaj, men pito se atravè adorasyon, avèk oubyen san imaj, fo dye sa yo pa Seyè pèp Izrayèl la. Sa ki mal la se pa tèlman paske fo dye yo se yon objè materyèl lefèt ke li se yon bagay ki senp. Bondye pèp Izrayèl la se kreyatè tout sa ki egziste epi li se Wa siprèm nan, pandan ke zidòl yo se sèlman fo dye kèk aspè oswa yon pati nan kèk reyalite" (Nelson, Wilton. Diksyonè Biblik Ilistre. Kosta Rika: Editoryal Caribe 1974, p.294).

Kesyon:

- Pawòl Bondye yo nan Ezayi 65:11-12 yo trè di. Èske ou konsidere ke aksyon sa a yo ke pèp la te fè yo se te bagay ki dwat? Eksplike. _____
- Li pasaj 2 Kwonik 36:15-21, epi analize konsekans pèp la te peye pou dezobeyisans yo. Èske yon moun kapab eksperimante yon bagay ki sanble ak sa nan lavi li, kòm rezilta ke yo pat onore Bondye? Kòmantè.

Konklizyon

Idolatri a reyèl jodi a menm jan li te ye nan tan ki pase yo; epi li prezan nan yon pati nan kwayan ki patisipe nan sèvis yo nan legliz la. Nou ta kapab konnen si nou tou pre peche sa a lè nou poze tèt nou kesyon sa yo: kilès moun ki kreye mwen? Kilès moun mwen toujou fè konfyans? Nan ki moun mwen chèche verite siprèm nan? Nan ki moun mwen chèche sekirite ak bonè? Kilès moun ki responsab avni mwen? Nou dwe pran swen relasyon nou ak Bondye chak jou pou ke pa janm genyen anyen ak pèsonn ki pou pran plas ki sèlman pou Bondye a; pou sa nou ka toujou di ak sètitid: "Men, nou menm ki vivan, n'ap di l' mèsi depi koulye a ak pou tout tan tout tan. Lwanj pou Seyè a!" (Sòm 115:18).

Redanmsyon ak Retablisman Siyon an

Marcial Rubio (Pewou)

Pasaj biblik pou etid: Ezayi 49, 50, 51, 52, 53, 54

Vèsè pou aprann: "Se pou syèl la kontan! Se pou tè a fè fèt! Se pou mòn yo rele tèlman yo kontan! Paske Seyè a pral bay pèp li a kouraj, l'ap gen pitye pou pèp li a ki nan lapenn" Ezayi 49:13.

Objektif leson an: Konprann ke nou pa kapab viv separe ak lalwa Bondye yo san konsekans yo; epi pa genyen okenn moun ki pa kapab antre nan plan delivrans ak restorasyon Bondye a.

Entwodiksyon

Istwa pèp Bondye a make avèk anpil peryòd istorik benediksyon ak pwosperite, osi byen ke dezas politik, ekonomik ak sosyal, tou depann de kondisyon relasyon li ak Bondye. Nan etid sa a, nou pral wè ki jan Bondye te revele restorasyon pou pèp Izrayèl la; epi li remèt li diyite li kòm pèp li chwazi a.

I. Pwomès restorasyon pèp li a (Ezayi 49, 50, 51, 52)

A. Anons yon avni k ap bèl anpil (49:1-7)

Yon gwoup jwif te retounen soti ann egzil pou antre nan lavil Jerizalèm gras ak yon dekrè Siris, wa peyi Pès la; men yo te jwenn vil la devaste: destriksyon, dekonm ak abandon. Sepandan, nan mitan tout dezòd sa yo, doulè ak lawont, pwofesi ki pi bèl e ki pi ankourajan yo te parèt konsènan pwomès avni Jerizalèm; epi te anonse sijè ki abòde nan misyon mondyal la atravè Sèvitè Seyè a. Mande: "Kilès moun ki sèvitè Seyè a? Repons lan twouve li nan v. 3: "Li di m': Izrayèl, se sèvitè m' ou ye! W'ap sèvi yon lwanj pou mwen!" Se pèp Izrayèl la transfòme an sèvitè" (Cavero, Danyèl ak anpil lòt ankò. Kòmantè Biblik Mundo Hispano, volim 10. Etazini: Editoryal El Paso, 1982, p. 156).

Se pèp sa a ki genyen pou misyon pwoklame mesaj pwofetik Bondye a bay tout pèp ki sou latè. Malgre ke "Sèvitè" sa a te nan yon kondisyon imilyasyon ak defèt; Jewova te fè aranjman pou li tounen vin jwenn li, epi dekrè wa peyi Pès la te sipòte sa Bondye te ranje a (v.6). Pèp la chwazi a, yo rele pou yo vin "limyè pou nasyon yo..." (v.6), akoz dezobeyisans li, li

vin tounen yon sèvitè tiran; men Bondye t ap dirije evènman istorik yo dapre plan li yo ki finalman te montre redanmsyon nan Kris la, pwolonje rive nan pwent tè a (v.6).

B. Siyon an t ap repeple epi abiye ak glwa (49:8-26)

Nan mitan santiman abandon kote ke abitan Jerizalèm yo t'ap viv pandan ke yo te fèk retounen sot nan esklavaj, yon pwofesi te parèt pou mete aksan sou travay Bondye a an favè moun ki nan afliksyon yo. Men, te genyen yon santiman anmè ki te agrave kè sere ak dezespwa li. Sepandan, Seyè a te konfime pwomès lanmou li te fè a: "Eske yon manman ka bliye pitit l'ap bay tete a? Eske li ka pa sansib pou pitit li pote nan vant li a? Menm si yon manman ta rive bliye pitit li, mwen menm, mwen p'ap janm bliye nou!" (v.15); epi li te anonse rebati lavil Jerizalèm e menm rann peyi a vin genyen anpil moun ankò. Kijan sa ta kapab vin reyalite pandan ke yon gwo pati pami jwif yo te kontinye rete ann ekzil? Bondye te di yo ke li ta tankou mete gèrye a nan prizon, epi se tankou y ap rache piye yo gwo sòlda. Anpil gwo mouvman imigrasyon ta eklate nan peyi Babilòn nan; kote ke vil la ta pral rebati; e nasyon yo t ap rekonèt ekselans travay Seyè a nan mitan pèp li a.

C. Egzòtasyon pou nou rete fidèl anvè Seyè a (50:1-11)

Eta lavil Jerizalèm nan te grav anpil: vil detwi, tanp kraze, lavil anba dekonb, ak yon gwo mepri kont Pawòl Bondye a. Apre doulè disiplin nan, Jewova te voye yon mesaj ankourajman; men li te resevwa sèlman yon repons frèt nan men moun ki te prefere rete nan lavil Babilòn yo, osi byen ke nan men moun ki te deja retounen lavil Jerizalèm yo, men yo pa t tounen bay Bondye kè yo. Seyè a te anonse jijman kont moun ki abite lavil Jerizalèm yo; pandan ke rès moun ki te rete fidèl yo te soufri enjistis ak opresyon, epi espirityèlman li te nan dezolasyon. Pwofèt la te anonse pwomès ke Seyè a te fè pou delivrans lan avèk larive yon moman tou nèf ki tap vin fè opresyon an chanje an jwa, kè kontan ak kantik pou di Bondye mèsi. Pwofèt la te priye mande Bondye pou l fè moun ki rete ann egzil yo retounen. Chapit sa a se yon apèl ki fèt pou pèp Bondye a rete fidèl avèk li.

D. Bon nouvèl delivrans lan (52:1-12)

Pandan ke pwofèt la te sèvi ak yon ilistrasyon fi, li te mande Siyon an pou l souke pousyè tè a, pou l abiye ak rad fèt ak pwisans, epi chita sou twòn nan (v.1); Li di Babilòn Se pou l desann sot sou twòn nan, epi se pou l chita nan pousyè tè a (47:1, cf.v.2). Pwofèt la te site non tout nasyon ki te maltrete pèp Bondye a, ki te fè yo pale mal kont non li, epi li te anonse yon mach triyonfal soti lavil Babilòn pou ale lavil Jerizalèm. Mesaje yo t ap anonse: "Bondye pèp Izrayèl la ki yon Bondye apa, Seyè k'ap delivre yo a, l'ap pale ak pèp tout moun ap meprize a, pèp nasyon yo pa vle wè a, pèp ki esklav chèf k'ap gouvènen yo a. Li di yo: Wa va leve kanpe lè y'a wè ou. Chèf va ajenou devan ou. Y'a fè sa poutèt Seyè a k'ap toujou kenbe pawòl li, poutèt Bondye pèp Izrayèl la ki te chwazi ou!" (v.7); gadyen vil yo t'ap rele byen fò; sa ki fin kraze yo te egzòte pou yo chante louwanj; paske Bondye te konsole pèp li a e li te sove lavil Jerizalèm. Nan nouvo imigrasyon ki soti nan peyi Babilòn pou antre lavil Jerizalèm nan, Seyè a t ap akonpaye pèp li a pou l ba yo direksyon ak pwoteksyon sou wout la. Triyonf Izrayèl la t ap fè tout nasyon yo sezi.

Kesyon:

- Ki kondisyon sosyal, politik, ekonomik ak espirityèl moun Jerizalèm yo te genyen?
- Èske gen kèk resanblans ak reyalite peyi nou an? Fè kòmantè.

II. Pwomès pou voye Sèvitè k ap vin delivre a (Ezayi 53)

A. Mepri kont Sèvitè k ap delivre a (vv.1-3)

Pwofèt Ezayi te anonse enkredilite pèp Izrayèl la: yo te wè Mesi a, yo te tande l; men yo pa t fè Li konfyans.

Rejè prensipal la sete kont Sèvitè k ap delivre a (v.2): "Li pa t fèt nan yon palè; li te fèt nan yon ti pak bèt nan Betleyèm epi li te grandi nan yon ti katye meprize ki se Nazarèt" (Warren, W. Wiersbe. Ekspozisyon Deskripsyon Biblik, Volim II. Etazini: Editoryal Caribe, 2002, p.127).

Li pa t vin sou latè tankou yon gwo pyebwa; men kòm yon "ti boujon" avèk anpil imilite ki ta pouse soti nan chouk la. Lè l rive, li te jwenn nasyon Izrayèl la te kaptire ak yon relijyon trè fòmalis; men espirityèlman dezole ak mouri. Epi lè li te pote lavi a ba yo, yo te rejte li. Aparans fizik li pa t'konfòme ak estanda lidèchip yo ki te aspire wè je imen an, epi yo te rejte li. Jodi a, mond lan pa vle yon Kris ki gen pèsonalite ak otorite; men yon ti "kris" ki dakò ak demann pa yo a.

B. Travay Sèvitè k ap rachte a (vv.4-6)

Pati sa a nan chapit la montre "Mesi a…k'ap soufri [nan] objektif… [pou] lave peche tout moun ki rete sou latè, epi mete yon fen nan nesesite…pou fè sakrifis bèt yo toutan ak pèmanan" (Cavero, Daniel et anpil lòt ankò. Kòmantè Biblik Mundo Hispano, vol. 10. Etazini: Editoryal El Paso, 1982, p.170).

Poukisa yon nonm inosan menm jan ak Jezi genyen pou soufri imilyasyon ki tris konsa? Li te vin pran plas moun k'ap fè peche yo, pandan ke li pote fado tout moun ki sou latè.

Men pri ke li te peye yo: "(1) blese, fonse, pèse ak klou (Jan 19:37; 1 Pyè 2:24; 2 Kor 5:21); (2) moulen, sa vle di "kraze" tankou si se te anba yon chay, pwa chay peche yo te mete sou li a; (3) pini, tankou si li te vyole lalwa, nan ka sa a avèk maleng afliksyon an" (Wiersbe, Warren W. Ekspozisyon Deskripsyon Biblik, Ansyen Testaman, Vol II, Esdras-Malachi. Etazini: Editoryal Caribe, 1995, p.128).

Men, tout soufrans fizik la pa t'kapab konpare ak soufrans espirityèl la ki se pèz rebelyon nou yo ak gwo ravaj nou te fè nan vyole lalwa Bondye yo; koripsyon nati peche nou an; ak difikilte ak afliksyon nou yo. Ezayi 53:6 di: "Nou te tankou mouton ki te pèdi bann, chak moun bò pa yo. Men, chatiman ki pou te tonbe sou nou an, Seyè a fè l' tonbe sou li" Kris la te envesti pouvwa ekspyatwa ak benefis lanmò li ta rive vin inivèsèl; se konsa nou kontan anpil dèske nou vin benefisyè travay li fè pou l sove limanite a.

C. Reziyasyon Sèvitè Redanmtè a (vv.7-9)

Sèvitè Redanmtè a te sibi yon pwosesis an rezime ki chaje, plen ak enjistis, opresyon ak tretman brital. Yo pase li nan betiz; yo te deplase l 'soti nan yon kote pou ale yon lòt kote, disip li yo te abandone li; pèsonn pa t pwoteste pou mande jistis pou li; pa t genyen okenn moun ki te kanpe kont pwosesis aberan an; yo mennen l deyò vil la epi yo pann li sou yon pye bwa; pandan kriminèl Barabas te resevwa bon tretman. Sepandan, "pa menm pou plede koupab [louvri bouch li], men li te ofri tèt li lib epi nan yon fason ki volontè […] ak sajès li li te kapab evade santans lan, epi ak pouvwa li li te kapab reziste egzekisyon" (Henry, Matthew. Kòmantè Biblik Matthew Henry. Espay: Editoryal Clie, 1999, p. 794); men li te renonse dwa li an favè tout limanite, epi yo te ranje "tonm li ak mechan yo" (v.9). Si se pa Nikodèm ak Jozèf Arimate, kò Kris la ta dwe antere nan yon "teren potye", oubyen petèt jete nan tonm kote yo lage tout kalite moun (Jan 19:38-42). Li te vini nan mond lan, li te patisipe ak nati moun nan; li te fèt nan yon pak bèt; li te viv mal nan ti vil Nazarèt; li pa janm sèvi ak pouvwa li pou pwòp benefis pa li oswa akimile okenn richès; li antre nan lavil Jerizalèm sou do yon ti bourik li te prete; li te mouri toutouni sou yon kwa; epi li ale antere nan yon kavo prete. Ala yon gwo diferans ki genyen ant kèk "sèvitè Kris la" jounen jodi a!

D. Viktwa Sèvitè k ap delivre a (vv.10-12)

Sa ki etonan nan anons lan se ke Sèvitè Seyè a t ap viv ankò apre li fin mouri (vv.10b-11a); ke li ta toujou wè pitit pitit li; ke li ta viv san fen; epi li t'ap gen pou l fè volonte Seyè a mache byen nan men li, epi jistis li ta toujou satisfè (v.11). Diskou pwofèt la te fini sou yon nòt viktwa: (vv.11b-12). Pandan ke nan rès chapit 53 a, li te fè referans a dimansyon nasyonal la nan travay ekspiyatè Sèvitè k ap rachte a an favè pèp Izrayèl la; vèsè 11b a fè referans a dimansyon inivèsèl travay ekspyatwa li a. An reyalite, pa genyen okenn moun ki te touye li. Jezi di: "Pesonn pa ka wete lavi m', se mwen menm ki bay li paske mwen vle. Mwen gen pouvwa pou m' bay li, mwen gen pouvwa pou m' resevwa l' ankò. Se sa menm Papa a te ban m' lòd fè" (Jan 10:18); epi answit li t ap anonse: "Lakay Papa a gen anpil kote pou moun rete. Mwen pral pare plas pou nou. Si se pa t' vre, mwen pa ta di nou sa. Lè m'a fin pare plas la

pou nou, m'a tounen vin chache nou. Konsa, kote m'a ye a, se la n'a ye tou" (Jan 14:2-3). Sèvitè ki rachte a se Sèvitè sa ki gen viktwa a.

Kesyon:

- Ki misyon Sèvitè ki te vin delivre a?
- Ki jan moun k ap resevwa l la (Izrayèl) te resevwa Sèvitè Redanmtè a? Ki jan yo resevwa li jodi a?

III. Avni glwa pèp Bondye a (Ezayi 54)

A. Seyè a pale ak pèp Izrayèl la kòm madan marye li (vv.1-3)

"Legliz Bondye a nan Ansyen Testaman an, fèmen nan limit etwat nasyon jwif la, e menm pi piti an tèm de nimewo a trè piti nan mitan vrè kwayan yo, e ke pafwa te sanble abandone pa Bondye, mari l', fanm ki pa ka fè pitit la ki pa t' akouche e li te dezole konplètman" (Clarke, Adam. Kòmantè Biblik Sent Bib la, volim II. Etazini: KPN, 1967, p.312), a yo rele di: "Jerizalèm, ou menm ki pa t' kapab fè pitit, rele, fè fèt! Ou menm ki pa t' janm konnen doulè tranche, chante, danse, fè kè ou kontan! Paske fanm gason pa t' okipe a ap gen plis pitit pase fanm mari l' pa t' janm kite l' la. Se Seyè a menm ki di sa" (v.1); epi apre sa, pwofèt la te site yon pawòl popilè nan tan sa yo: "pitit moun ki abandone yo pi plis pase pitit moun ki marye yo" (v.1); paske byento li ta plen pitit (abitan), "popilasyon nan vil la pral tèlman anpil, ke espas kote pou moun yo abite yo ap oblije vin pi laj" (Clarke, Adam. Kòmantè Biblik Sent Bib la, volim. II. Etazini: KPN, 1967, p.796). Laji kote w'ap moute tant ou pou ou viv la! Louvri twal tant ou yo. Ou pa bezwen jennen. Lonje kòd ou yo, ranfòse pikèt ou yo! Ou pral louvri lakou ou sou bò dwat ak sou bò gòch pou fè plas. Moun ou yo pral tounen nan peyi moun lòt nasyon yo te pran nan men yo. Yo pral plen tout lavil ki te rete san moun yo (vv.2-3).

B. Pèp Izrayèl la ta dwe retabli kòm yon vèv ki delivre anba imilyasyon (vv.4-6)

Fanm ki marye a te konn santi l an sekirite epi li te satisfè toutotan mari l te vivan e li te gen pitit; men fanm ki pa ka fè pitit la te konsidere kòm yon fanm ki pa itil. Bondye te anonse bon nouvèl pou tou de fanm ki te reprezante pase lawont pèp Izrayèl la anba dominasyon peyi Lejip la, peyi Lasiri ak peyi Babilòn ki ta byento abandone (v.4). Konplèks vèv dekouraje a ta dwe manifeste pou demontre ke Bondye pa mouri; epi yo te fè l klè: "Bondye ki te kreye ou la pral tankou yon mari pou ou. Seyè ki gen tout pouvwa a, se konsa yo rele l'. Se Bondye pèp Izrayèl la, Bondye ki apa a, ki pral delivre ou. Se Bondye tout latè a yo rele l'" (v.5).

Genyen anpil fanm ki soti blese atravè listwa limanite, anpil ki te abandone pa yo te vin jwenn soulajman, lapè ak konsolasyon nan pwomès sa a ke Bondye te fè vin yon reyalite ki kouvri vid mari ke yo te pèdi a. Lanmou Bondye nou an ak Papa nou an founi bezwen nanm nou; e li ban nou viktwa fas ak difikilte ak doulè nan nenpòt abandon. Pa gen anyen, ni pèsonn pa kapab janm ranplase bezwen nanm moun, se sèlman lanmou Bondye nou an ki bon nèt.

C. Bondye eksplike restorasyon li nan mitan pèp Izrayèl la (vv.7-8)

Bondye te di pèp li a: "Men sa Bondye ou la di ou: -Mwen te kite ou pou yon ti tan. Men, m'ap tounen avè ou ankò paske mwen renmen ou anpil" (v.7), li fè yon referans senbolik ak kaptivite a. Seyè a te bay yon gwo repons ak moun sa yo ki t'ap plede di ke kontra li ak pèp Izrayèl la te kraze. Li demanti yo ak pwòp agiman pa li, li di yo ke genyen "bagay konsa"; paske li te avèk yo menm lè yo te depòte yo a, epi Li te retounen avèk yo pou veye yo sou wout la. Tan tribilasyon yo te viv yo se pa t nan okenn fason yon pinisyon oswa abandon bò kote Bondye; men yon pati nan kontra disiplinè a pou dezobeyisans yo. Lalwa Bondye yo se tankou ray tren an: lè lòm nan soti sou ray Pawòl Bondye a, li pral soufri konsekans lan anpil jiskaske Bondye sove l.

D. Kondisyon laglwa ke Bondye te pwomèt la (vv.11-17)

Pou pèp li a ki koube nan afliksyon, dekouraje epi san konsolasyon, ak sansasyon ke Bondye te abandone yo, Seyè a te vin ba li fòs, sekirite, kè poze ak pwoteksyon. Li te fè l konnen pa gen okenn zam ki t ap fonksyone kont sou sèvitè l yo; paske li menm li ta pwoteje l kont imilyasyon, difamasyon ak kout lang. Sa a se eritaj sèvitè Seyè a. Kidonk, yo dwe rete kalm anba pwoteksyon Seyè a, yo konnen li pral fè yo jistis.

Apre epòk depòtasyon ki se aparans yon abandon pèp Izrayèl la pa mwayen peyi Babilòn, Bondye t ap leve pèp li a, li t ap retabli vil li a e li t ap fè pwosperite vil li

a, e li t ap rann konkèt prestij entènasyonal la. Jerizalèm ta gen yon avni briyan devan tout lòt nasyon yo.

Chak fwa yon moun, yon fanmi, yon pèp oswa yon nasyon tounen vin jwenn Bondye, li non sèlman padonnen l', men li retabli l' epi remèt li diyite ke li te pèdi nan dezobeyisans li a.

Kesyon:

- Ki sa avni gloriye pèp Izrayèl la te genyen ladan li?
- Èske w panse gen espwa pou pèp Amerik Latin yo? Kòmantè.

Konklizyon

Rezilta obeyisans osi byen ke dezobeyisans yo toujou remakab tankou lwa gravite a, oswa simen ak rekòlte.

Bondye, nan lanmou li ak mizèrikòd li, toujou sèvi ak mwayen ak sikonstans pou rele pitit li yo nan refleksyon ak repantans. Epi lè yo deside retounen, li te toujou resevwa, restore ak beni yo ak yon lavi abondan ak viktorye pou yon temwayaj devan mond lan.

Dinamik alyans ant Bondye ak lòm

Elvin Heredia (Pòtoriko)

> **Pasaj biblik pou etid:** Ezayi 55, 56:1-8, 58, 59, 60, 61, 62, 63:15-19, 64, 66:5-14
>
> **Vèsè pou aprann:** "Menm jan tè a fè ti plant yo pouse, menm jan grenn yo leve nan jaden, konsa tou, Seyè ki la pou tout tan an va delivre pèp li a. Tout nasyon va fè lwanj li toupatou" Ezayi 61:11.
>
> **Objektif leson an:** Konprann ke kontra avèk Bondye a se yon bagay ki vrè nan jistis ak lanmou; men ki konplete yon lòd nan pwosesis yo ke nou dwe konsidere, epi li genyen kèk kondisyon ke nou dwe respekte epi akonpli yo jan sa dwe fèt la.

Entwodiksyon

Yo kwè ke Ezayi te egzèse ministè pwofetik li a pandan anviwon 60 ane nan 8yèm syèk anvan epòk nou an, sa ki te kouvri tout etap gouvènman peyi Jida ki te gen kat wa: Ozyas, Jotam, Akaz ak Ezekyas (1:1).

Evènman ki rakonte nan liv Ezayi a yo pa nan yon lòd kwonolojik youn apre lòt. Yo se vizyon ki separe nan yon lòd ki pa espesifik. An reyalite, entelektyèl nan literati Ansyen Testaman identifye omwen twa kolaboratè nan ekri liv sa a: Ezayi, pitit gason Amòs la, li menm ke yo te atribye a 39 premye 39 chapit liv la; chapit 40 a 55 yo te atribiye a yon otè ke non li pa revele, li menm ki te ekri pandan tan ekzil nan peyi Babilòn nan, li te identifye kòm "Detewo-Ezayi"; epi soti nan chapit 56 la pou rive nan chapit 66 la, yo atribiye yo a lòt otè ki te fòme koleksyon ekriti pwofetik yo ki gen rapò ak alyans Bondye a ak pèp li a.

An reyalite, dènye pati sa a nan liv pwofèt Ezayi a gen ladan li yon seri de egzòtasyon bay pèp Izrayèl la pou mande yo obsève epi kenbe alyans la avèk Bondye yo a. Egzòtasyon jeneral sa a sanble dekri yon estrikti òdone nan konsiderasyon alyans yo ke pèp la te dwe pran oserye; epi ki reyèlman se rekòmandasyon ki soti nan Bondye ke nou ta dwe obsève egalman nan alyans nou ak Bondye. Ann egzaminen "definisyon kontra" ki genyen pou wè avèk alyans Seyè a avèk pèp li a ke chapit sa yo sanble sijere.

I. Mizerikòd pou pechè ki repanti a (Ezayi 55, 56:1-8)

A. Pwovizyon gratis gras a (Ezayi 55)

Nan premye pozisyon, nou remake ki jan toujou genyen yon dinamik ki egziste nan relasyon kontra ant Bondye ak lèzòm. Se Bondye ki pran inisyativ la e ki fè premye pa a avan. Anons Ezayi nan 53:1 an te sanble gen, depi nan pati sa a nan liv la sou yon pi bon deskripsyon efè yo nan resevwa anons la ak aksepte apèl Bondye a pou tounen vin jwenn li. Moun ki swaf dlo ak moun ki san lajan yo siyale nan pasaj la kòm moun ki te nan bezwen sekou ijan. Alyans Bondye a reprezante kòm opòtinite an lò pou jwenn kòm pwovizyon rekonsilyasyon ak Papa a ki te tèlman nesesè.

Nan epòk nou an, sa a se toujou yon gwo bezwen nan tout èt imen. Lè ke nou lwen Bondye a te kapab fè nou swaf ak pòv. Li te nesesè pou ke Jezi ki se Kris la, sila a ki te kapab ban nou dlo ki t apral vin tounen pou nou yon sous dlo ki pap janm seche "li koule pou rive jous nan lavi pap janm fini an" (Jan 4:14), li te fè tèt li disponib sou kwa a akizisyon gratis nou an. Anons mizèrikòd Bondye a kontinye prezan ak valab pou tout moun sa yo ki repanti nan move chemen yo. Sa a se pou moun ki pa vle kontinye depanse lajan yo "nan sa ki pa sen", ni vle kontinye travay "nan sa ki pa satisfè" (55:2). Peche a pa janm yon benefis pou moun. Okontrè, sa te redwi l' tounen yon swaf ak pòv mandyan gras Bondye. Bon nouvèl la se ke gras sa a toujou disponib pou tout moun atravè repantans.

B. Rete nan gras la mande yon pri (Ezayi 56:1-8)

Apati de pasaj sa a, nou kòmanse remake ke benediksyon ak dispozisyon Bondye nan alyans lan ak lèzòm konsidere kèk enplikasyon nan pèseverans, obeyisans ak fidelite an relasyon ak alyans sa a. Ezayi 56:1 te defini kondisyon sa yo sou kijan pou konsève ladwati ak fè jistis. Menm lè a, nan pwochen vèsè a, li te etabli kòm yon benediksyon ke patisipan nan alyans yo te fè sa yo te deja mande yo fè a ki se: anbrase epi kenbe enstriksyon yo nan alyans lan, epi vire do bay sa ki mal (v.2). Kidonk, nou kapab entèprete ke rekonpans ki te pwomèt nan alyans gras la, pwovizyon ak delivrans lan mande pou akonplisman lwa ak kòmandman Bondye te bay lòd akonpli yo.

Pwovizyon ak aksè a dlo, pen, diven ak lèt yo te disponib gratis nan Bondye; men ke dispozisyon sa a rete yon pati nan yon alyans ak Bondye ki gen kondisyon li yo. Padon ak rekonsilyasyon ak Papa a se vre; sepandan, validite ak pèmanans li yo pral efikas osi lontan ke, jan sa di nan Ezayi 55:7, sa dwe fèt: "Se pou mechan yo kite move chemen y'ap swiv la. Se pou malveyan yo wete move lide k'ap travay nan tèt yo. Se pou yo tounen vin jwenn Seyè a ki va gen pitye pou yo. Se pou yo tounen vin jwenn Bondye nou an, paske l'ap padonnen tou sa yo fè".

Ki jan nou kapab defini pèseverans sa a bò kote moun ki nan yon kontra avèk Bondye? Se sa ke pasaj sa yo prezante pou nou.

Kesyon:

- Ki jan alyans Bondye te fè ak pèp li a toujou rete valab jounen jodi a?

- Rete nan favè sa a gen yon pri. Eksplike kisa pri sa a genyen ladan l pou lavi pa w. Pataje.

II. Obeyisans nan alyans ak Bondye a (Ezayi 58)

A. Jèn ki fè Bondye plezi a (vv.1-12)

Yo te ofri anpil eksplikasyon nan nivo teyolojik sou jèn nan eksperyans lafwa. Manman m te konn di lè jèn nan, tout moun yo ta dwe separe pou meditasyon ak refleksyon espirityèl byen pwofon ak Bondye, san okenn distraksyon, menm nan manje. Li te di tou ke separe tan espesyal sa epi rezève pou yon lòt bagay ki pat egzèsis espirityèl sa fè jèn nan tounen yon aktivite senp pou jis pase grangou. Pou yon premye enpresyon, se sa ki sanble idantifye pasaj la fas ak pratik jèn nan.

Pou moun ki te vle demontre ipokritman yon fo relijyon, jèn te vin yon rezon pou moun nan vante tèt li, Bondye pa t' kontan. An akò avèk Ezayi 58:3, lògèy sa a te vin awogans ak rebelyon, dèske li te vle blame Bondye nan yon sèten fason dèske li pat kenbe pati kontra pa li a; pliske li pa t reponn ekspresyon relijye yo ak benediksyon yo te espere a. An repons a reklamasyon sa a, Bondye te montre yo sa opresyon yo te egzèse sou lòt moun li pa t koresponn ak bon entansyon ke li te sipoze vrè obeyisans alyans lan.

Jèn Seyè a se pa montre ke nou anba soufrans epi nou chanje figi nou, pou nou ka demontre aparans bon moun. Se te jisteman reklamasyon Jezi te fè Farizyen yo (Matye 6:16). Se pa sispann manje ak grangou montre tout moun ke nou dispoze fè sakrifis pèsonèl pou montre relijyon nou. Jèn Seyè a pa ta dwe obsève kòm yon enpozisyon fado; men kòm yon pratik liberasyon. Eleman nan jèn yo se pa sèlman rete san manje ak san bwè dlo; men se sispann pratike opresyon, mechanste, enjistis ak move tretman, Ezayi 58:6: "Non! Men kalite jèn ki pou fè kè m' kontan an: Sispann fè mechanste. Sispann fè lenjistis. Bay esklav nou yo libète! Mete chay k'ap foule moun yo atè". An reyalite, jèn Seyè a konsidere abondans alyans lan. Menm abondans gras la ak mizèrikòd kote nou te soti a. Jèn Seyè a pa gen anyen pou wè ak grangou oswa mankman; men pito se ak pen pou moun ki grangou yo, rad pou moun toutouni yo, kay pou moun ki san kay ak fanmi yo, pou moun sa yo ki lage pou kont yo (v.7).

Mete tan sou kote pou Seyè a se yon bon bagay. Bondye beni nou pou sa. Li pi bon pou ke nou toujou bay lòt moun nan sa li te ban nou. Sa a se yon pati ki enpòtan nan jèn ki fè Bondye plezi.

B. Jou repo a (vv.13-14)

Yon lòt fwa ankò, konsève jou repo a apa pou Bondye nan yon fason pratik yon demonstrasyon nan atitid nan obeyisans ke Bondye te espere nan men pèp li a. Obsève epi kenbe jou repo a apa pou Bondye te pwomèt gwo benediksyon. Obeyisans alyans lan te jwe yon wòl enpòtan nan akonplisman pwomès yo ak rekonpans pou pèp Bondye a.

Pou nou menm, obeyisans kòmandman Bondye dwe gen menm rezilta. Ezayi 58:13-14 defini obeyisans anvè Bondye a kòm retire pye nan fè yon bagay mal devan Bondye; soumèt volonte nou devan volonte Papa a; pran plezi nan soumisyon a kòmandman ak presèp biblik yo; epi rekonèt grandè Seyè a sou dezi ak entansyon nou yo nan adorasyon. Obeyi Bondye, jan apot Pòl te dekri pita nan Kolosyen 3:5, se touye sa ki sou tè a nan nou. Se abandone volonte nou pou n anbrase volonte Bondye. Nan sans sa a, menm obeyisans alyans lan ke Bondye te mande pèp li a se menm bagay la ke li mande nou jodi a. Natirèlman, rekonpans obeyisans alyans li a dwe genyen menm bagay la tou. Se pa pou mwens. Bondye "se menm moun lan ayè, jòdi a ak pou tout tan" (Ebre 13:8).

Kesyon:

- Ki kalite jèn ki fè Bondye plezi?
- Ki sa ki enplikasyon pratik nan kenbe jou repo a sen jounen jodi a?

III. Sèk peche ak konfesyon (Ezayi 59, 63:15-19, 64)

A. Mechanste repete (Ezayi 59)

Jan li te konn abitye nan relasyon li ak Bondye, pèp Izrayèl la te vire do bay obeyisans ke alyans ak Seyè a te mande a ankò e ankò. Lefèt ke te genyen sa ki rele vyolasyon alyans obeyisans lan, sa vin mennen yon gwo divizyon ant Bondye ak pèp la. Sa vle di ke Bondye kache figi l pou yo. Pwovizyon Bondye te fè ak pwomès nan alyans lan te sispann ankò. Pèp la te kontamine ak san, epi men yo ak peche, ki ta kapab rezilta kontaminezon ak enjistis yo, jan ke sa sijere nan Ezayi 59:7; oswa pa libasyon ak sakrifis nan lonè lòt fo dye yo. Yo te konn pale manti, yo te enjis e yo te renmen vanite, epi panse yo ak aksyon yo te dirije pou fè sa ki mal. Moun yo te toujou soufri ak mechanste sa yo. Yo te toujou bite sou menm ròch la.

Koutim nou an pa pran distans ak moun pèp Izrayèl yo. Te gen anpil fwa ke nou dezobeyi Bondye epi nou vyole alyans lan. Li enpòtan, nan nenpòt ka, se pa yon kesyon de kantite fwa ke nou te tonbe; men pito kantite fwa nou leve epi eseye pa tonbe ankò. Eksperyans nou nan lavi kretyèn nan posib pou l ranpli avèk kote nou te tonbe ak anpil chòk, akoz

de feblès nou yo ak atak bò kote lènmi an. Nan sans de reyalite sa a yo, ni yè ak jodi a, nou bezwen retabli tounen vin jwenn Bondye.

B. Konfesyon, repantans ak restorasyon (Ezayi 63:15-19)

Malgre anpil tonbe leve li yo, dezobeyisans ak inikite, ki te mennen pèp la ankò e ankò retire tèt yo nan alyans ke yo te fè ak Bondye a; mizèrikòd Bondye a toujou te fè dispozisyon ankò e ankò pou pèp la te repanti nan peche yo epi chèche retabli relasyon yo ak Bondye yo a. Retounen nan alyans lan ak Seyè a se te yon pòt ke li te toujou kite ouvè pou pèp la retounen vin jwenn li; men retounen sa a ta toujou vle di repantans, sispann fè mechanste yo t'ap fè yo epi obeyi kòmandman Bondye yo. Ezayi 63:15-19 15 Lè sa a, te vin tounen yon lapriyè repantans pou sa ki mal yo te fè yo, ak yon lapriyè pou mande Bondye mizèrikòd ak èd li.

Menm opsyon sa a rete ouvè ak disponib pou chak pechè ki repanti. Metòd la te toujou Pawòl la te byen ranje ak make Bondye. Yon fwa ankò, nou jwenn nan Ezayi 55:7 la kondisyon pou reyalize padon ak restorasyon nan alyans Bondye a nan lavi moun an: "Se pou mechan yo kite move chemen y'ap swiv la. Se pou malveyan yo wete move lide k'ap travay nan tèt yo. Se pou yo tounen vin jwenn Seyè a ki va gen pitye pou yo. Se pou yo tounen vin jwenn Bondye nou an, paske l'ap padonnen tou sa yo fè". Sa a se menm pwovizyon an ki parèt nan konsèy apot Jan an nan 1 Jan 2:1, lè li te di nou konsa: "Pitit mwen yo, m'ap ekri nou lèt sa a pou nou pa fè peche. Men, si yon moun rive fè peche, nou gen yon avoka k'ap plede pou nou bò kot Papa a: Se Jezikri, moun ki te mache dwat devan Bondye a".

Fè peche a pa ta dwe yon dezi pou nou; men li se yon posibilite endezirab inaktif nan eksperyans lavi nou. Osi lontan ke nou konprann, rekonèt ak konfese dezobeyisans nou ak peche nou yo devan Bondye avèk tout senserite nou; n ap jwenn nan Seyè a, Papa ki gen anpil lanmou an, dispozisyon pou padone nou epi restore nou. Kidonk, e jan lèt Ebre yo di nou an: "Se poutèt sa, ann pwoche avèk konfyans devan fotèy kote Bondye ki renmen nou an chita. Se la n'a jwenn padon pou peche nou yo, se la n'a jwenn pou gremesi sekou n'a bezwen lè nou nan nesesite" (Ebre 4:16).

- Ki jan nou kapab eksplike sèk inikite sa a ak konfesyon sa a yo ki revele nan Ezayi 59, 63:15-19 ak 64?

- Dapre kontèks klas la, ki sa nou dwe fè pou nou resevwa padon ak restorasyon nan men Bondye?

IV. Pwosperite ak misyon pèp la (Ezayi 60, 61, 62, 66:5-14)

A. Rezilta obeyisans yo ak pèseverans nan alyans lan (Ezayi 60)

Bondye te pwomèt pèp Izrayèl la restorasyon glwa li antanke nasyon pami nasyon yo. Benediksyon materyèl ak espirityèl ki genyen nan alyans lan se ta manifeste fidèlman nan limit ke pèp la te rete fidèl ak fèm nan obeyisans anvè Bondye. Kè poze ak lavi ki long ak restorasyon tout bèl pouvwa pèp Izrayèl la nan mitan tout lot pèp ki sou latè yo te dwe klere tankou "limyè ki pap janm fini", jan ke li di sa nan Ezayi 60 :20 : "Solèy nou an p'ap janm kouche ankò. Lalin nou an p'ap janm disparèt. Se Seyè a menm ki pral sèvi nou limyè pou tout tan. Jou lafliksyon nou yo fini".

Yon garanti konsa yo ofri nou jodi a antanke kwayan. Bondye pral akonpli tout pwomès ki genyen nan alyans li a nan favè pèp li a, toutotan nou rete obeyisan ak fidèl nan kòmandman l yo ak òdonans li yo, volontèman ak kè kontan pou soumèt ak volonte li, epi vire do bay peche ak mechanste nou yo.

B. Misyon pèp Bondye a (Ezayi 61)

Kòm yon pati nan obeyisans sa a ak fidelite nan alyans avèk Bondye a, nou dwe aji tou avèk jistis san patipri, aplike mizèrikòd ak lanmou Bondye pou lòt moun ki pote mesaj repantans ak restorasyon alyans Bondye te pwomèt la. Koulye a, nou menm moun sa yo ki jwi benediksyon ak bonte ki nan alyans lan, nou dwe pataje benediksyon sa yo egalman ak bonte ak moun ki toujou rete separe ak Bondye, san padon li epi san yo pa te rekonsilye lavi yo ak Seyè a. Jodi a nou menm ki te la benefisye nan alyans Bondye a, nou dwe lite pou rete anba pwoteksyon ke alyans lan bay la, obeyisan ak fidèl nan kòmandman Bondye yo epi pataje sa ke nou te resevwa a nan men Bondye a avèk jistis ak mizèrikòd ak gras (Matye 10:8).

- Ki jan obeyisans alyans ak misyon legliz la gen rapò?

- Ki sa nou dwe fè pou pwomès Bondye yo reyalize nan lavi nou?

Konklizyon

Men kantik la "Tout pwomès Jezi ki se Kris yo" dekri avèk presizyon dinamik benediksyon Bondye yo ak repons nou nan obeyisans ak fidelite ke nou afiche fas ak egzijans Bondye yo pou resevwa yo. "Tout pwomès Senyè Jezi yo ye sipò pwisan nan lafwa, yo pral fè nou jwi kè poze ki pap janm fini, epi yo se lajwa ak fòs nan lavi nou sou tè a, an mezi ke nou toujou ap goumen pou chèche limyè li, nou mete konfyans nou nan li, epi an nou toujou rete lwen sa ki mal. Pwomès Seyè a fè nou yo gwo anpil epi li fidèl pou li akonpli yo!"

Lafwa ak lavi kontanporèn nan

DEZYÈM TRIMÈS

Monte nan bato a

Trafik moun yo

Pònografi

Inyorans vs Zòrèy soud yo

Dezolasyon oswa restorasyon

Maryaj ak fanmi jodi a

Ideyoloji sèks la

Kado espesyal Bondye ban nou an

Nouvo adiksyon yo, kijan pou anpeche yo?

Ajitasyon nanm nan

Koripsyon

Defann lavi depi nan kòmansman li

Prens lapè nou an

Monte nan bato a

Slater Joel Chavez (Ajantin)

Pasaj biblik pou etid: Matye 13:1-4

Vèsè pou aprann: "Te sitèlman gen moun sanble tout bò kote Jezi, li moute nan yon kannòt, li chita. Tout foul moun yo menm te rete kanpe sou rivaj la" Matye 13:2.

Objektif leson an: Konnen kisa rezo sosyal yo ye, konnen kisa ki aspè pozitif ak negatif yo ye; epi pou ki rezon yo se yon zouti ki enpòtan pou ke nou pataje mesaj lavi ki pap janm fini an.

Entwodiksyon

Nan mitan mond ke n ap viv la, se yon benefis pou ke nou dekouvri zouti k ap ede nou pataje mesaj Jezi ki se Kris la bay tout anviwonman nou, kontèks ak/ oswa andeyò sa yo. Nan leson sa a, nou pral aprann anpil bagay ki gen pou wè avèk rezo sosyal yo sou entènèt la.

Anpil envansyon ke lòm nan te fè genyen gwo benefis pou limanite; men lè ke anpil ladan yo mal itilize, yo kapab vin yon pwoblèm byen danjere. Se poutèt sa, nou pral konnen ki sa rezo sosyal yo ye; ak ki sa ki aspè pozitif ak negatif li yo.

Finalman, nou pral wè poukisa yo se yon zouti pou pataje mesaj lavi ki pap janm fini an.

I. Rezo sosyal yo

Nou toujou ap antre sou rezo sosyal yo chak fwa nou rete.

Pi lwen pase pwofondè kote ke nou toujou ap konekte ak chak moun yo ki se moun ke nou toujou ap fè pataj yo, nou fè egzèsis la nan kreye rezo sosyal tout tan. Rezo yo se fòm entèraksyon sosyal, li defini kòm yon echanj dinamik ant moun ak moun; mwen vle di, ke yon jan kanmenm ou posede rezo sosyal yo. Nou ka di ke rezo sosyal yo te toujou egziste; men kounye a, itilizasyon li yo gaye gras ak teknoloji enfòmasyon an jeneral, ak zouti entènèt la, bay yon gwo korelasyon ant sa yo ak itilizatè rezo sosyal entènèt la (Rekipere nan dat 30 Me 2021, nan "Diferans ant itilizatè yo ak moun ki pa itilizatè rezo sosyal vityèl entènèt 2.0", pa Alarcón, M. ak Lorenzo, C., 2012, pp. 31-49. Disponib nan https://dialnet.unirioja.is/servlet/article?code=3971517).

Kounye a, ki sa ki se yon rezo sosyal entènèt? Nou defini li kòm yon sèvis ki pèmèt moun yo fè bagay sa yo: (1) bati yon pwofil piblik; (2) atikile a lis lòt itilizatè yo pou pataje yon koneksyon avèk yo; epi (3) gade ak woule nan lis koneksyon ou yo ak sa ke lòt moun yo fè nan sistèm nan (Rekipere nan dat 30 Me 2021, ki soti nan "Social Network Sites: Definition, history, and scholarship," pa Boyd, D. M., & Ellison, N.B. Disponib nan https://academic.oup.com/jcmc/article/13/1/210/4583062).

Epi tou, nou ta kapab defini rezo sosyal yo kòm kote sou entènèt la moun pibliye ak pataje tout kalite enfòmasyon, pèsonèl ak pwofesyonèl, epi twazyèm pati a, zanmi ak enkoni absoli (Celaya, J. Konpayi an sou WEB la 2.0. Espay: Planèt, 2008, p.21).

Malgre ke genyen dè santèn de rezo sosyal ki egziste, genyen kèk ki pi popilè pase lòt; nou ta kapab gwoupe yo nan fason sa a:

1. Rezo sosyal pou pwofesyonèl yo, atravè yo menm, moun yo pataje ak moun ki kapab bay kèk sèvis pwofesyonèl oswa pataje eksperyans yo (LinkedIn, Sumry, Xing, elatriye)

2. Rezo sosyal jeneralite yo se kote moun pataje piblisite ak tout kalite enfòmasyon an jeneral oswa pèsonèl. (Facebook, Instagram, Twitter, Snapchat elatriye)

3. Rezo sosyal espesyalize yo, se atravè yo menm kote ke nou kapab jwenn enfòmasyon ki plis espesyalize oswa gen enterè pèsonèl (YouTube, Wattpad, Flixster, elatriye.)

Chak nan kalite rezo sosyal sa yo se yon zouti kote moun kapab antre atravè tout kalite lyen.

Kesyon:

- Ki jan ou ta kapab defini rezo sosyal entènèt la?
- Ki diferans ki genyen ant rezo sosyal ki te toujou egziste yo ak rezo sosyal Entènèt la?

II. Avantaj ak dezavantaj rezo sosyal yo

Rezo sosyal yo te pèmèt nou gen echanj enfòmasyon yo nan men nou ak sèlman yon manyen ekran oswa yon klik; men kanmenm, itilizasyon rezo sosyal sa yo kapab genyen aspè negatif pou lavi nou. Ann mansyone kèk aspè pozitif ak negatif nan itilizasyon rezo sosyal ki site yo.

A. Aspè pozitif yo:

1. *Etabli anpil nouvo relasyon.* . Nan tan lontan, rezo sosyal nou yo te sèlman etabli relasyon ak moun ki twouve yo nan anviwònman nou yo. Jounen jodi a, avèk èd rezo sosyal nan entènèt la, nou kapab etabli relasyon zanmitay ak moun ki byen lwen nan lòt vil ak peyi. Avèk rezo sosyal sa yo, lyen amitye yo ranfòse epi konsève. Li komen tou ke anbarasman ak timidite, mank de tan, oswa menm parès ki bay efò pou kòmanse yon nouvo relasyon sosyal se kèk nan rezon ki ka mennen nou jwenn lòt moun ki gen menm lide sou rezo sosyal yo. Yon moun kapab jwenn yon koneksyon ekselan ak yon lòt moun; epi bagay abityèl yo pral fè relasyon vityèl sa a vin tounen yon relasyon fas-a-fas.

2. *Kenbe kontak ak relasyon ki egziste yo.* Jounen jodi a, gras ak rezo sosyal yo, nou kapab okouran de sa zanmi, fanmi ak zanmi fè.

3. *Redekouvri amitye.* Atravè motè rechèch rezo sosyal yo bay, nou kapab rejwenn kèk ansyen zanmi ke yon jou ta ka pèdi sou chemen lavi a. Nou ta disponib pou di, lè sa a, ke kounye a zouti rezo sosyal yo te reyisi nan ankouraje ak konsolide moun yo entèrelasyon yo ke yo te deja genyen, sa yo ki fèk kòmanse ak sa ki nan lavni (Rekipere nan dat 30 Me 2021, ki soti nan "Bon bagay ak move bagay ki genyen nan rezo sosyal yo", pa Rizaldos, M. Disponib nan https://psicologiaymente. com/social/lo-good-and-bad-redes-sociales).

4. *Aksè pou antre nan tout kalite kontni.* Atravè rezo sosyal yo sou entènèt la, nou ka jwenn kontni ak tout kalite enterè, tankou leson patikilye (videyo eksplikasyon sou kèk disiplin); nou jwenn moun ak anpil talan, epi difizyon kontni yo kapab enspire nou. Menm jan an tou, nou kapab jwenn pasaj biblik, mesaj yon predikatè, yon devosyon, kòmantè, elatriye.

5. *Kapasite pou fè pwomosyon.* Yon aspè ki pozitif se kapasite pou fè pwomosyon, kit se yon evènman, yon reyinyon legliz espesyal; oswa nan lòt ka, ankouraje yon biznis pèsonèl. Plis moun kapab wè banyè oswa afich evènman legliz la; plis moun pral patisipe nan evènman an. Nan menm fason an, konbyen plis moun konnen sou biznis pèsonèl; plis moun pral tounen kliyan nou.

6. *Sous amizman.* Nan anpil ane de sa, televizyon an te "larenn amizman an"; sepandan, ak larive entènèt la ak posiblite li yo nan koneksyon ak nan ekspoze nan kontni amizman, jodi a, abitid lajounen yo vin chanje, epi itilizasyon rezo sosyal sou Entènèt la depase sa ki nan televizyon an.

7. *Posiblite pou edikasyon.* Rezo sosyal yo elaji echanj enfòmasyon, tèks, videyo, imaj, transmisyon vityèl, elatriye. Kalite kontni sa yo louvri yon seri de posiblite pou fòmasyon edikatif. Diferan enstitisyon, prive, piblik ak òganizasyon eklezyastik yo, avèk èd diferan yo rezo sosyal yo, transmèt panse yo ak ideyoloji atravè diferan kontni yo pibliye.

B. Aspè negatif yo:

1. *Yo kapab izole nou.* Itilizasyon li twòp kapab fè nou pa mete atansyon sou moun nou genyen bò kote nou yo. Sa a se konnen lè nou chita sou tab la pou manje, nan moman sa a li vin difisil pou nou detache adolesan yo, jèn oswa ti moun ki pi piti yo ak telefòn selilè yo. Kòm sikològ Miguel Ángel Rizaldos te di:"Li fè w vin pi prè moun sa yo ki rete byen lwen ou, epi li fè w ale byen lwen moun sa yo ki rete tou prè w" (Rekipere nan dat 30 Me 2021, nan " Sa ki bon ak sa ki pa bon sou rezo sosyal yo", pa Rizaldos, M. Disponib nan https://psicologiaymente.com/social/lo-bueno-y-malo-redes-sociales).

2. *Yo kapab twonpe nou.* Nou kapab jwenn fo pwofil ki bay manti nan enfòmasyon yo. Atravè sa yo, anpil moun kache pou yo joure, kritike ak imilye. Menm pedofil yo ka jwenn. Li ta dwe

remake ke yon gwo pati nan rezo sosyal yo fèt pou adolesan ki gen laj 13 ak plis. Paske, nou dwe fè atansyon pou nou pa ekspoze pitit nou yo ak preadolesan nou yo nan posiblite sa yo.

3. *Yon estim deswa pou twonpe.* Kounye a, li trè klè ke adolesan, jèn, e menm pa tèlman jèn, defini estim deswa yo apati de moun k'ap swiv yo, zanmi yo sou Facebook oswa "Like" ke yo resevwa.

4. *Fo nouvèl yo.* Li trè komen, li se menm yon zouti itilize pa anpil moun oswa òganizasyon pou jenere move enfòmasyon. Akoz posibilite sa rezo sosyal yo gaye tout kalite enfòmasyon byen vit ak an foul, li posib pou jwenn anpil Fake News (fo nouvèl). Pwobableman plis pase yon fwa ou pral resevwa yon mesaj sou telefòn selilè yo sou kèk nouvèl apokalips. Se poutèt sa, li trè rekòmande pou w verifye si nouvèl oswa enfòmasyon yo ak sous yo se bagay ke moun kapab fè konfyans.

5. *Bèl ekspozisyon.* Pafwa, yo pa bay kontni nou pataje yo okenn valè. Nou jwenn sa pi plis nan adolesan ak jèn moun ki, pou jwenn akseptasyon oswa "like", yo vin pataje kontni alamòd nan "ton". Li komen tou pou pataje twòp enfòmasyon pèsonèl tankou kote w ap viv la egzak, epi sa a se yon bagay ki genyen gwo danje ladan li; depi nou sonje ke kapab genyen fo pwofil ki annatant enfòmasyon sa yo pou pran avantaj sou nou.

6. *Yo kapab tounen vis.* Akoz atirans li ak vitès li yo, rezo sosyal yo kapab fè moun nan rive dejwe. Yon Atik BBC, dapre rechèch ki te pibliye nan 2015 pa National Library of Medicine soti nan Enstiti Nasyonal Sante Etazini, li mansyone ke moun ki pase de oswa plis èdtan pa jou ap itilize rezo sosyal yo gen plis chans pou yo gen pwoblèm sante mantal.

Doktè Hugues Sampsa-Kanyinga, ki soti nan depatman epidemyoloji Depatman Sante Piblik nan Ottawa, Kanada, otè etid la, te di ke byenke relasyon ant dejwe rezo sosyal ak pwoblèm mantal toujou pa totalman klè, itilize chak jou pou omwen de zè de tan nan rezo sosyal yo se lye ak maladi sikolojik (Rekipere nan "2, 5 oswa 7 èdtan pa jou? Konbyen tan ki twòp pou nou sèvi avèk rezo sosyal yo?", pa BBC News World. Disponib nan https://www.bbc.com/mundo/noticias-44438861).

Lè ke n'ap obsève aspè sa yo nan rezo sosyal entènèt yo, nou ka di ke tout bagay depann sou kalite administrasyon ke nou genyen. Nou pa ka demonize rezo sosyal yo; depi yo byen jere, yo kapab yon zouti pou ankouraje relasyon an sante, e menm gaye mesaj delivrans lan.

Kesyon:

- Ki jan ou ta kapab byen jere rezo sosyal ou yo?
- Ki jan ou ta anseye adolesan ak jèn yo sou rezo sosyal yo?

III. Kretyen yo sou rezo sosyal yo

Objektif prensipal nou kòm kretyen se genyen yon lavi ki adore Bondye epi viv tankou Jezi ki se Kris la ak transmèt mesaj li a nan mond lan atravè aksyon nou ak pawòl nou yo. Konsa, kite m 'parafraze a sa ki te di a: "Di m 'sa ki sou rezo sosyal ou yo; epi mwen va di w ki moun ou ye".

Menm jan ak pasaj nan Lik 6:45 lan ki di: "Yon nonm ki bon, se bon bagay li rale soti nan kè li ki bon. Yon nonm ki mechan, se move bagay li rale soti nan kè li ki move. Paske, sak nan kè yon nonm, se sak soti nan bouch l". Se poutèt sa, ki soti nan kè nou, se li menm n ap pale sou rezo sosyal nou yo. Tout tan n ap deside fè yon bagay; oubyen pa fè anyen. Nan ka sa a, si nou deside pa pataje anyen nan mesaj delivrans lan nan rezo sosyal nou yo; nou ta dwe mande tèt nou poukisa, pliske nou dwe akonpli Gran Komisyon ki nan Matye 28 la. Nou ta kapab afime ke nou ap pataje mesaj sali a ak moun ki twouve yo nan antouraj nou yo; e sa bon anpil. Men, yon prensip ke nou dwe genyen kòm aprantisaj se toujou ap chèche diferan fason pou pwoklame mesaj delivrans lan.

Kounye a, nou konprann sa gras a "faktè chanjman". Nan byoloji, yon definisyon debaz lavi se "sa ki chanje"; se poutèt sa, tout bagay ki pa chanje pa gen lavi. Sa l ap eseye afime la a bagay sa yo: nou toujou ap chanje, ni nan domèn byolojik, menm jan avèk mond lan. Rezo sosyal yo chanje fason nou gen rapò yo. Menm jan an tou, nou dwe dispoze pou mete ak itilize yon lòt fason pou transmèt mesaj delivrans lan; men tou, se san chanje sans ak valè li yo.

Jezi te anseye nou sa gen plis pase de mil ane de sa: "Te sitèlman gen moun sanble tout bò kote Jezi, li moute nan yon kannòt, li chita. Tout foul moun yo menm te rete kanpe sou rivaj la" (Matye 13:2). Jezi te gen abitid chanje platfòm, epi pote mesaj li a bay plis moun, sa a te yon bagay ki komen nan Jezi antanke Kris la (Mak 3:9-10, 4:1; Lik 5:1-2). Nan tan Jezi a, si yon moun te vle genyen konesans nan Sent ekriti yo; li ta dwe ale nan sinagòg yo, nan tanp lan ansanm ak pwofesè lalwa a.

Depi plizyè ane de sa, si yon legliz te vle fè kèk aktivite evanjelizasyon; nou te fè yon evènman deyò epi nou te preche, si nou te vle jwenn moun; nou ta dwe sèlman ale nan lari. Sepandan, jodi a, moun yo pa sèlman nan lari a; men sou tout rezo sosyal yo tou, menm anpil nan yo ka ap mache epi an menm tan ak telefòn selilè yo sou rezo sosyal yo. Menm bagay la tou rive si yo nan fè transpò piblik yo, ale nan travay. Gen yon nouvo chan misyon; epi domèn sa a se rezo sosyal yo.

Menm jan ke Jezi ki se Kris la non sèlman te anseye nan sinagòg yo, men tou nan yon bato pechè; oswa sou yon mòn. Nou dwe antre nan rezo sosyal yo.

Paske moun yo pa sèlman sou "plaj yo" (lari); men tou sou rezo sosyal yo.

Men kèk lide pou w kapab pataje mesaj Seyè a Jezi sou rezo sosyal yo se bagay sa yo:

- Pataje yon vèsè ki make lavi w.

- Pataje yon rezime tou kout sou prèch Dimanch lan.

- Pataje yon temwayaj nan lavi ou.

- Ankouraje yon evènman legliz la.

- Difize reyinyon an sou rezo sosyal legliz la.

- Pataje yon ti videyo sou kijan pou w fè yon devosyonèl.

- Pataje plan devosyonèl legliz la.

- Mande si yon moun gen yon demann lapriyè.

Kòm yon nòt final, li vo lapèn pou ke nou mete aksan sou sa ki te rekreye nan byopik "Rezo Sosyal la" pa direktè David Fincher kote kòmansman an nan Facebook rekreye. Nan fim nan, yo wè jenn gason Mark Zuckerberg ki, apre yo fin kraze relasyon damou li a nan inivèsite a, li pat kapab jwenn yon kote pou l rakonte doulè li yo, li te deside kreye yon espas pou l fè konnen sa li t'ap soufri yo.

Se konsa ke Facebook te pran nesans, yon espas pou di sa moun nan ap panse oswa santi.

Kesyon:

- Poukisa yon rezo sosyal ta yon bon zouti pou pataje mesaj sali a?

- Ki lòt lide ou ta kapab mansyone pou pataje mesaj delivrans lan sou rezo sosyal yo?

Konklizyon

Nou dwe wè rezo sosyal yo kòm bato a ke Bondye mete nan men nou. Gen anpil moun nan rezo sosyal kap chèche yon espas kote yo louvri kè yo. Plis pase tout tan, nou bezwen nan rezo yo epi vin pechè gason ak fi sa yo pou Jezi.

Trajik moun yo

Trino Jara (Armenia)

Pasaj biblik pou etid: Jenèz 37:26-28; I Wa 5:1-5

Vèsè pou aprann: "Se Bondye ki fè nou. Nan Jezikri li kreye nou pou nou ka fè anpil bon zèv nan lavi nou, dapre sa li te pare davans pou nou te fè" Efezyen 2:10.

Objektif leson an: Reflechi osijè de youn nan Krim ki pi grav ke gason, fanm ak ti moun yo soufri: trafik moun yo oubyen trafik ak blan yo epi ede konprann ke nenpòt moun kapab viktim sa.

Entwodiksyon

Ann li istwa fiksyon sa a: Nela se yon adolesan ki te grandi nan yon fanmi ki t'ap mal fonksyone, san yo pa konnen papa l. Manman l pa t janm ka ale lekòl; epi li te pase pi fò nan tan li yo ap travay de kay an kay kòm travayè domestik. Manman Nela rive lakay preske nan mitan lannwit pou prepare yon bagay pou l manje pou Nela ak kat lòt frè ak sè li yo, yo menm ki nan fason soti nan plizyè gason diferan ke manman adolesan te viv. Sa a se lavi anpil nan fanmi k ap viv nan yon katye defavorize.

Yon jou, pandan l t ap mache nan lari a, Nela rankontre Elena, yon bèl jèn fi ki te vin zanmi l. Nan kòmansman, Elena te kòmanse fè Nela kado kèk bagay, epi mennen li ale kèk kote ak zanmi li yo. Ti kras pa ti kras, relasyon sa a t'ap vin pi fò toujou, jiskaske yon jou, Elena te ofri l yon travay nan yon lòt vil. Sa pat pran tan pou Nela konvenk manman l pou l te kite l ale. Se konsa ke adolesan sa a t'al nan yon lòt vil, byen lwen lakay li; epi se la li te vann bay mèt yon nayklèb ki te fòse l antre nan pwostitisyon. Aprè yon ti tan, yo te mennen l nan yon lòt peyi, kote depi plizyè ane li peye pwopriyetè li a depans pou paspò li ak tikè avyon li. Nan tout vire tounen sa yo, paspò li te rive konfiske lè li te rive nan nouvo sant "biznis" li a. Nela te disparèt nan kominote li a; epi pèsonn pa konnen anyen de li. Li se ankò yon lòt viktim nan yon biznis kriminèl ki detwi lavi dè milyon de moun, ki tout moun rekonèt kòm "trafik moun" oswa "esklavaj blan". Nan leson sa a, nou pral adrese sijè sa a.

Ka fiksyon Nela a se pa yon istwa izole; paske, malerezman, gen anpil moun, tankou pèsonaj ki refere nan istwa sa a, ki se moun yo vòlè lavi yo ak libète yo pou fè yo tounen machandiz sèlman ki komèsyalize ak degrade nan diferan mache, sitou ki kontwole pa rezo mafya entènasyonal yo. Epitou, gen anpil "Elena" nan kominote nou yo ki pèdi tout desans ak konpasyon yo; yo menm ki kite moun pran tèt yo epi vin kite anbisyon anvayi tout lespri yo; epi konsa, yo te vin tonbe nan Pyèj Satan, twonpe ak detwi lavi anpil moun ak fanmi.

I. Deskripsyon ak eksplikasyon sou trafik moun

Dokiman Nasyonzini sou trafik moun yo ki deklare ke sa a se yon krim daprè lalwa entènasyonal la. Atik #3 (a) nan Pwotokòl pou Prevansyon, Sipresyon ak Pinisyon Trafik Moun, espesyalman nan fanm ak ti moun, ki bay sèl definisyon entènasyonalman aksepte nan trafik moun yo: "Trafik moun yo vle di rekritman, transpòte, transfere, abri oswa resevwa moun, atravè menas oswa itilizasyon fòs oswa lòt fòm fòse, kidnapin, fwod, twonpe, abi pouvwa oswa nan yon pozisyon atravè vilnerabilite oswa bay oubyen resevwa pèman oubyen benefis pou jwenn konsantman yon moun ki gen kontwòl sou yon lòt moun, pou rezon eksplwatasyon. Operasyon an ap gen ladan li pou pi piti, eksplwatasyon pwostitisyon lòt moun oswa lòt fòm eksplwatasyon seksyèl, travay oswa sèvis fòse, esklavaj oswa pratik ki sanble ak esklavaj, esklavize oswa retire ògàn moun" (Rekipere nan https://www.unodc.org/documents/e4j/tip-som/Module_6__E4J_TIP_EN_FINAL.pdf, 9 Jan 2021).

Dapre enfòmasyon ki soti nan Nasyonzini, chak ane Plis pase 40 milyon moun te viktim de trafik moun, enkli fanm ak ti moun: "Li estime ke nan kèk lè nan ane 2016, 40.3 milyon moun yo te sibi esklavaj modèn. Sòm sa a genyen 24.9 milyon nan travay fòse ak 15.4 milyon nan maryaj fòse. Sa vle di nan mond lan genyen 5.4 viktim esklavaj modèn pou chak 1 000 moun. 1 nan 4 viktim esklavaj modèn yo se ti moun. Nan 24.9 milyon moun ki bloke nan travay fòse yo, 16 milyon se moun ke yo eksplwate nan sektè prive a, pa egzanp nan travay domestik, endistri, konstriksyon oswa agrikilti; 4.8 milyon moun viktim eksplwatasyon sèks fòse; epi 4 milyon moun nan sitiyasyon travay fòse ke leta enpoze yo. Travay fòse a afekte fanm yo avèk ti fi yo yon fason ki deranjan, ki reprezante 99 pousan nan viktim atravè endistri sèks komèsyal ak 58 pousan nan lòt sektè yo" (Rekipere nan https://www.ilo.org/global/topics/forced-labour/lang--en/index.htm, 9 Janvye 2021).

Pifò moun ap fè trafik ak vann ant mafya entènasyonal ki negosye, vann ak eksplwate yo kòm machandiz. Pi gwo rezo k'ap opere yo ak abi yo konsantre sou pwostitisyon, pònografi ak maryaj fòse. Men, gen anpil rezo trafik moun, espesyalize nan eksplwate moun nan chèn pwodiksyon nan peyi pòv yo. Pa egzanp, nan kèk peyi Azyatik ak nan Amerik Latin nan, li komen pou tande pale de gwo konpayi ki fabrike rad ak soulye gwo mak pi popilè ki eksplwate fanm ak timoun san peye oswa ki gen salè minimòm, epi san okenn pwoteksyon. Nan peyi Lafrik, pi gwo endistri k'ap eksplwate moun nan se endistri kakawo, sou kòt lwès la; nan min lò yo, dyaman; ak nan sa yo rele "Esklavaj pou dèt yo", kote fanmi yo te prete lajan nan menm moun k ap prete moun lajan, epi lè yo pa kapab peye, yo bay pitit yo pou yo eksplwate yo, yon pratik trè komen ann Afrik.

Lè ke nou pale de dè milyon de fanm ak ti moun ke yo pran pou fè trafik pou rezon eksplwatasyon seksyèl ak pònografi, pi fò nan yo twonpe yo avèk fo pwomès. Pandan ke yo nan endistri a, pi fò nan moun yo okouran de sitiyasyon yo; men akòz kondisyon povrete ekstrèm lan, pa gen lòt opsyon ke aksepte kondisyon "travay" sa yo. Natirèlman gwo majorite ti moun ki eksplwate yo viktim nan sistèm anviwonnman kote y ap viv la.

Kesyon:

- Defini nan pwòp mo ou trafik moun oswa esklavaj blan.

- Èske w konsidere pwoblèm sa a afekte kominote kote w ap viv la? Eksplike.

II. Vizyon biblik sou trafik moun yo

"Trafik moun" oswa "esklavaj blan", jan yo konnen yo souvan, se pa yon bagay nouvo nan listwa limanite. Liv Jenèz la rakonte istwa Jozèf, frè l yo te vann bay Izmayèl yo, machann yo, ki te pran l nan peyi Lejip e yo te vann li bay Potifa, responsab fanmi farawon an selon Jenèz 37:26-28: "Jida di frè l' yo konsa: -Sa sa ap rapòte nou pou nou touye frè nou an epi apre sa pou nou kache sa? Annou vann li ak moun Izmayèl yo. Konsa nou p'ap bezwen leve men nou sou li. Apre tou, se frè nou li ye, se menm san ak nou. Frè l' yo tonbe dakò. Lè machann Madyan yo vin ap pase, yo rale Jozèf moute sot nan pi a. Yo vann li ak moun Izmayèl yo pou vin pyès lajan. Moun Izmayèl yo menm mennen l' nan peyi Lejip". Istwa Jozèf la sanble avèk dè milyon de gason, fanm ak ti moun ke yo twonpe ak vann kòm esklav nan biznis trafik moun yo. Nan ka Jozèf la, se te frè l yo menm ki te trayi li epi ki te vann li.

Yon lòt pasaj biblik se nan 2 Wa 5:1-5 ki rakonte istwa yon jèn esklav ebre yo te vòlè li lakay yo nan peyi Izrayèl epi van li nan peyi Siri; li ale nan lakay Naaman, jeneral Siryen ki te gen lalèp la. Nan ka patikilye sa a, yon lòt fòm itilize pa kontrebann pou biznis sal ou nan trafik moun: Vòlò moun ki inosan. Li trè komen pou li nan jounal lokal yo konsènan disparisyon anpil moun, espesyalman ti moun, adolesan ak fanm. Tou de istwa yo, istwa Jozèf ak istwa jèn esklav ebre a, li rakonte trajedi plizyè milyon moun te viv ki gen lavi ak avni yo te vòlè akòz de anbisyon ak Evaris nan gason ak fanm ki pa gen wont.

Pòl, ki te ekri legliz Efèz la, te dekri ke objektif kreyatif Bondye a an referans ak moun nan (Efezyen 2:10). Se Bondye ki fè nou. Nan Jezikri li kreye nou pou nou ka fè anpil bon zèv nan lavi nou, dapre sa li te pare davans pou nou te fè. Malerezman, dyab la te defòme objektif Bondye a; epi li te fè moun nan esklav anbisyon ak avaris, kòwonpi l 'nan yon nivo konsa ke li te dezonore objektif kreyatif Bondye a nan pwofite de inosan ak povrete ekstrèm lòt èt imen ki te kreye ak imaj Bondye a, nan fè yo tounen machandiz sèlman, ekspoze yo nan imilyasyon ekstrèm ak esklavaj pou renmen lajan.

Bondye te kreye nou ak imaj li ak resanblans li, ak diyite (Jenèz 1:26-27) pou vin jeran fidèl li nan kreyasyon an. Sòm 8:3-8 dekri objektif Bondye nan kreye moun nan, ann li vèsè a : "Lè m'ap gade syèl ou fè ak men ou lan, lalin ak zetwal ou mete ladan li, m'ap mande: -Kisa lèzòm ye pou ou chonje yo konsa? Kisa yo ye menm pou ou pran ka yo konsa? Ou fè yo yon ti kras pi piti pase ou, Bondye. Tankou yon kouwòn sou tèt yo, ou ba yo pouvwa ak respè. Ou mete yo pou yo donminen sou tou sa ou fè, ou mete tout bagay anba pye yo: Bèf kou kabrit, ansanm ak tout bèt nan bwa yo, zwazo nan syèl, pwason nan dlo, ansanm ak tout lòt bèt k'ap viv nan lanmè". Trafik blan yo defòme objektif sa a; paske Bondye te kreye moun pou ke yo lib epi viv ak respè ak diyite nan yon mond ke yo fè tounen yon senp machandiz, maltirize tankou bèt epi detwi diyite ak avni yo.

Nan Matye 18:1-6, Jezi te pale de valè ti gason ak ti fi yo genyen pou li ak Wayòm li an. Nan pasaj sa a, yo dekri konsekans terib ke moun ki oze blese youn nan ti moun piti sa yo pral soufri.

Epitou, apot Jak te denonse moun k'ap twonpe moun, vòlò ak eksplwate pòv yo; ak ki jan rèl yo rive jous devan twòn Bondye a (Jak 5:4).

Dapre sa ki endike anwo a, trafik moun nan se pa sèlman yon krim kont limanite; men tou, yon abominasyon nan objektif kreyasyon Bondye a.

Kesyon:

- Pandan w ap li istwa Jozèf la (Jenèz 37:26-28) ak ti fi ebre a (2 Wa 5:1-5), ki emosyon w santi ki aktive nan tèt ou ak kè ou?

- Èske w konnen yon moun ki viktim esklavaj blan? Kisa ou ta fè si ou te rankontre yon moun ki te viktim?

- Ki jan Bondye montre mizèrikòd li anvè gason ak fi malgre peche yo (Sòm 115:16)?

- Ki lòt pasaj biblik nou kapab itilize pou ede edike epi anpeche krim sa a afekte pitit ak jèn nou yo?

III. Ki sa nou kapab fè antanke legliz?

Legliz la jwe yon wòl trè enpòtan nan asime responsablite pou ede anpeche krim sa a ki kont limanite nan kominote kote l ap fonksyone a. Li dwe fè vwa pwofetik li klewonnen nan kominote a: Legliz la dwe sèvi ak vwa pwofetik li epi denonse trafik moun kòm yon krim rayisab kont Bondye ak objektif kreyasyon li a. Kòm kretyen angaje nan jistis ak pwoteksyon popilasyon ki pi vilnerab yo, nou dwe vijilan nan idantifye ak denonse kalite aktivite sa a nan kominote nou yo.

Enfòmasyon: legliz la gen responsablite pou l enfòme epi edike sou biznis sal sa a. Nan etid ki te fèt pa Nasyonzini an, li te detèmine ke byenke se vre ke sa a se yon biznis ki te devlope ekstremite entènasyonal; li depann anpil de rezo sitwayen yo ki dedye pou twonpe ak vòlò moun nan kominote lokal yo. Sa vle di ke menm isit la, nan kominote sa a kote n ap etidye leson sa, kapab gen rezo trafik moun; epi nou pa okouran de sa. Li enpòtan pou ke nou bay avètisman sou sitiyasyon sa a, pou ke gran moun yo, ti moun ak jèn yo pa kite moun twonpe yo nan sans sa a.

Fè atansyon: Youn nan fwon ki pi pwisan pou sispann avansman krim sa a se legliz la. Majorite viktim ki tonbe nan pyèj trafik moun yo se sitou ti moun ak jèn k ap viv nan kondisyon povrete; e ke nan efò yo pou yo avanse nan lavi yo, yo aksepte òf yo ki soti nan moun ki vin jwenn yo ak "bon entansyon", men nan fen an, se pyèj ki kapab touye moun.

Legliz la gen misyon pou gide, konseye ak bay pouvwa ak nouvo jenerasyon yo pou veye tèt yo; se pou yo mete tout konfyans yo nan pouvwa transfòmasyon Bondye a; epi mete konfyans yo nan favè ak sekou li. Nou kwè ke Bondye nou an se kreyatè a; e ke nan lanmou li ak konpasyon li, li ede nou avanse san riske lavi nou epi tonbe viktim nan trafik moun.

Pwoteje: Antanke legliz, nou genyen misyon pou nou pwoteje ti moun ak jèn nou yo kont pyèj dyab la ak lyezon pwazon yo. Antanke kò Kris la, nou pran responsablite pou ede ti moun nou yo ak jèn nou yo vin devlope fondasyon espirityèl solid ki ede yo devlope yon relasyon pwofon ak Bondye. Sa pral ede yo pran desizyon ki saj ki pral pwoteje yo viktim de trafik moun.

Pandan ane yo, li te pwouve ke yon ti gason oubyen ti fi ki te fè pati fanmi legliz la e ki te edike nan Pawòl la (Pwovèb 22:6); gen mwens chans tonbe viktim nan trafik moun; paske baz espirityèl li fò, li gen pwoteksyon ki soti nan Bondye (Sòm 91) ak fanmi lafwa a.

Restore: anpil viktim trafik moun rive libere epi retounen nan kominote yo; epi apre trajedi a, se pwosesis restorasyon an ki rive. Anpil viktim yo pa janm restore de chòk ak trajedi ke yo te viv la. Imilyasyon ke anpil moun te soufri se bagay moun pa kapab dekri. Malerezman, moun ki te trafike yo pou kont yo; yo pa konprann; epi genyen anpil ki jis lage kò yo nan alkòl, dwòg ak pwostitisyon (sa a se sèl bagay yo konnen ke yo kapab fè). Anpil lòt jis touye tèt yo. Lavi yo se tankou yon asyèt kraze, epi yo jete moso yo atè a epi tout sosyete a mete pye sou yo ap pilonnen yo chak jou. Legliz la kapab jwe yon wòl konpasyon nan ede "ranmase" moso sa yo; ede kole yo ak lanmou; epi anbrase viktim yo atravè chalè legliz la. Li jwe yon wòl transfòmatè ak restorasyon nan lavi anpil moun ki te soufri kòm viktim trafik moun.

Mwen te rankontre Natacha nan yon vil nan peyi Larisi. Li se yon adolesan 17-tan, òfelen kote papa l'ak manman l, l ap viv ak tonton li. Mwen te rankontre li nan legliz ki te fè pati gwoup mizikal ak jèn yo. Pandan vizit nou an, nou selebre anivèsè nesans 18 ane li. Lè mwen gade nan lavi li Natacha ak kondisyon sosyal li, mwen kapab sèlman di Bondye mèsi; paske gras ak legliz la, li pwoteje nan yon anviwònman kote Kris la ap gouvènen! San li, lavi li ta kapab te destine vin yon lòt viktim trafik moun; men nou di Bondye mèsi, legliz la te boukliye l avèk èd ki soti nan Bondye. Se konsa, gen dè milye de jèn moun, gason, fanm ak ti moun ki pwoteje espirityèlman nan legliz la.

Poutan, nou tout vilnerab pou nou tonbe viktim krim sa a. Se poutèt sa, nou dwe pran swen youn ak lòt epi ede youn lòt, epi yo dwe vijilan.

Kesyon:

- Fè yon lis kout sou fason legliz ou a kapab ede anpeche krim sa a.

- Èske w konnen òganizasyon nan kominote w la k ap ede viktim trafik moun; epi kisa yo fè? Ki jan ou panse legliz la kapab patisipe epi ede?

Konklizyon

Bondye kreye nou ak imaj li ak resanblans li; nou se kouwòn kreyasyon li a. Nou pa te kreye pou viv nan esklavaj, ni yo dwe eksplwate kòm yon senp machandiz. Nan moman sa a, konsidere ke plis pase 40 milyon moun, enkli fanm ak ti moun, ap viv nan esklavaj. Antanke yon legliz, nou gen yon responsablite istorik pou denonse, enfòme, edike, anpeche ak pwoteje popilasyon an ki vilnerab a kalite abominasyon sa a kont Bondye ak kreyasyon l lan.

Pònografi

Germán Picavea (Ajantin)

Pasaj biblik pou etid: Matye 5:27-30

Vèsè pou aprann: "Mwen menm, men sa m'ap di nou: Si yon nonm gade yon fi avèk lanvi, li deja fè adiltè avè l' nan kè l'" Matye 5:28.

Objektif leson an: Konprann gwo pwoblèm ke pònografi a siyifi; epi kòman nou kapab afwonte li ak yon baz biblik.

Entwodiksyon

Nan sosyete sa a ki tèlman renmen fè sèks jodi a, pònografi a se yon bagay ki santral. San règleman, pònografi ap grandi nan yon vitès eksponansyèl, li vin prèske pou konsomasyon an mas alantou glòb la. Sosyete konsomatè a kote n'ap la, piti piti, te natiralize depèsonalizasyon ak objektif kò imen an kòm yon senp mwayen pou jwenn plezi ak dechè. Mwayen kominikasyon ak piblisite yo ale men nan men nan fè itilizasyon kò a kòm machandiz pou jwenn yon salè. Pou vann prèske nenpòt pwodwi oswa sèvis, fanm ak gason yo ekspoze ak anpil pwodwi; abiye ak rad kout oubyen mache prèske toutouni, nan aksyon sijesyon, ak evidans de entansyon. Dapre yon etid nan Cornell University, fanm ki gen gwo tete yo gen tandans touche plis tep: yon ka nan konsomasyon an ki egzajere, pwobableman se paske kliyan an pèdi tout konsyans li akòz ke li anvayi ak vis seksyalite a (Rekipere nan https://medium.com/@asexualidadmx/qu%C3%A9-es-la-hipersexualizaci%C3%B3nb3230a03bbb, 15 jen 2021).

Petèt pati ki pi danjere nan pònografi se fason ke li vini an riz, yon mal an silans ki pase inapèsi; men ak yon gwo enfliyans sou kilti a. Pònografi a ap vin tounen "edikatè" seksyèl la nan tan ke n'ap viv la, ki grav; paske li fòme relasyon yo ant fanm ak gason yo, poze modèl epi defini wòl sèks yo. Pònografi kòmanse sanble yon bagay natirèl nan lavi chak jou; epi anpil moun minimize yo mal moral ke li fè.

Mal sa a pa nouvo; sepandan, gras ak entènèt la, jodi a pònografi a vin fasil pou jwenn paske li montre li gratis pandan 24 èdtan pa jou, chak jou ak nan prèske tout kwen planèt la. Nan tan ki pase yo, li pat janm bay tout aksè fasil sa a jan li ye jodi a. Konsomasyon li chak tan se pou moun ki gen pi piti laj (9 ak 10 ane), ki vle di yon enpak vyolan ak gwo domaj nan sèvo ti moun ak adolesan nou yo.

I. Pònografi

A. Definisyon

Nan Diksyonè a Reyal Akademi Espanyòl la nan premye siyifikasyon li yo, di: "Prezantasyon ouvè ak brit nan sèks k ap chèche pwodwi eksitasyon" nan twazyèm siyifikasyon an li di: "Trafik osijè de pwostitisyon" (Rekipere nan https://dle.rae.es/pornograf%C3%ADa, nan dat 15 Jen 2021).

Klèman, definisyon yo pèmèt nou wè yon evolisyon nan siyifikasyon. Nan sans sa a, jodi a se byen difisil pou defini pònografi a konplètman; epi gen anpil diskisyon sou li. Nan nenpòt ka, nou kapab konprann ke pònografi se itilizasyon istwa, komik, animasyon, anime, imaj oswa repwodiksyon grafik ak odyovizyèl nidite ak sèn kontni seksyèl; yo nan lòd pou pwovoke eksitasyon moun ki wè yo.

B. Yon pwoblèm ki gen anpil gwo volim

Pou w fè pati de ekip moun sa yo ki kache andedan sektè konsomatè san non sa a yo, li trè difisil pou konnen egzat dimansyon pònografi a jodi a. Endistri milyonè sa a chak ane pote destriksyon, pèvèsyon ak lanmò pou dè milya de moun atravè mond lan. Malgre ke pònografi a te egziste depi byen lontan nan limanite; li pa t toujou gen vitès ke li vin genyen kounye a nan moman ke n'ap viv la. Yon syèk anvan, moun sa a ki te vle konsome pònografi a te oblije chèche konnen ki kote pou li achte li; pandan ke jodi a, li ofri (nan rezolisyon segondè e menm nan reyalite vityèl) gratis nan pla men ou, pliske 80% nan vizit yo fèt ak telefòn entèlijan (Rekipere nan https://www.pornhub.com/insights/tech-review, 15 Jen 2021).

Entènèt la toujou ap grandi, epi sit pònografi a pa gen okenn eksepsyon. Kounye a, gen plis ke 1.5 milya sit entènèt, kote ke 75% ladan yo inaktif epi 12% se pònografik (Rekipere nann https://www.internetlivestats.com/total-number-of-websites/#google_vignette, el 15 de junio de 2021).

Nan ane 2017, yon sèl sit te gen 28.5 milya vizit; sa vle di 78 milyon moun chak jou. Konsomasyon mwayèn pou chak vizitè te 9:59 minit (Rekipere nan dat 15 jen 2021, nan "Rezime nan ane 2017. 9 Janvye 2018". Disponib nan https://www.pornhub.com/insights/2017-year-in-review). Nan ane 2018, yo te gen 33.5 milya vizit, 92 milyon vizitè chak jou (Rekipere nan dat 15 Jen 2021, "Rezime nan dat 11 Desanm 2018". Disponib nan https://www.pornhub.com/insights/2018-ane-an-revizyon). Nan ane 2019 la, li te resevva 42 milya opinyon; sa vle di, 115 milyon vizitè pa jou, ak yon konsomasyon mwayèn pou chak vizitè nan 10:13 minit (Rekipere nan dat 15 jen 2021, nan "Revizyon nan ane 2019. 11 Desanm 2019". Disponib nan https://www.pornhub.com/insights/2019-year-inreview). Ak nan ane a 2020, li te jwenn 47,450 milyon dola; Mwen vle di, 130 milyon vizit chak jou (Rekipere nan 15 Jen 2021, ki soti nan "The Pornhub Technology Review. 8 nan Avril 2021". Disponib nan https://www.pornhub.com/ insights/tech-review).

Nan 2017, yon sit te telechaje plis pase 4 milyon videyo; an 2018, prèske 5 milyon; epi nan ane 2019, 6.83 milyon.

Sa vle di ke yo te telechaje 12 nouvo videyo pou chak minit sou Entènèt. Ti chif sa yo ase pou nou konprann ke n ap fè fas ak yon pwoblèm ekzajere ki grav, an plen ekspansyon ak konsekans katastwofik. Yon pwoblèm ke lasyans ap bay avètisman sou li, epi legliz la nonplis pa chape. Nan etid la "Fenomèn pònografi"a te soti nan Gwoup Barna, 54% nan gason kretyen ak 15% nan fanm admèt konsome pònografi yon fwa pa mwa; 39% ladan yo santi yo konfòtab avèk li; ak 19% ap travay pou kite li (Rekipere nan http://barna.org/research/porn-in-the-digital-age-new-research-reveals-10-trends/#.Vw5lFRMrLMU, el 15 de junio de 2021).

Sikològ Ajantin ak ekspè nan sèksoloji, Laura Caldiz di ke: "Depi 40 an, mwen dedye tout sa m fè gen rapò ak seksyalite e ke mwen te anseye sijè sa yo e an reyalite mwen pa janm jwenn yon bagay ki janm mangonmen konsa epi ki tèlman twoublan pou sante fizik, mantal, emosyonèl ak relasyon jèn moun… nan moman sa ak dimansyon sa a ke pwoblèm nan rive la a, sa a se yon pwoblèm sante piblik ki merite yon entèvansyon sou yon bò epi anpechman sou lòt la" (Rekipere nan dat 15 Jen 2021, soti nan "Enfliyans pòno a nan mwayen digital yo", pa Laura Caldiz. TEDxBariloche, Ajantin, 3 Janvye 2018. Disponib nan https://www.youtube.com/watch?v=dcBqH1N_-IY).

C. Pònografi a lakoz depandans

Nan yon etid ki te fèt pa Enstiti Max Planck nan Bèlen te obsève ke konsomatè pònografi yo te genyen mwens matyè gri; epi anrejistre yon rediksyon nan yo aktivite nan sèvo. Efè sa yo ka gen ladan chanjman nan plastisit newòn pa eksitasyon entans ki soti nan santi plezi (Rekipere nan dat 15 Jen 2021, nan "Etidye relasyon ki genyen ant konsomasyon pònografi ak koneksyon fonksyonèl nan sèvo a, 25-7-2014".

Disponib nan https://www.neurologia.com/noticia/4710/estudian-la-relacion-entre-el-consumo-de-pornografia-y-laconectividad-functional-cerebral). Sa a konfime reyalite ke depandans lan modifye sèvo a; epi yo fè li nan lòb devan an kote fonksyon egzekitif la jere kontwòl enpilsyon, jijman ak òganizasyon an (Rekipere nan dat 15 Jen 2021, ki soti nan "Konsèy yon manman newosyantis pou pitit gason adolesan li", pa F. Jensen, neuroscientist. logo Frances Jensen. Disponib nan https://www.youtube. com/watch?v=LdL-ddX8Etk).

Lè yon moun gade pònografi, genyen yon repons pou sansasyon sa ki manifeste nan sèvo li. Gen yon egzeyat nan dopamine nerotransmetè a, ki pwodwi yon santiman byennèt ak plezi. Men, lè nivo dopamine nan bese, moun nan ale chèche plis touch ki pou reyalize sansasyon an an plezi; epi sa a mennen nan yon sèk destriksyon.

Tankou tout depandans, pònografi a afekte konsomatè a ak tout sèk sosyal enfliyans lan. Pwoblèm nan se ke anpil moun wè pwoblèm sa a kòm yon amizman pèsonèl; epi yo kenbe ke yo pa fè pou fè pèsonn moun mal. Yon lòt faktè pou pran an kont se naturalizasyon pònografi jodi a.

D. Pònografi a kreye yon mond ki pa reyèl

Pònografi a pa reyèl. Se fè aksyon li ye, pwostitisyon, fantezi… Li retire lanmou nan relasyon ant yon gason ak yon fanm, li fè kò a sèvi tankou yon objè, depèsonalize ak modifye vizyon sante a sou sèks. Li kreye atant reyèl sou sèks la, vann yon imaj ki pwodwi sa ke plezi ak satisfaksyon an ye an reyalite. Se anpil moun ki sikològ, sikyat, sèksològ, terapis ak konseye koup ki rapòte ke genyen yon ogmantasyon konsiderab nan moun ak koup ak pwoblèm tankou bagay sa yo nou pral li la a: malfonksyònman divès kalite, pèt enterè, mekontantman, remò ak imaj ou ak imaj mari oswa madanm ou, ak anpil lòt bagay ankò. Lè w ap trete pwoblèm nan, pònografi a te oubyen prezan ap kreye nan lespri konsomatè a yon mond nan imajinasyon ki, konsyan oswa enkonsyan, li mennen moun nan nan yon relasyon ki reyèl. Kreyasyon sa a nan atant ireyalizab jenere yon gwo sans echèk.

Kesyon:
- Ki jan ou defini pònografi?
- Ki jan pwoblèm nan gran selon ou menm? Ki domaj li lakòz?

II. Ki sa Bib la di osijè de pònografi a?

Malgre ke nan Bib la nou pa jwenn egzakteman mo "pònografi" a; nou wè ke li gen rapò ak mo grèk porneía ki se baz mo a "pònografi". Porneía yo itilize 26 fwa nan Nouvo Testaman an epi siyifikasyon li trè varye; byenke li toujou refere a salte seksyèl ant moun ak Bondye. Ann sonje ke kontèks Nouvo Testaman an te inonde ak kilt payen kote ki te genyen pwostitisyon seremonyèl. Kidonk, nan plizyè nan pasaj yo, porneía vle di "idolatri". Nan Matye

5:32, 19:9 ak Jan 8:41, vle di "relasyon seksyèl andeyò maryaj"; nan Travay 15:20,29 ak 21:25, siyifikasyon li se menm nivo pase idolatri; nan I Korentyen 5:2, 6:13,18, 7:2 ak 2 Korentyen 12:21, porneia vle di "imoralite" (wont) (Balz, Horst and Schneider, Gerhard, eds. Diksyonè Egzejetik Nouvo Testaman an, vol. II. Espay: Ediciones Sígueme, 1998, pp.1084-1090).

Tout pasaj yo mennen nou wè règleman ki soti nan Bondye a: sentete nan tout domèn nan lavi (I Tesalonisyen 4:3; I Pyè 1:15). Bondye reklame pou tèt li adorasyon total, pa sèlman kongregasyon; men adorasyon nan lavi chak jou. Lè sa a pa rive, li rele idolatri (Ezekyèl 23:49); fònikasyon (Levitik 20:5); ak adiltè (Jeremi 5:7). Ala gwo koze!

Youn nan pasaj ki pale pi dirèk sou tèm ke n'ap trete a se Matye 5:27-30: "Nou tande ki jan nan tan lontan yo te di: Piga ou janm fè adiltè. Mwen menm, men sa m'ap di nou: Si yon nonm gade yon fi avèk lanvi, li deja fè adiltè avè l' nan kè l'. Si se grenn je dwat ou ki pou ta fè ou tonbe nan peche, rache l' voye jete byen lwen ou. Pito ou pèdi yon sèl manm nan kò ou, pase pou yo voye tout kò ou nèt jete nan lanfè. Si se men dwat ou ki pou ta fè ou tonbe nan peche, koupe l' voye jete byen lwen ou. Pito ou pèdi yon sèl nan manm ou yo, pase pou tout kò a nèt al nan lanfè". Se la Jezi t ap ogmante prensip yo konsènan sa Jwif yo te konsidere ki adiltè (v.28). Jezi te pale de sa gade ak je; men li klè ke li pa kondane gade aksidantèl sa a, men youn ki gen yon move entansyon, epi ki rete pote ale nan enpilsyon yo ak manipile move lide yo. Sa a gen rapò ak lefèt ke nan gade pònografi. Gen yon pwovèb popilè ki di: "Pwoblèm nan se pa gade a, men se pito gade de fwa". Sa kapab rive ke w te gade pònografi a san w pat rann ou kont; men pwoblèm nan rive lè w ap kontinye gade. Nou te deja wè ki jan sèvo imen an ap travay kont pònografi; se poutèt sa, nou konprann sa nou ka gade san yo pa kenbe. Gason ak fanm ki te soufri nan mal sa a di ke pa gen anyen tankou "Mwen genyen li anba kontwòl". Pònografi a se peche; epi nou bezwen repantans ak padon nan men Bondye, ansanm ak yon travay angaje pou kite li.

Apre sa, nan Matye 5:29-30, Jezi rele disip li yo antre nan yon sentete ki radikal nan lavi; e sa gen ladann lavi seksyèl la tou. Pou fè sa, sèvi ak yon egzanp trè ekstrèm ak objektif ki koute l 'nan tan sa a, avèk nou jodi a, an nou konprann konsekans konpòtman san limit la. Nan okenn fason li ankouraje move tretman kò a; okontrè, l ap atire atansyon an sou libète li ke anpil fwa nou bay nan gade pi lwen. Malgre ke ansèyman an aplike pou fanm yo tou; se pa yon konyensidans ke Jezi te pale ak mesye yo epi li te itilize mo yuvaika ki vle di "fanm, madanm, dam, pwopriyetè, vèv, ti fi" (Pabón, José M. ak De Urbina, S. VOX Greek-Spanish Dictionary. Espay: Bibliograf, 1983, p.124). Li pale ak mesye yo paske yo plis itilize zye yo nan sans sa a; epi se yo ki, anpil fwa, pèmèt tèt yo twòp libète

nan sans sa a. La a ke Jezi te fè yo wè klè ke yo te dwe respekte fanm yo kèlkeswa kondisyon li. Se pa paske li selibatè ak san angajman, nonm lan ka gade li pandan l'ap anvi li nan panse li. Pa menm paske li se madanm li ba li dwa kèk nan mari a nan gade nan li san respè; sa vle di, lasiv oswa dezirab. Relasyon ki genyen ant gason ak fanm, kèlkeswa kondisyon moun nan, yo ta dwe toujou genyen menm respè ak sipò mityèl.

Kesyon:

- Èske w panse rekòmandasyon Jezi nan pasaj etid la egzajere?

- Ki jan ou ta di li?

III. Legliz la ak defi yo fas a pònografi a

Jodi a, legliz la ap fè fas a yon gwo defi nan fè fas a pònografi a deyò a; men tou andedan li. Èske yo pa gen kèk istwa sou moun ki, malgre yo okipe kèk pozisyon lidèchip nan yon kongregasyon, y'ap viv kwense nan pònografi a.

Genyen anpil aksyon ke legliz la kapab fè; men twa sa ki plis ijan yo pou pi piti. Premyèman, fòmasyon pou trete sijè sa a. Pa sèlman refere ak sijè pònografi a; men tou nan sa ki nan seksyalite a nan yon pèspektiv biblik, yon tèm ki absan nan prèske tout kongregasyon yo. Ki sa Bib la di sou sèks? Èske nou kapab viv jodi a yon seksyalite ki onore Bondye? E si mwen konsome pònografi; èske gen delivrans pou mwen?

Dezyèmman, anseye legliz la, ak tout moun an jeneral. Nan legliz la, depi nan chapit la, nan klas lekòl dimanch yo, ti gwoup gason ak fanm, ministè pou koup marye yo, adolesan ak ministè jèn yo. Apati de tout sa yo, selon posiblite yo nan legliz la ak kontèks li, nan lekòl ak kolèj, klèb, atravè rezo sosyal ak sit wèb yo, elatriye. Bon fòmasyon pral bay yon zouti pwisan pou konfwonte pònografi ak viv yon seksyalite an sante depi nan ti moun.

Anfen, se sa ki pi enpòtan, legliz la dwe ofri yon anviwònman ki apwopriye; pou moun ki konsome pònografi yo (nouvo moun oswa moun ki se moun legliz la menm), kapab konfese epi resevwa tout kalite èd pou simonte vis yo. Pa gen jijman oswa kondanasyon; men ak lanmou ak akonpayman pasyan nan pwosesis rekiperasyon li.

Kesyon:

- Èske w konnen moun ki te afekte pa mwayen pònografi?

- Kisa w pral fè depi kounye a konsènan pwoblèm sa a?

Konklizyon

Kòm nou te wè sa deja, pònografi a se yon mal ki avanse san pitye. Li atake tout moun menm jan, gason ak fanm, san distenksyon. Kisa nou pral fè? Li ijan pou ke nou kòmanse fòme tèt nou, anseye verite biblik la sou seksyalite a epi ofri restorasyon a moun k'ap soufri ladan l yo. Nou bezwen kòmanse kounye a.

Inyorans vs Zòrèy soud yo

Priscila Picavea (Ajantin)

Pasaj biblik pou etid: Matye 25:35-36

Vèsè pou aprann: "Wa a va reponn yo: Sa m'ap di nou la a, se vre wi: chak fwa nou te fè sa pou yonn nan pi piti pami frè m' yo, se pou mwen nou te fè li'" Matye 25:40.

Objektif leson an: Konnen abi seksyèl sou ti moun ; kijan se yon bagay ki fèt souvan epi pwòch ; epi kisa nou kapab fè pou nou anpeche li epi atende moun ki soufri li yo.

Entwodiksyon

Abi seksyèl la se pa yon nouvo pwoblèm oubyen yon bagay k ap fè aktyalite sèlman nan kèk peyi. Okontrè, se yon bagay k ap fè gwo dega nan tout mond lan, epi se depi nan kòmansman, oubyen depi nan tan lontan. Sèl gwo diferans ki genyen se paske kounye a nou gen plis konesans osijè de tèm nan; pliske gen plis deba ki fèt osijè pwoblèm nan ak kijan pou anpeche li vin plis elaji. Li te montre tou ke abi seksyèl la kapab koze anpil chòk ki kapab redwi si yo genten abòde li avan ke li rive twò lwen.

Abi seksyèl sou ti moun yo se yon pwoblèm ki afekte ti moun piti yo, kèlkeswa sèks yo, nivo sosyal ti moun nan oswa peyi a. Pa gen moun ki egzante de pwoblèm etik sa a ak konsekans li yo. Men tou se yon chòk ki afekte nan adolesans, jennès ak gran moun; kidonk, li nesesè pou nou konnen ki jan pou nou detekte li epi abòde tèm nan lè ke li vin parèt aklè.

I. Ann pale sou abi seksyèl sou ti moun yo (AST)

Abi seksyèl sou ti moun nan se nenpòt kontak seksyèl ant yon ti moun (toujou konprann kòm yon ti gason oswa yon ti fi) ak yon gran moun, kote ke gran moun nan egzèse pouvwa ak otorite li sou ti moun piti sa a, konsa sa ki lakòz plezi seksyèl pou tèt li. Abi sa a se kapab ak kontak fizik: vyòl, penetrasyon, manyen, karès, elatriye; oswa san kontak fizik: mande ti moun piti a pou l dezabiye devan gran moun nan, abiye devan gran moun nan, mande timoun nan manyen kò yo, elatriye. Fenomèn sa a kapab egziste menm anndan fanmi yo (nan sèk fanmi an, fanmi pwolonje oswa moun ou fè konfyans) oswa andeyò fanmi an (moun ou pa konnen oswa andeyò lyen fanmi pwòch yo). Sa plis komen andedan fanmi yo oswa bò kote moun ke fanmi sa fè anpil konfyans antanke zanmi.

"Nan peyi Ajantin, dapre done ki soti nan gouvènman nasyonal la, 53% nan ka abi seksyèl sou ti moun yo rive nan kay viktim nan, 18% nan ka ki rive nan kay agresè a ak 10% nan ka nan kay yon manm nan fanmi an, sa vle di, 63% nan ka yo rive nan fanmi viktim nan" (Rekipere nan http://xn--foroporlaniez-skb.org.ar/2020/07/frenemosel-abuso-sexual-infantil, 25 mas 2021). "Nan yon etid ak 48 paran ti moun ki viktim yo nan Boston, yo te rive jwenn ke otè krim lan te yon enkoni 73% te fè plent ki koresponn lan.

Nan lòt men an, lè li te konnen, sèlman 23% te rapòte bay otorite yo epi pa gen okenn plent yo te anrejistre lè moun ki responsab abi a se te yon fanmi dirèk" (Intebi, Irene. Abi seksyèl: nan pi bon fanmi yo. Espay: Granica, 1998, pp.42-43). Sa fè nou wè ke paske li rive nan nwayo fanmi an sa pa vle di ke se plis gran moun yo ki gen chans pou yo fè yon bagay; men yo gen tandans kache reyalite a plis, yon fason pou ke yo pa pèdi fanmi an, sipò a nan kay la oswa plizyè lòt benefis. Sa vle di nou ke lè nou resevwa yon plent nan men yon ti moun piti ki di nou ke yon moun nan fanmi li te abize l, premye resous nou an pa ta dwe fanmi ou; paske nou kapab lakòz plis pwoblèm. Olye de sa, nou ta dwe pale ak siperyè nou an, oswa chèche konnen antite korespondan yo nan vil nou an pou rapòte anonim nan; men kite l kòmanse etidye ka a nan yon sans ki byen pwofesyonèl.

An jeneral, ti moun yo pa bay manti sou zafè sa yo; epi li enpòtan pou nou aji le pli vit ke nou resevwa enfòmasyon sa a. Li enpòtan pou di ti moun nan sa ke li te viv se pa fòt li; ke ou pral chèche fason pou ke ou ede li. Epi pa pwomèt pou kenbe li an sekrè, si ke ou pa ta dwe fè li; men okontrè ou ta dwe chèche èd pwofesyonèl ki pou ede w jere sitiyasyon an.

Abi seksyèl sou ti moun yo se eksplwatasyon yon ti moun pou satisfaksyon seksyèl yon moun ki pi gran pase li. Lè ke nou fè referans ak abi, sa kapab gen ladannli chantay, karès, kontak seksyèl ak penetrasyon; byenke li refere tou a itilizasyon ti moun piti a pou pwodwi materyèl pònografik pou fè komès. Konsekans abi seksyèl sou ti moun yo kapab varye anpil selon ka a, anviwònman kote li rive a, frekans lan ak moun ki fè li a. Anpil fwa, moun yo konn panse ke pliske se sèlman manyen ke gran moun nan te manye ti moun nan, sa pap deranje ti moun nan nan lespri li, oubyen sa pap deranje devlopman li. Men an reyalite, bagay sa se pa yon verite ke li ye. Se kapab manyen moun nan manyen ti moun nan oubyen penetre li; epi ti moun nan kapab deranje nan lespri li oubyen lè sa fin pase a li pa santi anyen nan lespri li. Tout bagay sa a yo depann de moun nan ak sikonstans ki sot site la yo.

Pi bonè ti moun nan vèbalize sa ki te pase a, chòk yo pral mwens pase si li kenbe sa an sekrè. Pou rezon sa a, li enpòtan pou nou koute yo lè yo mansyone ke yon bagay konsa te rive yo, yon bagay ki deranje yo oubyen yon bagay ki fè yo pè; depi lè nou fin koute yo epi aji yon fason pou ba li pwoteksyon, nou kapab ede yo pa gen yon chòk nan tan k ap vini an, epi nou kapab trete li yon pi bon fason. Olye de sa, si nou inyore yo, nou fè sa fè blag oswa nou fè yo kwè ke se te move entèpretasyon yo nan sa ki te pase a; nou pral reprime viktim nan, epi sa pral pote gwo chòk nan avni li.

Kèk kòz oswa faktè ki ankouraje abi seksyèl sou ti moun yo kapab sa yo: konfli ki genyen nan fwaye yo ant moun ki marye yo, ti moun piti a pa santi li pwoteje pa sitiyasyon fanmi an epi chèche refij nan nenpòt moun ki ofri li. Ovèseksyalizasyon an se lè ke ti moun yo ekspoze a konpòtman seksyèl ak konvèsasyon pa paran ki pa kòrèk pou laj yo; oswa konvèsasyon yo trè sansyèl san yo pa pran swen prezans ti moun nan. Mank de sipèvizyon: ti moun ki pase anpil tan poukont li, san siy afeksyon oswa sekirite nan men paran yo, anba swen moun ke yo "fè konfyans", san yo pa sipèvize oswa mande sa k ap pase nan tan sa yo. Gen kèk fo kwayans konsènan plizyè fason ke abi yo

te rive oubyen reyaksyon ti moun yo pou yo te fè abi yo kapab tout bagay sa yo wi: kwè ke si sa te rive nan yon anviwonman ki toupre a nou ta reyalize sa; kwè ke si manman an te konnen, li ta denonse abi a epi defann li mwens; kwè ke sa a se yon bagay ki nouvo oswa ke li pa te janm rive anvan; kwè ke si abi a repete sou tan epi se pa medyatè vyolans fizik, se paske ti moun nan te vle sa, chèche li oswa renmen; kwè ke abi a pa yon bagay ki komen; kwè ke ti moun yo bay manti, konfonn fantezi ak reyalite, oswa yo "manipile" pa manman yo pou pran revanj sou papa a oswa kèk fanmi; kwè ke li rive sèlman nan fanmi ekonomikman vilnerab; kwè ke se sèlman ti fi ki viktim; kwè ke paske yo se ti moun, yo pral bliye sa ki te pase a epi yo pap sibi okenn konsekans konsènan sa ki pase yo a; kwè ke se yon pwoblèm fanmi, sa pa dwe soti nan lari, sa dwe rete sere andedan fanmi an an sekrè, epi nou pa oblije foure kò nou ladan li.

Kesyon:

- Èske ou panse li nesesè pou pale sou sijè sa a nan legliz la? Kòmantè.

- Ki jan ou te okouran de sijè a, ak ki nouvo aspè ou te aprann?

II. Bib la pale de prevansyon ak entèvansyon

Nan Bib la, nou wè ke Jezi ki se Kris la te aji ak mizèrikòd epi fè anpil gerizon nan sikonstans ki byen difisil, yon ti fi jan li te ye nan rezirèksyon pitit fi Jayiris la (Lik 8:41-56). Nan tan sa a, lè pa t gen anpil espwa ankò, Jezi ki se Kris la te lonje men l sou ti fi a, li fè l tounen vivan ankò. Li te kontinye grandi nan mitan fanmi li. Li te trè bèl pou wè reyaksyon Jezi antanke Kris la lè ke li te mande pou yo te bay ti fi a manje pou l manje lè li te tounen nan lavi ; ann li sa vèsè yo di :"Lè Jezi tounen lòt bò letan an, yon foul moun resevwa l', paske tout moun t'ap tann li. Yon nonm yo rele Jayiris vin rive. Se li ki te chèf sinagòg la. Li lage kò l' nan pye Jezi, li mande li: Tanpri souple, ann al lakay. Mwen gen yon tifi douzan ki sèl pitit fi m', mwen kite l' prèt pou mouri. Pandan Jezi tapral lakay Jayiris, yon foul moun t'ap kwense l' toupatou. Te gen yon fanm nan foul moun yo ki te malad: Depi douzan li t'ap pèdi san. Li te fin depanse tout byen l' kay dòktè, san yo yonn pa t' kapab geri li. Li pwoche pa dèyè, li manyen ke rad Jezi. Latou, san an rete. Jezi mande: Ki moun ki manyen m' lan? Tout moun pran di se pa yo. Lè sa a, Pyè di li:

Men, Mèt, se nan mitan yon foul moun ou ye, moun ap kwense ou tout jan. Men, Jezi reponn li: Mwen di ou gen yon moun ki manyen m', paske mwen santi yon fòs soti sou mwen. Lè sa a, fanm lan wè yo te dekouvri l', li pran tranble kou yon fèy bwa, li vin lage kò l' nan pye Jezi, li pran rakonte devan tout pèp la poukisa li te manyen l', ki jan li te geri menm lè a tou. Jezi di li: Mafi, se konfyans ou nan Bondye ki geri ou; ale ak kè poze. Jezi t'ap pale toujou lè yon nonm soti lakay chèf sinagòg la vin di li: Tifi ou la mouri; ou pa bezwen deranje mèt la pase sa. Men, lè Jezi tande sa, li di Jayiris konsa: Pa pè. Sèlman, met konfyans ou nan mwen, pitit la va geri. Lè Jezi rive lakay la, li pa kite tout moun yo antre ak li. Li pran Pyè, Jan, Jak epi papa ak manman pitit la. Tout moun t'ap kriye, yo t'ap plenn lanmò pitit la. Jezi di yo: Pa kriye. Pitit la pa mouri, se dòmi. Lè sa a, yo tonbe pase l' nan betiz paske yo te konnen tifi a fin mouri. Men, Jezi pran men pitit la, li pale byen fò, li di konsa: Tifi, leve. Lespri tifi a tounen sou li ankò, menm lè a li leve. Jezi pase lòd pou yo ba l' manje. Papa ak manman tifi a te sezi anpil, men Jezi bay yo lòd pou yo pa di pesonn sak te pase".

Lè nou pale osijè de tèm abi sou ti moun, nou dwe konnen ke ti moun ki afekte nan abi seksyèl yo bezwen pou ke yo geri emosyonèlman pa rapò ak sa ki te pase a. Yo anvi debarase yo de chay lou yo pote anndan yo a.

Nou konnen ke Bib la anseye nou sou sijè abi sou ti moun. Abi sou ti moun, nan nenpòt ki fòm ke li kapab ye a, se yon move bagay li ye. Jezi ki se Kris la te kòmande nou: "Se pou ou renmen frè parèy ou tankou ou renmen pwòp tèt pa ou. Pa gen lòt kòmandman ki pi konsekan pase sa yo" (Mak 12:31). Li te voye règ dò a nan menm tan tou: "Tou sa nou vle lòt moun fè pou nou, nou menm tou fè l' pou yo. Se sa lalwa Moyiz la ak liv pwofèt yo mande nou fè." (Matye 7:12).

Kòmandman Bondye sa yo gen rapò ak tout moun nèt, kèlkeswa laj yo. Ti moun yo dwe resevwa bon swen epi jwenn tretman avèk anpil respè. Jis tankou yon gran moun, yo te kreye ak imaj ak resanblans Bondye nou an (Jenèz 1:26).

Bib la klè konsènan pridans seksyèl ant fanmi ki pwòch yo. Se konsa, nou li nan Ansyen Testaman an: "Apre sa, Seyè a bay regleman sa yo: -Piga pesonn kouche yon fanm ki fanmi pre l'. Se mwen menm ki Seyè a " (Levitik 18:6). Tout pasaj Levitik 18 la ak Detewonòm 27:20-23 bay bon kalite detay sou sijè sa a ke n'ap analize jodi a.

Jodi a nou dwe pran anpil prekosyon. Sa a pwoteje yon jan kanmenm pou ti moun piti yo tou, ki te toujou trè vilnerab. Nan lòt men an, kòm kretyen, nou dwe ede ti moun k ap soufri nan sitiyasyon sa yo, epi enstwi yo nan prevansyon. Bib la di nou pou nou kouvri bezwen lòt yo: "Mwen te grangou, nou ban m' manje; mwen te swaf dlo, nou ban m' bwè. Mwen te lwen peyi m', nou te resevwa m' lakay nou. Mwen te toutouni, nou te ban m' rad. Mwen te malad, nou pran swen m'; mwen te nan prizon, nou vin wè mwen " (Matye 25:35-36).

Nan fason sa a, ti moun yo bezwen nou pou ede yo soti nan sa y' ap viv la, oubyen ann ede yo pa kontinye viv sitiyasyon sa.

Nan Pwovèb 24:11, Pawòl Bondye a di nou: "Delivre moun y'ap trennen pou y' al touye. Sove moun ke y ap bourade pou y al egzekite yo". Mete yo nan men Bondye se trè enpotan; men se pa sèl bagay nou dwe fè. Kòm gran moun, nou kapab mete tèt nou nan men Seyè a pou l' sèvi avèk nou; yon fason pou ke nou kapab pote anpechman kont sa oubyen soulaje ti moun nan kont nenpòt ki kalite abi ke y ap soufri.

Nan Ezayi 61:7-8, li mete aksan sou ke Bondye se Jij ki gen bon jistis la epi ki gen tout pouvwa. Li pral fè jistis. Se pou nou pa eseye pran jistis nan men nou ak swete mal pou moun ki fè mal yo. Pito nou chèche bay moun ki nan bezwen lanmou, espwa ak renouvèlman; epi Kris la va fè jistis, li menm ; v.7-8 "Kote yo te konn fè nou wont, se sou tèt y'a pote nou. Kote yo te konn pase nou nan rizib, y'a fè gwo fèt pou nou. N'a rete nan peyi nou, richès nou va double. N'a toujou gen kè kontan san rete. Seyè a di: -Mwen menm, Seyè a, mwen renmen sa ki dwat, mwen pa vle wè lè moun ap vòlò, lè moun ap fè lenjistis. M'a kenbe pawòl mwen, m'a bay pèp mwen an rekonpans yo, m'a pase ak yo yon kontra k'ap la pou tout tan".

Jan Matye 25:40 di:" Wa a va reponn yo: Sa m'ap di nou la a, se vre wi: chak fwa nou te fè sa pou yonn nan pi piti pami frè m' yo, se pou mwen nou te fè li" (VBJ); swa fè yon ti moun mal oubyen pran swen li, oswa ede l' restore, oswa menm inyore li. Kèlkeswa sa nou fè pou yo, ann sonje ke se pou Bondye nou fè li. An nou pa bouke enfòme tèt nou, fòme tèt nou epi toujou chèche sa ki pi bon pou ti moun yo; depi lè nou anpeche oswa trete abi a nan yon laj byen bonè, nou kapab kreye yon chanjman pou avni li: yon jenn gason, yon gran moun ki pa pral repwodwi sa oswa pral soufri nan relasyon li.

Kesyon:

- Site yon lòt fwa kote ke Jezi ki se Kris la te bay egzanp pou pran swen ti moun yo.

- Dapre Bib la, ki jan nou ta dwe aji lè nou aprann gen yon ti moun ki an danje?

III. Kòm gran moun, kisa pou dwe fè?

40% nan kadejakè ki poze vyolans seksyèl yo se moun ki poko genyen anpil ka kote yo te komèt premye agresyon seksyèl yo anvan yo rive nan laj 16 zan. Si ti kadejakè sa yo pa resevwa tretman; yo riske repete menm konpòtman sa pita.

Nan yon sondaj sou jèn kretyen yo, 3 sou chak 10 jèn moun te di ke yo te fè kèk eksperyans negatif seksyèl depi lè yo te tou piti. Rezilta yo jwenn nan domèn kretyen yo se egzakteman menm jan ak nenpòt gwoup ke popilasyon an konsidere ki fè nou wè ke gen anpil moun ki ap fè fas ak konsekans abi ti moun yo; e ke lè yon kretyen pa bay pwoteksyon kont sa ki mal.

Se poutèt sa ke prevansyon an enpòtan anpil. Kòm gran moun, nou dwe pran swen ti moun ki bò kote nou yo: asire nou ke nan legliz la yo jwenn yon kote pou yo aprann osijè de lanmou Bondye, ke yo se kreyasyon li; e ke yo dwe pran swen kò yo, idantifye pati prive yo epi ke pèsonn pa ta dwe wè oswa manyen yo, epi anvan nenpòt ki eseye yon gran moun pou fè sa, yo dwe rapòte li pou yo kapab ede yo. Nou kapab anseye, nan diferan aktivite yo ke nou genyen ak ti moun, enpòtans ki genyen nan pran swen tèt nou; e menm pou di "NON" lè gen yon bagay yo pa renmen oswa fè yo santi yo alèz; yo dwe deplase kite kote yo santi yo an danje a; se pou yo mande moun ede yo; epi anseye yo ke sekrè yo pa bon lè yo fè nou santi nou alèz, e ke nou ta dwe koute yo.

Lòt rekòmandasyon pou prevansyon nan legliz la se bagay sa yo: si sa posib, dwe gen de gran moun pou chak sal klas ki pou pran swen ti moun yo ak pwoteje gran moun yo kont move malantandi oswa fo akizasyon.

Li enpòtan tou pou evite si ke sa posib pou de moun ki marye se pwofesè nan menm klas la, pliske yo kapab sipòte youn lòt nan ka ke ta genyen kèk abi, oswa li kapab konplike nan ka enkonpreyansyon epi nou pa pral kapab konnen verite a. Yon detay enpòtan se akonpaye ti moun yo nan twalèt la, epi rete tann yo deyò a ba yo privasite yo, pran swen yo epi pran swen tèt nou tou.

Menm jan an tou, nenpòt moun ki sispèk ke ti moun nan ap sibi abi, li nesesè pou apwoche kote ti moun nan pou pale avèk li. Li kapab ba ou konfyans pou konnen sa k ap pase. An jeneral, ti moun yo pa bay manti nan kesyon abi.

Nenpòt moun ki te soufri abi, oswa ki te abize ti moun, li kapab jwenn espwa ak gerizon nan Jezi ki se Kris la. Chèche èd nan men yon pastè, oswa yon konseye oswa yon gwoup sipòtè, epi yon pwofesyonèl kapab yon bon kote pou kòmanse rekiperasyon an. Sa mande pou ke moun ki poze aksyon an resevwa èd nan yon lòt enstitisyon kote viktim nan pa ye; pliske sa ta kapab lakòz pwoblèm nan rekiperasyon tou de pati yo.

Kesyon:

- Ki jan ou kapab ede anpeche abi seksyèl sou ti moun ki bò kote w yo?

- Kisa pou w fè si yon ti moun di w ke li te sibi abi?

Konklizyon

Ezayi 61:1-9 fè nou sonje ke Jezi antanke Kris la te vin sove tout moun; pou geri tout moun ki vin jwenn li epi ki bezwen lanmou li, padon ak gerizon li. Bondye se repons pou limanite; epi li pou tout moun ki afekte nan abi yo tou. Se pi bon nouvèl nou kapab bay moun k ap soufri yo; se li menm ki libere moun ki nan prizon ak nan fènwa yo; ki bay lajwa olye de lapenn, manto lajwa olye de kè sere.

Dezolasyon oswa restorasyon

Leson 18

David McKeithen (Ajantin)

Pasaj biblik pou etid: Ezekyèl 36:35-36

Vèsè pou aprann: "Lè sa a, rès moun lòt nasyon sou fwontyè nou yo ki chape anba lanmò va konnen se mwen menm, Seyè a, ki rebati tout lavil ki te kraze yo, se mwen menm ki replante jaden ki te ravaje yo. Se mwen menm, Seyè a, ki pale. Sa mwen di m'ap fè a, m'ap fè l'!" Ezekyèl 36:36.

Objektif leson an: Egzamine sitiyasyon ki gen pou wè avèk anviwònman kounye a; epi reflechi sou wòl nou antanke kretyen fas avèk kriz sa a.

Entwodiksyon

Planèt la, kreyasyon an, sa yo rele nati a se yon bagay ki pa sispann pran anpil kou; epi responsab li yo sanble genyen libète pou fè sa yo vle san rann kont de gwo ravaj k'ap vale teren yo. Yon rega sou nenpòt kalite pèspektiv, nan done anvan tout koreksyon, ekosistèm planèt nou an ap viv yon nivo destriksyon nan istwa li. Se pa ke sa a se yon istwa nouvo, lè ke nou konsidere nivo debwazman an, dezètifikasyon ak disparisyon nan espès ki te karakterize nan divès sosyete nan mond lan (egzanp, soti nan devlopman agrikòl la, limanite te déjà kòmanse pèdi forè li yo, domaje oswa redwi an plizyè ti moso ak yon 80% nan forè yo ki kouvri planèt la); men se toujou istwa nou vre.

Ki jan relasyon ant limanite ak mond lan chanje planèt la?; ki enpak nou pou moman kounye a?; epi ki jan nou kapab reponn a ravaj k a' make tan sa yo? Nan leson sa a, nou pral revize sitiyasyon mondyal la nan yon ti tan; nou pral egzamine enplikasyon mesaj restorasyon an; epi nou pral konsidere aksyon an nan legliz la.

I. Eta kreyasyon an pou moman sa a

Chak peyi gen pwòp karakteristik yo selon istwa sosyal li, endistri li yo, politik ak pratik konsomasyon. Kidonk, chak moun dwe kontekstyalize pwoblèm nan selon lokal yo; sepandan, modèl mondyal la evidan ak soutni. Limanite te detwi 420 milyon ekta forè depi 1990. 85% nan marekaj yo prezan nan ane 1700 pa egziste ankò.

Nasyonzini (ONU) kalkile ke nan ane 2019 pou pi piti te genyen yon milyon espès bèt ak plant ki te riske pou yo disparèt, epi yo kapab pèdi konplètman nan dis ane ki genyen pou vini yo (Rekipere nan https://www.un.org/sustainabledevelopment/blog/2019/05/nature-declineunprecedented-report/, nan dat 21 janvye 2021). Depi 16yèm syèk la, plis pase 680 espès vertebre yo te kondwi rive nan disparisyon (Rekipere nan https://www.un.org/sustainabledevelopment/blog/2019/05/nature-decline-unprecedented-report/, nan dat 21 Janvye, 2021). Nan yon sans literal, sosyete nou yo kenbe yon modèl ki detwi kreyasyon an.

Pwoblèm sa a depase apresyasyon ak swen pou bèl divèsite Bondye te bay la; deja ke pratik sa yo gen konsekans pou sipò tout limanite. Si nou konsidere manje; rejim alimantè mond lan vin de pli zan pli frajil: ant 30,000 ak 50,000 espès, plant manjab, se sèlman apeprè 170 ki komèsyalize pou kounye a; epi nou sipòte 90% rejim alimantè nan mond lan nan sèlman 15 espès (Rekipere nan https://www.cbd.int/doc/press/2019/pr-2019-05-22-idb-en.pdf, nan dat 21 Janvye 2021). Akòz de konsèvasyon pòv ak majinalizasyon aktif nan varyete entèn chak espès yo, nan dènye ane sa a yo, nou te pèdi dè milye de varyete adapte ak sechrès, inondasyon, oswa rezistan a sèten ensèk nwizib. Jis pran egzanp pye bwa pòm nan ki anrejistre plis pase 7,000 varyete Ozetazini, nan syèk XIX la; sepandan, yo estime ke yo te pèdi 86% nan varyete sa yo (Fowler, C. ak Pat Mooney. Manje, Politik ak pèt divèsite jenetik. Wayòm Ini: Lutterworth Press, 1991). Pwosesis menm jan an ap fèt ak varyete ansyen pòm detè, diri ak fwi divès kalite ki te soutni popilasyon imen an ansanm nan listwa a.

Te toujou gen yon rès ki leve vwa yo kont destriksyon sa a, yo menm ki obsève epi anrejistre pèt sa a, oubyen travay sou konsèvasyon ak rejenerasyon li; men se toujou menm lide ravaj la ki pèsiste. Malgre tout efò resiklaj yo, polisyon dechè plastik te ogmante dis fwa plis depi 1980. Akòz de fatra endistriyèl ak angrè ki te fini nan rivyè ak oseyan yo, te genyen plis pase 245,000 km2 deja "zòn mouri" nan oseyan an.

Kounye a sèlman 40% popilasyon mondyal la gen aksè a dlo pwòp ak sèn (Rekipere nan https://www.un.org/sustainabledevelopment/blog/2019/05/nature-decline-unprecedentedreport/, nan dat 21 Janvye 2021).

Ajans syantifik ki mete ajou ak prezante done yo bay Nasyonzini, IPBES, dikte nan la 2019 ke gouvènman yo pa t rive atenn objektif anviwònman yo pwopoze pou 2020 (Rekipere nan https://www.un.org/sustainabledevelopment/blog/2019/05/nature-decline-unprecedented-report/, nan dat 21 janvye 2021), e ke non-konfòmite sa a ta vle di enposib pou atenn objektif mondyal ki gen rapò ak povrete, grangou, sante, kalite ak aksè pou moun jwenn dlo potab, dirab ak klima a. Ki pa konsidere planèt la ak destriksyon aktif la nan ekosistèm yo pral sèlman entansifye lòt pwoblèm etik sosyal, ekonomik ak politik. Jodi a, ant 100 a 300 milyon moun gen plis risk nan inondasyon ak siklòn akòz pil destriksyon ki genyen nan ekosistèm kotyè yo. Kòm yon konsekans rechofman planèt la, agrave pa double nan emisyon gaz lakòz efè tèmik depi 1980, entansifikasyon nan sechrès, inondasyon ak lòt evènman klimatik pral afekte tout popilasyon an atravè mond lan. Se sèlman nan ane 2017, yo kalkile ke 60% nan 30 milyon moun ke yo deplase (imigran fòse) te lakòz dezas natirèl (Rekipere nan https://www.internal-displacement.org/global-report/%20grid2018/downloads/2018-GRID.pdf, nan dat 21 Janvye 2021).

Yo se yon kantite de done ki pa klè. Rete nan an plas kote moun nan ap viv la, nan yon sant kote vil la ye a, yo kapab menm sanble byen lwen, byen senp daprè moun nan oubyen ki pa gen anpil konsekans; sepandan, se twal la nan relasyon kote nou patisipe, epi li fè pati de eritaj planèt ke nou pral bay jenerasyon k'ap vini yo.

Kesyon:

- Kontekstyalize tout done mondyal ki site yo, ki jan sosyete w ap viv la gen rapò ak kreyasyon an?

- Pèsonèlman, ki tèm, ekosistèm oswa espès ou pi enterese oswa plis konsène nan kreyasyon an?

II. Dezolasyon ak restorasyon

Jenèz 1:28 di: "Li ba yo benediksyon, li di. Fè pitit, fè anpil anpil pitit mete sou tè a. Donte tè a. Mwen ban nou pouvwa sou pwason ki nan lanmè, sou zwazo ki nan syèl la, ak sou tout bèt vivan k'ap mache sou tè a" (VBJ).

Malerezman, atravè listwa, divès kalite Sosyete ki gen kèk abitid ak Bib la te site vèsè sa a kòm yon manifès avansman "sivilize" sou lanati a. Kòm yon vèsè izole nan sans epi ki soti nan kontèks istwa delivrans lan ki penetre

Bib la depi nan kòmansman pou rive jous nan fen an, fraz sa a yo te epi yo itilize pou jistifye itilizasyon ak eksplwatasyon avèg kont planèt la, li prezante lòm nan kòm pi gwo bagay ki egziste nan kreyasyon an. Sepandan, kad entèpretasyon yo dwe konsistan avèk mesaj santral Bib la: Lanmou Bondye pou kreyasyon li a, ak levanjil sali a ak restorasyon an. Istwa peche ki travèse prèv ki nan Bib la, domaj ke li egzèse sou relasyon yo: ant moun ak Kreyatè li a, nan mitan lèzòm, ak ant lèzòm ak rès kreyasyon an. Jenèz di ke yon rivyè soti nan Edèn pou wouze pyebwa ki agreyab devan je yo epi li te wouze sa ki te la pou moun manje yo tou, ann wè plis detay nan Jenèz 2:9-10: "Seyè a, Bondye a, te fè tout kalite pyebwa leve nan jaden an, bèl pyebwa ki donnen fwi ki bon pou manje. Nan mitan jaden an te gen de gwo pyebwa. Yonn se te pyebwa ki bay lavi a, lòt la se te pyebwa ki fè moun konnen sa ki byen ak sa ki mal la. Yon gwo larivyè soti nan peyi Edenn, li wouze jaden an. Larivyè a te fè kat branch". Lè sa a, Bondye te komisyone lèzòm pou kiltive ak pran swen jaden an (Jenèz 2:15), epi konnen epi bay chak espès yo non (Jenèz 2:19); e poutan, peche a ta gen yon gwo konsekans tou ni nan relasyon ak Bondye ak planèt la (Jenèz 3:17-19), ki te fini avèk yon ekspilsyon nan jaden an (Jenèz 3:23), ak entwodiksyon lanmò bèt la (Jenèz 3:21).

Nan misyon yo te konfye Noye a (Jenèz 6:17-22), nou jwenn youn nan premye egzanp ki asosye delivrans limanite a ak restorasyon limanite an relasyon ant moun ak bèt yo. Bondye te rekòmanse epi li te fè alyans ak limanite (Jenèz 9:12-13). Li te repete wòl lòm nan ak lyen li yo ak kreyasyon an, pandan le li t'ap eksplike Noye objektif li pou "kenbe espès la vivan sou fas tè a" (Jenèz 7:3), pandan ke li t'ap fè referans ak chak bèt ke li te bay lòd pou monte nan batiman an. Lè li te rive nan jou kote ke te genyen tè fèm, Bondye te bay Noye lòd pou li te libere bèt ki te nan lach yo pou yo kapab repwodwi anpil sou tè a (Jenèz 8:17).

Deviz delivrans ak restorasyon sa a ta dwe repete nan vizyon eskatolojik ki anrejistre nan liv pwofetik yo. Nan sans sa a, langaj pwofetik yo gen rapò a peche ak lanmò ak destriksyon kreyasyon an; epi aprè repantans èt imen an, li pwomèt prezans Lespri a ak restorasyon ak renouvèlman kreyasyon an (pa egzanp, Ezayi 65-66; ak Amòs 9:11-15 : "Seyè a di: Yon jou gen pou rive! Jou sa a, m'a mete peyi wa David la kanpe ankò sou de pye l'. Koulye a li tankou yon kay k'ap fin kraze. Lè sa a, m'a repare tout kote ki fann yo. M'a refè miray ki te fin kraze yo. M'ap rebati peyi a jan l' te ye nan tan lontan an. Konsa, pèp Izrayèl la va pran posesyon pòsyon ki rete nan peyi Edon an. Y'a donmine ankò sou lòt nasyon mwen te fè yo. Se Seyè a ki di sa, se li menm menm k'ap fè sa rive konsa! Jou yo ap vini. Lè sa a, yo p'ap kò fin ranmase rekòt, y'ap gen tan ap pare tè pou plante ankò. Yo p'ap kò fin kraze rezen pou fè diven, y'ap gen tan ap pare pou mete pye rezen nan tè ankò. Diven byen dous ap koule sou tout mòn yo, l'ap koule desann sou tout ti mòn yo. Se Seyè a menm ki di sa. M'ap mennen pèp mwen an tounen nan peyi l' ankò. Y'a rebati lavil ki te fin kraze yo, y'a rete ladan yo. Y'a plante jaden rezen, y'a bwè diven. Y'a fè bèl jaden, y'a manje rekòt jaden yo. M'a plante pèp mwen an nan peyi yo a, nan peyi mwen te ba yo a. Pesonn p'ap janm ka derasinen yo ankò. Se Seyè a, Bondye a, ki pale''.

Nan tout liv pwofèt Ezayi a, rès kreyasyon an te kontinye ap reyaji ak Bondye. Nan Ezayi 44, Seyè a te mande pwofondè tè a, mòn yo, forè a, chak pye bwa rele ak kè kontan pou redanmsyon pèp Izrayèl la, selon v.22-23 : "Mwen te fè peche nou yo disparèt devan je m' tankou yon nwaj nan syèl la. Tounen vin jwenn mwen non, paske se mwen menm ki te delivre nou. Ou menm syèl la, chante byen fò! Se pou tout kote ki byen fon anba tè a fè fèt! Se pou mòn yo rele tank yo kontan! Se pou rakbwa yo ansanm ak tout pyebwa ki ladan yo danse fè fèt. Paske Seyè a delivre fanmi Jakòb la, li fè moun Izrayèl yo wè pouvwa li''. Kontinye paralèl sa a, nan chapit 45 lan, nwaj yo vide jistis, epi tè a bay fwi delivrans epi jèmen Jistis. Aliyman ak jistis Bondye a afekte rès kreyasyon an, tankou nan vizyon gouvènman ke Mesi a te eksprime nan Ezayi 11, kote li afime ke "Pesonn p'ap fè mechanste. Pesonn p'ap fè sa ki mal sou mòn ki apa pou Bondye a, sou mòn Siyon an! Paske kè tout moun nan peyi a pral plen konesans Bondye, menm jan fon lanmè a plen dlo'' (v.9 VBJ).

Nan Ezekyèl 36, pa egzanp, apre yo fin deklare ke yo te "polye [pwòp peyi yo] akoz de move kondwit yo ak move travay yo'' (v.17 VBJ), Bondye deklare yo wont epi yo te vin wont akoz de kondwit yo (v.32 VBJ), e answit, li te ba yo "yon kè nouvo'' epi mete "yon lespri tou nèf'' (v.26 VBJ). Li eksprime lavi abondan apre repantans lè li dekri restorasyon tè a: "Konsa tout moun va di: Gade peyi ki te ravaje a non! Koulye a, li tounen yon bèl jaden tankou jaden Edenn lan. Gade jan lavil ki te fin kraze, piye, demoli yo tounen bèl lavil ak gwo ranpa plen moun non!''. Epi li di ankò: "Konsa tout moun va di: Gade peyi ki te ravaje a non! Koulye a, li tounen yon bèl jaden tankou jaden Edenn lan. Gade jan lavil ki te fin kraze, piye, demoli yo tounen bèl lavil ak gwo ranpa plen moun non! Lè sa a, rès moun lòt nasyon sou fwontyè nou yo ki chape anba lanmò va konnen se mwen menm, Seyè a, ki rebati tout lavil ki kraze yo, se

mwen menm ki replante jaden ki te ravaje yo. Se mwen menm, Seyè a, ki pale. Sa mwen di m'ap fè a, m'ap fè l'!'' (vv.35-36 VBJ).

Pou sosyete premye syèk yo ki anrejistre nan tout Nouvo Testaman, anviwònman ki fè referans yo nan Ansyen Testaman an te deja diferan. Referans a lyon peyi Jida te sispann itilize antanke yon referans ke li te ye nan eksperyans chak jou nan bèje ak rezidan yo, jan sa te ye nan tan wa David la (1 Samyèl 17:36-37), oswa pi bonè pa Samson nan Jij 14:5-6: "Se konsa Samson desann lavil Timna ansanm ak papa l' ak manman l'. Lè yo rive nan jaden rezen ki toupre lavil Timna a, li wè yon jenn lyon ki t'ap gwonde ki t'ap vanse sou li. Lamenm, lespri Seyè a vin sou li. Li vin gen yon sèl fòs, li dechèpiye lyon an pak an pak ak men li tankou si se te yon jenn ti kabrit. Men, li pa rakonte papa l' ak manman l' sa l' te fè a''.

Kounye a, li te dwe sèlman yon senbòl pou fè elajisman   nan vil yo ak rediksyon espès sa a nan zòn nan.

Imaj Jezi antanke Kris la te itilize nan plizyè parabòl, se te konsènan agrikilti; se paske rejyon sa yo te deja debwaze, epi rejyon yo te depann de rekòt ak bèt domestik yo. Menm konsa, nan kat premye liv Nouvo Testaman yo, genyen divès ekspresyon ki itilize konsènan anviwonman an, tankou entansifye lapèch pou Lanmè Galile a (pa Anpi Women an, ki soti nan pò Tiberyad) la ki te fè lapèch la difisil pou fanmi yo tankou Pyè ak Jan.

Pi lwen pase ti done sa yo ki paralèl ak istwa biblik la, nou jwenn kontinwite klè ak vizyon pwofèt yo osijè de restorasyon nan lèt moun nan vil Women yo: "Tout kreyasyon Bondye a ap tann konsa kilè pitit Bondye yo va parèt. Paske, tout kreyasyon an te tonbe pa fòs anba pouvwa bagay ki pa vo anyen an. Se pa paske li te vle l', men se akòz moun ki te vle l' konsa a. Men, li te toujou gen espwa, yon lè la delivre anba esklavaj pouvwa k'ap gate l' la, pou l' ka jwi bèl libète pitit Bondye yo. Wi, nou konn sa: jouk jòdi a, tout kreyasyon an ap plenn, l'ap soufri tankou yon fanm ki gen doulè tranche'' (Women 8:19-22 VBJ).

Bib la se pa yon liv ekolojik, ni nou ta kapab entèprete li avèk yon vizyon ki santre li nan tan ke n'ap viv la; pliske Bib la genyen pwòp vizyon ak objektif li ki santre nan yon mesaj ki kle. Nan lòt sans lan, nou kwè ke li toujou enpòtan pou pwoblèm ke chak jenerasyon ap viv la. Nan moman ke n'ap viv la, pliske grandè destriksyon kreyasyon an pa an favè moun menm, anplis ke konsekans evènman li yo imedya ak alontèm ki pral pran plas nan nou an kominote yo, li enpòtan pou re-egzamine degradasyon kreyativite ak konpleksite kreyasyon an, lanmou Bondye anvè tout kreyasyon l lan, ak travay restorasyon an kote ke li envite nou vin patisipe ladan li ansanm avèk li.

Kesyon:

- Lè nou konsidere pasaj yo nan Jenèz [Edèn (Jenèz 1) ak Noye (Jenèz 6-9)], ki jan limanite ta dwe kominike avèk rès kreyasyon an?

- Ki enpak peche a genyen sou rès kreyasyon an? epi ki sa ki vizyon an an restorasyon ak repons a peche sa? (referans: Jenèz 6 rive 9; Ezayi 11, 44, 61, 65, 66; Ezekyèl 36).

III. Ann mete men nan travay la

Nan kontèks ke planèt nou an ap viv kounye a la, refleksyon sou wòl kretyen an fas avèk kriz anviwonmantal la se pi plis pase yon senp administrasyon resous yo pou dispozisyon nou yo. Rekonsilye ak Bondye, epi viv ministè rekonsilyasyon an (2 Korentyen 5 ak 6), an dwe fè pati de travay restorasyon Seyè Jezi ki se Kris la kòmanse nan kè nou an; men tou, menm jan ke sa ye nan Ezekyèl 36 la, sa dwe afekte relasyon ak rès kreyasyon an ki domaje akoz de peche a.

Planèt la kontinye ap detwi nan yon vitès ki katastwofik. Popilasyon nou yo, kòm yon rezilta, deja epi yo pral de pli zan pli ekspoze ak inondasyon, ratman dlo, dife, ak konfli sosyal ak ekonomik ki afekte yo. Antanke yon legliz, nou gen yon responsablite fas avèk kreyasyon an, pran travay ke Bondye te bay nan jaden Edèn ak lòd li te bay Noye a, epi rekipere mesaj la nan retabli tradisyon pwofetik la. Nou genyen yon opòtinite tou pou ke nou klere nan mond sa a, antisipe dezas ki kapab pwodwi nan tan k ap vini yo epi bay repons ki kontre kare kèk nan kriz sa yo.

Avèk kreyativite, genyen plizyè milye repons ki soti nan legliz nou yo, distri yo ak nan kowòdinasyon ak ministè konpasyon nou yo oswa pi gwo pwojè sosyal yo. Nan premye pozisyon, li esansyèl pou egzamine enpak chak jou nou yo sou anviwònman an, epi revize pratik nou an dapre yon lavi ki bay valè epi prezève kreyasyon an. Dezyèmman, mwen konvenki ke plis nou aprann sou anviwònman nou yo ak obsève kreyasyon an; plis nou pral reponn ak swen ak restorasyon. Fè edikasyon sou konpleksite ak bote kreyasyon an; epi fè piblisite pou aktivite pou vizite ak jwi li se kle nan retablisman relasyon ki genyen ant moun ak rès kreyasyon an. Gen anpil mistè ke nou apèn bay atansyon nou sou yon baz chak jou: soti nan espès plant yo, ensèk, zwazo ak lòt bèt

ki antoure nou yo, nan dosye lapli ak basen vèsan lokal yo ki manje sous dlo lokal yo.

Retounen nan komisyon ke Noye te bay la, ak objektif pou konsève espès tè a, nou kapab eksplore ak fè edikasyon sou divèsite sa a lè w vizite rezèv nati ki tou pre oswa kontra nasyonal yo; kòmanse pepinyè plant lokal ki menase yo; refè divèsite lokal oswa rejyonal espès manjab ki nan move itilizasyon yo; prezève bon konprann lokal la ak konesans nan espès sa yo; kòmanse oswa rantre nan chan kominotè yo; epi fè rechèch sou pwoblèm anviwònman ki pi enpòtan nan anviwònman lokal nou an.

Soti nan angajman nan lavi entegral nou an kongregasyon ak kominote yo, nou kapab prepare pou dezas ki gen plis chans nan rejyon nou an; epi redwi vilnerabilite kominote nou yo (si wi ou non inondasyon, sechrès, mank manje, elatriye) enfòme tèt nou lokalman epi travay ansanm ak lòt òganizasyon lokal yo.

Kesyon:

- Egzamine pwòp kontèks pa w la, ki sa ou konsidere kòm pi gwo pwoblèm anviwònman nan zòn ou an oswa lokalite w la?, epi ki sa ki kontribye nan sa a?

- Ki wòl legliz la kapab genyen devan pwoblèm anviwònmantal aktyèl yo? Kisa ou ta kapab fè nan lokal pa w la? Pataje.

Konklizyon

Kòm nou te deja wè l' la, peche limanite a fè pati de destriksyon istorik aktyèl kreyasyon an ak nan relasyon nou avèk li. Nou gen misyon pou ke nou reflechi sou lanmou Bondye nan mond lan; epi fas avèk pwoblèm anviwònman grav sa a, nou gen yon opòtinite pou ke nou pran swen ak pwoteje kreyasyon an, renmen pwochen nou ak anonse travay restorasyon Bondye a nan yon mond chaje ak feblès, pandan ke n'ap itilize aksyon nou yo.

Maryaj la ak fanmi jodi a

Germán Picavea (Ajantin)

Pasaj biblik pou etid: Jenèz 1:26-31, 2:4-24

Vèsè pou aprann: "Pa fè menm bagay ak sa moun ap fè sou latè. Men, kite Bondye chanje lavi nou nèt lè la fin chanje tout lide ki nan tèt nou. Lè sa a, n'a ka konprann sa Bondye vle, n'a konnen sa ki byen, sa ki fè l' plezi, sa ki bon nèt ale" Women 12:2.

Objektif leson an: Konprann ke plan Bondye pou maryaj la ak fanmi an rete menm jan sa te ye depi nan kòmansman an malgre tout chanjman ke maryaj la ak fanmi yo kontinye ap fè fas nan tout istwa limanite.

Entwodiksyon

Konsèy Dwa Moun Nasyonzini yo, nan dat 1 Jiyè 2016, te apwouve Rezolisyon sou Pwoteksyon Fanmi an, ki reyafime ke li se "inite natirèl ak fondamantal nan sosyete a" epi li rekonèt "wòl kle" li nan devlopman sosyal la. Rezolisyon an mande pou ke "pwoteksyon adekwat ak asistans" dwe bay tou kòm "anviwònman natirèl pou kwasans ak byennèt nan mitan tout manm li yo, e sitou timoun yo" (Rekipere nan https://undocs.org/pdf?symbol=es/A/HRC/RES/32/23, 3 Jiyè 2021).

Maryaj ak fanmi an te sibi chanjman nan òganizasyon ak adaptasyon yo nan chak moman nan listwa. Nan 100 dènye ane yo, maryaj ak fanmi an sibi yon chanjman ki plis dramatik pase 20 syèk anvan yo. Genyen yon bon kantite de faktè sosyal, ekonomik ak kiltirèl ke nou pa kapab menm kontwole ki se rezilta chanjman sa yo. Se konsa, apre yon bon bout tan, konsèp maryaj ak fanmi yo te chanje anpil, nan pwen sa a, kounye a nou pa kapab pale de yon modèl nan maryaj ak fanmi ki san parèy; li vin yon bagay ki pi konplèks.

I. Kalite maryaj ak fanmi yo nan tan kounye a

Nou dwe klarifye ke genyen anpil sosyete ki konprann ke maryaj la se inyon ki egziste ant de moun san ti moun, pou fè ti moun yo (byolojik oswa adopte) karaktè fanmi an.

K ap viv kòm yon koup: jeneralman, yo rele yo "konpayon", ki modifye siyifikasyon li te ye nan koutwazi kòm yon prelid nan viv ansanm. Yo rele l patnè tou kòm "patnè li". Sepandan, pou pifò fanm se yon tan n ap tann pou maryaj la; e pou gason se tou senpleman yon "repetisyon", malgre ke anpil moun deja ap viv konsa pandan tout lavi yo. Koup oswa LAVI LAT (Living Apart Together). Yo pataje lavi a sou baz yon kritè de fidelite, men yo chak dwe kenbe pwòp espas ki kapab endepandan oswa ak paran yo. Yo pataje yon wikenn, vakans, jou nan semèn nan (yo pa genyen okenn ti moun sou responsablite yo); men se san yo pa rete nan menm kay la, pliske yo panse ke viv ansanm nan kapab touye lanmou an.

Koup ak maryaj ouvè a: kalite relasyon sa a kapab konbine avèk de anvan yo. Yon relasyon ouvè se yon relasyon komen oswa maryaj legal, kote tou de pati yo dakò pou youn bay lòt pèmisyon pou yo genyen yon relasyon entim deyò koup la oswa maryaj, san yo pa konsidere li kòm enfidelite. Koup la oswa maryaj la, se yo menm ki etabli règ yo landan li. Anjeneral, sa rive nan mitan moun sa a yo ki reyaji nan relasyon fèmen ak monogam, kote eksklizivite seksyèl la pwomèt pami manm li yo.

Dinks: (Double Income No Kids), vle di "double revni, pa gen ti moun". Li se yon tandans ki te kòmanse nan kontinan Ewopeyen an nan ane mil nèf san katreven yo, epi li te vin popilè atravè tout mond lan. Sa yo se moun ki gen yon wo nivo de revni; sitou pwofesyonèl ant 25 ak 40 ane k ap viv nan menm kay la, epi deside pa genyen ti moun. An jeneral, yo se moun ki vrèman egoyis; epi objektif yo gen pou wè avèk devouman pou karyè ak dezi yo kenbe estati sosyal yo. Anjeneral, yo se yon seri de moun ki pouswiv yon lavi konfòtab kote ke se plezi ki priyorite yo, pastan, vwayaj ak gou pèsonèl yo.

Fanmi nikleyè: Se inite fanmi de baz ki se konsiste pa mari (papa), madanm (manman) ak ti moun yo, yo menm ki kapab byolojik oswa adopte, k ap viv anba yon do-kay. Fanmi pwolonje oswa fanmi konsangen: konsiste de plis nan yon inite nikleyè k ap viv nan menm kay. Li pwolonje pi lwen pase de jenerasyon; epi li baze sou lyen san. Pa egzanp, yon fanmi ki menm genyen twazyèm ak katriyèm jenerasyon ladann li, paran yo, pitit ki deja marye yo oswa selibatè yo, pitit pitit ak gwo-pitit pitit yo.

Fanmi yon sèl paran: li fòme pa sèlman youn nan paran yo, anjeneral, manman an. Modèl sa a kapab pwodwi akòz de yon gwosès depi nan adolesans oubyen kote ke pat genyen okenn preparasyon pou yon bagay konsa; manman selibatè san ke yo pa menm konnen papa a; enseminasyon atifisyèl; abandon youn nan paran yo; akoz de divòs; akoz de lanmò mari oswa madanm lan; ak adopsyon yon moun, vèv oswa divòse. Pafwa gen yon papa oswa yon manman absan; epi li kapab vin difisil pou yon sèl moun rive kapab jere kay la ak ti moun yo poukont li, se konsa li posib pou ke moun sa a mande lòt manm nan fanmi li yo sekou.

Fanmi rasanble: se koup sa a kote ke youn oswa tou de manm yo gen ti moun ki soti nan ansyen relasyon yo depi avan yo te vin ansanm pou fòme yon relasyon tou nèf. Kalite fanmi sa a kapab rive ant vèv, divòse oswa manman selibatè. Bay pousantaj la wo ak ogmantasyon nan separasyon ak divòs, sa a se yon kalite fanmi k ap ogmante. Se tankou pou ranpli yon fòmalite, gen moun ki patisipe pou viv ansanm kòm yon tès, se apre yon tan yo afime oswa separe. Nan lòt ka yo, viv ansanm sa a vin pwolonje aprè yon tan; epi gen moun ki fòmalize inyon yo legalman ak relijyezman.

Pami karakteristik li yo, nou kapab souliye ke nan fanmi melanje a, jeneralman, se gran moun yo ki chwazi li, se ti moun yo ki dwe adapte yo ak yon nouvo reyalite. Apèl pou antre nan jwèt "bòpè" ak "bèlmè", yo menm ki pa toujou konsidere ke wòl yo byen defini. Anpil fwa, an reyalite, yo fè fas ak ansyen ti moun ki soti nan relasyon anvan yo, ti moun yo fini pran priyorite nan lavi chak jou ki pwodwi friksyon grav nan nouvo koup la.

Byen souvan, genyen yon eklatman nan modèl fanmi an, edikasyon ak valè ki pa fasil pou rekonsilye. Nan fanmi melanje a, li ogmante konsiderableman

kantite manm (nikleyè ak pwolonje), ki souvan mennen nan konfli.

Fanmi moun menm sèks: se moun ki kote yon koup moun ki gen menm sèks vin paran youn oswa plis ti moun. Petèt nan adopsyon, matris lokasyon (matènite ranplasan); oswa nan ka pa medam yo se atravè enseminasyon atifisyèl.

Fanmi transnasyonal: se fanmi k ap viv tanzantan oswa pèmanan separe nan diferan peyi: yon pati nan plas orijin ak yon lòt nan plas destinasyon an, ki kapab menm chanje ak kèk regilarite. Sa a enplike paran aleka.

Gen anpil fanmi transnasyonal jodi a; e sa ap ogmante karakteristik li yo, pami lòt yo, se: chanjman nan fason ki gen rapò ant manm yo ki lakòz absans prezans ak ko-rezidans; efò pou kenbe lyen ant manm nan moman kle nan lavi ak pi lwen nan anvwa; ak adaptasyon nouvo teknoloji ak dezi pou kontinye relasyon fanmi an epi ranfòse li.

Ko-paran an: li se yon nouvo fason nan relasyon fanmi kote pa gen okenn lòt rezon ki depase pi gwo anvi gen yon ti moun epi leve l ansanm. Rezon egzistans ko-paran an se lè ke yo pa vle vin yon papa oswa yon manman pou tèt yo (paran sèl); men pou pataje paran, men san gen relasyon seksyèl oswa nan yon relasyon kowabitan. Paran, nan modèl sa a, se menm jan ak paran sa ki separe oswa divòse. Li rive sitou nan moun ki pwofesyonèl yo, ki gen lavi yo te rive nan yon estabilite, epi yo panse li lè pou yo vin paran. Nan ka fanm nan, genyen tou ki varye nan laj repwodiktif yo. Fòmasyon yon fanmi koparan kòmanse ak chwa paran yo. Nan kèk ka, yo konnen davans; nan lòt ka, yo chèche fason pou ke yo etabli sistèm ko-parantal la, epi yo dakò sou yo. Pou sa ki gen pou wè avèk konsepsyon an, gen moun (etewoseksyèl) ki ini seksyèlman sèlman nan bi pou fè pitit; epi gen sa yo ki (etewoseksyèl ak omoseksyèl) ki fèt atravè kado espèmatozoyid, matènite ranplasan, fekondasyon atifisyèl ak adopsyon.

Kesyon:

- Ki jan ou ta defini maryaj ak fanmi?
- Konbyen fòm viv ansanm ou konnen bò kote w?

II. Ki plan Bondye genyen pou fanmi an dapre Bib la?

Nan plan Bondye a, nan kreye tout bagay, maryaj ak fanmi an te la tou. Se pa t yon zak enpwovize. Depi nan kòmansman, Bondye te di: "Bondye di ankò. Ann fè moun. N'ap fè l' pòtre ak nou, pou li sanble ak nou. La gen pouvwa sou pwason ki nan lanmè yo, sou zwazo ki nan syèl la, sou tout bèt yo gade, sou tout latè, sou tout bèt nan bwa, sou tout bèt ki trennen sou vant sou tè a" (1:26 VBJ); epi nan vèsè 27 la, li te pran desizyon Trinitè a pou kreye èt imen an, gason ak fi. Bondye an twa pèsòn nan te planifye li (v.26); epi li fè l vin pratik (v.27). Nan moman sa a, moun te fèt, gason ak fi, ak fason pou viv ansanm (2:24). Apre sa, "Li ba yo benediksyon, li di. Fè pitit, fè anpil anpil pitit mete sou tè a. Donte tè a. Mwen ban nou pouvwa sou pwason ki nan lanmè, sou zwazo ki nan syèl la, ak sou tout bèt vivan k'ap mache sou tè a. Bondye di. Gade. Mwen ban nou tout kalite plant ki bay grenn ak tout kalite pyebwa ki bay fwi ak grenn pou nou manje.

Men, tout bèt ki sou tè a, tout zwazo ki nan syèl la, tout bèt ki trennen sou vant, wi tout bèt vivan, m'ap ba yo zèb vèt pou yo manje. Se konsa sa te pase" (1:28-30). Se la ke Bondye te etabli premye maryaj la ak de manm li yo; pami anpil lòt responsablite, li te ba yo travay pou yo vin fè ak elve ti moun, pou yo kontinye sik la, konsa asire yo kontinite limanite a. Alafen, Bondye eksprime pou premye fwa ke tout bagay ki te kreye yo "te bon nèt" (1:31). Kidonk, nou konprann ke maryaj ak fanmi an genyen orijin yo nan Bondye; yo fè pati lòd kreyasyon an.

Ann gade nan Jenèz 2:24 kote ke Bondye te endike kèk prensip bay premye koup la. Li rele manm li yo kite. Nan lòt mo, li te rele yo pou yo te abandone, pou yo separe ak fanmi nikleyè yo pou fòme pwòp fanmi pa yo. Sa a se yon prensip fondatè. Nou kapab di ke maryaj la nan plan Bondye a kòmanse lè w chanje priyorite atansyon ak swen yo. Se fason sa a ke li pwoteje nouvo koup la kont tout enfliyans ki soti deyò pou mennen li nan entimite sa a ki pèmèt konstriksyon nouvo Inite a. Yon inite ant plizyè moun ki sanble (1:26-27), san pa genyen okenn chèf nan mitan yo. Yon inite ki ranfòse ak kontribisyon chak moun nan kado ak konpetans yo, kapasite yo ak resous yo ke yo mete nan sèvis relasyon an (1:28).

Dezyèmman, Bondye te kòmande pou yo ini ant mari oswa madanm. Mo ebre "ap ini" a vle di "aprann", "baton", "atrab", "konfòme ak"; epi tou "afeksyon", "lwayote" ak "devosyon". Se pa aksidan ke tout siyifikasyon yo baze sou pwoksimite fizik. Bondye te rele nouvo maryaj la nan inite total nan tout domèn nan lavi a. Kidonk, Pòl te bay konjwen yo lòd pou yo pa separe... (1 Korentyen 7:5). Se la ke Bondye te etabli prensip fidelite ak pèseverans nan relasyon an. Tou de manm yo aple pou yo reponn ak angajman pou yo rete ini, atache, ak fidelite total youn ak lòt. Apre sa, nou wè Bondye reyafime sa lè pèp li a te viv andeyò plan li a, jan ke nou jwenn sa nan Malachi 2:14-16 : "Epi n'ap mande poukisa? Se paske Seyè a wè sa ou fè madanm ou te marye lè ou te jenn lan. Ou pa kenbe pwomès ou te fè l' la. Ou te pase kontra avè l', ou te pwomèt Bondye ou t'ap kenbe l' pou madanm ou pou tout tan. Eske Bondye pa t' fè nou tounen yon sèl kò ak yon sèl nanm? Poukisa li te fè sa? Se pou nou te ka fè pitit ki pou sèvi l'. Konsa, fè respè tèt nou! Respekte pwomès nou te fè madanm nou te marye lè nou te jenn lan. Mwen rayi wè lè mouche separe ak madanm. Se Seyè ki gen tout pouvwa a, Bondye pèp Izrayèl la, ki di sa. Mwen rayi wè moun k'ap aji mal konsa ak madanm yo. Se poutèt sa, fè respè tèt nou! Kenbe pwomès nou te fè madanm nou". Li te fè menm bagay la lè Jezi nan Matye 19:4-6, te di: "Jezi reponn yo: Eske nou pa li sa ki ekri nan Liv la? Nan konmansman, lè Bondye t'ap fè moun, li te fè yo gason ak fi. Apre sa li di: Se poutèt sa, gason an va kite papa l' ak manman l' pou l' mete tèt li ansanm ak madanm li. Yo tou de va fè yon sèl kò. Konsa, yo pa de ankò, men yo fè yon sèl kò. Se poutèt sa, pesonn moun pa gen dwa separe sa Bondye "mete ansanm".

Kesyon:

- Ki plan orijinal Bondye te genyen dapre Jenèz 1:26-31?

- Ki jan nou aplike pasaj biblik sa a nan fanmi nou?

III. Legliz la, maryaj la, ak fanmi jounen jodi a

Nou tout dakò ke Pawòl Bondye a se règ lafwa ak pratik nou; men souvan li trè sibtil nan lavi chak jou nou kite tèt nou ale, epi nou konfòme nou ak tan n ap viv la. Ou tande ekspresyon tankou sa yo: "Men ki jan sa fèt kounye a", "mete tèt ou alamòd tande!" oswa "louvri lespri w"? Kòm nan premye syèk la, Apot Pòl di nou tanpri pa viv sou la fòm ke syèk sa a pwopoze nou an; men kite Pawòl Bondye a gide lavi nou (Women 12:2). La apot te viv nan yon tan diferan de pa nou an; men anpil menm jan an tèm de pwopozisyon sosyal yo nan maryaj ak fanmi an: yon sistèm patriyakal kote mesye a te kenbe pouvwa absoli, minimize fanm nan, nan retire li nan plas kote Bondye te mete li a bò kote nonm nan epi li pat janm wete l, se sèlman peche a li te modifye (Jenèz 3:16). Yon tan kote vyolans domestik la te komen; pa konsekan Pòl nan Efezyen 5:21-6:9 li te pale pou moun ki san vwa (fanm, ti moun ak esklav), epi mete yo nan plas yo.

Yon sosyete kote ke se sèlman fanm nan yo te egzije fidelite ak pèseverans nan maryaj la. Li te di ke moun Lagrès yo ak moun lavil Wòm yo te marye pou yo divòse, epi yo te divòse pou yo te marye ankò; epi Jwif yo te mete lalwa tanporè yo a pou yo rive fè objektif yo mache (Matye 19:3). "Se pa egzajerasyon pou di sa, tout atmosfè ansyen mond lan te respire adiltè... Kosyon maryaj la te sou wout pou l disparèt" (Barclay, William. Nouvo Testaman Anote pa William Barclay, vol. 10. Ajantin: La Aurora Editions, 1984, p.179).

Jodi a, li pa lwen sa yo te viv nan premye syèk la. Vyolans domestik la kontinye ap ogmante; chak 10 minit yon fanm mouri nan mond lan pou kòz sa a (Rekipere nan https://www.france24.com/es/20200303-day-of-women-latin-american-feminicides-gender-violence, 3 jiyè 2021). Nan mond lan, maryaj la sanble yon bagay nan tan lontan; divòs yo pou chak mil maryaj te soti nan 2.6 nan ane 1970 a 5.5 nan ane 2008. Nan Inyon Ewopeyen an, separasyon yo te soti nan 0.8 nan ane 1965 pou rive 2 nan ane 2017; epi pandan ke pousantaj divòs la te grandi, kantite maryaj la vin diminye a 50%. Pati nan tandans sa a se lefèt ke plizyè peyi te legalize kesyon divòs la; osi byen ke chanjman sosyo-kiltirèl k ap transfòme fason n ap viv ansanm nan (Rekipere le 3 Jiyè 2021, nan "Jiskaske jij separe nou. EOM, 21-9-2020". Disponib nan https://worldorder.com/maps/oecd-divorce-rate/). Nan Irigwe, CEPAL (Komisyon Ekonomik pou Amerik Latin ak Karayib la) di ke gen "yon kilti divòs"..."disolisyon maryaj la te vin de pli zan pli plis yon fenomèn renouvlab ak nòmal nan sosyete a" (ECLAC. Sou revolisyon kache: La fanmi nan Irigwe. Irigwe: CEPAL, 1996, p.25).

Sa a se mond ke n ap viv la, ak kote nou genyen misyon pou nou bay sèvis la. Sèvis nou an dwe vèbal e vrè (Kolosyen 3:17). Se poutèt sa, li enperatif pou nou egzamen pwòp tèt nou atravè limyè Pawòl la; revize fason n ap viv li a, anvan nou jije lòt moun pou fason ke y ap viv. Nou pa jij linivè a; nou se yon bann moun k'ap travay pou nou rekonsilye moun ak Kris la ; 2 Korentyen 5:17-20 : "Si yon moun ap viv nan Kris la, li vin yon lòt moun. Bagay lontan yo disparèt, se lòt bagay nèf ki pran plas yo koulye a. Tou sa soti nan Bondye ki fè nou vin zanmi avè l' ankò, gremesi Kris la. Se li menm tou ki fè m' konfyans, ki ban m' travay sa a pou mennen lèzòm vini byen avè l' ankò. Paske nan Kris la, Bondye t'ap fè tou sa li te kapab pou fè moun vin byen avè l' ankò. Li pa t' gade sou peche lèzòm te fè. Se li menm ki mete mwen la pou fè lèzòm konnen ki jan l'ap fè yo byen avè l' ankò.Se sak fè mwen pale nan non Kris la menm ki te voye m', tankou si se Bondye menm k'ap pale nan bouch mwen pou di nou: tanpri, nan non Kris la, tounen vin byen ak Bondye ankò". Legliz Seyè a dwe sèvi tout moun; epi ede yo antre nan yon relasyon lanmou ak Bondye, olye de pèsekite moun pou yo marye tankou si sa se te solisyon a tout pwoblèm. Olye de sa, soti nan legliz la nou dwe devlope yon ministè zanmitay solid, koup marye ak fanmi yo, kote ke plan Bondye pou limanite a revele, e ke atravè redanmsyon nan Jezi ki se Kris la posib pou nou viv jodi a.

Kesyon:

- Ki jan nou aplike Women 12:2 nan sa n ap viv jodi a?

- Ki jan nou ka aplike 2 Korentyen 5:17-20 ak varyete fòma fanmi k ap apwoche legliz la jodi a?

Konklizyon

Nan mitan sosyete sa a, nou dwe viv epi sèvi. Ann viv prensip ke Bondye te etabli nan Pawòl li yo; ann enkane Pawòl Bondye a nan lavi maryaj ak fanmi nou. Ann montre ak lavi nou sa Bondye te toujou vle pou moun.

Leson 20

Ideyoloji sèks la

Loysbel Pérez Salazar (Kiba)

Pasaj biblik pou etid: Jenèz 1:27-28; Levitik 18:22, 20:13; Matye 22:39; Mak 10:7-9; I Korentyen 6:9; Jid 7

Vèsè pou aprann: "Bondye kreye moun. Li fè l' pòtre ak li. Li kreye yo gason ak fi" Jenèz 1:27.

Objektif leson an: Ofri yon resèt, vizyon biblik ak wòl legliz la an relasyon ak ideyoloji sèks la.

Entwodiksyon

Li enpòtan pou ke nou pafouye nan yon sijè ki tèlman kontanporen ak yon enterè sosyal byen make tankou ideyoloji sèks la. Konesans osijè de tèm sa a ede nou fè yon evalyasyon reyèl nan konsekans ki kapab gaye toupatou; ak wòl enpòtan legliz la sou sijè sa a.

Malgre ke tout moun konsidere ke diferan konesans lasyans se yon bagay ki vrèman valab pou ofri kontribisyon valab pou yon vrè konpreyansyon nan ideyoloji sèks oswa pèspektiv yo konsidere kòm enpòtan; pesonn pa kapab depase manyèl lavi ke Kreyatè a te bay la, Bib la. Dezobeyisans sa a, vle viv san yon patwon diven pou dirije lavi yo, sa te pouse limanite viv plizyè konsekans diferan; epi fè fas a kesyon sa a jou apre jou: kilès moun ki detèmine moun sa yo ki fè sa ki byen oswa sa ki mal? Repons lan, pou sosyete nou yo, sa depann de diferan konsepsyon moun nan menm; sa vle di, yon pèsepsyon ki pwòp a moun nan oswa oto-konstriksyon pèsonèl. Sa a se rezilta panse postmodèn, kote ke verite a se yon kesyon de vizyon; e se poutèt sa ke, mankman verite absoli yo, sa ki vin konvèti an platfòm ideyal pou ke ideyoloji yo, tankou pa sèks la, yo gaye byen fasil.

I. Deskripsyon ak eksplikasyon sou ideyoloji sèks la (I.S.)

A. Definisyon yo

Malgre ke gen anpil opinyon diferan konsènan anpil konsèp ki kapab ofri sou ideyoloji oubyen pèspektiv sèks la; ka defini kòm yon ideyoloji ki poze diferans ki genyen ant gason ak fanm pa koresponn ak yon nati fiks, men ki se konstriksyon ki vrèman konvansyonèl yo ak an menm tan kiltirèl, fabrike dapre modèl ak wòl dapre sèks yo ke chak sosyete deside an patikilye.

B. Premye ideoloji yo sou kesyon sèks la

Bon siyifikasyon ideyoloji sèks baze sou sa li kondwi oswa ankouraje; apati de la a, kidonk nou dwe eksplore kèk nan premye sous fondamantal li yo:

1. **Chanjman nan tèminoloji "sèks" pou "tip".** Ideoloji sa a pwopoze pou asime tèm "tip la" olye de "sèks"; paske sèks la genyen ladan li de posiblite byolojik byen etabli: gason ak fi, pandan ke tip la pèmèt sa ki annapre yo: Maskilen, feminen ak net.

Se konsa, li ka defini ke tip la a ta dwe; yon bagay ke sosyete a menm chwazi konstwi ki se tip la. Nan sans sa a, pa gen kesyon de sèks; se sèlman wòl la, oryantasyon an vin chanjab, sa vle di, moun nan kapab chanje li chak fwa ke li vle nan lavi. Se yon kesyon pou mete sèks byolojik la sou kote, ki kapab oswa pa kapab koresponn ak sans moun nan, ki pral oryantasyon seksyèl li

2. **Pa genyen okenn nati moun ki fè kèk èt imen gason ak fanm.** Se pou nou obsève sa postilan ideyoloji sèks yo deklare: "Yo plase chak ti moun nan yon kategori oswa yon lòt baze sou fòm ak gwosè jenital yo. Yon fwa ke plasman sa a te fè nou vin sa kilti a panse moun nan se feminen oswa maskilen-. Malgre ke anpil kwè ke gason an ak fanm yo se yon ekspresyon natirèl nan yon plan ki soti nan yon ADN sèks ki se yon pwodwi kilti ak sa ke moun panse, yon konstriksyon sosyal ki kreye vrè nati chak moun" (Gilber, Lucy ak Wester, Paula. Danje nan feminite. Sèks diferans: Sosyoloji oswa Biyoloji? S.p.: s.e., s.a., s.p.)

3. **Dekonstriksyon wòl maskilen ak feminen.** Pwen sa a defann postilan ki di ke sa fèt net la, sa vle di ke moun nan fèt san yon sèks defini; epi se apre sa, desizyon sa a dwe pran. La a paran yo ta dwe bay ti moun nan libète sou deside ki jan yo santi yo; paske jiska moman sa a, non an ak definisyon yo espesifik nan paran yo, epi se pap yon desizyon pèsonèl.

Kesyon:

- Ki sa ou konprann pa ideoloji sèks la?
- Ak yon fraz ki pa twò long, eksplike omwen youn nan sous fondamantal li yo?

II. Pèspektiv biblik sou fason yo wè pwoblèm ideoloji sèks la

Tèks biblik yo klèman revele pozisyon an kontrèman ak Pawòl Bondye pa rapò ak ideoloji sèks la.

Seksyalite moun: modèl Bondye a

"Legliz Nazareyen konsidere seksyalite imen an kòm yon ekspresyon sentete ak bote ke Bondye Kreyatè a te fè. Pliske tout moun yo kreye nan imaj Bondye a, yo genyen valè ak diyite ke moun pa kapab doute sou yo. Kòm rezilta, nou kwè ke seksyalite imen an dwe gen ladan li plis pase eksperyans sansyèl, epi li se yon kado ki soti nan Bondye ki fè reflete totalite kreyasyon fizik la ak relasyon nou an" (Manyèl Legliz Nazareyen, 2017-2021. Etazini: KPN, 2018, p.45).

Soti nan pèspektiv biblik la, nou dwe gade nan aspè syantifik ak byolojik kreyasyon Bondye a ki byen klè. Bondye kreye lòm jenetikman ak fanm, ki diferan biyolojik ak sikolojikman. Syans lan konfime kreyasyon moun nan fèt san manke anyen; sa ki fè ke depi avan moun nan te fèt, ou kapab deja konnen si se gason oswa fi, paske Bondye mete yon ADN ki inik nan ak pou chak moun. Konsidere sa a: menm apre lanmò, lasyans kapab defini si wi ou non moun nan te gason oswa fi pa mwayen zo yo, konpozisyon sèvo, elatriye. Bondye te kreye nou nan yon fason konsa ke tout kò nou kapab defini kòm yon nonm oswa kòm yon fanm (Jenèz 1:27). Epi kòmandman Bondye a te nan repwodiksyon tou; paske li te kreye nou sou plan sa a, ke gen miltiplikasyon sèlman atravè yon gason ak yon fi (Jenèz 1:28).

Sa a te chèche modifye pa ideoloji sèks la, ki gen ladan li tèminoloji oryantasyon seksyèl la: Ki jan Asosyasyon Sikolojik Ameriken an define oryantasyon seksyèl? Jiskaske I.S. la te rive panse ke seksyalite a se te yon kondisyon oswa yon fason ke moun nan kapab santi li (gason oswa fanm) jan ke popilasyon an ye jiska kounye a, koulè po a, fizyonomi li yo, karakteristik anatomik li yo, elatriye. Men, Asosyasyon Sikolojik Ameriken an nan ane 1973 pa defini seksyalite oswa idantite jenetik ak byolojik la, sa vle di, sa ki idantifye yon moun kòm gason oswa fi an tèm de ADN yo, kwomozòm yo, ak anatomi seksyèl yo. Sa ke li defini an se oryantasyon seksyèl la kòm "yon atraksyon pèmanan afektif, seksyèl, santimantal oswa emosyonèl anvè lòt moun". Se poutèt sa kounye a yo pa rele l seksyalite ankò, men se pito oryantasyon seksyèl.(Rekipere nan dat 15 Jen 2021, nan "Jounal sou Edikasyon ak Sosyete, 2019". Disponib nan https://doi.org/10.35756/educaumch.v0i14.103).

Si oryantasyon seksyèl la defini kòm atraksyon oswa gou; moun nan gen anpil oryantasyon diferan, sa vle di, atraksyon diferan yo oswa gou a se tankou espò, rekreyasyon, manje, elatriye. Epi lefèt ke an reyalite, moun nan pa renmen yon bagay, sa pa fè li fobik pou sa. Pou rezon sa a, an relasyon a seksyalite, si yon moun pa renmen kesyon omoseksyèl la, sa pa dwe lakoz l ap repouse moun ki omoseksyèl pou sa. Se poutèt sa, nou dwe konprann ke yon gou oswa yon atraksyon pa ta dwe lejislasyon; paske li ta yon lis ke moun pa t'ap kapab drese. Gou ak atraksyon yo se yon tèm ki prive lakay chak moun.

Ideoloji sa a ke y'ap analize la a vle plase tèm diferansyasyon an nan yon bagay ki pa gen okenn relasyon ak sèks. Moun nan fè sèks byolojik; e se li menm pou tèt li ki pa santi li konfòtab ak sèks sa a. Li soti nan psyche (lespri) ki vle vin fi oswa gason, oswa toude, inyore sèks byolojik; paske li deside selon gou oswa yon atraksyon. Diskriminasyon akoz de sèks, ras, elatriye, pa kapab plase nan menm nivo ak oryantasyon seksyèl la jan ideoloji sèks la pwopoze a; premye bagay la ke yo te rejte, epi moun nan santi li pè tèt li, moun sa a, ki vle yon bagay ki byolojikman li pa ye. Epi Bondye te kreye sèks nan yon fason kote ke li pa kapab chanje.

"Èt imen an gen yon dimansyon fizyolojik, anatomik ak sikolojik. Konplemantè nan ògàn seksyèl yo se yon detèminasyon nan lanati, se pa yon envansyon kiltirèl oswa yon prejije relijye. Se yon mwayen ki asire prokreyasyon an ak kontinite espès yo. Lanati bay yon sèks natirèlman ak manifestasyon espesifik (ADN, byoloji, mòfoloji) ki fè yon moun fèt gason oswa fi. Epi yon moun aji nan lavi jan li etabli kòd jenetik la. Sa se règ jeneral la" (Rekipere nan dat 15 Jen 2021, ki soti nan "Jounal sou Edikasyon ak Sosyete, 2019". Disponib nan https://doi.org/10.35756/educaumch.v0i14.103).

Ideoloji sèks yo eseye ranplase verite natirèl syantifik la, ki fèt pa Bondye, pou yon verite ki depann de kilti a. Men, jan ke Bib la di l la, nou dwe kenbe kreyasyon an peple atravè gason ak fi kòm sèl sèks byolojik ke Bondye te kreye.

Bondye kondane pratik omoseksyèl la

An relasyon ak moun k ap pratike omoseksyalis yo, Legliz Nazareyen kont "relasyon seksyèl ant moun ki gen menm sèks. Pliske nou kwè ke Bondye gen entansyon pou nou viv nan inyon alyans ant yon fanm ak yon gason, nou kwè ke entimite relasyon seksyèl ant moun ki gen menm sèks yo kontrè ak volonte Bondye pou seksyalite moun. Malgre ke atraksyon omoseksyèl oswa biseksyèl yon moun kapab gen orijin diferan ak konplèks, epi enplikasyon yo fè apèl a sentete seksyèl pou vini nan yon gwo pri, nou kwè ke gras Bondye a ase pou sa" (Manyèl Legliz Nazareyen, 2017-2021. Etazini: KPN, 2018, pp.46-47).

Pratik omoseksyalite a klèman kondane nan Bib la selon Levitik 18:22; 20:13; Jid 7; 1 Korentyen 6:9-10.

Kesyon:

- Ki jan konsèp seksyalite ak fanmi yo eksprime nan Bib la?

- Ki tèks biblik ou kapab site ki revele ke Bondye kont ideoloji sèks la?

- Ki sa Bib la di sou omoseksyalite?

III. Ki sa nou kapab fè kont ideoloji sèks la antanke legliz?

Pandan tout listwa, legliz la antanke pèp Bondye a te yon limyè kont ideoloji diferan ki te leve kont Bib la epi ki te gen pou objektif detwi lòm nan ke Bondye te kreye ak imaj li a. Sa rive pou ke legliz nan tan ke n'ap viv la fè fas ak ideoloji sèks la; epi opozisyon an se ideoloji a, men se kont moun k'ap pratike li yo. Nou kontinye aji menm jan avèk Bondye nou an pou rayi peche epi renmen pechè a. Kidonk, gen yon distenksyon klè ant ideoloji a jan ke li ye a, ak moun ki pratike li yo.

A. Legliz la konsènan ideoloji sèks

Legliz la aple pou l vin yon vwa pwofetik ki leve nan chak sosyete pou deklare move enpak espirityèl yo, sikolojik ak sosyal pratik ideoloji sèks la. Se poutèt sa, nou fòtman opoze a ideoloji sa a; paske li ale kont Pawòl Bondye a, se yon bagay ki detwi moun nan, epi li pote konsekans sosyal ak gwo enpak mondyal.

Legliz la pa kapab rete net oswa pasif anfas yon ideoloji ki ankouraje peche ak detwi fanmi. Legliz la konprann ke chak moun gen libète pou yo viv jan yo vle; men sa pa vle di ke li bon, ke li onèt, ke se verite ke nou tout dwe obeyi.

B. Legliz la anvè moun ki anbrase ideoloji sèks yo

Li nesesè pou ke nou konprann ke akòz lefèt ke pa genyen okenn akseptasyon konsènan ideoloji sèks la kòm ideoloji, sa pa dwe kalifye an tèm de omofobi oswa diskriminasyon. Legliz la pa omofòb, ni fè diskriminasyon. Legliz la pratike ansèyman ke Jezi te anseye nou an (Matye 22:39).

Relasyon ak tretman chak moun nan mond sa a pa yon disip Kris la se youn nan respè, koutwazi ak renmen; epi menm jan an tou, li dwe rive nan kominote lafwa nou yo. "Nou rekonèt responsablite a pataje kò Kris la pou vin yon kominote akeyan, padon, ak renmen nan fè pratik ospitalite, ankourajman, transfòmasyon, ak responsabilite ki disponib pou tout moun" (Manyèl legliz Nazareyen, 2017-2021. Etazini: KPN, 2018, p.47).

Men misyon legliz la ap toujou preche tout moun sou tè a; pou yo repanti soti nan peche yo, tounen vin jwenn Bondye, rive delivre, epi viv yon lavi abondan nan Kris la (nou priye konsa), ki gen ladan kominote LGBTIQ+ (madivin, masisi, biseksyèl, transseksyèl, entèseksyèl, sèks, ak lòt sèks ki pa konfòme ak sa ki dekri pi wo a). Yon

definisyon tou kout nan chak nan sa yo prezante anba a. Se tèm sa yo:

Madivin: yon fanm ki atire emosyonèlman, fizikman ak seksyèlman anvè lòt fanm.

Gay: yon gason ki atire emosyonèlman, fizikman, ak seksyèlman anvè lòt gason.

Biseksyèl: Yon moun ki atire emosyonèlman, fizikman ak seksyèlman pou gason ak fi.

Transseksyèl: moun ki identifye ak sèks opoze a sèks byolojik la, epi li santi dezi pou l modifye kò li nan anvè kalite fizik ak jenital sèks opoze a ak sa ki byolojik la.

Entèsèks: yon moun ki gen anatomi repwodiktif pa konfòm ak jenital yo tradisyonèlman ki asosye ak gason ak fanm yo.

Queer oswa ki pa binè: yon moun ki pa identifye ak etikèt "gason" oswa "fanm" kapab genyen ladan li yon moun ki identifye ak tou de sèks an menm tan oswa ak okenn nan de yo.

C. Aksyon legliz la antanke yon kominote de gerizon ak edikasyon

Se poutèt sa, legliz la tou ankouraje yon edikasyon ki baze sou valè moral ak etik Pawòl Bondye a. Li dwe kontinye ankouraje edikasyon nan tout etap yo, ak fondamantalman nan seksyalite; non sèlman nan tanp ak enstitisyon nou yo, men andedan chak fwaye, sa ki pèmèt kwasans espirityèl la an sante nan fanmi an. Mwayen ak resous ki nesesè ki dwe bay, enkli odyovizyèl, dokiman, seri klas ki ede edike ti moun, adolesan, jèn yo pou yo gen yon lavi nan Kris la ak yon seksyalite ann amoni ak objektif Bondye.

Epitou nan menm fason an ke diferan moun ak manm yo pran swen nan konsèy, legliz la dwe aplike yon pwojè konsèy, sante entèn ak swen espesyalize pou moun nan kominote LGBTQ+ la; pou ede yo nan kwasans espirityèl yo.

Kesyon:

- Ki aksyon legliz la ta dwe pran kòm yon enstitisyon an fas ideoloji sèks la?

- Ki atitid yon disip Kris ta dwe genyen anvè kominote LGBTIQ+ la?

Konklizyon

Nou te analize ke ideoloji sèks la kontrè ak Pawòl Bondye a, se yon kouran panse ki kont lasyans epi fè tantativ pou kraze plan Bondye sou seksyalite, maryaj, fanmi, elatriye. Se poutèt sa, antanke yon legliz, nou genyen misyon ke Bondye ban nou pou ke nou sèvi kòm yon enstriman diven pou pwoklame verite sen ak liberasyon l nan mond pèdi sa a.

Kado espesyal Bondye ban nou an

Natalia Pesado (Etazini)

Pasaj biblik pou etid: Sòm 42:3-6; Mak 11:15-19; 2 Korentyen 1:8-9

Vèsè pou aprann: "Tèt chaje kraze kouraj yon moun. Men, yon bon pawòl fè kè l' kontan" Pwovèb 12:25.

Objektif leson an: Reflechi sou emosyon yo kòm gado ki soti nan Bondye pou lavi nou sou tè sa a; epi rekonèt ke Bondye ban nou gid nan Pawòl li pou manipile emosyon yo.

Entwodiksyon

Emosyon se yon kado espesyal ke Bondye te bay kreyati li yo pou fè eksperyans nan lavi nan yon fason ki san parèy. Kontrèman ak plant yo ki pa genyen menm kapasite pou santiman, ak bèt yo, ki gide olye pa emosyon ki te koze pa ensten, èt imen yo ranpli ak yon kapasite pou santi non sèlman pa ensten oswa enpilsyon; men tou pa refleksyon sou sitiyasyon k ap pase alantou a, ak nan senpati pou lòt èt imen. Chak moun te kapab rekonèt ke gen emosyon ki nan eksperyans nou ki pa trè bèl, tankou kòlè, tristès oswa laperèz; men tou, antanke pitit Bondye renmen anpil, nou kapab konprann nou pa pou kont nou nan fè eksperyans santiman sa yo nan lespri nou ak kè nou, e ke Bondye bay gras li ak anpil zouti pou ede nou jere emosyon ke n'ap experimante yo san difikilte. Nan leson sa a, nou pral adrese sijè sa a.

I. Ki sa emosyon yo ye?

Emosyon moun yo se tèm anpil etid nan domèn sante mantal; menm si se emosyon pou pran plezi nan fè eksperyans ak tankou lajwa, sipriz ak plezi; oswa si se emosyon ki pa fè sa ki bèl tankou kòlè, tristès oswa laperèz. Emosyon ki atire atansyon syantis yo ak tout moun an jeneral, sitou paske yo te fè gwo enpak sou fonksyonman yon moun; sa vle di, si moun nan ap fè eksperyans santiman ki bèl, jeneralman li jwi anpil egzistans epi fonksyone chak jou (dòmi, manje, travay, sosyalize, etidye, elatriye), tout sa yo se bagay ki fèt regilyèman. Sepandan, lè yon moun fè eksperyans santimantal tristès, enkyetid, oswa remò; fonksyonnman chak jou li kapab diminye anpil, sa ki pouse moun nan tonbe nan gwo enkyetid ak moun ki bò kote li yo.

Malgre ke genyen plizyè emosyon ki pa bèl oswa agreyab pou fè eksperyans; nou dwe rekonèt ke emosyon sa yo gen yon wòl espesyal nan lavi nou, tankou sa kapab kapasite pou fè nou konprann lòt moun nan eksperyans yo. Pa egzanp, yon òdinatè trè itil pou fè anpil aktivite ak kalkil matematik; sepandan, pa gen santiman. Olye de sa,

èt imen an kapab santi fatig, tristès, doulè, laperèz, elatriye; ak ki jan kòm rezilta, nou kapab konprann ki jan lòt moun santi yo, moun ki kapab fè eksperyans emosyonèl sa yo. Nou genyen kapasite pou kominike sosyalman senpati ak konpreyansyon mityèl nou. Menm jan an tou, santiman lanmou an, atraksyon, plezi, sekirite, ak lapè se eksperyans plezi ki ede kreye yon lyen entim emosyonèl ant moun ki fè eksperyans nan lavi yon eksperyans tankou okenn lòt ak nan gwo valè. Se poutèt sa ke Bondye te kreye sèvo nou nan yon fason ki trè bèl ak enteresan. Menm sou etid anpil moun ki etidye lasyans, sèvo nou, ak kapasite li yo pou fè eksperyans emosyon yo se bagay ki pap kapab ranplase; epi Bondye te fè nou chak kado li.

Òganikman palan, emosyon yo baze pa sèlman sou sikonstans ki antoure moun nan; men pito nan pwodwi chimik yo ki nan sèvo a. Pwodwi chimik yo oswa òmòn ki travay nan sèvo a varye epi yo chak genyen yon fonksyon. Dopamine "li asosye ak règleman an nan memwa ak pwosesis faktè mantal yo ki asosye ak aprantisaj la... pi gwo prezans dopamine nan kèk rejyon nan sèvo a ki asosye ak gou epi jwi emosyon ki fò yo" (Rekipere nan https://www.santalucia.es/blog/como-influyen-lashormonas-en-nuestro-comportamiento/, nan dat 10 Avril 2021). Dopamine nan rele tou "chimik rekonpans lan"; sa vle di, li ede nou santi nou byen apre yon reyalizasyon. Oksitosin nan "ankouraje relasyon sosyal, an echanj de sa, nivo ki ba yo bay plas ak tristès ak eta depresyon" (Rekipere nan https://www.santalucia.es/94 blog/how-hormones-influence-our-behavior/, nan dat 10 avril 2021). Enfliyans sewotonin nan sèten aspè tankou aparans nan grangou oswa absans li, defisi li asosye ak depresyon, kontwòl nivo tanperati kò epi pandan tout jounen an nivo yo modifye pou ajiste nan sik rèv la" (Rekipere nan https://www.santalucia.es/blog/ki jan-òmòn-enfliyans-nou-konpòtman/, nan dat 10 avril 2021). Epi andofin "estimile plezi epi gen yon efè ap detann sou kò a. Kò imen an sekrete òmòn sa a lè l ap fè egzèsis oswa lè l ap ri. Òmòn sa a nan wo nivo a lakòz eta de gwo mouvman ak byennèt" (Rekipere nan https://www.santalucia.es/blog/como-influyen-las-hormonasen-nuestro-comportamiento/, nan dat 10 Avril 2021).

Nou dwe sonje ke pi fò nan okazyon yo, an jeneral emosyon yo se bagay ki pap dire pou lontan; sa vle di, yon gwo kantite moun fè eksperyans emosyon an pou yon ti tan, epi answit, menm jan yo te vini an, se prèske konsa yo ale pou kont yo. Gen eksepsyon tankou depresyon jeneralize oswa enkyetid ki alonje nan sentòm yo, kote ke li byen nesesè pou ke moun nan chèche èd yon konseye pwofesyonèl.

Kesyon:

- Ki emosyon ou pi renmen nan lavi ou? Ki emosyon ki fè w soufri plis?

- Ki sa ki frape ou pi plis nan deskripsyon sou diferan òmòn yo oswa pwodwi chimik nan sèvo a ki afekte emosyon yo?

II. Ki sa Pawòl Bondye a di nou konsènan emosyon yo?

Nan Pawòl li a, Papa nou ki nan syèl la montre nou sa depi nan kòmansman, emosyon yo te fè pati de eksperyans moun; e ke li te bay modèl li a tout moman nan lavi nou.

A. Kòlè a

Nan Mak 11:15-19, nou kapab wè yon egzanp kote ke Jezi antanke Kris la li menm te santi fristrasyon ak kòlè pandan lavi li sou tè a, li te wè ke machann nan tanp yo te abize finansyèman moun ki te vle pwoche bò kote Bondye ak yon ofrann. Nou wè kijan Jezi ki se Kris la te tèlman fache, "Apre sa, yo rive Jerizalèm, Jezi antre nan tanp lan. Li pran chase tout moun ki t'ap vann ak tout moun ki t'ap achte nan tanp lan. Li chavire tab moun ki t'ap chanje lajan yo ansanm ak chèz moun ki t'ap vann pijon yo" (Mak 11:15). Nou kapab konprann ke gen kèk fwa lè mal oswa ofans moun yo kapab tèlman fò ke li difisil pou nou pa santi nou an kòlè; oswa siyale moun ki mete nou nan soufrans lan. Sepandan, nou dwe rekonèt tou ke li nesesè pou ke nou rive nan yon pwen kote n'ap travay pou nou jere emosyon kòlè a; yon fason pou ke nou pa fè moun ki bò kote nou an mal, nan ka ki kontrè, doulè a pral pi grav pou tout moun. Pou rezon sa a, Mèt la, Jezi ki se Kris la li menm te anseye nou ke nou pa dwe abandone revanj oswa remò yo: "Nou tande ki jan nan tan lontan yo te di: yon je pou yon je, yon dan pou yon dan. Men mwen menm, men sa m'ap di nou: Pa tire revanj sou moun ki fè nou mal. Si yon moun ba ou yon souflèt sou bò dwat, ba li bò gòch la tou. Si yon moun vle rele ou nan tribinal pou l' pran chemiz ou, kite palto a ba li tou" (Matye 5:38-40); ak "Si nou ankòlè, veye kò nou pou kòlè a pa fè nou fè sa ki mal. Pa al dòmi ak kòlè nan kè nou. Pa bay Satan pye sou nou" (Efezyen 4:26-27).

B. Tristès la

Sòm yo se bèl powèm ki eksprime emosyon ekriven li yo. Sòm 42:3-4 di, "Se pa ti anvi mwen pa anvi wè Bondye, Bondye ki vivan an. Kilè m' ava ale pou m' adore Bondye lakay li? Lajounen kou lannwit m'ap kriye. Se dlo ki soti nan je m' ki sèvi m' manje. Se tout tan moun ap mande m': -Kote Bondye ou la? Kè m' ap fann lè m' chonje bagay tan lontan: mwen te konn mache ansanm ak yon foul moun, ki te konn ale lakay Bondye. Moun yo te konn fè fèt, yo te konn chante, yo t'ap di Bondye mèsi" (VBJ). Epi vèsè 5 ak 6 nan menm sòm nan dekri: "Mwen pale ak tèt mwen, mwen di: -Poukisa m' kagou konsa? Poukisa m'ap plede plenn konsa nan kè m'? M'ap met espwa m' nan Bondye, paske mwen gen pou m' fè lwanj li ankò. Se li k'ap delivre m', se li ki Bondye mwen. Wi, mwen kagou. Se poutèt sa, kote m' ye a, bò larivyè Jouden an, sou mòn Emon osinon sou mòn Miza, tout tan lide m' sou ou" (VBJ).

Nou wè ke tristès la te klèman yon eksperyans ke salmis la t ap travèse; epi nou kapab aprann, menm jan li te fè sa, pou nou pran refij nou nan prezans Papa a, pou nou resevwa konsolasyon pou sa ki pase a, pou jwenn soutyen li nan menm moman an, ak espwa renouvèlman pou lavni an. Fè anpil lekti osijè de mirak ke Bondye te fè pou rachte ak retabli pèp li a, la a kè moun nan kapab sispann konsantre sou sitiyasyon li ki pwodui tristès la pou konsantre li sou pouvwa lanmou Bondye a, ak nan prezans li ki bay moun ankourajman.

C. Lapepèz la

Nan 2 Korentyen 1:8-9a, apot Pòl te ekri legliz Korentyen an sou gwo difikilte yo ak soufrans ke li menm ak konpayon li yo t'ap fè fas ak frè misyonè yo: "Mwen ta renmen, frè m' yo, nou konnen anba ki kalite soufrans mwen te ye nan pwovens Lazi a. Sa te rèd nèt. Mwen pa t' kapab sipòte ankò. Mwen te menm kwè mwen pa t'ap soti vivan. Mwen te santi yo te dèyè pou yo te touye mwen. Tou sa rive m' pou m' te aprann pa mete konfyans mwen sou fòs kouraj pa mwen, men pou m' te ka mete tout konfyans mwen nan Bondye ki fè moun mouri leve" (BVJ). Nou wè ke menm nan mitan akonpli volonte Bondye nan sèvis legliz yo, Pòl te santi anpil laperèz, enkli pè pèdi lavi li. Sepandan, apot la te konkli ekspresyon sa a lè li te di: "Mwen te santi yo te dèyè pou yo te touye mwen. Tou sa rive m' pou m' te aprann pa mete konfyans mwen sou fòs kouraj pa mwen, men pou m' te ka mete tout konfyans mwen nan Bondye ki fè moun mouri leve" (2 Korentyen 1:9). Pòl li menm t ap temwaye bay legliz Filip la tou sou lapè Bondye a ki netralize laperèz ke kè moun nan kapab vin santi a, lè ke li te ekri yo: "Konsa, Bondye va ban nou kè poze nan jan pa l', bagay lèzòm pa ka konprann; la kenbe kè nou ak lespri nou fèm nan Jezikri" (Filipyen 4:7).

D. Kè kontan an

Nan liv li a Louwanj Disiplin nan, otè Richard Foster te konsakre yon chapit antye pou disiplin selebrasyon ak lajwa; epi li dekri ke "selebrasyon an pote kè kontan nan lavi, epi kè kontan an fè nou vin fò. Bib la fè nou konnen ke lajwa ke Seyè a bay la se fòs nou (Neyemi 8:10)" (Ajantin: PENIEL, 2009, p.196); epi "benefis ki pi enpòtan nan selebrasyon an se li ki sove nou pou ke nou pran tèt nou oserye...

Youn nan risk ke moun devwe a kouri se ke yo vin pès ak raz. Li pa ta dwe konsa. Tout moun, nou ta dwe pi lib, vivan, ak enteresan" (Ajantin: PENIEL, 2009, p.200). Finalman, li mansyone yon fraz ki soti nan Augustine nan Ipopotam ki di: "Kretyen an ta dwe alelouya depi nan tèt rive nan pye! pye yo!" (Ajantin: PENIEL, 2009, p.195).

Kesyon:

- Ki emosyon nou kapab wè ki eksprime nan pasaj sa yo: Neyemi 8:10; Sòm 42:3-4; Mak 11.15-19; 2 Korentyen 1:8-9.

- Èske w kapab pataje yon pasaj nan Bib la ki te ede w atravè moman emosyonèlman entans nan lavi w?

III. Kisa nou kapab fè pou jere emosyon yo?

Antanke pitit Bondye, nou kapab sèvi ak sajès sa a ke ban nou an pou nou jere emosyon nou pou fè fas ak siksè ak lasante. Kòm nou te mansyone pi bonè nan leson sa a, lasyans te dekouvri relasyon ant sèten pwodwi chimik nan sèvo ak rezilta emosyonèl yo pou moun nan. Poutèt sa, gen plizyè aktivite nou kapab fè pou ogmante nivo pwodwi chimik ki ede nou santi nou byen an (Rekipere nan https://www.reddit.com/r/coolguides/comments/hyi7dw/happiness_chemicals_and_how_to_hack_them/, nan dat 10 Avril 2021):

a) Dopamin oswa "pwodwi chimik rekonpans lan" kapab ogmante lè w konplete yon travay oswa yon aksyon; fè aktivite swen pèsonèl yo (benyen, penyen cheve, fè zong, mete pafen, byen abiye); manje manje (sitou si li an sante); epi selebre ti pwogrè oswa reyalizasyon (pèsonèl oswa lòt bagay anplis).

b) Oksitosin oswa "òmòn renmen an" kapab ogmante lè w jwe ak yon bèt kay (chen, chat, elatriye); nan jwe ak yon ti bebe; pran men yon moun; resevwa yon akolad nan men yon manm nan fanmi an; epi resevwa yon konpliman.

c) Sewotonin oswa "pwodwi chimik ki estabilize atitid la" kapab ogmante lè w medite oswa priye, kouri, pase solèy, mache nan lanati, koute chante zwazo yo oswa dlo k ap koule nan yon twou, naje oswa monte yon bisiklèt.

d) Andòfin oswa "òmòn ki retire doulè a" kapab ogmante pa ri kòm egzèsis; sèvi ak lwil esansyèl ki santi bon; gade yon bagay ki komik pou fè moun ri; manje chokola nwa; fè egzèsis (leve pwa, mache oswa kouri, etann nan misk ak fleksibilite. Ou kapab jwenn klas gratis sou entènèt la).

Apa de lide ki dekri nan paragraf ki pi wo a, antanke ti moun espirityèl, nou kapab sonje sa tou ke pase tan nan prezans Mèt nou an se yon pratik ki pa kapab ranplase ak anyen pou mennen yon lavi gide pa mwayen verite a ak pouvwa li, olye pou yo pa pase emosyon yo nan eksperyans moun nan. Sa vle di, chak fwa ou santi ke w ap fè eksperyans kòlè, tristès, oswa laperèz ki pi fò pase nòmal; ou kapab pran yon ti tan nan prezans Seyè Jezi ki se Kris la pou eksprime li sa ou santi a, petèt resevwa direksyon sou sa ki lakòz emosyon an, epi tou resevwa soulajman pou kè a (chante yon kantik, priye ak mo oswa pase tan an silans pou w koute Papa a, oswa li yon pòsyon nan Bib la k ap ede nou pi byen konprann sitiyasyon nou ak sa Bondye vle ak kapab fè; yo se pratik ki geri nanm nan sinatirèlman). Epi finalman, adrès sou sa ki ta dwe fèt, tankou mande padon, fè chanjman nan sèten relasyon oswa konpòtman, elatriye. Nou kapab vin jwenn Papa nou tou lè kè nou debòde ak lajwa; pliske se li ki otè chak benediksyon nou yo. Emosyon yo fè pati de eksperyans nou kòm èt imen. Papa nou ki nan syèl la te kreye emosyon yo nan fason ke yo pa ta dwe klase kòm bon oswa move; an reyalite, yo se tou senpleman santiman ke nou eksperimante nan sèvo nou pa diferan nivo sèten pwodwi chimik oswa òmòn, e ke anpil fwa, yo gen rapò ak eksperyans bò kote nou, tankou wè moun k'ap fè lòt moun soufri, santi yo ofanse, santi yo pè danje pou pèdi lavi oswa lòt bagay, oswa tankou lajwa nou santi lè n ap resevwa bon nouvèl: yon maryaj, yon nesans, yon pwomosyon, ak gerizon fizik oswa emosyonèl.

Kesyon:

- Kilès nan aktivite yo ki dekri nan pwen sa a pou amelyore pwodwi chimik nan sèvo ki te atire atansyon w pi plis?

- Ki lòt fason ou jwenn pou jere emosyon an an sante? Ou kapab pataje sa pou w ede lòt moun nan klas la?

Konklizyon

Bondye te bay nan Pawòl li egzanp lòt moun ki te pase eksperyans ak emosyon sa yo; epi toujou ofri nou asistans li ak konsèy pou jere avèk sajès chak emosyon nou fè eksperyans. Nou di Seyè a mèsi pou pwovizyon li chak jou!

Nouvo adiksyon yo, kijan pou anpeche yo?

Laura López (Meksik)

Leson 22

Pasaj biblik pou etid: Women 6:16, 7:19; Efezyen 3:16-17; Tit 2:11-12

Vèsè pou aprann: "Se pou n' te ka lib tout bon kifè Kris la te delivre nou. Se poutèt sa, ann rete fèm nan libète sa a. Veye kò nou pou n' pa tounen esklav ankò" Galat 5:1.

Objektif leson an: Konprann karakteristik prensipal jwèt patolojik la ak nomofobi a; yon fason pou ke nou genyen mwayen pou nou anpeche vis sa a yo nan antouraj nou.

Entwodiksyon

Pou viv tèt kole youn ak lòt, moun bezwen kenbe lavi yo ekilibre nan aspè byolojik, sikolojik, sosyal ak espirityèl; Men, anpil responsablite ak estrès nou rankontre pafwa depase kapasite nou antanke moun ki chaje ak feblès pou fè fas ak lavi a. Sa a jenere santiman vid ak dezespwa ki, si yo pa resevwa tretman ki nesesè pou sa, li kapab debouche sou yon konpòtman danjere tankou vis. Bagay sa yo ki konstitye yon flewo pou sosyete a; paske yo jenere krim, vyolans, maladi fizik ak mantal, ak dezentegrasyon familyal. Anplis tou, sa fè moun nan refize rete nan yon relasyon entim avèk Bondye (Kolosyen 2:8).

Dapre Òganizasyon Mondyal Lasante (ÒML), "yon vis se yon maladi fizik ak siko-emosyonèl ki kreye yon depandans oswa bezwen anvè yon sibstans oswa aktivite oswa relasyon" (Rekipere nan https://www.who.int/substance_abuse/publications/neuroscience_spanish.pdf, 12 fevriye 2021).

Vis ki plis koni yo se sa ki gen pou wè avèk itilizasyon alkòl ak dwòg. Epitou, nan tout dènye ane yo, konpòtman depandans nan jwèt videyo te ogmante chans ak depandans sou telefòn selilè. Pafwa nou pa konnen ke pratik sa yo byen danjere tankou depandans chimik; donk nou bezwen kenbe yon renouvèlman konstan nan lespri nou nan kominyon ak Bondye pou nou pa tonbe ladan yo (Women 12:2).

Pou idantifye konpòtman ki riske nan vis la, ou dwe kòmanse pa rekonèt yo. Jwèt patolojik la se pouse ki fè moun nan dejwe nan jwe jwèt aza; ak nomofobi a se pouse ke moun nan genyen pou ke li toujou depann de telefòn selilè. Vis sa a se youn nan vis ke depi li fin mare moun nan, li vrèman difisil pou ke li soti ladan li. Pami anpil kòz ke nou kapab touche ki pote ogmantasyon anvi jwe jwèt aza ak toujou atache ak telefòn selilè yo,

nou kapab mansyone kèk ladan yo tankou, depresyon ak mekontantman ak lavi, ki kapab rezilta rechèch pou sòti rapid nan pwoblèm pou kouri dèyè vye panse ki mangonmen ak santiman dezespwa. Nomofobi ak jwèt aza patolojik la kapab ogmante oswa akonpaye pa alkòl ak vis dwòg.

Vis yo genyen de gwo eleman ke yo prezante: konpilsyon ak obsesyon. Konpilsyon an gen pou wè ak panse renouvlab ki afekte moun nan, epi anpeche li reziste kont vis yo. Nan kòmansman, moun ki gen vis la santi satisfaksyon ak plezi k ap vin chay lou ak douloure pou lavi li. Obsesyon an se lè moun nan piti piti l'ap pèdi kontwòl yo lavi li; men li pa vle aksepte sa, epi li minimize konsekans danjere yo nan konpòtman li. Sitiyasyon sa a pèmèt sèk visye yo enstale nan lavi yo kote yo kapab tonbe. E sa konn rive menm bò kote kretyen sa a yo ki gen tandans fè depandans; swa paske yo te grandi nan fanmi ki te soufri nan men yo, swa paske y ap viv gwo pwoblèm ak kriz (2 Timote 2:26).

I.   Vis pou depann de jwèt aza ak telefòn selilè

Jwèt la genyen pou wè avèk kèk aktivite nou fè avèk objektif pou ke nou pran yon ti rekreyasyon, detann, soti nan woutin nan, ri, viv ansanm epi jwi. Nou pa dwe ale nan ekstrèm nan panse ke aktivite ki bèl yo fè nou nan risk pou nou tonbe nan jwèt aza patolojik; paske tout moun nou bezwen tan pou nou pran ti plezi nou. Diferans ki genyen ant lwazi ak jwèt aza patolojik la baze li sou pèdi anpil tan, lajan, resous, ak relasyon pou yon aktivite ki sispann rekonpanse. Jwèt aza yo vin tounen yon responsablite; epi vis sa yo pa kapab sispann pa pwòp volonte moun nan ankò (Women 6:16, 7:19).

Nan ka jwèt aza yo, jwè okazyonèl yo etabli yon limit pou depans yo nan aktivite sa a; epi yo kapab sispann li byen fasil. Se poutan, moun ki genyen vis la pa kapab sispann, sa ki lakòz ke li genyen yon santiman ki koupab dèske li gen enkapasite sa a pou l kontwole enpilsyon li anvè jwèt la. Kantite lajan li parye a ogmante, ak visye jwèt aza a chèche fason pou l toujou jwenn resous pou l kontinye jwe. Yo kapab rive nan pwen kote yo reyalize ke yo pa gen kontwòl ankò; men yo jwenn rezilta a se eseye sispann jwèt aza. Se konsa yo kapab sispann tanporèman jwe aza; men yo gen gwo risk pou yo plonje.

Pami anpil siy ak sentòm devlopman yon vis la, n'ap jwenn kèk bagay ki gen pou wè pi devan an: gwo dezi pou fè aktivite ke moun nan depann de li a; pwoblèm nan kontwole tan epi resous li konsakre nan vis la; detrès oswa enkyetid lè li sispann aktivite ke li depann de li a; ogmantasyon nan tan an dedye pou pratik vis la, li kite sou kote menm fanmi li, enterè travay ak espirityèl la. Pafwa, moun nan jwe jwèt la; se paske li konsidere ke se yon fason pou jwenn lajan fasil epi rapid pou soti nan pwoblèm ekonomik yo oswa jwenn plis resous, men san rekonèt risk ki genyen pou l pèdi tout bagay. Jwenn resous ekonomik la vin yon miray; paske plis yo jwe, se mwens yo genyen, epi visye a tonbe nan lanbisyon ki menm touye kontantman epi rann lafwa li kouri lwen (1 Timote 6:10).

Dapre Klinik Mayo, jwèt aza patolojik la se "dezi irezistib ki kontinye manifeste malgre tout dega ke sa a lakòz nan lavi moun nan. Jwèt aza a vle di sa ke ou dispoze riske yon bagay ou apresye nan espwa pou w resevwa yon bagay ki gen plis valè menm. (Rekipere nan https://www.mayoclinic.org/es-es/diseases-conditions/compulsive-gambling/symptoms-causes/syc-20355178, nan dat 12 Fevriye 2021). Siy yo nan jwèt aza patolojik yo se jan sa a: preokipasyon ak jwenn fason pou fè lajan nan jwèt aza; eseye redwi tan jwèt san siksè; eseye restore kesyon pèdi lajan ak nouvo paryaj yo; piga w rakonte okenn moun ki kantite lajan ke w depanse nan jwèt aza; epi kouri risk pou w pèdi fanmi an, travay la ak amitye a akoz de vis sa a.

Konsènan nomofobi a, chak jou nou obsève moun tout laj ki pa ka separe tèt yo ak telefòn selilè a. Lè sa rive, yo tonbe nan kriz lapenn oswa dezespwa. Nou kapab menm wè nan legliz la, pandan adorasyon oswa predikasyon, genyen kèk sèvitè oubyen sèvant ki pa kapab konsantre yo sou aktivite yo; paske yo pa kontwole anvi tcheke telefòn yo, sa ki entèfere ak tan pou Seyè a (Jan 4:24). Anplis de tout sa, kesyon vis telefòn selilè a pa fè distenksyon ant laj. Se konsa, li trè komen pou w jwenn paran ki bay ti moun piti yo telefòn nan "pou amize yo", sa entèfere ak pwosesis devlopman nòmal yo. Se menm bagay la pou adolesan ak jèn moun yo, nou dwe revize siy nomofobi tankou sa yo: yo te enkyete

lè yo pat gen siyal; atitid oswa pèsonalite chanje lè w lwen telefòn nan; epi eseye pa separe de aparèy la pou nenpòt ki rezon.

Gran moun yo pwofite pran avantaj sou konvenyans pou yo te kominike pèmanan; men genyen kèk ladan yo ki devlope lyen malfezan pou telefòn selilè a pandan aktivite yo chak jou, konvèsasyon yo ak relasyon yo.

Pafwa, lè yo bay twòp atansyon ak aparèy la, yo dekonekte ak rès mond lan; epi yo fini pa izole, deprime ak enkyete. Malerezman, sosyete a aksepte vis sa a san pwoblèm; paske diman nou etabli yon limit pou moun ki twouve yo tou pre nou lè ke n ap depase tan ekspoze nou nan aparèy la pandan y ap pale avèk nou. Tout atansyon sa yo pou yon aparèy, olye de yon moun, li domaje relasyon yo; epi li kite nomofòb la poukont li. Li nesesè pou anpeche konpòtman sa yo epi sispann yo, diminye konsekans li yo; espesyalman bò kote moun ki pi jèn yo, pou ke yo kapab metrize yo nan teknoloji, yo gen plis chans pou yo tonbe nan nomofobi (Sòms 119:9; 1 Jan 2:14).

Kesyon:

- Dapre sa ou te aprann nan leson an, ekri definisyon jwèt aza patolojik la ak nomofobi.

- Poukisa moun ki gen vis ap viv anba dominasyon peche?

II. Ki sa Bib la di konsènan vis yo?

Pawòl Bondye a rele nou pou ke nou vin lib; kidonk, nou dwe vire do bay kalite lavi ki andomaje relasyon nou ak Bondye epi separe nou ak moun nou renmen yo, paske vis la se yon peche esklav ki soumèt moun ki soufri yo nan yon lavi soufrans (Jan 8:34). Li nesesè pou moun ki gen vis la rekonèt ke li pap kapab soti nan vis la pou kont li, e sa mande èd espirityèl ak pwofesyonèl. Epi tou li dwe chèche ranje koze li ak Bondye epi mande padon pou peche li a; espirityèlman li dwe retabli ak sipòte frè yo (Galat 6:1).

Lafwa nan Jezi ki se Kris la ofri moun ki genyen vis la sekirite pou l gen konfyans ke sali a rive pou libere li anba jouk esklavaj la ak peche (1 Kor. 6:12-13; Galat 5:1); epi bay li yon lòt chans nan lavi pou ke li kapab jwi benediksyon Bondye anba èd Lespri Sen ki la pou gide li (Women 15:13). Pou sa, li nesesè pou l kenbe pwoksimite ak Pawòl Bondye a (Jan 8:31-32); epi reviv lafwa pou l pa tonbe ankò nan pratik peche ki mennen nan dezespwa a. Anplis de sa, moun ki te soufri anba pwoblèm vis la dwe chèche ase fòs nan Sentespri a pou ke li kapab viv yon lavi ki pote viktwa (Efezyen 3:14-17; Tit 2:11-12).

Nou dwe konsolide relasyon nou ak Bondye pou anpeche vis yo; pliske lavi espirityèl la ban nou resous ki gen anpil valè pou nou fè fas ak sitiyasyon enprevi yo ki mete nou nan risk pou nou tonbe nan vis la. Kretyen yo pa egzan de pwoblèm ak bezwen yo; kidonk li nesesè pou nou pratike devosyonèl pou yo pa tonbe nan tan difikilte yo (Filipyen 4:6-7). Menm nan sitiyasyon ki gen pi gwo dezespwa ak doulè, Bondye espere nou pwoche bò kote l'renouvle fòs ak avanse nan lavi kretyèn nou (Sòm 46:1-2).

Kesyon:

- Dapre Galat 6:1, ki jan nou kapab sipòte retablisman espirityèl yon moun ki gen vis?

- Ki jan Lespri Sen an kapab pèmèt moun ki visye a simonte vis li a (Efezyen 3:14-17)?

III. Ki sa nou menm kretyen kapab fè kont vis la?

Ki jan nou kapab ede moun k'ap jwe aza yo? Premyèman, idantifye konpòtman ki gen rapò ak abi ki genyen nan jwèt aza a. Dezyèmman, pwoche bò kote moun nan san reprimand; sonje ke moun nan santi li pa kapab kenbe dezi pou l pa jwe aza a. Twazyèmman, pale avè l sou vis jwèt la; eksprime altènativ pou w ede li; epi gide l pou l rekonèt bezwen Bondye nan lavi li. Li fondamantal pou prezante mesaj delivrans bay moun ki tonbe nan vis la; pou libere lavi li anba peche, epi gide li pou mande èd espirityèl ak pwofesyonèl. Nou dwe ankouraje l tou pou l rantre nan yon pwogram sipò ak aktivite nan legliz la; epi motive li pou ke li devlope abitid devosyonèl ki ranfòse resous pou l fè fas ak lavi.

Ki jan nou kapab anpeche jwèt aza a? Nou dwe fè pratik devosyonèl fanmi an; pran tan pou n pale an fanmi sou lajwa, lapenn ak enkyetid nou yo; koute tout moun nan kay la, depi pi piti a rive sou gran moun aje yo, pou, an ka ta gen nenpòt pwoblèm ki akable yo, yo kapab eksprime bezwen yo. Epitou, li nesesè pou yo patisipe aktivman nan kongregasyon nou an, epi sèvi frè yo ak don nou yo ak talan nou yo; epi rekonèt ke Bondye gen yon objektif pou lavi nou epi vle sèvi ak nou pou beni lòt moun.

Konsènan nomofobi a ki se (vis telefòn selilè), nou dwe konsyan de itilizasyon n ap bay telefòn selilè ak aparèy elektwonik yo. Genyen anpil aplikasyon pou administre tan ke nou ekspoze nan aparèy la; epi pa pèmèt ke fo priyorite yo kontwole nou ki egziste sèlman nan mond vityèl la.

Epitou, nou dwe anseye bon itilizasyon telefòn selilè a ak egzanp lan; epi, osi lwen ke posib, retade laj pou bay ti moun yo premye telefòn yo. Si sa inevitab, anvan ke ou bay ti moun yo telefòn selilè, li nesesè pou etabli règ ak limit pou itilize li.

Pi bon fason pou evite konsekans terib nan depandans se prevansyon; se konsa nou dwe enfòme nou sou estrateji pou rekonèt ak evite konpòtman sa yo, tankou sa ki annapre yo: aktivite ki bay avètisman bonè sou risk ki genyen nan depandans nan fanmi yo ki fòme nou nan legliz la, ki gen ladan li tout gwoup laj. Anplis ke nou dwe konekte ak anviwònman sosyal la nan ofri aktivite rekreyasyon ki an sante nan enstalasyon kongregasyon nou yo, menm sa yo ki ka sèvi kòm pon pou moun vin jwenn Kris la, epi pou ke yo kapab elwaye yo de fo pòt pou yo sòti nan vis yo. An plis, ou pa bezwen pè mande èd pwofesyonèl; epi konsilte ekspè ki pou trase yon plan pou ede moun ki gen vis la, epi nou endike wòl nou ta dwe jwe nan rekiperasyon yo.

Susana Wesley te eksprime ke peche a se bagay sa yo: "Nenpòt bagay ki afebli rezon ou, ki afebli délikatès konsyans ou, ki fè ou santi sansiblite pou Bondye, oswa wete plezi nan domèn espirityèl la, oswa nenpòt bagay ki elve sipremasi kò a sou tèt ou, se yon peche" (Rekipere nan https://frasecristiana.co/susannawesley/, nan dat 12 Fevriye 2021). Se konsa, pa gen anyen ki ta dwe pran plas prensipal Bondye ta dwe genyen nan lavi nou an. Li nesesè pou nou sèvi ak disènman nou pou nou pa kite nou domine pa okenn vis. (1 Korentyen 6:12); epi mande Lespri Sen an ak kominote lafwa a ede nou nan lit espirityèl nou yo, sonje ke Seyè a Jezi ki se Kris la te bat lènmi nanm nou an sou kwa a, epi li gen pouvwa pou l kraze nenpòt dominasyon ke vis la genyen sou moun yo. Seyè a ap tann pou nou rann chay nou yo ak ak batay nou yo ba li yon fason pou l kapab libere nou anba yo (Matye 11:28-29); epi ofri geri kè nou kont tout move tandans, epi ban nou yon nouvo chans nan lavi (Ezayi 61:1).

Kesyon:

- Ki aktivite nou kapab devlope nan legliz la pou anpeche vis la?

- Ki jan nou kapab gide moun ki gen vis la al mande èd espirityèl ak pwofesyonèl?

Konklizyon

Finalman, relasyon nou ak Bondye se yon bagay ki enpòtan anpil atravè mwayen lagras la: lapriyè, lekti ak etid nan Bib la, jèn ak kominyon ak frè yo nan Lafwa; epi jere libète ke nou te resevwa a (Jan 8:36). Seyè a atann pou nou rekonèt feblès nou an fas peche; e ke nou ba li lavi nou, pou li gouvène li epi gide nou nan patiraj ki pi bon an.

Ajitasyon nanm nan

Natalia Pesado (Etazini)

Pasaj biblik pou etid: Sòm 94:18-19; Matye 11:25-30

Versículos para memorizar: "Lè mwen di: Men m'ap tonbe wi! Se ou menm, Seyè, ki soutni m' paske ou gen bon kè. Lè m' nan tèt chaje, lè mwen pa konn sa pou m' fè, se ou menm ki ban m' kouraj, se ou menm ki fè kè m' kontan" Sòm 94:18-19.

Objektif leson an: Reflechi osijè de estrès la epi aprann manipile li avèk èd Bondye nou an.

Entwodiksyon

Estrès la se yon sitiyasyon ki komen pou tout moun; deja ke eksperyans nan lavi a, de tan zan tan, pote sikonstans ki sanble trè difisil pou nou rezoud oswa fè fas ak yo. Sepandan, nivo estrès la kapab varye selon diferan sitiyasyon oswa etap nan lavi yo, epi soti sou yon moun pou rive sou yon lòt moun. Estrès la kapab gen pou wè avèk yon konbinezon de eksperyans fizik ki sanble ak enkyetid oswa nè; men se yon santiman ki entèn. Nou te kapab eksprime li kòm "enkyetid" nan nanm moun nan menm. Sepandan, nou kapab reflechi tou sou gwo souverènte ak gwo pouvwa Bondye ede nou menm nan moman sa yo. Nan leson jodi a, n ap reflechi ansanm pou n konprann yon ti kras anplis sou estrès la; e menm pi byen konnen ki jan okipe li ye; epi sitou, angaje tèt nou pou pran refij nan Papa nou ki nan Syèl la nan moman kle sa yo nan lavi.

I. Ki sa estrès la ye?

Genyen yon sèten kantite de estrès nan lavi a ki inevitab; deja ke pifò chanjman yo pwodwi estrès, menm chanjman ke nou kapab rele bagay ki pozitif: yon nouvo relasyon renmen ak/oswa maryaj, nesans yon ti bebe, yon demenajman kay oswa yon chanjman travay, ki gen ladan yon pwomosyon nan yon pozisyon ki gen pi gwo responsablite, vwayaj (menm vakans oswa vizit, elatriye). Lè sitiyasyon estrès la tanporè, nan yon nivo modere, epi pwodwi yon rezilta sitou pozitif nan lavi moun nan, yo rele sa "ew-estrès" oswa "bon" estrès.

Nan lòt sans, si sitiyasyon estrès la kwonik (ki dire lontan, ki gen ladan li plizyè mwa oubyen ane), nivo entans, epi ki fini pwodwi yon rezilta negatif nan lavi moun nan, se yon estrès ki danjere pou lasante. Nan domèn sante mantal la, estrès la kapab defini nan fason sa a: "Eta fatig mantal ki te koze pa demann pèfòmans ki pi wo pase sa ki nòmal la; anjeneral, li lakòz divès maladi fizik ak mantal" (Rekipere nan https://www.google.com/ search?q=definicion+de+es twa&oq=definisyon+estrès &aqs=chrome..69i57j0l6 j0i22i30l3.4493j1j7&sourceid= chrome&ie=UTF-8, 20 Mas 2021). Nou kapab konprann ke lè yon moun fè fas ak sitiyasyon ki mande plis enèji, plis tan, plis efò fizik oswa mantal de sa moun nan genyen disponib; se nòmal pou ke estrès la mete pye. Moun nan kapab kòmanse fè eksperyans emosyon enkyetid, chimerik, tristès, enkyetid, dezespwa, oswa menm panse pou moun nan detwi pwòp tèt li. Menm fason, nan kò a, estrès la defini nan fason sa a: "Ansanm de chanjman ki fèt nan kò a kòm yon repons fizik nan kèk sansasyon ki repete, tankou fredi, laperèz, lajwa, elatriye." (Rekipere nan https://www. google.com/ rechèch?q=definisyon+estrès&oq=definisy on+is twa&aqs=chrome..69i57j0l6j0i22i30l3.4493j1j7&s ource d=chrome&ie=UTF-8, nan dat 20 mas 2021). Nou wè ke lè sa a, estrès sa a kapab pwodwi chanjman byolojik tou, ki gen ladan li lensomni, ogmantasyon oswa mank de apeti, mank de enèji fizik, chanjman nan fizyonomi: ki gen ladan li pwa kò a, ondilasyon oswa teksti po, blanchi twò bonè, fèblès nan sistèm iminitè, elatriye.

Jan ke sa te deja mansyone pi wo a, sitiyasyon ki lakòz estrès la kapab varye soti nan yon moun pou rive sou yon lòt. Genyen moun ki vrèman jwi travay yo; paske se yon bon bagay anfòm atribi li yo ak karakteristik pèsonèl li yo. Se pandan, kapab genyen moun ki pwobableman pran yon ogmantasyon sou kantite de responsablite oswa depanse plis èdtan nan travay di; paske li pral santi rafrechisman pa mete ak egzèse atribi yo. Sepandan, kapab genyen yon lòt moun ki gen kalite yo pa tèlman anfòm epi responsablite yo nan wòl yo nan menm travay sa a; epi se nan ka sa a, kote ke moun nan dwe analize kijan pou limite fristrasyon, epi chèche pati nan travay la oswa aktivite yo andeyò li, sèvi ak kalite li yo epi santi li satisfè ak rafrechi nan lavi li an jeneral. Li trè enpòtan pou l byen konnen tèt li; epi se pou l konprann tèt li konsènan bezwen emosyonèl chak moun.

Finalman, estrès ki dirab la kapab lakòz yon eta gwo fatig nan moun ki tonbe anba presyon ki wo a; epi li fini pa kapab kontinye ak responsablite chak jou yo. Fatig la kapab tèlman pwisan ke li menm rive debouche sou yon kriz emosyonèl ak / oswa ekzistansyèl kote ke li pa kapab jwenn plezi nan okenn nan jou ke l'ap viv yo. Malerezman, lè yon moun rive nan etap fatig, li kapab pran yon bon bout tan pou l refè; epi li itil pou chèche èd pwofesyonèl sikolojik. Pou rezon sa a, li pi bon pou jere estrès la davans.

Kesyon:

- Ki jan ou kapab defini mo estrès la? Ki eksperyans ou te fè ak estrès?

- Ki sa ki te frape w sou definisyon mo estrès yo ofri nan leson jodi a, espesyalman doub efè li yo: emosyonèlman ak fizikman?

II. Ki sa Jezi ki se Krisla di nou osijè de estrès?

Mèt ki gen bon konprann nan pa t 'yon etranje nan eksperyans estrès la; se poutèt sa, li te konseye nou pou ke nou vin jwenn li pou soulaje ajitasyon nan nanm nou an.

A. "Vin jwenn mwen…" (Matye 11:28a)

Nan pasaj etid nou an pou jodi a, nou kapab wè ke Jezi ki se Kris la fè yon òf ki pa kapab konpare ak anyen: "Vini jwenn mwen, nou tout ki bouke, nou tout ki anba chay, m'a soulaje nou" (v.28). Malgre ke li posib pou resevwa ankourajman ak rekonfò nan men zanmi nou yo ak fanmi nou; yo kapab souvan okipe ak pwòp responsablite yo, oswa pa konnen ki jan yo konseye nou emosyonèlman, paske yo kapab pa konprann konpleksite sitiyasyon an. Se poutèt sa Jezi ki se Kris la konseye nou premyèman pwoche bò kote l dirèkteman; paske li toujou disponib, li toujou bò kote nou, epi li toujou konprann tout detay nan sitiyasyon an. Nou kapab vin pi pre Jezi ki se Kris la lè w pase kèk tan poukont ou, kote ann chèche l nan lapriyè oswa nan chante ki ede nou koule emosyon nou ak dlo nan je devan li.

B. "… nou tout ki bouke, nou tout ki anba chay…" (Matye 11:28a)

Mèt la ofri nou refij nan li lè nou nan pi move moman nou yo. Genyen yon pwovèb ki di: "Vrè zanmi an se moun ki rive lè tout moun ale"; sa vle di ke lè gen sitiyasyon difisil ki pa agreyab. Kanta pou Jezi ki se Kris la, li toujou disponib pou chak nan disip li yo. Seyè nou an envite nou pataje ak li tout detay ak sitiyasyon nou yo ak emosyon nou yo. Ekspresyon "bouke ak anba chay" la di nou ke te gendwa gen twòp egzijans sou do nou: e menm nan fwaye a (tankou sa kapab pran swen ak atend ti moun yo, travay nan kay la, pran swen ak pwoteje yon manm ki aje nan fanmi an, oswa yon manm fanmi ki gen yon

maladi kwonik); nan travay eksklizyon (presyon ki soti nan pwodiksyon oswa pwofi, nan bòs oswa anplwaye ki dwe dirije); nan ministè a (responsabilite kote li difisil pou mezire konbyen tan oswa efò ki ase, ak ki lè pou repoze); nan ekonomi an (dèt oswa mank de resous ase); nan sante (maladi pèsonèl); oswa nan kominote a (tankou vyolans, enjistis sosyal, yon pandemi, koripsyon gouvènman an); elatriye.

Pou rezon sa a, li kapab trè itil pou chèche Pawòl Bondye a (li ta kapab nan Sòm) pou yon pasaj ki ede nou eksprime sa nou santi epi dechaje nou. Nou kapab chèche tou yon liv devosyonèl; oswa jwenn yon jounal kote nou ka ekri konvèsasyon nou yo ak pwofesè a. Moman sa yo pa ta dwe sèlman lè nou rive nan yon nivo estrès ki depase; men sa gen anpil benefis si sa ta kapab fèt regilyèman.

C. "… mwen va soulaje nou" (Matye 11:28b)

Nan dezyèm pati vèsè a nan Matye 11:28, Jezi ki se Kris la pwomèt nou ke li menm li pral soulaje nou: li pral trankilize nanm nou. Pwosesis sa a se yon mirak sinatirèl ke se sèlman Mèt la ki kapab travay nan nanm moun nan an reyalite. Genyen anpil zouti ke nou kapab itilize pou kalme efè estrès la nan lavi nou (nou pral wè li ak plis detay nan pwochen pwen leson sa a); sepandan, pa gen anyen ki pral efikas kòm resevwa repo ke Jezi antanke Kris la kapab pote nan nanm nou. Pou pwosesis sa a, li nesesè pou ke nou pase tan nan entimite nou avèk Jezi ki se Kris la, pran distans nou avèk tout bagay ki gen pou wè avèk distraksyon (ki jan travay la dwe ye, telefòn selilè oswa rezo sosyal yo ak anpil lòt bagay ankò, elatriye); epi konsantre sou sa Mèt la vle di nou an.

Lè nou nan prezans li, nanm nou pral wè ke bagay ki pi enpòtan nan tout egzistans nou an se Bondye; delivrans ke li ofri nou an atravè Pitit li renmen anpil la; ak lanmou li ki la pou toutan an (nan klarifikasyon ak priyorite nan valè). Tout lòt bagay ki kapab vin aflije nanm moun nan ap sispann fè sa.

Kesyon:

- Ki sa w santi lè w tande pawòl Jezi yo: "Vini jwenn mwen, nou tout ki bouke, nou tout ki anba chay, m'a soulaje nou" (Matye 11:28)?

- Èske w gen kèk lòt pasaj biblik sou lapè ki pale espesyalman nan kè w? Tanpri pataje li ak rès klas la.

III. Kisa nou kapab fè pou ke nou jere estrès la?

Antanke pitit Bondye, li ban nou pouvwa atravè Sentespri li pou ke li kapab fè egzèsis ak disiplin zouti ki ede nou jere sitiyasyon estrès yo avèk anpil bon konprann. Pou kòmanse, youn nan kle yo, se pran yon ti tan pou kapab pase kèk tan ap analize kòz estrès yo nan lavi nou:

A. Egzamine kantite responsablite ke nou te aksepte yo

Malgre ke fè chanjman nan fason nou viv kapab lakòz kèk laperèz; li nesesè anpil pou ke nou mande Seyè a bon konprann si nou te pran kèk responsablite nan lavi nou ke petèt nou ta dwe retire, menm pou yon ti tan, repoze ak rafrechi lespri nou. Nou bezwen gen tan chak jou, oswa omwen chak semèn, pou mete sou kote tan espesifik pou renouvèlman fizik ak mantal. Aktivite fizik (sa a se pi bon fason pou chase òmòn ki pwodwi sitiyasyon estrès ki soti nan kò a) atravè estrès; egzèsis detann misk tansyon estrès yo, amelyore sikilasyon san oswa oksijenasyon sèvo a, ede respire byen, ranfòse kè a, epi ede repoze pi byen); tan nan nati (santi lè a louvri, tande chante ti zwazo yo, dlo k ap koule, oswa fèy van an souke, gade syèl ble a epi santi chalè solèy la); oswa menm si w dwe koute anrejistreman son natirèl (grouman an soti nan lanmè a, dlo lapli, krikèt yo k'ap chante, elatriye); pase tan ak fanmi an: jwèt tablo, kwit manje oswa netwaye ansanm; jwi aktivite nan lanati; dekore; mete bagay yo ansanm oswa fè reparasyon nan kay la; jwi pwoksimite a ak akolad, chatouy, mache men nan men, balanse ansanm, elatriye. Fè eksperyans santiman lapè ansanm, ak yon batman kè reglemante, kapab ede afime yon atachman an sante ant de moun.

B. Analize tout priyorite yo

Nan chak etap nan lavi, responsablite ki ta dwe pran priyorite yo pral varye. Pa egzanp, nan jèn, nou jeneralman gen plis enèji mantal ak emosyonèl, osi byen ke tan dedye pou sèvis Bondye ak lòt moun, ak preparasyon pou lekòl. Lè ke moun nan rive nan etap gran moun nan, yo pral genyen gwo priyorite pou ke yo atende ti moun piti yo k'ap toujou nan bezwen, epi pase tan nan pran plezi avèk yo (pou yo ba yo yon anfans kote yo jwi anpil chalè lanmou paran, atansyon, ak konsèy); aprè sa a, nou dwe gen anpil disiplin lè travay sa a nesesè, men tou gen enèji ak tan pou fanmi ak relasyon maryaj la.

Nan etap adilt ki gen matirite yo, lè ti moun yo pa depann anpil de nou, gen plis tan pou yo jwi maryaj ak sèvi lòt moun. Apre retrèt; byenke maladi fizik kapab fè li difisil pou nou pran responsablite nou, nou kapab toujou jwenn bagay pou nou fè ki distrè nou oswa ki pèmèt nou sèvi lòt moun. An konklizyon, chak etap gen responsablite li ke nou dwe jwi; epi fikse bon priyorite yo pral ede nou rive nan fen lavi a san regretman.

C. Egzamine fason nou itilize tan nou

Malgre ke nan lavi modèn nou an nan 21yèm syèk la nou gen anpil teknoloji ki kapab "amelyore" tan ak efò nou (tankou machin a lave, otomobil ak avyon, achte sa nou bezwen atravè entènèt, elatriye); Malerezman, pafwa, li jis sanble ke pa gen ase tan pou bagay sa yo ke nou dwe fè. Sepandan, si nou vle fè yon egzamen ki onèt konsènan orè nou an kapab revele ke, anpil fwa, nou gaspiye tan ki gen anpil valè pou nou ; genyen anpil nan aktivite yo ki pa benefisye nou: gade sa anpil moun mete sou rezo sosyal yo; gade televizyon; pase tan nan aktivite ki pa pwodwi fwi vre oswa dirab; angajman ki pouse nou pran distans ak pwòp fanmi nou, oswa ki pwodwi twòp ajitasyon vwayaj, preparasyon, ak rezon pou retire nan tan pou pran lwazi a, elatriye.

Pou gen siksè nan itilizasyon tan nou an, li ede devlope disiplin pou planifye kijan nou vle pase chak èdtan (nou kapab menm prepare yon ajanda, epi ekri nan chak èdtan sa ki dwe fèt: konbyen èdtan nou ta dwe pase ap dòmi, lè nou ta dwe manje, tan nou vle pase ak fanmi an, tan an ke nou pral pase nan travay ak fè egzèsis fizik, nou menm bezwen pase tan tou senpleman pou repoze, reflechi, e menm "anwiye" yon ti kras).

Bondye li menm montre nou òganizasyon sa a nan montre yon jou pa semèn ke nou dedye pou adorasyon l 'ak repo. Nou kapab dedye yon lòt jou jis pou fanmi an (pa egzanp, Samdi, epi pa pran okenn angajman nan travay oswa ak zanmi; men jis pase jounen an ak fanmi epi renouvle ansanm); e konsa kite yon egzanp sante bay pwochen jenerasyon an, pou yo menm tou yo konnen ki jan yo dwe jere tan yo ak estrès avèk bon konprann.

Kesyon:

- Kisa ou panse de zouti pou jere estrès yo ke nou etidye nan leson jodi a? Èske w te itilize kèk ladan yo avan?

- Ki lòt fason ou jwenn pou w jere estrès la avèk efikasite? Tanpri pataje yo yon fason pou w kapab ede lòt moun yo nan klas la?

Konklizyon

Estrès la se yon pati nan eksperyans ke moun nan fè toutan; sepandan, Jezi ki se Kris la klèman rele nou pran refij nan li ak nan prezans li, kalme nanm nou pou soti nan fatig ke lavi sou tè sa a kapab pwodwi. Senyè a ban nou tou sajès li pou ke nou kapab egzamine responsablite nou yo an tèm de kantite ak enpòtans chak nan yo selon etap nan lavi n ap viv la; epi finalman, jere tan nou yo avèk bon konprann. Avèk èd li, nou kapab viv nan yon fason ki pote lwanj pou non li; bay fanmi nou yon egzanp sentete; epi se pou li vin yon sant ki santi bon pou lapè ki soti nan nanm nou an.

Koripsyon an

Marcial Rubio (Pewou)

Pasaj biblik pou etid: Levitik 19:11-15

Vèsè pou aprann: "Se sèl nou ye pou moun sou latè. Si sèl la pèdi gou l', ak kisa pou yo ba li gou ankò? Li pa vo anyen ankò. Se jete pou yo voye sa jete deyò, pou moun pile sa anba pye yo" Matye 5:13.

Objektif leson an: Reflechi konsènan siyifikasyon rete antanke legliz nan mitan koripsyon k'ap ravaje mond sa.

Entwodiksyon

Tèm koripsyon an nan valè etik ak moral yo se bagay ki ansyen menm jan avèk limanite menm; epi li konstitye a pwoblèm prensipal sa a nan dènye tan yo. Nan leson sa a, nou pral analize twa pwen debaz: pwoblèm koripsyon an, kisa Bib la di sou li, epi ki wòl legliz la fas avèk mal sa a.

I. Pwoblèm koripsyon an

A. Definisyon

Koripsyon an se dekonpozisyon oswa pouriti yon òganis byolojik ki mouri kòm yon pati nan pwosesis degradasyon natirèl la.

Politikman palan, koripsyon an se abi pouvwa ofisyèl la ak otorite piblik yo ap plede fè, atravè move itilizasyon pouvwa ak konfyans yo ba yo, oubyen te ba yo, oswa move itilizasyon yo anjeneral konsènan resous materyèl yo, benefis imen ak finansye pou koz pèsonèl, fanmi oswa nan fanmi yo.

Definisyon laj sa a rive anbrase politisyen, sèvitè piblik, jij, notè piblik, administratè biznis, administratè lekòl prive oswa inivèsite, lopital, ofisyèl nan enstitisyon relijye, ak anpil lòt ankò.

B. Plizyè kalite fòm koripsyon

Kalite fòm koripsyon yo gen yon gran varyete. Ki plis komen yo nan Amerik Latin nan gen pou wè avèk pèyman otorite k'ap travay nan bwat leta oubyen prive yo antanke rakètè; anpil trafik atravè enfliyans; levasyon taks; ekstòsyon yo; fwod nan biznis; detounman fon; blanchiman lajan; pwostitisyon ak trafik moun.

C. Koripsyon an nan listwa

Koripsyon an se yon bagay ki ansyen menm jan avèk sivilizasyon an menm, lè ke moun nan sistematik sispann viv yon lavi izole pou l foure tèt li nan yon gwoup nan bouk oubyen nan vil yo, avèk plizyè fòm òganizasyon sosyal, politik ak ekonomik. Dènye sa ke nou site a bay plas pou etablisman Leta a, ak lwa li yo ki kontwole tout kondwit yo ki gen rapò ak aktivite sosyal, komèsyal, gouvènman ak relijye, ki pèmèt moun nan kouvri bezwen sibzistans debaz yo, osi byen ke satisfaksyon nan reklamasyon lejitim yo atravè siksè ak pwosperite ekonomik yo.

Sa ki pi fò yo monopolize; epi lòt yo te soufri lè yo te wè aspirasyon yo kraze. Sa te lakòz mekontantman konpetisyon ak diskòd; ki te fòse gwoup moun yo etabli lwa ak règleman pou anpeche lagè. Te toujou gen yon predispozisyon jenetik kont bagay sa yo menm sitou bezwen ti rès la. Paran nou yo te pase nou li; epi nou kontinye chèn transmisyon jenetik la karakteristik peche yo: "Lè Adan te fè premye peche l, tout limanite te peche atravè li menm, se konsa, peche Adan an te vin peche tout manm ki nan ras la" (Somoza, J. S. Kòmantè Biblik Nouvo Kontinan: Women. Etazini: Editoryal Unilit, 1997, p.118).

Sa repete nan mitan tout vil yo, kilti ak sivilizasyon yo. Ansyen Soumeryen yo, nan Kòd Hammurabi ki gen lwa ki gen "kèk resanblans ak Lwa Ansyen Testaman an... gen ladan pwoblèm komès, tarif, pri, maryaj, adiltè, adopsyon. Epitou sou vòl, atak, esklavaj ak anpil lòt sijè. Yo se diferan penalite legal, selon gravite ofans yo" (Lockward, A. Nouvo Diksyonè Biblik la. Etazini: Editoryal Unilit, 1999, p.456). Menm jan an tou, yo te fè nan peyi Lejip, Lachin, Lagrès ak lavil Wòm; nan Tahuantinsuyo (Amerik di Sid), twa lwa te etabli: Ama sua (Pa vòlè); Ama Llulla (Pa fè okenn manti), ak Ama quella (Pa fè anyen konsa). Nan esklavaj, feyodalis la se te yon: dezi pou aplike dominasyon moun sou moun; nan Mwayennaj, yo te mete aksan sou gwo koripsyon ki te genyen menm andedan legliz la; ak Revolisyon endistriyèl la, te genyen travayè ki te kontinye ap travay di nan mitan gwo pobrete sa, pou benefisye mèt endistri yo. Nou jwenn menm mal la jodi a nan sosyete kapitalis yo, kominis ak sosyalis; nan peyi rich ak pòv yo; nan nasyon ate ak "kretyen" yo. Koripsyon an se yon mal inivèsèl ki okipe gwo plas nan nati lòm nan kòm yon ekspresyon peche orijinal la.

D. Kòz koripsyon yo

1. Kòz sosyoekonomik yo. Inegalite sosyal ak privilèj sektè dominan yo ki sèvi pou plen men avè pòch yo sou moun k ap viv nan grangou ak mizè epi ki menm pi fèb; epi lè moun sa yo vin sou pouvwa a, yo gen tandans repete menm konpòtman avèk moun ki te vini avan yo a, kòm yon kalite revanj. Move distribisyon richès yo, inegalite nan opòtinite yo ak nesesite ke mache mondyal la kreye chak jou yo ak tantasyon pou pran lajan fasil ke moun nan genyen tou pre l la.

2. Kòz politik yo. Otorite ki gouvène an favè enterè pwòp elit yo, fanmi oswa enterè patizan; ak mani nan mèt li sou lòt moun ak pwolonje enstans yo sou pouvwa a, mennen anpil lidè gouvènman yo konsepsyon ak aplike politik mechan nan detriman sitwayènte a.

3. Kòz espirityèl yo. Fondamantalman, oto-santre, Evaris, jalouzi ak resantiman. Nan yon sèl ekspresyon: "peche orijinèl la", tandans eredite a ke nou resevwa nan men Adan ak Èv, koripsyon ekstèn nan se yon manifestasyon koripsyon entèn nan nanm moun nan. Koripsyon an se yon peche ki genyen plizyè aspè ki chèche monopolize yon enfinite nan siyifikasyon ilegal la, tankou sa ki endike nan dezyèm pwen an nan seksyon sa a (fòm koripsyon yo).

E. Konsekans koripsyon yo

Enpak koripsyon yo nan nasyon yo pwodwi plizyè efè. Pa egzanp:

1. Ogmantasyon nan povrete a. Operatè k'ap fè kout mal taye yo maske kantite lajan ki antre nan sistèm kontablite a pou kouvri zak ilegal yo, epi pretann ke tout operasyon yo byen jistifye. Yo itilize kòripsyon otorite yo; epi yo kouvri aktivite kriminèl yo, epi balans ki manke yo chaje pa ogmante pousantaj bay pèp konsomatè a. Ofisyèl piblik yo ak aparèy biwokrasi yo bay salè ki pa jistifye an tèm de travay ak pwodiksyon yo; pandan ke klas travayè a resevwa yon salè mèg an retou ak moun sa a yo apèn ap bat pou yo siviv, sa ki plis afekte yo se sektè ki plis vilnerab ke yo ye.

2. Inefikasite ak deteryorasyon enstitisyon yo. Konpayi, enstitisyon an oswa Leta a ap febli lè resous finansye yo ak matyè premyè yo itilize san diskriminasyon. Travay ak lajan an fini akoz de deviyasyon lajan an ak move pratik jesyon otorite yo ak ofisyèl gouvènman yo.

3. Soudevlopman ak Apatman. Pa genyen okenn envestisè seryezman ki vle patnè ak yon peyi oswa enstitisyon ki gen yon move repitasyon. Gouvènman kowonpi yo fè dèt k ap dire anpil tan sou tèt peyi yo; yo vann davans, atravè konsesyon, resous natirèl yo nan pri ridikil; ak lajan, olye ke yo te envesti nan pwogram edikasyon, wout, sante, lojman, elatriye, yo plase kont bank yo nan paradis fiskal. An konsekans, peyi nou yo ak tout richès resous natirèl nou yo ap kontinye depann ekonomikman, politikman ak teknolojik soti nan lòt peyi yo.

4. Ogmantasyon nan dosye krim. Soti depi nan krim ki plis komen an pou antre nan gwo krim entènasyonal òganize yo fè ke ogmantasyon krim nan vin yon bagay ke nou pa kapab evite. Estatistik yo fè moun pè anpil; ou kapab konfime yo nan pwòp lokal kote w ap viv la oswa peyi ou: krim nan lari, pwostitisyon, esklavaj blan, touye moun, elatriye. Pouvwa Leta yo pran pa avèk gang kriminèl yo trè edike nan zafè legal nan sèvis krim nan; òganizasyon kriminèl entènasyonal ak ase kapasite pou finanse kanpay elektoral yo, gen liks pou mete oswa retire presidan dapre enterè kache yo genyen yo.

Kesyon:

- Bay yon ti definisyon byen kout sou prensipal manifestasyon koripsyon an nan lokalite w la.

- Endike twa konsekans koripsyon ki pi santi nan peyi w la.

II. Bib la ak pwoblèm koripsyon an

Pawòl Bondye a kondane **vòl** la (Egzòd 20:15). **Entèdi peye lajan pou ankouraje koripsyon:** (Detewonòm 16:19; Jeremi 5:28). **Entèdi opresyon ak usure:** (Levitik 19:13). **Kondane fwod nan biznis yo:** (Levitik 19:36).

Kounye a, an nou wè kèk ka kòripsyon ki anrejistre nan Bib la. Egzanp:

A. Ka jij la ak sakrifikatè Eli ak pitit (1 Samuel 2:12-36).

Yon vrè mafya abizè ak ti diktatè ki menase epi chantaje pèp nayif la; e ke devan pòt Tanp lan, yo te kouche ak medam yo nan kongregasyon an, pandan ke gran prèt la pa t okouran zak wont sa yo e yo te rete san jistis.

B. Mafya dirèktè lalwa yo ak farizyen yo (Matye 21:12-13).

Moun sa yo t'ap fè trafik ak lafwa pèp la, lè ke yo te fè kay Bondye a tounen yon mache kote pou yo chanje lajan ak vann bèt yo.

C. Biznis Jida a lè ke li te vann Jezi ki se Kris la (Matye 26:14-16; Lik 22:3-6).

Sa a se te koripsyon daprè ekspresyon li. Jida Iskaryòt te fèmen kontra a ak yon bo, apre li te dakò vann Mèt li a pou yon sòm lajan.

D. Fo predikatè levanjil la yo.

Kris la ak apot yo te avèti sou vini fo pwofèt yo, yo menm ki renmen lajan ak pouvwa anpil, moun sa yo ki fè pèp Bondye a tounen machandiz (2 Pyè 2:1-3). Lè sa a ke, bann moun ki san wont yo te parèt pou yo te pwofite lafwa moun legliz yo, pami yo, yon sèten Diyotrèf, otorite ak renmen premye plas, li te peze ak piye frè yo nan kongregasyon an, selon 3 Jan 9-10: "Mwen te ekri yon lèt tou kout voye bay legliz la. Men, Diyotrèf ki renmen pran pòz chèf li nan mitan yo a, refize koute sa m' di a. Se poutèt sa, lè m'a rive, m'ap devwale tou sa li fè ki mal, tout move pawòl ak manti l'ap bay sou mwen yo. Li pa kontante l' fè sa sèlman. Li refize resevwa frè yo ki depasaj. Si gen moun ki ta vle resevwa yo, li enpoze yo fè l', li menm chache mete yo deyò nan legliz la''.

Nan aspè administratif relijye a, gen anpil endikasyon, epi pafwa eskandal nan move jesyon lajan, ki jeneralman tout bagay ale san pinisyon ak agiman ki di ''lanmou Kris la kouvri anpil anpil peche'' (1 Pyè 4:8).

Kesyon:
- Kisa pasaj sa yo kondane (Egzòd 20:15; Levitik 19:13,36; Detewonòm 16:19; Jeremi 5:28).

- Site kèk ka koripsyon nan Bib la.

III. Wòl legliz la fas avèk pwoblèm koripsyon an
A. Preche konvèsyon otantik ak sanktifikasyon moun yo

Nou kwè ke sitwayen ki fèt ankò yo sipoze batize epi Sentespri a reflete nan lavi ke y'ap viv chak jou yo ''Men, Lespri Bondye a bay renmen, kè kontan, kè poze, pasyans, bon kè, seriozite, li fè ou gen bon manyè. Li fè ou aji ak dousè, li fè ou konn kontwole kò ou. Lalwa Moyiz la pa kont okenn nan bagay sa yo'' (Galat 5:22-23). Sa vle di ke, yo sanble avèk Kris la nan karaktè yo. Ki kalite levanjil n ap preche ak anseye? Ki kalite disip n ap fè? Malerezman, nan anpil nan legliz nou yo, se pa sa an reyalite ki priyorite yo.

B. Denonse peche a

Jan Batis, ak mesaj li a ak lavi sentete li a, te vin tounen yon vrè kochma pou gouvènman kòwonpi Ewòd la, ki pa t 'kapab sipòte li jiskaske li te koupe tèt li. Epi lè Jezi antanke Kris la te parèt t ap preche e l ap fè mirak, li te tranble lè l te kwè Batis la ki te leve (Matye 14:1-12; Mak 6:14-29; Lik 9:7-9). Mwen swete ke politisyen kòwonpi yo ta tranble devan mesaj kretyen yo ki te sipòte pa yon lavi sentete san dout.

C. Bati yon sosyete ak valè kretyen

''Bagay ki pi enpòtan ke legliz yo kapab fè pou yo amelyore sosyete sivil la atravè nasyon yo se anseye valè moral kretyen yo bay pwòp pèp yo'' (Monsma, T. Hope for the South World: The Power of the Kingdom of God Transform Cultures, D. Herrera, tradiktè, I ye edisyon. Kosta Rika: CLIR, 2006, p.64). Dis kòmandman yo, seri lwa ki regle relasyon imen an ak Kreyatè yo a ak relasyon ak pwochen yo, Jezi ki se Kris la te rezime yo an de: renmen Bondye pi plis pase tout bagay, ak renmen pwochen w tankou tèt ou, se sa ki ekri nan Mak 12:30-31:''Se pou ou renmen Mèt la, Bondye ou, avèk tout kè ou, avèk tout nanm ou, avèk tout lide ou, avèk tout fòs ou. Men dezyèm kòmandman an: Se pou ou renmen frè parèy ou tankou ou renmen pwòp tèt pa ou. Pa gen lòt kòmandman ki pi konsekan pase sa yo''.

Anpil lòt seri prensip ak valè ki siyale fòmasyon nan karaktè sitwayen yo se Prèch sou Montay la (Matye 5 a 7). Tou de se valè absoli ak inivèsèl ke gouvène nouvo kominote a ap fè fas ak yon mond relativis. Pou entènasyonalizasyon valè absoli sa yo, Bondye te fè dispozisyon (Ezekiel 36:25-27): ''M'ap benyen nou nan bon dlo klè pou nou ka vin nan kondisyon pou fè sèvis pou mwen. M'ap mete nou nan kondisyon pou sèvi m', m'ap wete tout vye bagay derespektan nou t'ap fè yo ak tout zidòl nou yo. M'ap mete lòt santiman nan kè nou. M'ap mete lòt lide nan tèt nou. M'ap wete tèt di nou an, m'ap fè nou tande lè m' pale nou. M'ap mete Lespri m' nan nou, konsa m'ap fè nou mache dwat dapre lòd mwen ban nou, pou nou fè tou sa mwen mande nou fè. N'a kenbe prensip mwen yo (v.26) [M'ap mete Lespri m' nan nou, konsa m'ap fè nou mache dwat dapre lòd mwen ban nou, pou nou fè tou sa mwen mande nou fè. N'a kenbe prensip mwen yo (v.27)'' (Cevallos, J. C., & Zorzoli, R. O. Hispanic World Biblical Commentary, vol. 12: Ezekyèl ak Danyèl. Etazini: Editoryal Mundo Hispano, 2009, pp.308-312).

D. Jwe wòl enfliyans pou sèvi antanke ''limyè mond lan'' ak ''sèl'' pou tè a''

''Relativis endividyalis [postmodèn kote] ke chak moun jere pwòp konviksyon yo [te bay yon] relativism kretyen'' (Donner, T.G. Faith and postmodernity: A Christian worldview for a fragmented world. Spain: Editoryal CLIE, 2004, p.86). Pa gen okenn verite absoli, pa gen okenn bon oswa sa ki mal, pa gen okenn blan oswa nwa, tout bagay depann de koulè glas la ak ki bagay yo wè. Lè sa a, yon kilti limyè (san sibstans) leve; epi nan kontèks sa a, yon legliz limyè parèt ak yon levanjil limyè (san lavi oswa pouvwa espirityèl), epi se poutèt sa, san enfliyans transfòmasyon nan mond lan. Kris la te avèti nou sou si sèl la pèdi gou li (Matye 5:13). Kidonk, yon legliz ki gen apèl pou viv ak preche sentete gen posiblite pou l kontribiye ak fason l viv ak temwayaj li (enfliyans transfòmasyon) nan konstriksyon yon sosyete ki pi jis, pi imen, lapè ak konfratènite; men si sèl la pèdi gou li (esans), li te tou senpleman pèdi rezon li pou li egziste tankou sèl.

Kesyon:
- Ki aksyon konkrè ou panse legliz ou a ak ou pèsonèlman ta kapab pran pou kontrekare pwoblèm koripsyon an nan lokalite w la?

- Ki jan ou panse ou ka travay sou prepare sitwayen ki gen valè solid ak konviksyon fèm ki kapab vin limye nan yon mond kote koripsyon an ap domine?

Konklizyon

Koripsyon an se tankou kansè ki devore lespri moun, ki avegle yo e ki anpeche yo wè mechanste ke yo fè lòt moun ak tèt yo. Se yon fenomèn ki rache tout sosyete demokratik yo oubyen non, kretyen oubyen ate. Jounen jodi a, plis pase avan, yo santi yo bezwen enfliyans ''sèl tè a'' (Matye 5:13).

Defann lavi depi nan kòmansman li

Leson 25

Maria del Carmen Miranda Rojas (Pewou)

Pasaj biblik pou etid: Sòm 139:13-16

Vèsè pou aprann: "Mwen te konnen ou anvan menm mwen te ba ou lavi nan vant manman ou. Mwen te mete ou apa pou mwen anvan menm ou te fèt. Mwen te chwazi ou pou ou te yon pwofèt pou nasyon yo" Jeremi 1:5.

Objektif leson an: Konprann valè lavi moun, epi toujou mete w prè pou w pran swen ak defann li pandan ke w'ap jwe wòl vwa "tout moun sa yo ki pa genyen vwa".

Entwodiksyon

"Legliz Nazareyen afime ke lavi moun se yon bagay ki sakre anpil kòm Bondye Kreyatè a te etabli l ak kwè li menm pouse l te menm pwolonje li pou ti moun ki menm poko fèt. Lavi se yon kado ki soti nan men Bondye. Tout lavi imen, enkli devlopman lavi nan matris la [matris], se Bondye ki kreye li ak imaj li epi, kidonk, yo dwe nouri, soutni ak pwoteje" (Manyèl Legliz Nazareyen an, 2017-2021. Etazini: KPN, 2018, p.42). Lavi moun nan soti nan Bondye, se yon kado ki soti nan li; se poutèt sa, Bondye se sèl chèf ak mèt lavi a, epi moun nan pa kapab refize li jan ke nou kapab dekouvri sa nan 1 Samyèl 2:6 : "Seyè a touye, lèfini li bay lavi ankò. Li fè moun desann nan peyi kote mò yo ye a. Li mennen yo tounen ankò".

Dwa lavi a rekonèt nan Deklarasyon Inivèsèl Dwa Moun yo. Sa a, nan atik nimewo 3 li a, li endike ke: "Chak moun gen dwa pou lavi, libète ak sekirite li antanke moun ke li ye" (Rekipere nan https://www.un.org/es/about-us/universal-declarationof-human-rights, 17 fevriye 2021). Malgre rekonesans li yo, malerezman dwa sa a te vyole nan plizyè fason.

Pami tout inisyativ ke mouvman pwo-lavi yo ankouraje, nou jwenn tou "Jou pou ti moun nan dwe fèt la". Gwoup sa yo te ede ankouraje ak dekrete selebrasyon sa a chak 25 mas. Nan ane 1993, se te nan peyi Salvadò kote ke jou sa a te selebre pou premye fwa nan mond lan. Nan kòmansman li yo, inisyativ la te lanse sou non "Jou dwa pou yo fèt". Jounen jodi a, se anpil peyi ki foure tèt yo nan bèl inisyativ sa a pou bèl koz sila a. Dekrè sa te rekonèt ke dwa pou lavi a se yon bagay ki enpòtan pou chak moun ki rete nan nasyon an ak mond lan, epi tou se li menm ki wonn sant prensipal dwa moun; epi se poutèt sa ke li merite atansyon Leta a, enstitisyon li yo ak tout sosyete a.

Nou menm antanke pitit Bondye yo, nou dwe defann lavi sou tout fòm li, plis toujou lavi moun, li menm ki se yon bagay ki vilnerab depi nan kòmansman.

I. Pwoblèm avòtman an

Avòtman te toujou yon tèm kontwovèsyal ak konplèks, yo wè li nan plizyè pèspektiv (ti bebe, manman ak sosyete a); yon pwoblèm ki gen enplikasyon gravite imen e ke, nan sosyete jodi a, li vin tounen yon pratik komen ke yo defann ak agiman ki vrèman twonpe moun.

Avòtman an se revokasyon prematire ak detounman gwosès natirèlman oswa volontèman, li fèt anvan fetis la kapab siviv deyò matris la. Soti nan yon pwen de vi medikal, avòtman an se yon entèripsyon nan gwosès anvan 22 semèn gwosès, oswa anvan ti moun nan rive nan 500 g nan pwa li. Yon avòtman ki rive espontaneman ke yo rele tou avòtman espontane; epi lè yo pran mezi ekspre pou mete fen nan yon gwosès, yo rele sa yon avòtman pwovoke. Dapre OML (Òganizasyon Mondyal Lasante), nan mond lan genyen 50 milyon avòtman ki pwovoke nan mond lan chak ane; plis pase mwatye nan sa yo rive nan peyi devlope yo, epi jeneralman, se nan yon fason prekè oswa klandestin (Rekipere nan https://sisbib.unmsm.edu.pe/BVRevistas/ginecologia/Vol_47N4/pdf/A07V47N4.pdf //, nan dat 17 Fevriye 2021).

Anpil peyi te legalize avòtman ki pwovoke san kòz aparan (ki kapab fèt jiska 12yèm semèn gwosès la). Se sèlman 36% nan popilasyon mondyal la ki aksepte avòtman lè lavi fanm ansent lan gen risk, se moun ki gen yon jistifikasyon medikal. Yo rele sa a avòtman terapetik (Rekipere nan http://www.scielo.org.pe/scielo.php?script=sci_arttext&pid=S1728-59172014000400006, nan dat 17 fevriye nan 2021). Se sèlman senk peyi nan mond lan (peyi Salvadò, Nikaragwa, Repiblik Dominikèn, Vatikan ak Malta) ki konsidere avòtman kòm yon krim, ki entèdi nan nenpòt sitiyasyon, ki lakòz yon sanksyon pou moun ki fè li a ak pou fanm ki sibi li a (Rekipere nan https://www.bbc.com/mundo/news-latin-america-40677494 //, nan dat 17 Fevriye 2021).

Gen kèk moun ki konsidere avòtman kòm yon metòd kontwòl nesans; paske li pote ak li akimilasyon nan gwosès "endezirab", kidonk li revele youn nan kòz ki pi enpòtan nan avòtman nan dènye tan yo. Move enfòmasyon nou genyen sou seksyalite nou; neglijans paran yo anrapò ak ti moun adolesan yo; ba estim pwòp tèt ou; ak anpil lòt bagay anjeneral ki se kòz yo pou gen yon gwosès dezirab.

Kounye a, ak fòmasyon mouvman "pre-chwa yo" (an favè aksè a avòtman pwovoke), lide legalize oswa dekriminalize avòtman nan nenpòt sikonstans lan pran pi plis fòs, li diskite ke dwa pou dwa moun yo klèman presize ke desizyon sou pwòp kò nou yo se nou menm sèlman ki kapab pran l, yon prensip ke yo rekonèt kòm "otonomi fizik". Kidonk, anpil nan moun ki an favè avòtman yo ankouraje lide sa yo:

- Fanm nan se chèf kò li; epi li kapab fè tout sa ke li vle avèk li.
- Se pa tout fanm ki fèt pou vin manman.
- Li grav anpil pou w pèmèt yon fanm fè yon ti moun ki soti nan yon abi kadejak.
- Anbriyon imen an pa konsidere kòm yon moun.

Kreyasyon mouvman "pre-chwa" yo te mande fòmasyon mouvman yo "pre-lavi" yo tou, yo menm ki tou rantre nan konfli ki sou sijè avòtman an tou. Dènye mouvman sa menm diskite ke tout moun gen dwa pou yo gen lavi.

Kesyon:
- Ki definisyon avòtman?
- Kisa ou panse de legalizasyon oswa dekriminalizasyon avòtman an?

II. Agiman biblik pou fè fas a pwoblèm avòtman an

Bib la pa presize anpil bagay sou avòtman; men li di nan Jòb 12:10 sa ki annapre yo: "Bondye gen nanm tout sa ki vivan nan men li. Wi, lavi tout moun nan men li". Epitou nan Detewonòm 5:17 li di konsa: "Piga nou touye moun"; epi definitivman, avòtman se touye yon "inosan".

Antanke kretyen, nou dwe baze lafwa nou ak lavi nou sou Pawòl Bondye a. Li ban nou anpil gwo agiman pou defans lavi a, ki pral ede nou fè fas ak pwoblèm avòtman an. Gen kèk nan agiman sa yo ki dekri anba a:

A. Bondye gen tout dominasyon sou lavi moun

Tèm sa a reflete kont kreyasyon an ak pasaj ekriti yo kote Bondye manifeste antanke Kreyatè tout bagay, kòm Seyè a nan linivè a. Paske Bondye fè nou, lavi nou epi kò nou pa pou nou an reyalite; men pito, yo tout se pou li, Pòl te di nou ke se pou Seyè a ke nou tout ye; e kit nou viv, kit nou mouri, nou fè sa pou li (Women 14:8). Lavi se yon bagay ki sen, pirifye ak san enchanjab; donk nou dwe respekte li menm jan nou respekte Bondye ki bay lavi a li menm.

Defansè pre-chwa yo deklare ke medam yo kapab fè sa yo vle avèk kò yo; paske se pou yo li ye. Antanke kretyen, nou konnen Pawòl Bondye a nan 1 Korentyen 6 di nou ke kò nou se tanp Sentespri a epi se pa pou nou (v.19); se poutèt sa nou dwe fè louwanj Bondye nan kò nou (v.20).

B. Nou menm lèzòm, se avèk imaj Bondye ke nou te kreye

Nan Jenèz 1:26-31 ak 2:4-25, kote yo rakonte kreyasyon gason ak fi, Bib la di nou: "Bondye kreye moun. Li fè l' pòtre ak li. Li kreye yo gason ak fi." (Jenèz 1:27). Kreye avèk imaj Bondye! Sa vle di se moun. Nou pa jis yon pakèt selil o aza ki jete ansanm pa kèk fòs; okontrè, se Bondye ki kreye nou. Nou dwe sonje ke li te konnen nou anvan menm ke li te kreye nou nan vant manman nou (Jeremi 1:5). Bondye pa sèlman konnen chak moun anvan yo fèt; men tou, li gen yon plan pou nou chak, daprè (Sòms 138:8, 139:13).

C. Ti moun nan, nan vant manman l, se yon moun li ye

Mo "vin ansent" yo itilize plizyè fwa nan Bib la (Jenèz 4:1,17). Moun nan gen menm idantite a anvan kòm byen ke apre nesans li. Bondye te kreye chak pati nan ti moun ki poko fèt la dapre Sòm 139:13-1.

Etid medikal yo fè nou konnen ke fetis la endike ke kè ti bebe a detekte depi sou 18 jou nan lavi; sou wit semèn, tout sistèm li yo deja fòme (li rele "anbriyon"); epi nan onz semèn gwosès, tout kò li ap travay, k'ap bay ti bebe ki gen pou l fèt la kapasite pou santi ak wè tout sa k ap pase bò kote l. Tout bagay sa a klèman kontredi deklarasyon pre-avòtman yo lè yo endike ke anbriyon an, oswa ti moun ki poko fèt la, pa ta dwe konsidere kòm yon moun paske li pa gen kapasite yon moun, kidonk li rele li "yon pakèt selil. Lavi moun dwe respekte ak pwoteje jan sa dwe fèt la, apati de moman kote ke li tonbe andedan vant manman an.

D. Bondye kondane touye moun inosan yo

Bondye te kite youn nan kòmandman li yo pou nou ki se "Piga nou touye moun" (Egzòd 20:13; Detewonòm 5:17). Se poutèt sa, li pa bon pou retire lavi yon ti moun ki poko fèt; paske ti moun sa a se yon nanm vivan depi nan moman konsepsyon an. Nan Revelasyon 22:15, Bib la di nou tou ke ansasen pa pral antre nan Peyi Wa ki nan syèl la (sòf si yo retounen vin jwenn Bondye). Kidonk, Bib la klè lè li di ke avòtman an se "peche".

E. Bondye anseye nou pou nou renmen

Men sa Pawòl la di: "Paske, men mesaj nou te tande depi nan konmansman an: se pou nou yonn renmen lòt" (1 Jan 3:11). Pran lavi yon lòt se vyole kòmandman renmen an; sispann ede moun ki nan bezwen ak danje se sispann renmen tou, ann sonje ke Bondye se lanmou li ye daprè ki di nan 1 Jan 4:8 :"Moun ki pa gen renmen nan kè yo, yo pa konn Bondye, paske Bondye se renmen menm". Lanmou, nan èt imen an, se sa ki bay lavi a sans. Lanmou, lè sa a, se sa ki nouri mouvman pre-lavi a. Sa a kondwi yo sove lavi ti moun yo, epi ofri altènativ lavi pou paran yo. Avòtman, nan kèk mo, nou kapab di ke li kontrè ak renmen. Renmen vle di: "Mwen sakrifye tèt mwen pou byen yon lòt moun"; alòske avòtman vle di: "Sakrifye lòt moun nan pou byen tèt moun sa a menm".

Kesyon:

- Ki sa ou konprann lè Bib la di ke nou kreye ak imaj Bondye a (Jenèz 1:26-31)?

- Poukisa nou di ke ti moun nan, depi nan vant manman l, li dwe konsidere kòm yon moun (Sòm 139:13-16)?

III. Repons legliz la fas avèk tèm avòtman an

Nou menm, antanke pitit Bondye yo, nou bezwen ogmante vwa nou pou ke nou defann lavi. Nou pa dwe rete an silans gade kijan moun ki "pa gen vwa" yo vyole, jan sa di nan Pwovèb 31:8 : "Louvri bouch ou pale pou moun ki pa ka pale pou tèt yo. Defann kòz moun ki san sekou yo". Depi nan tan lontan, la gwo lidè legliz yo ak teyolojyen yo te fè konnen opinyon yo kont avòtman an. Jan Calvin te di sa ki annapre yo: "Fetis la, menm si li fèmen nan vant manman l, li deja yon moun epi sa ki plis grav nan krim nan se pran lavi yon moun ki poko menm kòmanse jwi li... siman li ta dwe jije kòm pi gwo malveyan dèske li detwi yon fetis nan matris manman l anvan li te wè limyè a" (Calvin, John. Kòmantè sou kat dènye liv Moyiz yo, Charles William Bingham tradiksyon, vol.4. Etazini: Nabu Press, 1950, pp.41-42).

Fason ke nou menm antanke legliz ta dwe reponn a avòtman an se premyeman ak levanjil la. Nou dwe konnen ke se Bondye menm ki kreye chak ti bebe nan matris la; epi li te fèt pou yon plan nan lavi sa a. Plis toujou, Jezi antanke Kris la renmen ti moun sa a; epi youn nan fason ke li pwouve li se ke li te fè tèt li pase pou yon ti moun pou vini nan mond sa a, daprè Ezayi 7:14: "Enben!

Se Seyè a menm ki pral ban nou yon siy. Men li: Jenn tifi ki ansent lan pral fè yon pitit gason, l'a rele l' Emannwèl (ki vle di: Bondye avèk nou)". Konsa, lè ke ou vle defann lavi, sèvi ak agiman yo ke nou jwenn nan Pawòl Bondye a.

Pou ede anpeche pwoblèm sa a, nou dwe pran an kont ke nou pa dwe sèlman konnen sa Pawòl Bondye a di nou sou lavi ak defans li; men tou, nou dwe travay aktivman ak tout moun ki gen yon pòsyon nan pwoblèm sa a, menm jan ak fanmi an ak sosyete a, edike yo nan pwoblèm afektif ak seksyèl, nan ede medam yo kenbe tèt yo nan domèn (emosyonèl, espirityèl, ekonomik, sosyal, ak anpil lòt bagay ankò, ki pral fè fanm nan kapab rekonsidere desizyon pou l avòte) ak kontèks twomatik li yo, epi sipòte fanm ansent ki nan yon kontèks vilnerab.

Antanke Legliz Nazareyen, nou gen "angajman pou ke nou kòmanse ak sipòte pwogram ki fèt pou pran swen manman ak ti moun yo. Kriz yon gwosès non dezire mande pou kominote kwayan yo (reprezante pa sèlman moun ki bezwen konnen osijè de kriz la), men se pou ofri yon anviwonman lanmou, lapriyè, ak konsèy. Nan ka sa yo, sipò a kapab pran fòm sant oryantasyon, kay azil pou manman ki ansent ak kreyasyon oswa itilizasyon sèvis adopsyon kretyen yo" (Manyèl Legliz Nazareyen an, 2017-2021. Etazini: KPN, 2018, p.42).

Avòtman kite gwo konsekans nan lavi tout fanm ki te fè eksperyans nan pèdi yon ti bebe; se pi plis toujou lè sa a te yon avòtman pwovoke. Mak sa yo enpreye nan nanm, nan konsyans, nan psyche fanm nan; epi tou yon fason ki pi dou nan lavi gason an. Si pou yon rezon nou dwe sipòte yon fanm (ak lantouraj li) ki deja fè yon avòtman; nou dwe fè bagay sa yo: 1) ede l vin pi pwoche bò kote Bondye, pou li konfese peche l epi chèche padon Bondye jan sa ekri nan 1 Jan 1:9 : "Men, si nou rekonèt devan Bondye nou fè peche, nou mèt gen konfyans nan li. Paske l'ap fè sak gen pou fèt la: la padonnen tout peche nou yo, la netwaye nou anba tou sa ki mal"; 2) Lè sa a, li dwe padone tèt li, epi li pa viv ankò anba wont kondanasyon avòtman an. Se pou nou sonje ke legliz la dwe retabli ak leve moun ki tonbe yo, sitou pou sa nou jwenn nan Sòm 145:14 : "L'ap soutni tout moun k'ap tonbe. Li bay tout moun ki nan laflisksyon kouraj".

Legliz la jodi a dwe antoure avèk gras, ak verite nan apwòch nou yo fas ak tèm avòtman an. Pa gen okenn diskou ki pi gran, espesyal ak satire ak gras ak verite pase levanjil la.

Nou bezwen fè yon apèl bay kretyen yo; pou ke yo pa pè sa moun kapab fè yo devan pwotestasyon oswa opozisyon kont avòtman. Annou ame nou avèk kouraj epi defann lavi, osi byen ke Bondye konfye li nan men nou! Se pou nou anseye ke avòtman se yon asasina ki andomaje lavi moun nan, fanmi an ak sosyete a.

Lavi moun nan se yon kado sakre ke Bondye ban nou. Sa a pa dwe konsidere kòm yon antrav. Li dwe anseye moun yo pran responsablite yo. Avòtman an volontè oswa pwovoke se yon bagay ki kont volonte ak kòmandman Bondye yo.

Kesyon:

- Kisa ou ta fè pou w ede oswa sipòte yon moun ki fè yon avòtman pwovoke?

- Antanke kretyen, ki pozisyon nou ta dwe genyen sou kesyon avòtman an?

Konklizyon

Antanke kretyen, nou pa kapab bliye dinamik sosyete kote n ap viv la. Plizyè nan sijè deba yo mete an risk libète ki gen pri anpil syèk; epi sa pa sèlman afekte nou endividyèlman, men yo afekte fanmi an, legliz ak sosyete a. Nou dwe aprann respekte lavi apati de fòm ki pi senp li epi frajil; sinon, nou p ap respekte l nan fason li pi konplèks yo.

Leson 26

Prens lapè nou an

Natalia Pesado (Etazini)

Pasaj biblik pou etid: Ezayi 9:6, 26:3, 48:18; Matye 26:38-39; Lik 22:44; Jan 14:27, 16:33

Vèsè pou aprann: "Ou menm, Bondye, w'ap ba yo kè poze! Moun ki toujou kenbe pwomès yo, wi, w'ap ba yo kè poze, paske yo mete konfyans yo nan ou!" Ezayi 26:3.

Objektif leson an: Reflechi avèk kè poze ke sèlman Bondye kapab bay la atravè anpil eksperyans enkyetid nan lavi sou latè a.

Entwodiksyon

Enkyetid la se yon santiman ki byen komen nan tout moun k'ap viv sou latè. Pafwa yo rele tou "laperèz" oubyen "nè"; epi li gen ladan li sansasyon fizik ak emosyon sikolojik. Estrès la se yon eksperyans ki kapab varye nan entansite li, soti nan yon pwen ki modere a prèske feblès; men nan prèske tout ka yo, nou kapab dakò ke li se yon eksperyans trè mal alèz. Nan etid nou jodi a, nou pral fouye pi fon nan pèspektiv sikolojik estrès la ansanm ak pèspektiv espirityèl Kreyatè nou an sou eksperyans sa a ke n'ap fè fas ak li nan lavi nou sou tè a. Finalman, nou pral reflechi sou sa nou kapab fè antanke legliz nan syèk prezan an pou jere eksperyans enkyetid la avèk bon konprann.

I. Ki sa enkyetid la ye?

Ekspè nan sante mantal yo te deja angaje yo pou yon tan byen long pou yo etidye epi eseye konprann eksperyans nan enkyetid la. An jeneral, enkyetid la kapab defini kòm yon eta emosyonèl ki gen ladan li sansasyon laperèz ak ensekirite, estrès, kè sere ak laterè nan panse pou danje oswa lanmò pèsonèl. Enkyetid la kapab genyen ladan li tou sansasyon fizik ki enkli souf kout; palpitasyon kè; tansyon nan misk (anjeneral nan tèt, kou, zepòl ak/oswa vant); men swe oswa frèt; janm tranble; soulay; elatriye.

Youn nan fason yo konprann eksperyans enkyetid la pi laj se konprann ke enkyetid la se yon ensten ki egziste tou nan mond animal yo: nou kapab konsidere zèb k'ap manje sou savann Afriken an ki toudenkou wè gwo pyebwa yo k'ap souke nan savann nan bò kote yo ak nan mitan yo, yo jis akoupi epi pare pou atake, yo wè yon lyon ki renmen manje vyann ki fenk touye. Nan moman sa a, sistèm alam pou pwoteksyon zèb la aktive. Sa se, sèvo l' ki travay san pran souf pou ankouraje li siviv, li aktive yon pati nan sistèm nève a: zèb la kòmanse respire byen pwofon; nen li travay byen vit; pwosesis dijesyon li yo sispann otomatikman, paske kounye a tout enèji li dwe konsantre sou yon batay posib oswa chape pou sove lavi l, e pou rezon sa a, tansyon tout misk li yo moute (pou yo kapab kouri lè lè a rive pou sa fèt la); epi tou san an kòmanse sikile konsantre sou sant kò a (pou evite yon eksanginasyon posib nan ka ke li ta soufri yon blesi pa mòde oswa grafouyen nan youn nan branch yo).

Nou kapab wè ke chak nan sentòm sa yo fòme fè pati yon sistèm pwoteksyon konplèks ki fèt pa Kreyatè nou an. Lè lyon an fè premye atak la, li sote, zèb la pare pou l kouri ale, pou l sove lavi l. Lè l ap kouri yon distans ki long, zèb la pral rive epi li kapab detann misk li yo apre anpil efò fizik; epi yo pral respire anpil an premye, men li pral retounen nan respire dousman ak pwofon, epi li pral kapab manje ak repoze ankò. Nan egzanp sa a, sistèm pwoteksyon an akonpli fonksyon li san manke anyen.

Nan eksperyans nou antanke moun pou kounye a, nou dwe rekonèt ke pafwa sa ki lakòz nou enkyete pa bèt sovaj yo; se paske nou pa konn fè fas ak yo nan vil nou yo. Men, gen lòt enkyetid oswa danje nou fè fas yo, tankou maladi ak pandemi ki sot pase a, enkyetid ekonomik ak relasyon, pwoblèm legal, konfli politisyen yo, enkyetid sou lavni, elatriye. Malerezman, anpil fwa nou pa ka rezoud enkyetid tankou zèb la ki chape; men estrès la pafwa, li kontinye pou yon tan byen long, li vin yon estrès ki kwonik, epi nou pa gen ase aktivite pou fè egzèsis pou detann tansyon kò yo. Kapab menm pral gen tan lè òganikman; sa vle di, pa eritaj jenetik, nou gen plis chans pou nou santi enkyetid nan sèvo nou (menm jan lòt moun kapab gen plis chans pou soufri tristès, mank de konsantrasyon, dyabèt, elatriye). Nou kapab konsidere tou ke pafwa sèvo nou aktive sistèm alam la, men li ban nou "fo alam"; sa vle di, li aji twòp lè petèt nou pa an danje nan yon moman.

Pou rezon sa a, nou kapab devlope zouti k'ap ede nou jere eksperyans sa yo ak bon lespri; epi nou kapab chèche èd yon pwofesyonèl sante mantal tou, pou gide nou selon sajès ak preparasyon Bondye bay la.

Kesyon:

- Ki jan ou ta defini enkyetid la nan yon sans fizyolojik (sa vle di efè fizik ak sikolojik) ki baze sou leson jodi a?

- Èske w te janm fè eksperyans enkyetid? Ki jan ou te kapab simonte li? Kòmantè.

II. Ki sa Bondye di nou sou enkyetid la?

Kreyatè nou an byen konprann lè n'ap eksperimante santiman enkyetid yo; depi jan nou te wè l la, li te desine nou ak yon ekselan sistèm pwoteksyon ki avèti nou lè ke nou fè fas ak danje nan egzistans nou. Epi, nan Pawòl li a, li te kite anpil pwomès pou ede nou nan moman lavi nou lè enkyetid la fè nou vin akable. Ann sonje ansanm ke genyen kèk nan yo:

Nan Ezayi 26:3, pwofèt la te ekri: "Ou menm, Bondye, w'ap ba yo kè poze! Moun ki toujou kenbe pwomès yo, wi, w'ap ba yo kè poze, paske yo mete konfyans yo nan ou!". Nan pwomès sa a, Bondye fè nou sonje ke li pral kenbe nou nan lapè total; sa vle di, yon lapè ki pa kite plas pou enkyetid. Pati nou nan akonplisman pwomès sa a se mande pou nou fè Bondye konfyans; epi konsantre panse nou sou Li. Mwen kapab temwaye ke plis mwen li Pawòl la, epi mwen fè konfyans nan pwomès Bondye yo, mirak sipènatirèl li yo, epi toujou renmen l pi plis; plis lapè mwen fè eksperyans nan kè mwen, paske mwen konvenki ke se li menm ki genyen kontwòl tout lavi mwen.

Nan Ezayi 48:18, pwofèt la te bay pèp Bondye a yon pawòl egzòtasyon tou: "Si sèlman nou te swiv lòd mwen te ban nou yo, benediksyon ta vide sou nou tankou lapli k'ap tonbe. Tankou lanmè ki pa janm sispann voye lanm, m' pa ta janm sispann kanpe pou nou!" (VBJ). Nou kapab aksepte ke enkyetid la kapab pafwa rezilta nan sitiyasyon estrès ki te koze pa desizyon ki pa genyen anyen pou wè avèk konsèy Bondye; epi nan ka sa a, mwen kapab temwaye ke Bondye li menm bay pon an pou ke nou retounen nan volonte li, epi fè eksperyans renouvèlman li yo ak rezilta kè poze a. Nou pa kapab

jije lòt moun, menm jan zanmi Jòb yo te fè sa (Jòb 4-23). Nou kapab sèlman egzamine tèt nou anba lanmou Bondye pou retire nenpòt estrès ke moun ta lakoz.

Nan lòt men an, nan Nouvo Testaman an, nou kapab jwenn ke Jezi kise Kris la te pale dirèkteman avèk nou sou tèm sa a. Nan liv Jan an, nou jwenn de vèsè sa yo pou nou reflechi sou: a) Jan 14:27 di: "M'ap ban nou kè poze. M'ap fè kè nou poze nan jan pa mwen. Mwen p'ap fè li pou nou jan sa fèt dapre prensip ki nan lemonn. Pa kite anyen toumante tèt nou, nou pa bezwen pè " (BVJ); epi b) nan Jan 16:33 , nou li : "Mwen pale konsa pou nou kapab gen kè poze nan mwen. Nou gen pou n' soufri anpil sou latè. Men, pran kouraj, lemonn deja pèdi devan mwen " (VBJ). Nan pasaj sa yo, nou gen pawòl Jezi li menm ki konseye nou konsènan enkyetid ak laperèz ke nou kapab eksperimante yo nan lavi nou. Seyè nou an Jezi ki se Kris la kapab konseye nou; paske li menm li te fè eksperyans moman enkyetid entans sa a nan lavi tèrès li, jan ke nou kapab li nan pasaj ki rakonte gwo enkyetid ke Jezi antanke Kris la te prevwa trayizon li pa Jida ak prizon pa lidè relijye yo. Nan Matye 26:38, Seyè nou an te di: "Mwen gen lapenn anpil. Mwen santi se mouri m'ap mouri. Rete la avèk mwen, pa kite dòmi pran nou" (VBJ); Epi li te kontinye priye Bondye: "Li al yon ti kras pi lwen, li lage kò l' fas atè, li lapriyè konsa: O Papa mwen. Si sa te ka fèt, wete gode soufrans sa a devan je mwen. Men, se sa ou vle a ki pou fèt, pa sa mwen vle a" (Matye 26:39). Lik 22:44 di nou yon lòt detay sou kè sere a Jezi nan lapriyè anvan yo te trayi l la: "Kè Jezi te sere anpil, li t'ap lapriyè pi rèd. Swe t'ap koule sou li tonbe atè tankou gwo degout san". Lè ke nou sonje jan ke Jezi ki se Kris la te gen enkyetid pèsonèl; nou kapab konprann poukisa li te vle kite kè poze li a pou nou.

Ansanm ak feblès limanite Mesi a, nou kapab sonje an menm tan ke li se Bondye ki gen tout pouvwa tou. Nan Ezayi 9:6, nou li: "Nou gen yon ti pitit ki fenk fèt. Bondye ban nou yon gason. Se li menm ki pral chèf nou. Y'a rele l': Bon konseye k'ap fè bèl bagay la, Bondye ki gen tout pouvwa a, Papa ki la pou tout tan an, Wa k'ap bay kè poze a! " (VBJ, anfaz ki ajoute a). Nou wè enkyetid pasaje ke Jezi antanke Kris la te fè fas la pap janm genyen viktwa; paske viktwa a se pou Bondye li ye. Nan Filipyen 4:7, nou li ke "Konsa, Bondye va ban nou kè poze nan jan pa l', bagay lèzòm pa ka konprann; la kenbe kè nou ak lespri nou fèm nan Jezikri ". Sovè nou an envite nou fè pawòl li yo konfyans; epi resevwa ak eksperimante kè poze sa a. Nou di Bondye mèsi Bondye pou dispozisyon li!

Kesyon:

- Ki pasaj nan Bib la ke nou li jodi a ki te atire atansyon w pi plis? Poukisa?

- Èske ou gen yon pasaj sou enkyetid oswa lapè ki pale ak/oswa de ede ou nan yon fason espesyal nan lavi chak jou ou? Pataje li epi/oswa transkri li.

III. Kisa nou kapab fè fas ak enkyetid la?

Antanke yon legliz nan 21 yèm syèk la, nou pa egzante de eksperyans nan enkyetid la; pliske nou te wè zansèt nou yo te soufri nan tan Ezayi, Seyè nou an Jezi ki se Kris la li menm, e toujou, nou kapab byen sèten ke dènye jenerasyon ki sot pase yo pwobableman te fè fas avèk li tou. Petèt gran gran paran nou yo oswa gran paran nou yo te soufri tou lè yo te fè eksperyans avèk lagè mondyal la, pandemi dènye syèk la ak konsekans li yo ki se estrès pèsonèl nan lavi chak jou. Sepandan, nou menm antanke pitit Bondye, nou genyen anpil zouti ki sou dispozisyon nou pou jere emosyon enkyetid yo tou.

Soti nan yon pwen de vi pratik, nou kapab asire w ke nou dwe pran swen kò nou ak ògàn nan sèvo a ak yon rejim alimantè ki an sante; nou dwe fè kantite egzèsis fizik ki abondan; ak ase tan pou repoze nan aswè. Menm jan an tou, nou kapab jere sous estrès nan lavi nou an avèk bon konprann: kit se twòp konsomasyon nouvèl negatif; sibstans ki pwodwi ajitasyon nè yo (sa a kapab varye de yon moun pou rive sou yon lòt moun, epi yo kapab gen ladan yo bwason komen sa a yo tankou kafe oswa bwason ki gen kafeyin, pa egzanp); relasyon toksik; travay estrès; pou mansyone kèk lide sèlman.

Soti nan pwen de vi sante mantal, nou kapab devlope ak pratike disiplin tou pou swen pèsonèl emosyonèl nou, tankou gen moman pou respire pwofon; detant nan misk pwogresif yo; pase tan nan lanati anba solèy la, lè ak pye bwa. Nou dwe konnen ke, si sa nesesè, chèche konsèy bò kote yon pwofesyonèl konsèy kretyen ki kapab ede nou aprann plis pase sa ke lasyans imen an kapab ofri pou simonte enkyetid la.

Finalman, nan pwen de vi espirityèl la, antanke legliz sen Kris la, nou dwe asire w ke ou fè Bondye konfyans totalman, epi pa vire do bay Seyè nou an, menm nan moman soufrans sa yo. Avèk menm enpòtans lan, antanke yon legliz, nou dwe toujou kenbe yon atitid lanmou ak respè pou moun ki bò kote nou yo k'ap fè eksperyans ak enkyetid la tou. Si yon moun pa te fè eksperyans enkyetid la pèsonèlman; li kapab difisil pou konprann entansite emosyon ak panse enkyetid la kapab pwovoke, epi li kapab mennen nan yon atitid enpasyans oswa jijman (egzanp, "enkyetid se yon rezilta peche", oswa "li lwen Bondye"). Malerezman, dinamik entèpèsonèl sa yo pa pral sipòte oswa gerizon pou fanmi nou, zanmi, oswa konpayon lafwa nou yo ki ap fè eksperyans enkyetid. Olye de sa, nou ta dwe priye Jezi ki se Kris la pou l ede nou gen pawòl konpreyansyon, sipò, ankourajman ak lanmou jan moun ki toupre nou an bezwen an. Nan sans sa a, nou kapab reflechi sou kèk fason pratik ke antanke legliz, nou kapab ede yon moun ki ap fè fas ak enkyetid la: olye pou nou di moun nan, "kalme w!" (pliske moun nan, anpil fwa, pa kapab kontwole emosyon li si li tèlman fò), li kapab plis apwopriye w pou di: "Mwen toujou la pou ou, m ap toujou rete la bò kote w la"; olye pou w ta di konsa: " Aa, se pa gwo zafè!", ou kapab di konsa: "Mwen kapab wè ke ou enkyete anpil"; olye pou w di konsa: "Sispann enkyete w!", nou kapab di konsa: "Li totalman nòmal pou w santi estrès la"; olye pou w di konsa, "Se tout bagay ou genyen andedan tèt ou," nou kapab konseye moun nan tande mizik oswa soti al fè yon ti mache; oswa olye pou nou di konsa: "Fè sa!", nou kapab di konsa: "Sa difisil, men n ap fè fas ak sa ansanm" (Rekipere nan https://www.healthgrades.com/rightcare/anxiety-disorders/9-things-not-to-say-to-someonewith-anxiety, pa Jennifer LW Fink, nan dat 17 Janvye 2021; ou kapab wè plis lide nan lyen ki pataje a).

Pi gwo kado nou an kapab lapriyè; konsa, men Bondye a ki sinatirèl travay avèk pouvwa, epi li pwodui fwi lapè Jezi ki se Kris la. Li vle sèvi ak nou pou bay lòt moun kè poze li a!

Kesyon:

- Ki sa ou panse de zouti yo sigjere pou enkyetid yo? Èske w te itilize kèk ladan yo anvan?

- Ki atitid ou panse nou ta dwe genyen anvè moun ki bò kote nou ki soufri enkyetid? Poukisa?

Konklizyon

Enkyetid la kapab yon eksperyans trè mal alèz tou ni fizikman ak emosyonèlman, epi li kapab gen baz newolojik; sepandan, nou menm antanke pitit Bondye, nou rekonèt li gen tout pouvwa pou l aji menm nan balans chimik nan sèvo byolojik nou, ansanm ak nan nanm nou pou ede nou fè eksperyans lapè sèlman li menm kapab ban nou. Ann pa bliye akonpli misyon pa nou an ki se mete konfyans nou nan Bondye totalman nan moman enkyetid yo; epi pratike aktivite ak disiplin ki kapab ede nou. Antanke frè nan Kris la, ann priye youn pou lòt. Prens Lapè nou an bò kote nou pou li kapab sèvi nou yon refij pou toutan.

Mesaj ki enpòtan pou legliz la (1 ak 2 Korentyen)

Egzòtasyon pou kò Kris la

Leson 27

Gabriel Yip (Meksik)

Pasaj biblik pou etid: I Korentyen 1:10-31, 2, 3, 4

Vèsè pou aprann: "... Si yon moun vle fè lwanj tèt li, se pou l' fè lwanj tèt li nan sa Bondye fè pou li" I Korentyen 1:31.

Objektif leson an: Asime rekòmandasyon pou genyen mantalite Kris la kòm pwen fò inite legliz la.

Entwodiksyon

Pou kòmanse, li nesesè pou bay yon ti detay sou vil Korent kote Pòl te viv pou plis pase yon ane selon Travay 18:11 : "Konsa, Pòl pase dizwit mwa lavil Korent, li t'ap moutre moun yo pawòl Bondye a". Sa a se te yon gwo vil nan peyi Lagrès. Yo di, dapre kont mitolojik ke li te tèlman enpòtan ke bondye li yo Helios ak Poseidon te diskite sou li (Rekipere nan http://viajesdevida.com/de-laacropolis-de-corinto-los-restos-de-micenas-un-paseopor-istwa-anpi-grek-la/, nan dat 28 Fevriye 2021); byenke nan Iye syèk ap.K, Korent pa t 'nan gwo epòk li yo ankò, pliske Wòm te déjà anvayi li epi detwi li. Iwonikman, menm anpi sa a, sou lòd Anperè Julius Caesar, te rebati vil la ; paske se te yon zòn ki te nan wout komès pa lanmè ak tè. Kidonk, vil Korent lan te gen yon dezyèm van ekonomik ak kiltirèl nan mitan Iye syèk anvan epòk nou an. Pwovens sa a te vin dezyèm vil ki pi enpòtan pou Women yo nan kòmansman legliz la (Utley, Bob. Ou kapab konprann Bib la. Lèt pou yon Legliz ki boulvèse, I ak 2 Korentyen. Etazini: Leson Biblik Entènasyonal yo, 2012, p.1). Jodi a, ansyen vil Korent la pèdi popilasyon I lan fin deperi. Genyen sèlman prèv akeyolojik li ; men li pre vil aktyèl la nan Korent. Nan leson sa a, nou pral etidye kèk pwen kle nan kat premye chapit lèt I Korentyen.

I. Legliz Korent la te genyen anpil divizyon (I Korentyen 1-3)

Pòl, nan lèt sa a, li te rekonèt ke legliz Korent lan te gen lafwa yo nan Jezi ki se Kris (I Kor 1:2-7); byenke kèk paragraf aprè sa a, li te konfwonte l'ak kèk nan pwoblèm li yo. La a apot la tou mete nan bon dimansyon travay la nan Kris la nan legliz sa a ak pwoblèm ki te aflije li yo, tankou yon degre ke li raple frè yo nan espwa nan konfimasyon lè Seyè a retounen (v. 8). Pòl te adrese pwoblèm konfli yo pa mwayen lidè oswa monitè yo ki t'ap fonksyone nan legliz sa a (vv.11-12) : epi li te fè yon konparezon ant fason panse moun ki te nan Kris la yo ak moun ki pa t kwè nan Li yo. Li te montre tou nesesite pou plase nan bon pozisyon espirityèl la (I Kor. 2:16); epi pita, li te eksplike kijan pou w konprann epi viv lavi sèvis Jezi ki se Kris la. Menm jan an tou, apot Pòl te montre yo nesesite pou yo revize matirite yo dapre (I Kor 3:1-4); ak tout sa a yo, nou kapab rann kont vre kote li mete aksan sou divizyon an kòm yon mank de matirite espirityèl.

A. Renouvèlman, oswa repantans ak lavi ki tou nèf la

Istwa Lik la nan liv Travay la sove fason moun nan peyi Lagrès yo te konn panse nan epòk Pòl te lavil Atèn nan. Li te nesesè pou I te ale la ; paske levanjil la se yon mesaj pou tout ras moun ki sou latè jan sa di nan Travay 17:26-27 : "Se li menm tou ki kreye tout nasyon ki rete toupatou sou latè. Li fè yo tout soti nan yon sèl moun. Li te fikse davans tan ki pou yo chak, ak limit kote pou yo chak rete.

Li fè tou sa pou yo ka chache l', pou yo ta ka rive jwenn li lè yo seye pran kontak avèk li. Men, Bondye pa pi lwen okenn nan nou pase sa". Ann gade de kesyon entèlokitè yo te poze Pòl nan Areyopaj la ki te fè I wè fason ke kè yo te ye : "Kèk filozòf ki t'ap swiv prensip patizan Epiki yo ak patizan Zenon yo t'ap pale avèk li. Gen ladan yo ki t'ap di : Kisa paladò sa a vle di la a? Gen lòt moun ki t'ap di : Gen lè l'ap pale sou yon lòt kalite bondye. Yo t'ap di sa paske Pòl t'ap pale yo sou Jezi, li t'ap di yo ki jan mò yo gen pou yo leve vivan ankò" (v.18); epi "Lè sa a, yo pran l', yo mennen l' nan Aewopaj la. Epi yo di li : Nou ta renmen konnen tout bagay nèf sa yo w'ap montre moun yo la a?" (v.19).

Avèk kalifikasyon sa a ke yo te bay Pòl akoz de predikasyon li a, yo te fè referans ak li kòm "yon moun k ap ranmase grenn, ki rasanble fragman konesans" (Rekipere nan https://bibliaparalela.com/greek/4691.htm, nan dat 28 Fevriye 2021). Sa a te vle di mepri kont pawòl apot la. Se te yon fason pou yo di ke yo te manke orijinalite ; men tou ke yo pa te gen okenn lojik.

Moun lavil Atèn yo te tande moun ap pale chak jou; se te yon tradisyon ki gen plizyè syèk. Men, atizay la nan pale te diskredite tou pa chalatan ki te ekspè nan flate oswa chanje sa bagay yo ye, yon fason pou ke yo sòti viktorye nan deba oswa jenere nouvote pou piblik la. Filozòf Platon te rele moun ki pale konsa yo "sofist" (gade Plato, Sofis la). Men, eksè sa yo pa t ase rezon pou sispann koute diskisyon yo; epi wè sa ki te enteresan ladan yo, jan sa parèt nan v.21 :"(Se te abitid tout moun lavil Atèn ak tout moun lòt nasyon ki rete nan lavil la, pou yo pase tout tan yo ap pale osinon ap koute tout kalite pawòl ki fèk parèt)". Se poutèt sa, yo te tande sa ke Pòl t'ap di yo tou "nouvo ansèyman sa a" (v.19).

B. Jwif oubyen grèk (1:18-31)

Pwen esansyèl ki eklate ant fason panse kretyen yo, jwif ak grèk yo, dapre lèt Pòl la, enplike sa ki annapre yo (v.19): Jwif yo te konsidere li yon blasfèm ke Jezi se te Mesi a "Lè sa a, yo pran l', yo mennen l' nan Aewopaj la. Epi yo di li: Nou ta renmen konnen tout bagay nèf sa yo w'ap montre moun yo la a" ak plis ankò paske yo te kloure l sou kwa a, selon sa ke li te di nan Detewonòm 21:23 :"Pa janm kite kadav la pase nwit sou pyebwa a. Se pou nou antere l' menm jou a, paske yon kadav pann nan yon pyebwa se bagay ki pa fè Bondye plezi. Se konsa nou p'ap kite yo fè ankenn vye bagay ki pou fè Seyè a, Bondye nou an, vire do ban nou nan peyi Seyè a pral ban nou pou nou rete a". Epitou, li te yon bagay ki pat klè pou ke Jezi te rele tèt li Pitit Bondye a. Malgre ke anpil pwofesi te akonpli byen klè atravè Jezi an relasyon ak nesans li, lavi li, lanmò ak rezirèksyon; tout sa a yo pa t 'siy ki te ase pou jwif sa yo.

Abitan peyi Lagrès yo, bò kote pa yo, te dekri sa kòm bagay moun fou, lide sou Bondye-Lòm limite pa tan ak espas. Pou yo, sa pa t yon bagay ki te antre nan panse a rezirèksyon kò a; pou kèk moun te wè lanmò a kòm yon inyon nanm, totalite a -logos- oswa dye (estoicos). Anpil lòt moun te kwè ke lanmò a se te liberasyon nanm nan (gnostik); epi anpil lòt moun plis kòm yon bagay enposib, akòz fason materyalis yo panse eritye nan filozòf Demokrit ak Epikiryen yo (epikirye yo), ki te afime ke tout bagay fini avèk entèvansyon lanmò a epi rechèch bonè tout plezi isit la sou latè. Se konsa, posibilite pou rezirèksyon Jezi ki se Kris la, ak jijman tout limanite nan yon tan lavni te yon bagay dwòl (Barclay, William. Kòmantè Biblik sou Nouvo Testaman, volim 7. Espay: Editoryal CLIE, 1991, p.70). Pawòl ekriven Antonio Cruz yo fè panse kontanporen an konsa: "Nouvo ateyis ki gaye jodi a nan anviwònman inivèsite a se responsab pou fè moun kwè imaj Bondye ki gen sajès nan Bib la ki te planifye mond lan nan entèlijans la pa kowenside ak apwòch syans modèn yo" (Cruz, Antonio. Nouvo Ateyis. Etazini: Editoryal CLIE, 2019, pp.7-8).

Jiskaprezan, nou kapab wè fason de panse ki pa t pataje nan Krisyanis la. Barclay di sa nan moman sa a:"Jwif yo pa vle anyen plis pase siyal yo. Lè laj an lò Bondye a te rive, gwo evènman yo te espere a te rive... pou grèk yo, Bondye te dwe yon bagay ki pa santi anyen, pou ke anyen pat kapab afekte li. Pou grèk yo, yon Bondye ki santi soufrans se te yon gwo kontradiksyon" (Barclay, William. Kòmantè Biblik sou Nouvo Testaman an, volim 9. Espay: Editoryal CLIE, 1991, pp.12-13). Bondye te revele nan Jezi ki se Kris la kòm Sovè ak Seyè a se te yon konfli pou tou de fòm panse ak viv la.

C. Eritaj Korentyen an (1 Korentyen 3)

Lavil Korent te apeprè 90 kilomèt de Atèn, yon vil ki te genyen yon gwo mouvman komèsyal, relijye ak kiltirèl ki te gen divèsite etnik ak echanj lide. Pwosperite ekonomik la te louvri gwo pòt nan plezi achte, eksè ak egzajerasyon; epi tou pou opsyon pou chèche lide oswa pozisyon filozofik ki ta pèmèt eksplikasyon ak/oswa jistifikasyon fason lavi popilasyon an. Se konsa, pran yon pozisyon, swiv ansèyman kèk filozòf enpòtan oswa powèt te byen nòmal pami moun Korent yo. Pwobableman legliz nan lavil Korent lan repete pratik kiltirèl ke li te genyen anvan li te kwè nan Kris la; men li te pran kòm referans lidè legliz ki te fè l parèt aparamman trè espirityèl la, menm si li pa gen matirite, tankou sa mansyone nan v.4:"Lè yonn rete li di: Mwen menm, mwen se moun Pòl; yon lòt: Mwen se moun Apolòs, èske se pa tankou moun lemonn n'ap pale?". Te gen yon gwo kominote jwif tou ki te reyini nan sinagòg lokal la; yo te pratikan aktif lafwa yo. Pòl, yon jwif pa eritaj men yon disip Kris la, te prezante levanjil la ba yo. Men, jwif yo nan gwoup sa a te opoze avèk tout fòs yo (Travay 18:4-6); epi apot la te deside kite la pou l pataje mesaj la ak moun lòt nasyon yo, byenke te gen yon gwoup jwif ki te kwè ke Jezi se te Kris la jan sa ekri nan Travay 18:8.

Kesyon:

- Ki sa w panse de reyalite sa a pou w se yon kretyen e an menm tan "bay fwi" tankou konfli, divizyon oswa pwomosyon gwoup sektè?

- Ki sitiyasyon oswa diferans ki genyen nan legliz nou an ki kapab lakòz divizyon?

II. Lafwa nan Kris la (1 Korentyen 2, 4)

Apot Pòl pa t ezite jete sajès lèzòm pou l te konnen Bondye, (1 Korentyen 2:11). Kontrèman ak sa a, li te afime ke Kreyatè tout sa ki egziste a te deside enkane epi fè moun konnen tèt li pou gason ak fanm, pou apre li fin viv kòm yon nonm, li ta mouri kloure sou kwa a epi leve soti vivan ankò (1 Korentyen 15:3-4 ak 1 Timote 3:16). Kris la leve soti vivan nan syèl la; men avan, li te komisyone disip li yo pou yo pataje bon nouvèl delivrans lan, delivrans ke lòt moun te rele foli a (1 Korentyen 2:14). Men, si mesaj sa a te konsidere kòm foli oswa ridikil (1 Korentyen 1:21 VBJ); ki jan yo ta kapab konprann mistè sa a epi fè l konfyans? Travay sa a fèt gras a travay Lespri Sen an ki montre nou pwofondè Bondye a (Matye 16:17; 1 Korentyen 1:23) lè li rekonèt Jezi antanke Kris la, Pitit Bondye a, nan li menm ke lalwa a ak pwofèt yo te akonpli (Matye 5:17) pou kè poze jwif yo. Jezi ki se Kris la se limyè Bondye ki eklere tout moun nan (Jan 1:9), kit se jwif oswa moun lòt nasyon. Kidonk, Jezi ki se Kris la ap sifi!

A. Mank de matirite (1 Korentyen 2)

Apot Pòl te fè remake limit fason panse jwif ak grèk yo genyen pou ke yo te pran distans ak yo epi prezante yo "Jezi ki se Kris la ak nonm ki te kloure sou kwa a" v.2: "Mwen te mete nan tèt mwen pou m' te bliye tout bagay sa yo. Yon sèl bagay mwen te konnen tout tan mwen te la ansanm ak nou an, se Jezikri, epi sèlman Jezikri yo te kloure sou kwa a", sa ki te demontre atravè pouvwa ak sajès Bondye (vv.1-5). Sajès lòm nan ak kritè Jidayis la ki pat kòrèk te identifye yo kòm yon pati nan kòz diskisyon sa yo. Li te lonje dwèt sou disip Pòl yo, Apolòs, Sefas, ak Kris la (1:12), kòm "chanèl" (3:3). Mo sa a, pafwa, nou redwi li antanke konpòtman san fren; men li aplike tou pou fason panse ki rete nan kritè mond sa a. Kidonk, chanèl la se pa sèlman esklavaj sèten pasyon; men nan panse ak aksyon ki montre mank de matirite tou. Mande: kijan fason mwen panse ak fason mwen aji a ye?

Swiv yon moun pou kado li yo, fòmasyon entelektyèl yo oswa ministeryèl li yo, epi fè gwoup diskisyon, se manke matirite ak chanalite ke nou kapab obsève nan vèsè 5-7. Legliz sa a te bezwen sonje enpòtans fondasyon an ki se Kris la; e ke tout kolaboratè yo se te sèlman sa. Pa gen anyen ke nou posede pou se Bondye ki te ban nou li; pou ke pèsonn pa vante tèt li oswa santi li siperyè pase frè parèy li a. Ala bèl sa bèl lè w nan Kris la, ki sove nou anba lògèy ak konpetisyon nou!

B. Soti depi Korent pou rive sou nou (1 Kor. 4)

De fason pou afwonte tès sa a:

1. Patisipe kòm yon pati nan kò Kris la se rekonèt ke tout bagay se pou Bondye yo ye, jan vèsè memwa nou an di la nan 1 Korentyen 1:31 : "Konsa, jan sa ekri nan Liv la: Si yon moun vle fè lwanj tèt li, se pou l' fè lwanj tèt li nan sa Bondye fè pou li". Gras a Bondye, nou nan Kris la; se pa gras ak okenn lòt moun! Nou pa gen anyen pou nou vante tèt nou oswa pou nou santi nou siperyè; plis mwens ke li vin yon kòz separasyon, kit se kado nou yo, ministè, fòmasyon akademik, pozisyon sosyal, ideoloji oswa tandans teyolojik. Si kèk nan sa yo ta vin yon obstak; li nesesè pou nou revize si se paske nou pa gen matirite,

oswa si li lè pou nou retounen nan santralite Jezi ki se Kris la kòm Sovè ak fondasyon tout legliz la, kote nou ye a pa mwayen gras li epi konsa, sèvi youn lòt nan lanmou pou ke mond lan kapab kwè (Jan 17).

2. Imite legliz lavil Korent lan epi chèche siperyorite nou devan lòt moun, egzaltasyon ministeryèl oswa pati; paske nou gen bon lide, pi bon plan an oswa estil lidèchip san parèy. Ou kapab grandi nan popilarite oswa evènman espektakilè; men se pa nan yon kò ki byen kole nan Kris la (nou priye pou pèsonn pa chwazi fason sa a pou fè fas ak tès sa a).

Fen chapit 4 la klè (v.21); pwofite yon apèl pou atire atansyon renmen an se yon trè bon opsyon. Bondye ap pale avèk nou pou nou kapab fè chanjman avèk trankilite avèk èd li; se pou nou pa tann jiskaske nou nan yon kriz, konfli ak anpil moun ki enplike, epi sèlman rete pou w resevwa koreksyon sevè.

Mande: kisa ki pi bon pou legliz nou an? Èske gen yon resanblans jodi a ak legliz Korent lan? Echanj lan ak enfliyans kiltirèl yo pafwa sedwi nou san rann kont, epi nou ale nan reyinyon oswa kongrè yo wè sa ki nouvo, men se pa nan Kris la. Sa a se paske nou toujou montre yon karaktè san matirite ki pèsekite pèsonalite, idolat ministè oswa egzalte kèk teyoloji, olye pou chèche Kris la.

Kesyon:

- Site kèk konpòtman aktyèl ki egzalte pèsonalite oswa ankouraje idolatri nan legliz la jodi a.

- Diskite sou kèk sitiyasyon ke jèn yo oswa gran moun yo ap fè fas jounen jodi a, epi ki kapab korije lè yo pran Bondye kòm referans yo nan lòd pou pou ke lafwa yo kapab plis klè.

- Ki don, konesans oswa eksperyans legliz kote w patisipe a ta dwe mete nan sèvis tout moun, pou onore Jezi ki se Kris la, epi jenere inite ki evite divizyon mank de matirite yo?

Konklizyon

Nou bezwen renouvle konpreyansyon nou avèk baz nan Kris la, klarifye erè/peche nou yo lè nou retire rekonesans sèl moun sa ki merite pou yo te renmen, adore ak obeyi li a, men tou ranje mank klète nou pou kritike kilti nou yo, sa yo ki diskalifye lafwa nan Kris la, akize li kòm bagay ki pa lojik, absid oswa pase mòd, nan fè yon domaj nan kominote nou an nan yon fason ki sekrè, nan yon nivo ke sanble gen plizyè kò Kris la ki kwè nan yon diferan kalite Mèt ak Sovè limanite, sa a ki lakòz aparamman rezonab divizyon, men ki se yon siy nan mank de matirite ak lanmou.

Ki jan pou jere konfli nan legliz la?

Leson 28

Mary Prado (Pewou)

Pasaj biblik pou etid: I Korentyen 5, 6

Vèsè pou aprann: "Se konnen nou pa konnen nou gen pou n' jije ata zanj Bondye yo tou? Se pa ti bagay k'ap pase sou latè sa a pou n' pa ta kapab jije" I Korentyen 6:3.

Objektif leson an: Aprann kijan pou nou trete sitiyasyon konfli yo avèk fason Bib la.

Entwodiksyon

Nan chapit 5 ak 6 nan I Korentyen, nou konstate plizyè dezòd ak atitid negatif ki t ap fèt nan lavi kongregasyon Korent lan, ki pa t an akò ak temwayaj yon legliz Kris la :"Toupatou y'ap fè kouri bri jan gen dezòd lachè k'ap fèt nan mitan nou. Dezòd la sitèlman wòd, ata moun lòt nasyon yo pa ta fè bagay konsa. Y'ap mache di gen yonn nan nou k'ap viv ak madanm papa li. Apre sa, ki jan nou ka fè gen lògèy ankò? Okontrè, se bagay ki pou ta fè nou kriye anpil. Epi, nonm ki fè bagay sa a, se pou n' te wete l' nan mitan nou".

Pòl te dekri frè Korent yo kòm yon legliz ki nan konfizyon, ki te vle kontinye viv dapre pratik sosyete libètinaj ak imoral ki te antoure I la. Kongregasyon sa a te pran pòz yo te neglije peche imoralite yo, epi yo pa t korije yo. Yo te panse yo te deja konnen tout bagay; epi yo te vante tèt yo pou "konesans" yo, ki te gen diferans ak ansèyman Pawòl Bondye a.

Anpil nan sitiyasyon sa a se te akoz kontèks sosyal deprave yo te soti a, ki te plen ak imoralite seksyèl ak filozofi vanite yo. "Nan syèk anvan Krisyanis yo, otè grèk ak women yo te souvan dekri Korent kòm vil fònikasyon ak pwostitisyon. Moun peyi Lagrès yo te envante tèm Korentyanize a (literalman: "viv menm jan ak moun lavil Korent yo") pou dekri imoralite vil la" (Kistemaker, Simon J. Kòmantè Biblik sou Nouvo Testaman an. Etazini: Liv Defi yo, 1998, p.13).

Jounen jodi a, nou ap fè fas a sitiyasyon ki sanble. Sosyete nou yo genyen menm koripsyon yo, oswa petèt pi mal pase sa yo nan epòk sa yo. Nan lòt men an, nan legliz la, yo pafwa neglije menm kalite peche ki te nan epòk la oswa trete li nan yon fason ki trè sipèfisyèl.

I. Ki jan nou kapab fè fas ak peche imoralite seksyèl la nan kwayan an? (I Korentyen 5)

Nan chapit I Korentyen 5 la, Pòl te montre plizyè gid pou fè fas ak peche seksyèl la nan legliz la. Li te fè I sou baz yon nouvo moralite: sa ki nan levanjil la. "Levanjil kretyen an

te prezante yon nouvo lafwa relijye ak yon nouvo vizyon etik... Nouvo moralite a, menm jan an tou, li te fonde sou lavi ak ansèyman Jezi ki se Kris la" (Greathouse, W. M., Metz, D. S., ak Carver, F.G. Kòmantè Biblik Beacon, Volim VIII. Etazini: KPN, s.a., p.373).

Lavi kretyen an ak lavi legliz la, pa t'kapab pèmèt pratik peche a, ni inyore li, jan sa te pase nan legliz ki te nan vil Korent lan (vv.1-2).

An nou li: "Toupatou y'ap fè kouri bri jan gen dezòd lachè k'ap fèt nan mitan nou. Dezòd la sitèlman wòd, ata moun lòt nasyon yo pa ta fè bagay konsa. Y'ap mache di gen yonn nan nou k'ap viv ak madanm papa li" (v.1). Kondwit ke apot Pòl rapòte isit la te trè remakab; epi li te souliye move temwayaj legliz la. Apre apot la te fin fè konnen fason legliz la t ap aji devan sitiyasyon peche a, li te bay enstriksyon sou fason pou I kontinye nan sans sa a. Pòl pèsonèlman te pran yon pozisyon klè e fèm nan zewo tolerans pou imoralite seksyèl la.

"Jijman Pòl la kapab sanble sevè, men [ka ki te trete a] se te yon vyolasyon flagran nan etik kretyen an" (Greathouse, W. M., Metz, D. S., ak Carver, F.G. Kòmantè Biblik Beacon, Volim VIII. Etazini: KPN, s.a., p.377).

Kèk nan prensip debaz Pòl te anseye pou fè fas ak kalite peche sa a nan legliz la se te ki anba yo:

1. Konvoke kongregasyon an pou diskite sou kesyon an: "Lè n'a reyini ansanm, m'a la tou avèk nou nan lespri, pa pouvwa Jezikri, Seyè nou an" (v.4). Kalite sitiyasyon delika sa yo pa ta dwe janm kache nan legliz la; paske nan fen a, l'ap toujou afekte tout moun. Sepandan, lè kongregasyon an ap fè fas ak pwoblèm sa yo, nou dwe sonje tout bagay dwe fèt nan obeyisans Seyè a epi nan tèt ak Pawòl li a ki sen.

2. Egzèse disiplin sou moun ki fè peche yo, selon sa ke nou jwenn nan vèsè 2-5. Sa vle di konfwonte moun ki enplike ak peche yo; epi ede yo nan yon pwosesis restorasyon. Sepandan, si moun yo pa rekonèt

peche yo epi pèsiste ladan l; fòk legliz la pran gwo mezi pou retire yo nan lis moun k'ap patisipe nan kominyon yo. Ka opoze, lè ke moun ki te tonbe nan peche yo gen fèm objektif pou refòme kondwit yo, legliz la dwe akeyi yo avèk lanmou avèk de bwa ouvè. Ann nou gade sa ki ekri nan 2 Korentyen 2:5-11, pou montre nou yon egzanp: ka lè Pòl te padone moun ki te fè peche a, e li te bay enstriksyon presiz la, nan legliz la pou padone ak retabli separasyon moun sa a.

Aplikasyon disiplin nan se yon siy vrè lanmou kretyen. Lidè Legliz yo gen yon devwa pou jije moun ki fè peche yo nan fason ki anwo a; men objektif disiplin nan se repantans ak restorasyon pou yon moun viv jis, (Ebre 12:11). Li pa gen okenn kondanasyon landan li (1 Korentyen 5:5).

3. Pa kreye move presedan. Pa jije ka peche seksyèl move presedan yo sal temwayaj legliz la ak levanjil la (v.6). Ou dwe aji radikalman, jan Pòl te anseye nan vèsè 6 – 8. Se sa li te vle di lè li te itilize ilistrasyon ledven ak aksyon li sou farin lan, li menm ki pwolonje nan tout nèt, se menm bagay la ke peche imoralite ki pa trete a gen pou l fè tou si li pa resevwa tretman byen vit.

4. Legliz Kris la pa dwe gen kominyon ak pratik imoral ni kite yo nan sen li. Antanke legliz, nou dwe fè yon diferans lè nou fè distenksyon ant pratik lavi nou ak moun ki pa gen relasyon ak Bondye (Women 12). Legliz la dwe distenge pa transparans li ak moral li ki dwat.

5. Legliz la gen otorite ak devwa pou jije moun ki fè peche imoralite seksyèl yo (v.12). Se konsa Bondye etabli l nan Pawòl li a. Nan sans sa a, koreksyon manm li yo se yon devwa ke legliz la dwe egzèse kontinyèlman. "Lè yon manm legliz la pèsiste volontèman nan peche epi li refize repanti, legliz la oblije disipline l" (Kistemaker, Simon J. Kòmantè Biblik Nouvo Testaman. Etazini: Liv Defi yo, 1998, p.156).

6. Legliz la gen yon responsablite pou jije ak aji sou manm li yo ki vin tounen pechè ki pa repanti; paske moun ki andeyò legliz la, se Bondye menm ki responsab pou jije yo (vv.12-13).

Kesyon:

- Site de prensip biblik ke ou te aprann nan leson an pou w fè fas ak peche imoralite seksyèl la.

- Nan ki ka yon moun ki te fè peche seksyèl ta dwe ekskli nan kominote kwayan yo nan legliz la?

II. Ki jan nou kapab rezoud diskisyon ant kwayan yo? (1 Korentyen 6:1-11)

Pafwa, peche a enplike ofans oswa doleyans frè yo nan lafwa. Ka sa yo byen difisil; e pafwa, yo te menm lakòz divizyon kongregasyon yo. Diferans sa yo nan nivo relasyon entèpèsonèl yo dwe trete avèk anpil sajès, dapre valè kretyen yo; men se pa dapre jistis mond lan. Se sa Pòl te anseye nan 1 Korentyen 6:1-11, ki se dezyèm pasaj etid la pou leson sa a.

Jan pasaj sa a anseye a, nenpòt konfli ki rive nan legliz la dwe trete nan legliz la epi se responsablite pwòp otorite yo. Sepandan, frè Korent yo te ale nan tribinal piblik yo pou yo regle diferans ki genyen yo. Pwosedi sa a te ale konplètman kont prensip kretyen yo. "Yon kòmantatè sijere ke langaj Pòl la endike ke li konsidere litij piblik yo kòm 'trayizon kont frè kretyen an'" (Greathouse, WM, Metz, DS, ak Carver, FG Kòmantè Biblik Beacon, vol. VIII. Etazini: KPN, sa., p.386).

Lè ke nou prefere jijman moun san Kris la sou pwoblèm nan, sa vin desann valè legliz yo ak kretyen ak moun ki reprezante yo a. Yon atitid konsa ale kont lwa Bondye yo. Se konsa, antanke legliz, tout litij ki egziste ant kwayan yo dwe trete fas a fas ak otorite kretyen yo enpòtan, pastè ak lòt lidè ministeryèl yo. "Legliz kretyèn nan, sou yon lòt ang dwe opere kòm yon pèsonèl, gwoup ini k'ap viv selon motif mizèrikòd, lanmou, ak jantiyès youn pou lòt" (Greathouse, W. M., Metz, D. S., ak Carver, F. G. Kòmantè Biblik Beacon, volim VIII. Etazini: KPN, s.a., p.387).

Antanke legliz Kris la, nou dwe fè fas ak pwoblèm entèn yo nan legliz la ak yon pèspektiv kretyen, evite tout kalite pwosè devan etranje yo. Eseye pa difame; men pito, aji nan yon lespri rekonsilyasyon ak restorasyon.

Lè diskisyon ant kretyen yo konfwonte, pran an konsiderasyon prensipalman pati espirityèl la pi wo pase valè materyèl ki an danje yo. Kominyon ant frè yo pi enpòtan pase pou yo kapab pèdi materyèl; malgre mwen toujou konnen dwa pou reyalize restitisyon moral ak materyèl ant yo de a.

Lide a se pa sispann rezoud pwoblèm nan; men se nan yon anbyans lanmou, toujou konsidere youn ak lòt, gen senpati epi pa chèche tire revanj (vv.7-8).

Pòl te fè yo konnen ke li pa ase pou yo toujou ap deklare ke yo se kretyen si aksyon ki pa dwat y'ap demontre yo pwouve atravè anpil plent pa t pwouve li. Sa te fè yo menm jan de moun ki nan mond lan k'ap pratike tout kalite peche (v.9). Lefèt ke yo pap mache dwat te fè yo pa merite wayòm Bondye a. "Petèt moun Korent yo te panse ke yo t ap sove lè yo te fè yon pwofesyon lafwa ouvè oswa lè yo te batize piblikman" (Greathouse, W. M., Metz, D. S., ak Carver, F. G. Kòmantè Biblik Beacon, Vol. VIII. Etazini: KPN, s.a., p.391).

Yon lòt bò, li enpòtan pou w rete enb epi pa bliye sa nou te ye anvan nou te konnen Kris la: "Anpil nan nou, se sa menm nou te ye. Men, koulye a Bondye mete nou nan kondisyon pou nou sèvi l'. Gremesi Jezikri, Seyè a, li mete nou apa pou li, li fè nou gras pa pouvwa Lespri Bondye nou an" (v.11). Ekspresyon Pòl sa a "fè referans ak moun sa yo ke gras Bondye a te foure men pran nan gwo twou labim atravè Kris la epi li te sove yo" (Harrinson, Everett F., red. Kòmantè Biblik Moody. Etazini: Editoryal Portavoz, 1998, p.295).

Kesyon:

- Poukisa nou pa ta dwe ale nan tribinal piblik pou regle diferans ki genyen ant frè yo? Kijan nou ta dwe trete sa?

- Sou kisa ke Pòl t ap pale nan 1 Korentyen 6:7 lè li te mande: "Poukisa nou pa asepte soufri lenjistis pito"?

III. Ki jan nou kapab glorifye Bondye avèk kò nou? (1 Korentyen 6:12-20)

Bay Bondye glwa ak kò nou se yon bagay ki genyen rapò avèk lib volonte nou. Fè yon bon lizay ak kapasite sa a se yon bagay ki pral fè nou ale lwen Bondye oubyen mennen nou pi pre Bondye. Libète pou chwazi a aplike nan tout nou menm, pati fizik ak espirityèl la tou. Pati final tèks etid la, 1 Korentyen 6:12-20, tèks sa a anseye nou sans kòrèk ke libète a genyen pou moun ki viv nan sentete a. "Men, kretyen chanèl yo sanble enkline pran nenpòt pwen kòm yon eskiz pou vire libète a kòm lisans" (Greathouse, W. M., Metz, D. S., ak Carver, F. G. Kòmantè Biblik Beacon, Vol. VIII. Etazini: KPN, s.a., p.393). Se sa ki te pase ak moun lavil Korent yo. Men, jan Pòl te anseye a, gen limit nan libète ki dwe etabli pa pwòp tèt nou; epi ki dwe volontè. Men sa Pawòl la endike: "Gen kèk moun nan nou ki di: Mwen gen dwa fè tout bagay. Wi, ou gen dwa fè tout bagay. Men, tout bagay pa bon pou fè. Mwen ka di mwen gen dwa fè tout bagay. Men, mwen p'ap kite anyen fè m' tounen esklav li, li te mèt sa l' te ye" (v.12).

Lè nou konsidere deklarasyon Pòl sa yo, nou konprann sa ke nou dwe fè pou nou glorifye Bondye ak kò nou an se sa ki annapre yo:

Nan premye pozisyon, an tèm de manje, ki se youn nan tèm yo ki nan tout sa ki mansyone nan pasaj la, soti nan referans yo nan lèt sa a konsènan bèt ki touye pou sakrifye pou zidòl yo (li menm ki trete pita), li endike ke, kòm kretyen, nou kapab manje nenpòt ki bagay; men li dwe fèt nan yon fason disiplinè, san nou pa tonbe nan safte ak eksè, ki danjere nan kò a. Prensip ki aplike isit la se sa ki nan kontwòl tèt ou oswa metriz tèt ou a.

Nou gen vrè libète a lè nou egzèse kontwòl sou sa nou manje e non pa lòt bò a. "Tout bagay yo anba pouvwa mwen, men mwen pap kite yo mete m anba pouvwa okenn ladan yo. Lè ke yon moun kite yon abitid domine li, sa a se pa libète, men se pito esklavaj" (Harrinson, Everett F., red. Kòmantè Biblik Moody. Etazini. Portavoz, 1998, p.296). Nou dwe fikse limit ki konvenkan pou kwasans espirityèl nou. Sa yo ta dwe etabli nan abitid manje nou yo tou.

Dezyèmman, pou sa ki gen pou wè avèk fònikasyon an, li anseye sa ki annapre yo: nou dwe kenbe nan tèt nou ke kò nou gen rapò entim ak sentete a, epi sa ke nou fè avèk li kapab ede oswa detwi nou espirityèlman.

Lè nou sèvi ak li pou rezon imoral ak malonèt, tankou fònikasyon, li pa sèlman afekte pati fizik la; otreman tou psychik la ak espirityèl la. Seyè a mande pou ke kò nou sen ak konsakre pou li: "Nou di tou: Manje fèt pou vant, vant fèt pou manje. Se vre. Men, Bondye ap detwi ni yonn ni lòt. Kò moun pa fèt pou dezòd lachè. Se pou Seyè a li ye, Seyè a se pou kò a li ye" (v.13). Devlope yon karaktè ki montre sentete a nan Bondye ; v.14 : "Bondye te fè Seyè a leve soti vivan nan lanmò. La fè menm bagay la tou pou nou ak pouvwa li"; se fason pou fè lwanj Bondye ak kò nou.

Ekspresyon "Kouri pou dezòd lachè a" (v.18a) se yon enperatif; Se pa yon opsyon. Manda sa a pa sèlman refere ak kouri pou relasyon seksyèl ilegal yo; men tou nan tout bagay ki enplike nan sèvi mal ak nan kò a, sa ki fèt ak je yo, zòrèy yo oswa nenpòt lòt ògàn nan kò a, avèk yo menm ke moun nan dezonore Bondye. Yon pasaj ki gen rapò epi ki vrèman enpòtan sou sijè sa a se Filipyen 4:8, kote li pale nou osijè de bagay ki kenbe panse nou yo pwòp: " Pou fini, frè m' yo, mete lide nou sou bagay ki bon, ki merite lwanj: bagay ki vre, ki kòrèk, ki dwat, ki bèl, ki p'ap fè nou wont ". Lavi kongregasyon kretyèn yo pa san konfli. Soti nan pwoblèm relasyon konfli endividyèl yo, se sitiyasyon ki gen enpak sou lavi legliz la. Ka imoralite te komèt pa kèk manm yo souvan vin deklanche nan kriz pwofon nan kongregasyon yo; epi an menm tan, yo mete an kesyon temwayaj levanjil la.

Kesyon:

- Ki jan nou ta dwe jere kò nou an tèm de manje; pou onore Bondye?

- Ki jan nou kapab akonpli enperatif biblik la: "Kouri pou dezòd lachè"?

Konklizyon

Erezman, Bondye ban nou enstriksyon saj nan Pawòl li a pou nou jere konfli yo yon fason ki kòrèk. Aji ak jistis ak lanmou lè ke n'ap abòde sitiyasyon sa yo, epi n'ap kapab simonte epi reyalize objektif ke Bondye vle pou legliz li a

Maryaj la ak anpil lòt dosye ki gen rapò yo

Dorothy Bullón (Kosta Rika)

Pasaj biblik pou etid: I Korentyen 7:1-40

Vèsè pou aprann: "Konsa, yo pa de ankò, men yo fè yon sèl kò. Se poutèt sa, pesonn moun pa gen dwa separe sa Bondye mete ansanm" Matye 19:6.

Objektif leson an: Etidye konsèy Pòl yo ki konsène maryaj la pou frè nan lavil Korent yo; epi reflechi sou kòman nou kapab aplike yo pou kontèks nou an jounen jodi a.

Entwodiksyon

Jiska moman sa a nan lèt la, apot Pòl t ap bay repons a pwoblèm ki te rapòte nan fanmi Kloye a (1:11); men premye vèsè chapit 7 la enplike ke isit la, apot Pòl t ap reponn kesyon yo te poze I nan yon lèt legliz la te voye ba li: "Bon. Koulye a ann wè keksyon nou te mande m' nan lèt nou an: Wi. Yon nonm fè byen si l' pa marye". Lèt sa a te pèdi; men nou kapab imajine kèk kesyon de frè yo, tankou sa ki annapre yo: èske li pi espirityèl pou yon nonm pa marye; paske maryaj la se nan kò a? Èske aksyon seksyèl yo se peche? Nan yon maryaj melanje (kretyen-payen), èske li ta pi bon pou moun yo separe? Èske nou kapab Divòse si maryaj la pa mache? Èske yon vèv kapab remarye? Lavil Korent se te sant pwostitisyon kilt. Nan tanp fo dye Afwodit, ki plase nan Akwopolis Korentyen, 1,000 prèt ak sakrifikatè yo te lage yo nan pwostitisyon. Anpil nan yo te vann kòm ti gason ak tifi nan esklavaj seksyèl pa fanmi k ap chèche favè pou fètilite yo nan fo dye a. Anplis de sa, Korent se te yon pò enpòtan kote yo te pratike tout kalite imoralite.

Pami filozòf grèk yo, te gen de aspè: edonis yo, ki te envite rechèch pou plezi; ak asèt yo, ki te vle pirifye lespri a lè yo refize plezi materyèl yo. Apot Pòl, yon jwif-kretyen, te oblije reponn a kesyon ki soti nan legliz sa a ki gen yon platfòm payen ki te vrèman fò. Ki jan li te reponn?

Men nou menm tou, nou genyen anpil kesyon tou...

Ki jan nou ta dwe jere relasyon seksyèl la nan maryaj la? Ki jan legliz la ta dwe trete selibatè, manman selibatè, divòse ak vèv yo? Li ta pi bon pou yon nonm pa marye, epi tou senpleman ap viv nan plasay? Èske yon frè legliz la ta dwe divòse? Èske li kòrèk pou sakrifikatè yo rete san yo pa marye? Ann egzaminen sa chapit I Korentyen 7; la yon fason pou ke nou eseye jwenn kèk gid ak prensip pou mond aktyèl nou an.

I. Devwa seksyèl la nan kontèks maryaj la (I Korentyen 7:1-5)

A. Gid ki nan platfòm apot Pòl yo

Premye vèsè a fè konnen ke Pòl te kont maryaj la: "...li ta bon pou yon gason pa touche fanm". Gordon Fee di ke "touche a se yon egzajerasyon pou fè referans ak relasyon seksyèl" (Fee, Gordon. Premye Lèt pou moun lavil Korent yo, Ajantin: Editoryal Nouvo Kreyasyon, 1994, p.312). Sepandan, nan lòt lèt yo, apot Pòl devlope yon teyoloji rich nan maryaj la,(Efezyen 5:21-33 ak Kolosyen 3:18-19). Li posib ke fraz sa a te nan lèt frè lavil Korent yo te voye bay apot Pòl.

Anpil moun te mande si Pòl te marye. Fanmi jwif yo te fè aranjman pou maryaj pitit yo lè yo te trè jèn. Nan Travay apot yo tou, li parèt ke Pòl te gen otorite kòm manm Sanedren an lè li te kòmanse pèsekite kretyen yo. Se sèlman yon nonm marye ki te kapab manm Sanedren an. Li evidan ke nan epòk sa a, lè li te ekri lèt I Korentyen an, li pa t 'gen yon madanm; men li kite gran dout si nan moman sa a li te deja vèv nan lavil Tas pandan peryòd anvan ke li te konvèti a. I Korentyen 7:8 di, "Men sa m'ap di moun ki pa marye yo ansanm ak vèv yo. Li ta pi bon pou yo rete tankou m', pou kont yo". Fee ekri ke nan lang grèk la "sèl" la vle di vèv (Fee, Gordon. Premye lèt ki te voye bay moun lavil Korentyen yo. Ajantin: Editoryal

Nouvo Kreyasyon, 1994, p.327). Donk, li posib ke Pòl t ap pale apati de eksperyans li; epi sa pa soti nan sèlman obsèvasyon nan lavi marye lòt moun. Gen yon lòt bagay nou ta dwe konnen sou Pòl: li te kwè ke Dezyèm Vini Kris la te trè iminan; e sa a se nan platfòm konsèy li te bay la nan chapit sa a.

B. Konsèy pou koup kretyen yo

Nan sosyete Korent lan, yon fanm pa t genyen anpil enpòtans. Se te yon kilti trè patriyakal ak matchis. Divòs la te fasil ak komen. Anpil gason te vizite bòdèl, kidonk yo te enfidèl ak madanm yo. Nan vèsè sa yo (1 a 5), Pòl te leve maryaj nan yon pozisyon ki pi wo, lè ke li te dekri devwa yo nan yon maryaj kretyen.

Koup la ta dwe jwi relasyon seksyèl yo san pwoblèm youn avèk lòt:

"Se pou gason an fè tout devwa yon mari dwe fè anvè madanm li. Konsa tou, se pou fanm lan fè tout devwa yon madanm dwe fè anvè mari li" (v.3). Chak moun dwe ranpli devwa konjigal yo; epi pèsonn pa dwe refize lòt. Satisfaksyon seksyèl nan maryaj la se pa sèlman pou gason an oswa fanm nan; li fè pati tou de. Mityalite sa a ke Pòl te ofri isit la se yon bagay ki revolisyonè; li enplike ke tou de mari oswa madanm nan, yo ta dwe jwi eksperyans yo nan seksyèl la. Nan baz la, gen kretyen agape a, lanmou ki chèche sa ki pi bon an pou lòt moun; epi pa sèlman plezi pèsonèl. Vèsè 4 la montre lide sa a sou resipwosite: "Madanm lan pa ka fè sa l' vle ak kò li. Se pou mari a kò madanm lan ye. Konsa tou, yon mari pa ka fè sa l' vle ak kò li. Se pou madanm lan kò mari a ye". Nan vèsè 5 lan, Pòl te konseye mari oswa madanm nan, pou ke yo te toujou kouche ansanm, sof si yo planifye pase yon ti moman separe pou kesyon lapriyè, menm konsa, yo dwe retounen ansanm byen vit, yon fason pou yo kapab evite pwoblèm enfidelite.

Ki leson nou kapab tire nan vèsè sa yo?

Maryaj la se yon envansyon Bondye; epi maryaj solid la se yon fondasyon ki an sante pou fanmi an, legliz la, ak sosyete a. Pati seksyèl la se sèlman yon pati ladan li, men li se yon pati enpòtan anpil; epi yo pa ta dwe inyore li menm. Koup yo ta dwe louvri konvèsasyon onèt sou yo bezwen seksyèl.

Kesyon:

- Ki konsèy Pòl te bay moun ki te marye yo? Ki enpòtans kominikasyon an nan maryaj la?

- Pòl te anseye ke de mari oswa madanm yo gen dwa egal. Èske ou konsidere ke nan sosyete nou yo se konsa li ye?

II. Konsèy pou selibatè ak vèv yo (1 Korentyen 7:6-9,25-38)

A. Devlopman agiman Pòl la

Pòl te rekonèt ke sou sijè sa a li te bay konsèy pèsonèl epi se pat nesesèman kòmandman ki soti kote Bondye:

"Se pa yon lòd m'ap bay lè m' di sa, men se yon pèmisyon. Pou di vre, mwen ta pito wè tout moun fè tankou mwen. Men, chak moun gen kado pa yo Bondye ba yo. Yon moun resevwa yon kalite kado, yon lòt moun resevwa yon lòt kalite kado" (v.6). Nan vèsè 25 lan, li te konfime ke li pa t gen yon kòmandman Seyè a pou "jenn fi yo" oswa jèn dam yo. Sanble ke apot Pòl te wè tan yo konplike ak ijan; petèt akòz gwo pèsekisyon yo, epi tou paske li te kwè ke Jezi ki se Kris la ta pral retounen trè byento: "Frè m' yo, men sa m' vle di: Pa gen anpil tan ki rete ankò. Depi koulye a, se pou moun marye yo viv tankou si yo pa t' marye" (v.29).

Apot Pòl te rekonèt ke seksyalite a te jwe yon wòl enpòtan nan lavi. Nan premye seksyon an, li te konseye koup marye yo pou yo te byen jwi relasyon seksyèl yo, ki se toujou plan Bondye. Li te konsyan ke seksyalite a ka pouse yon moun nan tantasyon ak peche tankou adiltè ak move relasyon ant selibatè (sa Bib la rele fònikasyon an). Nan vèsè 9 la, li te konseye: "Men, si nou pa ka kontwole kò nou, marye marye nou. Pito nou marye pase pou n' kite lanvi boule nou".

Nan seksyon sa a, genyen yon kantite pèsonaj diferan oswa ka. Ann wè yo ansanm:

1. Li ajoute yon lòt obsèvasyon pou moun ki marye yo: "Yon moun ki marye, l'ap okipe zafè lemonn tou paske l'ap chache fè madanm li plezi" (v.33). La a, apot Pòl t'ap demontre ke maryaj la, fanmi an okipe tan ak revni; pandan ke ouvriye Seyè a ki selibatè a kapab konsakre tout efò li yo nan travay Bondye a. Dedikasyon anvè fanm isit la se yon nòt trè pozitif nan yon sosyete grèk kote ke fanm pa t konte pou lontan.

2. Pou fanm ki selibatè oswa jèn dam yo, apot Pòl te genyen kèk konsèy menm jan ak anvan an: "Lè sa a, li vin gen de okipasyon. Konsa tou, yon

fanm ki san mari, osinon yon jenn fi ki pa marye, sè zafè Seyè a sèlman y'ap okipe, paske yo vle mete tout kò yo, tout nanm yo apa pou li. Men, sa ki marye yo ap okipe zafè lemonn tou, paske y'ap chache fè mari yo plezi'' (v.34).

3. Pòl di paran jènfi yo: ''Ann wè koulye a keksyon de fiyanse ki pran desizyon pou yo rete san yo pa marye. Si jenn gason an santi li pa ka kontinye aji jan l' te dwe ak jenn fi a, si l' pa ka kontwole lanvi l' ankò, si l' wè se nesesè pou yo marye, yo mèt marye jan l' vle l' la. Li pa fè ankenn peche pou sa. Konsa tou, si jenn gason an pran fèm desizyon pou l' pa marye, si l' kapab kontwole volonte l', si li deside nan tèt li se sa pou l' fè, enben, li fè byen si l' pa marye ak jenn fi a'' (vv.36-37).

4. Pòl te konseye vèv ak vèf yo pa remarye; pou yo kapab konsakre yo nan travay Seyè a (v.8).

Isit la nou dwe ajoute yon bagay ke Jezi ki se Kris la te di: ''Paske, gen anpil rezon ki ka enpoze yon nonm marye. Genyen ki fèt tou konsa: yo pa ka marye. Gen lòt, se moun ki mete yo nan eta sa a pou yo pa ka marye. Gen lòt ankò ki pa marye poutèt Peyi Wa ki nan syèl la. Si yon moun ka asepte pawòl sa a, se pou l' asepte li'' (Matye 19:12). Enik la se te yon nonm chatre ki nan peyi Oryan la te konn okipe sèvis mèt la nan kay la. Twazyèm kategori ke Jezi ki se Kris la te mansyone enteresan anpil. Li enplike ke kapab genyen moun ki chwazi pa marye pou li kapab sèvi pi byen nan wayòm Bondye a.

B. Konklizyon agiman apot Pòl yo

Sanble ke Pòl te santi ijans epòk yo. Li te konseye frè yo pou yo rete jan yo te ye a, san yo pa chèche maryaj; pou kapab dedye nan travay la:

''Si l' gen tan gen yon madanm, li pa bezwen chache separe avè li. Si l' poko marye, li pa bezwen chache yon madanm'' (v.27). Si l' ta vle marye tou, li mèt; li p'ap fè ankenn peche. Konsa tou, si yon jenn fi vle marye, li pa fè peche pou sa. Men, moun k'ap marye yo pral gen kont traka yo nan lavi a. Mwen pa ta renmen wè sa rive yo (v.28).

Nan vèsè 38 la, li te bay vèdik li: ''Konsa, jenn gason ki marye ak fiyanse l' la fè byen. Men, sa ki pa marye a fè pi byen toujou''. Rezon konsèy li yo gen pou wè avèk bon temwayaj ak posibilite pou sèvi ak libète,

jan sa di nan v.35 : ''Se pou byen nou m'ap di nou sa. Mwen pa vle mare pye pesonn. Okontrè, mwen vle pou nou tout viv jan nou wè l' pi bon pou nou an, epi pou nou toujou rete fè m' ap sèvi Seyè a san dezanpare''.

Kesyon:

- Ki diferan gwoup Pòl te konseye nan seksyon sa a (vv.6-9,25-38)?
- Ki jan yon ministè legliz ta dwe ye pou manman selibatè, jèn fi, ak vèv?

III. Divòs ak maryaj melanje yo (1 Korentyen 7:10-24,39-40)

A. Pwoblèm divòs la

Detewonòm 24:1-2 di: ''Si yon nonm marye ak yon fanm epi rive yon lè fanm lan pa fè l' plezi ankò, paske li dekouvri nan fanm lan yon bagay ki pa byen, l'a ekri yon papye divòs bay fanm lan, epi l'a voye l' tounen lakay papa l'. Apre sa, si fanm lan kite kay papa l', l' al marye ak yon lòt gason''. Kidonk, depi sou tan Moyiz la, gason jwif yo te kapab divòse fasil. Konsènan kilti Greko-Womèn nan, Javier Ramos (2012) ekri: ''Aksyon divòs Women an te enfòmèl menm jan ak maryaj paske li te ase pou mari a leve jou sa a ak pye gòch li. Madanm nan, divòse ak konsantman mityèl oswa repiye, kite kay konjigal la pran dòt li avèk li. Ti moun yo te rete ak papa a (Rekipere nan http://www.arquehistoria.com/matrimonio-y-divorcio-en-la-roma-antigua, nan Maryaj ak divòs nan ansyen lavil Wòm, nan dat 23 Mas 2021).

Apre w fin wè kontèks sa a, byen fatal pou madanm nan nan tou de ka yo, ann egzamine sa Pòl te di sou sijè a. Avan tout bagay, la a, apot Pòl pa t 'bay preferans pèsonèl li ankò; okontrè, li te pale ak otorite Seyè a. Jezi ki se Kris la te di konsènan divòs:

''Jezi reponn yo: Eske nou pa li sa ki ekri nan Liv la? Nan konmansman, lè Bondye t'ap fè moun, li te fè yo gason ak fi. Apre sa li di: Se poutèt sa, gason an va kite papa l' ak manman l' pou l' mete tèt li ansanm ak madanm li. Yo tou de va fè yon sèl kò. Konsa, yo pa de ankò, men yo fè yon sèl kò. Se poutèt sa, pesonn moun pa gen dwa separe sa

Bondye mete ansanm''(Matye 19:4-6). Apre sa, nan Matye 19:9, Jezi ki se Kris la te ajoute: ''Mwen menm, men sa m'ap di nou: Lè yon nonm kite ak madanm li pou l' al marye ak yon lòt, li fè adiltè, esepte si se pou lenkondite li ta kite ake madanm lan".

Nan 1 Korentyen 7:10-11, Pòl te pale sou sijè separasyon oswa divòs. Swiv ansèyman Jezi yo, Pòl te konseye fi a pa separe ak mari l; epi mesye a pa kite madanm li; 1:10-11 "Kanta pou moun marye yo, men lòd mwen ba yo (Sa pa soti nan mwen non, men nan Seyè a menm): Lè yon fanm marye, li pa dwe kite ak mari li. Si li rive kite avè l', se pou l' rete pou kont li, san l' pa remarye. Pase pou l' ta remarye, pito li tounen ak mari l' ankò. Konsa tou, yon mari pa dwe mete madanm li deyò". En Gordon Fee te souliye yon pwen ki byen enpòtan: ni fanm ak gason kapab pran desizyon pou yo separe. Fee fè remake : "Menm jan ak nan tout chapit la, Pòl pale ak mesye yo ak medam yo menm jan" (Fee, Gordon. Premye Lèt pou moun ki lavil Korent yo. Ajantin: Editoryal Nouvo Kreyasyon, 1994, p.330). Sa a se yon chanjman revolisyonè ak koutim ki site pi wo a. Si fanm nan rete vèv; Pòl te di ke li kapab remarye (v.39).

B. Maryaj melanje yo

Pòl tou te fè referans a koup kote ke youn nan moun yo te deja aksepte Kris la antanke Sovè ak Mèt lavi li. Kesyon an te sa a: èske mari oswa madanm nan dwe rete marye si yo pa pataje menm lafwa? Men, apot Pòl te konseye yo pou yo rete marye. Mesaj 1 Korentyen 7:14-16 se lefèt ke yon mari oswa madanm ki se yon kretyen kapab enfliyanse konvèsyon patnè li a, ak yon benediksyon pou ti moun yo. An rapò avèk sa, ann gade kisa apot la te ekri yo nan 1 Korentyen 7 :14-16 : "Mari ki pa gen konfyans lan, Bondye asepte l' paske l'ap viv ansanm ak madanm li ki gen konfyans. Konsa tou, madanm ki pa gen konfyans lan, Bondye asepte l' paske l'ap viv ansanm ak mari l' ki gen konfyans. Si sa pa t' konsa, pitit nou yo ta tankou pitit moun lòt nasyon yo. Men, jan sa ye a, yo menm tou Bondye asepte yo. Men, si moun ki pa gen konfyans lan vle kite, li mèt kite. Nan ka sa a, frè a osinon sè a pa gen ankenn angajman ankò. Paske, Bondye rele nou pou nou viv ak kè poze. Eske ou konnen, ou menm madanm ki gen konfyans lan, si ou p'ap sove mari ou? Eske ou konnen, ou menm mari ki gen konfyans lan, si ou p'ap sove madanm ou?".

Mande: Èske se yon peche pou de moun divòse? Èske kesyon divòs la se yon bagay ki komen nan mitan frè legliz Nazareyen yo? Eske gen yon bagay ke

nou kapab fè pou anpeche li? Ki bezwen pastoral yon moun/fanmi genyen ki sibi separasyon oswa divòs? Kisa yo dwe fè nan legliz la ak koup k ap viv nan plasay yo? Èske sa se fònikasyon, menmsi li legal nan peyi nou yo?

Nan kontèks nou yo, nou genyen anpil maryaj melanje. Genyen anpil koup kote ke mari oswa madanm nan se katolik, epi lòt la se pwotestan; oswa yon mari oswa madanm ki soti nan yon peyi ak lòt la soti nan yon lòt pati nan mond lan; oswa tankou nan ka Pòl mansyone yo, youn konvèti epi lòt moun nan payen. Ki konsèy nou kapab ba yo?

C. Se pou tout moun rete jan yo ye a (vv.20-24)

Pòl te mansyone yon seri de sitiyasyon kote ke li ta pi bon pou w rete kalm, epi pa chèche chanjman. Ankò, sanble Pòl te santi ke te gen yon ijans konsènan pèsekisyon iminan, oswa toupre Dezyèm Vini Jezi a antanke Kris la. Vèsè 20 an di konsa: "Se pou chak moun rete jan yo te ye lè Bondye te rele yo a." Kidonk, kit yon moun sikonsi oswa non, lib oswa esklav, marye oswa selibatè, yo pa ta dwe chèche chanje sitiyasyon yo.

Kesyon:

*   Èske yon kretyen gen dwa pou l divòse? (Matye 19:4-6; 1 Korentyen 7:10-11).
*   Ki sa w panse de pasaj sa a: 1 Korentyen 7:14-16?

Konklizyon

Maryaj ki etabli yo ki baze sou lanmou ak sipò mityèl yo trè enpòtan pou estabilite sosyete a ak kominote lafwa a. Lè Pòl te reponn kesyon frè Korent yo, li te kite anpil prensip pou nou ki kapab ouvri konvèsasyon ki anrichi maryaj nou ak fanmi nou.

Viv pou glwa Bondye

Walter Rodríguez Castro (Irigwey)

Pasaj biblik pou etid: I Korentyen 8, 10, 11:1

Vèsè pou aprann: "Piga pesonn chache sa ki bon pou tèt pa l' ase. Se pou l' chache enterè lòt yo tou" I Korentyen 10:24.

Objektif leson an: Konprann enpòtans sa genyen pou nou sipòte youn lòt nan devlopman lavi kretyèn nan.

Entwodiksyon

Pòl te kontinye ap reponn kesyon ak enkyetid ke li te kontinye ap resevwa sou legliz lavil Korent lan. Sa a te yon vil trè patikilye; epi sosyete a te reflete sitiyasyon sosyal ak relijye anpi a. John Fletcher Hurst montre sa ki annapre yo: "Mitoloji a pa t gen gwo enfliyans li te genyen sou lespri pèp la ankò... lafwa ak lide payen yo te echwe nèt pou yo eseye satisfè bezwen espirityèl moun yo, déjà ke nanm nan pa kapab ranpli ak triyonf yo nan atizay, literati, elokans oswa lwa yo" (Fletcher Hurst, Juan. Istwa abreje Legliz kretyèn nan, tradwi pa Primitivo A. Rodríguez. Meksik: KPI/Editoryal La Aurora, 1946, p.11). Relijyon an te vin redwi an fòmalite adorasyon ki fè apèl a sans yo. Gen kèk divinite ke moun yo te konn adore nan lavil Korent, fè sakrifis bèt ak anpil aksyon "imoralite sakre". Legliz kretyèn nan, nan kontèks sa a, te oblije goumen kont enfliyans filozofik ak diferans nan kilt ki te deja egziste yo. Nan lèt I Korentyen sa a, apot Pòl te oblije korije plizyè tèm ki te kontrè ak ansèyman li yo, tankou anpil dezòd nan selebrasyon sèvis legliz la, pwoblèm nan relasyon entèpèsonèl ak imoralite yo. Nan pasaj etid yo ke leson sa a kouvri a, nou pral jwenn kèk nan yo. Tèm konsomasyon vyann ki sakrifye pou zidòl yo te ede apot la dekouvri plizyè lòt pwoblèm ke li te oblije atenn avèk anpil bon konprann.

I. Ann grandi ansanm (I Korentyen 8:1-13)

Nan chapit 8 la, apot Pòl te kòmanse fè fas ak tèm vyann yo ofri bay zidòl yo. Sijè sa a te lakòz anpil pwoblèm nan mitan kwayan lavil Korent yo; epi se te nan enkyetid dirijan legliz yo.

Relijyon Greko-Women yo ki te prezan nan vil Korent yo te genyen yon gran kantite rit ak pratik. Pratik sa yo enkli sakrifis bèt. Yon ti pati nan vyann lan te rezève pou prèt yo; yon lòt pati tounen devote yo ki te konsome li nan bankè "sakre"; epi pi fò nan li te vann nan mache piblik nan pri pwofondman rabè (Rev. Reginald C. Fuller DD, Ph.D., LSS. Jeneral Editoryal. Yon Nouvo Kòmantè Biblik Katolik. Etazini: Thomas Nelson And Sons Ltd., 1975, p. 1152).

Te gen kèk kwayan ki te klè ke ni zidòl ni anyen yo ofri bay fo dye sa yo te gen okenn valè. Li sanble ke yo te deklare ke prezans Bondye nan lavi yo te ba yo libète pou yo pa limite pa pratik popilè sa yo la. Se poutèt sa, yo te kapab achte ak manje vyann sa a ki te pou vann nan mache piblik yo (vv.2-6). Lòt kwayan yo, sepandan, petèt pi nouvo, ki moun ki te soti nan kilt sa yo ak sakrifis bèt yo, yo te toujou pa tèlman klè sou fo dye sa yo ak mankman valè sakrifis yo te pratike yo. Pòl te sijere nouvo kwayan sa yo ki te konn patisipe depi lontan nan idolatri sa a yo epi ki te toujou ap viv sa nan lespri yo ak nan kè yo menm libète Bondye bay la (vv. 7-8). Kidonk, wè plis kwayan ki gen matirite k'ap manje kalite vyann sa a te lakòz yo tonbe nan konfizyon ak dout sou nouvo lafwa yo (v.10).

Pòl te rekonèt ke gen kèk moun ki te konprann konsèp kretyen an an tèm de zidòl ak rityèl yo; men imedyatman, li te fè remake ke konesans lan fè moun nan gonfle lestomak li (v.1). Se pa yon bagay ki etranj ke yon pi gwo konesans sou bagay Bondye yo pafwa pwodwi yon atitid siperyorite. Ògèy la, menm si se entelektyèl ak/oswa "espirityèl", li pa pèmèt moun nan itilize "konesans" konstriktif sa a. Gen danje a yon eksè nan antouzyas ak pwòp tèt li, ki kapab lakòz echèk espirityèl pou kwè nan yon fason ke li siperyè. Sa a mache pou kwayan ki nouvo yo menm jan pou tout lidè ki pi eksepsyonèl yo, ale nan tout aparisyon ki rete ant ni respè ak apresyasyon nenpòt frè nan lafwa se sa ke Pòl te fè referans lè li te di: "Ann wè koulye a keksyon vyann bèt yo ofri bay zidòl. Se vre: nou tout nou gen konesans, jan nou di a. Sèlman, konesans fè moun gonfle ak lògèy. Men, se renmen ki pou fè nou grandi nan konfyans nan Kris la tout bon" (v.1). Moun sa yo ki grandi nan konesans ak bon konprann nan nenpòt disiplin yo souvan siprann nou lè yo rekonèt limit yo nan gran konesans ki pa menm gen ankò; epi apre sa a, nou pale sou imilite nan sa yo ki vrèman "gwo".

Apot Pòl te detounen konsantrasyon sou vyann yo te ofri pou zidòl yo, sa ki parèt yon apwòch legalis fas ak tèm nan, sa ki posib ak sa ki pa posib, pou diskite sou relasyon ki ta dwe egziste ant kretyen yo (1 Korentyen 8 :10-12). Nan fason sa a, li te prefere reyafime valè viv ansanm nan, kòm sipò mityèl ak swen, pase lejislasyon sou sijè vyann nan. Menm jan nan yon fanmi, ti moun ki piti yo resevwa pwoteksyon, nouriti ak edikasyon; nan menm jan an tou, nan fanmi lafwa, moun ki "fèt" nan levanjil la dwe resevwa swen ak nouriti. Lè nou panse osijè de anpil idolatri ki posib jodi a, l'ap bon pou ke nou fè ansèyman disip pou kwayan ki pi fèb yo nan tèm sa a yo ke Seyè Jezi ki se Kris la te anseye sou laverite ak libète a ke nou jwenn nan Jan 8:32: "N'a konnen verite a, lè sa a verite a va ban nou libète nou", yon fason pou li ankouraje kwasans yo nan lafwa.

Kesyon:

- Panse ak yon kwayan ki gen eksperyans li fèb jous kounye a. Ekri yon fason ke ou kapab pou w ede moun sa a grandi nan lavi li nan Jezi ki se Kris la.

- Ekri yon aktivite ke lòt moun ka ede kwayan sa a.

II. Aprann nan listwa (1 Korentyen 10:1-13)

Nan premye pati chapit 10 la, apot Pòl te itilize istwa pèp ebre a pou ilistre repons li a nan chapit 8 la. Li te montre epizòd egzòd pèp chwazi a anba lidèchip Moyiz la. Li te pale osijè de "zansèt nou yo" lè ke li te fè referans ak kwayan lòt nasyon yo; paske li te konsidere ke pèp Bondye a pa t gen anyen pou wè ak lyen san, men pito nan lafwa. Li te mansyone menm konsèp la tou nan Galat 3:7 ak Women 9:6.

Apot la te itilize imaj "batèm" nan lè li te fè referans a moun ki te patisipe ansanm ak Moyiz nan travèse lanmè Wouj la lè ke nou li nan Egzòd 14:19-31 epi nou kapab obsève kijan prezans nwaj la ki gide ak pwoteje pèp la pandan vwayaj la nan dezè a (Egzòd 13:21; 14:19). Yo pa t janm koule anba dlo lanmè a, jan sa a te rive nan batèm pa imèsyon an; otreman ki te mache sou kabann sèk lanmè a. Yo pat anndan nyaj la non plis; men yo te swiv mouvman li yo. Sepandan, figi a ilistre evènman ke pèp ki ini ki gen eksperyans anba lidèchip Moyiz. Kwayan nan lavil Korent yo te byen konprann ke, nan lavi legliz la, batèm nan te yon senbòl idantifikasyon ak Kris la ak inyon li ak fanmi kretyèn nan.

Yon lòt figi nan 1 Korentyen 10:3-4 se "bwason espirityèl la", dlo nan dezè a, ak "manje espirityèl la", lamàn nan, refere li a eleman kominyon yo. Barclay di konsa: "Pòl vle di ke yo te bwè nan wòch ki te swiv yo a…pran sa a…nan tradisyon raben an…ki te di ke depi la nan (Nonb 20:1-11). Wòch la te swiv pèp la epi li te toujou ba yo dlo pou yo bwè. (Barclay, William. Kòmantè Biblik Nouvo Testaman, volim 9: I ak II Korentyen. Ajantin: Editoryal La Aurora/ Kay Piblikasyon Nazareyen, 1973, p.100). Sa a se te yon lejand ki te byen koni pou tout jwif yo nan epòk la.

Men, menm kote a Pòl te di konsa: "Atousa, anpil ladan yo pa t' fè Bondye plezi. Se poutèt sa yo tonbe, yo mouri nan dezè a" (v.5), pandan ke li t'ap montre ke pami tout moun ki te soti nan peyi Lejip yo, se sèlman Jozye ak Kalèb ki te antre nan peyi ke Bondye te pwomèt, jan sa di nan Nonb 14:29-30. Tout moun ki te libere anba esklavaj yo te fè eksperyans bèl aksyon Bondye yo nan dezè a; sepandan, eksepte de sa yo mansyone yo, pèsonn pa te rive nan objektif la, byenke desandan yo te fè li. La a nou kapab reflechi sou pawòl Seyè Jezi ki se Kris la: "Se pa tout moun k'ap plede di m': Mèt, Mèt, ki pral antre nan peyi Wa ki nan syèl la, men se sèlman moun ki fè volonte Papa m' ki nan syèl la" (Matye 7:21).

Chapit 1 Korentyen 10:6-11 lan bay yon lis peche ke pèp chwazi a te komèt nan moman egzòd la nan dezè a, anpil zèv ke Bondye pa t tolere: yo te anvi anpil move bagay (Num 11:4), yo te sèvi zidòl (Egzòd 32:6), yo te komèt anpil imoralite seksyèl (Nonb 25:1-18), yo te pran plezi yo nan tante Bondye (Nonb 21:5-6), ak bougonnen (Nonb 16:41-49). Apot Pòl te konseye moun lavil Korent yo pou yo pa fè sa menm; yo ta dwe pran yon egzanp nan listwa. Nou menm nou fè byen lè ke nou idantifye peche ki sanble jodi a pou korije yo. Li fasil pou lonje dwèt sou bagay sa yo: ki move bagay pou pa anvi, imoralite seksyèl, plent ak tripotay; men li ijan pou nou fè atansyon ak idolatri nou jwenn jodi a. Men sa Barclay fè antanke kòmantè: "Nou pa adore zidòl yo ak tout kè nou jodi a; men si bondye yon moun se sa li bay tout tan li, panse ak enèji li, lèzòm toujou adore zèv men yo plis pase Bondye" (Barclay, William. Kòmantè Biblik Nouvo Testaman, volim 9:1 ak II Korentyen). Ajantin: Editoryal La Aurora/Kay Piblikasyon Nazareyen yo, 1973, p.101). Genyen anpil lòt idolatri nan sosyete a ke legliz la dwe fè fas tankou: sipèstisyon, ogmantasyon kilt payen, konsomasyon sovaj, rezo sosyal yo, Entènèt, fanatik espò, ak politik, ak anpil lòt bagay ankò.

Kesyon:

- Nan kèk mo, site de bagay ou te aprann nan pelerinaj pèp ebre a.

- Ki jan yon kretyen kapab idantifye yon idolatri ki egziste nan lavi l? Kisa ke li ta dwe fè ak sa?

III. Se pou nou responsab aksyon nou yo (1 Korentyen 10:14-22)

"Se sak fè, moun ki kwè li byen kanpe a, pito li veye kò l' pou l' pa tonbe" (v.12). Kèk kwayan lavil Korent te santi yo twò asire nan fòs espirityèl yo; epi nan yon fason ki sekrè, yo te vin depann de pwòp tèt yo, men se pa de Bondye. Lè moun nan panse li siperyè pase lòt moun, sa vin rann li chaje ak remò, epi lwen yon relasyon entim ak Bondye sou yon baz chak jou.

Apre sa, Pòl te pale sou sijè tantasyon an nan yon fason pastoral. Pandan ke lènmi an gen entansyon fè echwe pwojè ke Bondye fè nan lavi kretyen an; difikilte sa a vin transfòme an yon egzèsis ki ranfòse volonte ak angajman chak moun ak Bondye e ak chemen ki kòmanse a. Nan Bib vèsyon Jerizalèm nan di nan vèsè 13 la, "Tout tantasyon nou jwenn sou chemen nou, se menm kalite tantasyon tout moun jwenn sou chemen yo tou. Men, Bondye li menm toujou kenbe pawòl li: li p'ap kite yo tante nou yon jan ki depase sa nou ka sipòte. Men, lè nou va anba tantasyon an, la ban nou fòs pou nou ka sipòte l', pou nou ka soti anba li" (De Ausejo, P. Serafín, ed. Bib la. Espay: Editorial Herder S.A., 1976, p.1176). Sa a se opòtinite pou viktwa ak kwasans. Byen lwen ke yo te yon senp arang volontè: "Ale pi devan, tout bagay pral anfòm"; avèk anpil respè, li di yo: "M'ap pale ak nou tankou ak moun ki gen bon konprann: jije nou menm sa m'ap di a" (v.15).

Pòl te dyaloge, li te chèche pou ke chak desizyon ke chak moun te pran yo te medite. Jodi a, nou pral di ke nou chèche devlope yon relasyon ak Bondye ki baze sou konviksyon ak desizyon ki konsidere; ki pa baze sou sitiyasyon emosyonèl.

Nan vèsè 12-15, Pòl te mete aksan sou menm konsèp li te rekòmande pou legliz Filip la: "Se konsa, zanmi m' yo, nou tout nou te toujou obeysan lè m' te la avèk nou. Koulye a m' pa la ankò, se lè sa a pou n' pi obeyisan: toujou fè jefò pou nou ka fin sove nèt, avèk krentif pou Bondye, avèk soumisyon devan li. Paske, se Bondye menm k'ap travay tout tan nan kè nou. Se li ki ban nou anvi fè sa ki pou fè l' plezi ansanm ak fòs pou nou ka fè l' vre" (Filipyen 2:12-13).

Nou kapab ajoute pawòl apot yo nan Women 12:1: "Se sak fè, frè m' yo, jan Bondye fè nou wè li gen kè sansib pou nou an, se pou nou ofri tout kò nou ba li tankou ofrann bèt yo mete apa pou Bondye, bèt yo ofri tou vivan epi k'ap fè Bondye plezi. Se sèl jan nou dwe sèvi Bondye tout bon".

Kesyon:

- Nan mitan yon tantasyon, ki sa ki ka yon fason pou moun nan soti?

- Mansyone yon eskiz ase komen konsènan tantasyon yo.

IV. Se pou nou idantifye tèt nou ak Kris la (1 Korentyen 10:23-11:1)

Nan fen pasaj la, Pòl te eksplike poukisa li enpòtan pou pran an konsiderasyon sansiblite lòt frè ak sè nan lafwa yo epi pa sèlman konviksyon pèsonèl yo. Li te kòmanse elabore siyifikasyon selebrasyon kominyon an ak senbolis eleman Sentsèn sa a. Apre sa, li te pale de siyifikasyon sakrifis bèt nan Jidayis la nan epòk la, finalman li te fè referans ak relasyon senbolik la nan sakrifis ak zidòl yo ak payen yo ki te patisipe nan sèvis sa yo. Nan vèsè 21 an, li te deklare, "Nou pa kapab ap bwè nan gode Seyè a anmenmtan pou n'ap bwè nan gode denmon yo tou. Nou pa kapab ap manje

sou menm tab avèk Seyè a anmenmtan pou n'ap manje sou menm tab ak denmon yo". Osi byen ke patisipe nan tab Seyè a senbolize epi eksprime yon angajman pèsonèl pou Seyè Jezi ki se Kris la; patisipasyon volontè nan kilt payen sa yo senbolize ak eksprime relasyon entim ak divinite k ap resevwa adorasyon an. Nou pat kapab nan tou de kote yo an menm tan. Angajman anvè Seyè a te enplike konsekrasyon total pou li; li pa t admèt anyen ankò. Jodi a se menm bagay la, relasyon ak Kris la depase tout aspè nan lavi a. Pa gen okenn zòn nan egzistans moun ki pa kouvri pa ansèyman Mèt la. Nan rezime ke menm Seyè a li menm fè nan kòmandman yo, nan Lik 10:27: "Nonm lan reponn: Se pou ou renmen Mèt la, Bondye ou, ak tout kè ou, ak tout nanm ou, ak tout fòs kouraj ou, ak tout lide ou. Se pou renmen frè parèy ou tankou ou renmen pwòp tèt pa ou", nan pwen sa a, li klè ke Bondye ap atann ke nou renmen li ak tout sa nou ye (pa gen anyen ki rete deyò). Finalman, Pòl te retounen sou tèm swen lanmou pou moun pi fèb nan lafwa yo. Li te pwopoze yon senaryo posib: si kretyen an te patisipe nan yon repa sosyal ak payen, lefètke li te konnen yo t ap manje vyann yo te ofri bay zidòl yo, li te kapab konfòtab pou l konnen ni zidòl yo, ni sakrifis yo pa t gen okenn valè an reyalite. Sepandan, si yon moun te mansyone ke se te vyann ki te touye pou sakrifye bay demon yo; lè sa a, li ta dwe evite li pou l bay yon temwayaj klè sou lafwa li nan Kris la (1 Korentyen 10:27-29).

Sa nou fè ak sa nou refize ta dwe pou glwa Bondye. Nan pwen sa a, byen brèf, apot la te elabore sou dezyèm pati nan rezime ki nan Lik 10:27 pi wo a: "... ak frè parèy ou tankou tèt ou." Nan 1 Korentyen 10:32: "Se pou nou viv yon jan pou nou pa bay ni jwif yo, ni moun ki pa jwif yo, ni legliz Bondye a okazyon tonbe nan peche", sousi Pòl te gen ladan l temwayaj devan Jwif ak moun lòt nasyon yo ansanm ak kretyen yo.

Li te mete aksan sou yon temwayaj klè pou frè yo ak pou moun ki pa t la yo. Li bon pou nou sonje konesans levanjil moun yo genyen an gen rapò ak sa yo wè nan moun ki pwofese l la, kit temwayaj sa a bon, kit li genyen konfizyon oubyen pa bon.

Kesyon:

- Poukisa li enpòtan pou parèt, anplis pou w sa?

- Mansyone yon kote oswa yon sikonstans kote li difisil pou idantifye Kris la. Poukisa?

Konklizyon

Se travay tout moun pou evite sèvi zidòl yo, grandi nan lafwa, respekte sansiblite moun ki pi fèb yo, epi asire ke tout sa nou fè lè moun kapab wè oswa an prive se pou glwa Bondye. Sonje ke tantasyon an se yon pati nan lekòl lavi a; paske li vini pou nou kapab egzèse misk lafwa yo nan Jezi ki se Kris la.

Litij nan adorasyon an ak Soupe Seyè a

Samuel E. Pérez Rivera (Pòto Riko)

Pasaj biblik pou etid: I Korentyen 11:2-34

Vèsè pou aprann: "Paske, menm jan se avèk moso kò yon gason Bondye te kreye fanm, konsa tou se nan vant fanm gason soti. Men, tout bagay soti nan Bondye" I Korentyen 11:12.

Objektif leson an: Konsidere nan ki sans mepriz kont fanm ak moun ki nan kategori defavorize yo jounen jodi a reprezante yon defi pou nou menm antanke kominote wesleyèn.

Entwodiksyon

Pasaj biblik la, objè etid nou an, se yon pati entegral nan yon seksyon nan liv I Korentyen an (chapit 11), ki genyen yon seri de reyalite kontwovèsyal ak konfli ki te fèt nan kominote kretyen lavil Korent lan. Premye pwoblèm kontwovèsyal apot Pòl te adrese a (11:2-16) te gen rapò ak patisipasyon fanm ak gason lè yo rantre nan aktivite relijye ak pratik nan asanble a, espesyalman nan tan lapriyè ak pwofesi jan sa ekri nan v.5 : "Men, si yon fanm pa mete anyen sou tèt li lè l'ap lapriyè osinon lè l'ap bay yon mesaj ki soti nan Bondye, li derespekte mari li. Se tankou si se te yon fanm ki te gen tèt li kale". Sepandan, tèks la abòde pwoblèm "otorite" gason sou fanm; ak sipozisyon soumisyon yerarchik mesye yo sou medam yo. Dezyèm pwoblèm kontwovèsyal Pòl te fè fas la anrejistre nan vèsè 17 a 34. Nan ka sa a, se te akòz nouvèl ke apot la te resevwa nan relasyon ak eskandal ki te pwodwi nan kominote kwayan yo kòm yon rezilta mepri kont moun ki te nan kategori defavorize yo, nan moman kote ke yo te eseye entegre ak patisipe nan selebrasyon manje kominote a ki te fèt ansanm ak Soupe Seyè a.

Youn nan premye konsiderasyon ke nou dwe obsève yo se kilt ekzoterik nan mond payen an ki te toujou valab nan premye syèk yo nan Krisyanis la. Yon egzanp sa a se te kilt pou fo dye Zeyis. Nan menm sans sa a, se kilt pou fo dye Isis ak Afwodit (deyès dezi seksyèl la), kote yo te pratike "pwostitisyon sakre" a. Nan kilt sa yo, tankou nan anpil lòt, fanm yo, nan moman ekstaz, lage cheve yo desann pandan y ap danse; epi kote ke relasyon seksyèl ant sèks opoze yo te konplemantè.

Kesyon:

- Ki sa w panse de reyalite sa a pou w se yon kretyen e an menm tan "bay fwi" tankou konfli, divizyon oswa pwomosyon gwoup sektè?
- Ki sitiyasyon oswa diferans ki genyen nan legliz nou an ki kapab lakòz divizyon?

I. Moderasyon nan adorasyon an (1 Kor 11:2-16)

Dapre I Korentyen 11:3-15, apot Pòl te pale de yon seri de pratik relijye ki te gen entansyon pou regle fason ak manyè yo ta dwe kenbe fanm ak gason nan adorasyon kretyèn nan. Natirèlman, li te reponn ak yon reyalite kontèks nan epòk la ak pratik dekorasyon ak moderasyon ki te fèt nan Jidayis la ak diferan pratik nan mond Greko-Women an. Li enpòtan pou nou sonje ke Pòl pa t gen entansyon ekri yon trete teyolojik; okontrè li t ap abòde yon dosye pastoral ki gen rapò ak adorasyon nan kontèks kominote moun lavil Korent yo. Li evidan ke nan pasaj la ke ni fanm ak gason fè fonksyon kle nan adorasyon an: yo reprezante kongregasyon an devan Bondye nan lapriyè, epi adrese Pawòl Bondye a bay kongregasyon an atravè pwofesi, jan ke 4-5 di I la : "Si yon gason kite chapo l' nan tèt li lè l'ap lapriyè osinon lè l'ap bay yon mesaj ki soti nan Bondye, li derespekte Kris la. Men, si yon fanm pa mete anyen sou tèt li lè l'ap lapriyè osinon lè l'ap bay yon mesaj ki soti nan Bondye, li derespekte mari li. Se tankou si se te yon fanm ki te gen tèt li kale". Difikilte a te rive pran chè akoz ke kèk moun te enkli nan selebrasyon sèvis la kèk pratik an tèm de li yo penyen pèsonèl ki te evidan ke yo te konsidere kòm danjere pou lafwa kretyèn nan. Gen kèk gason ki te pran pòz yo te swiv pratik Women an pou kouvri tèt yo pandan adorasyon an, sa Pòl te konsidere kòm ofansif; pliske an reyalite se te yon koutim oligachi grèk (Foulkes, Irene. Kòmantè Biblik Amerik Latin. Espay: Editoryal Verbo Divino, 2003, p.845). Nan lòt men an, medam yo te neglijan fas ak règ sosyal la pou yo gen tèt yo "kouvri".

Li trè enpòtan pou nou obsève ke an reyalite Pòl pa t kont fanm k ap patisipe nan adorasyon kretyèn nan; olye de sa, li te gen entansyon konvenk yo pou yo pran swen aparisyon an ki te konsène pèsonèl penyen yo, epi fè atansyon pou yo pa konfonn ak fanm ki te patisipe nan kilt payen yo.

A. Siyifikasyon cheve a dapre sosyete a
Mete cheve ou byen ranmase te konsidere kòm yon bon koutim, epi li te yon bagay ki remakab nan ni kilti jwif

la osi byen ke nan sosyete Greko-Womèn nan. Nan lòt men an, cheve ki lach la vle di yon lòt bagay: li te konsidere kòm yon estimilis ewotik ke sèlman mari a ta dwe obsève, ak sa a an prive. Dapre tradisyon jwiv la, pou yon fanm lage cheve l an piblik, se te yon ofans grav, ki konparab sèlman ak sa yo konnen jodi a kòm yon moun ki ta renmen dezabiye l (Foulkes, Irene. Pwoblèm Pastoral nan lavil Korent: Kòmantè Egzegetik-Pastoral sou l Korentyen. Kosta Rika: Editoryal Sebila, 2011, p.295).

B. Siyifikasyon nan mete vwal la

La a genyen yon diferans ant jwif yo ak Greko-Women yo. Nan koutim jwif la, fanm nan te oblije kouvri tèt li avèk yon "manti", "mouchwa" oubyen vwal. Sepandan, nan mond Greko-Women an, li pat obligatwa; menm si fanm ki te fèt piti nan Lagrès te mete vwal la (R. MacMullen. Fi an piblik. Itali: Istwa Editoryal, 1980, pp.209-218). Nan tan lontan, tou de nan mitan jwif yo tankou pami moun Lagrès yo, fanm nan te mete yon "mouchwa" sou tèt la kòm yon senbòl modesti ak moderasyon. Dapre liv Resansman 5:18 la, li te evite itilize mouchwa fanm yo te kenbe nan adiltè a.

Nan l Korentyen 11:7-10: "Gason an pa bezwen kouvri tèt li, paske se pòtre Bondye li ye. Tankou nan yon glas, li fè wè bèl pouvwa Bondye a. Men, fanm lan menm se pouvwa gason an li fè wè. Paske, se pa t' avèk moso nan kò yon fanm Bondye te kreye gason, se avèk moso nan kò yon gason li te fè fanm. Se pa pou fanm lan Bondye te kreye gason an, men se pou gason an Bondye te kreye fanm lan. Se poutèt sa, akòz zanj Bondye yo, fanm lan dwe pote yon mak sou tèt li pou moutre li soumèt anba otorite mari li"; genyen tout yon diskisyon konplè ke nou p ap kapab trete nan leson sa a. Sepandan, nou kapab rezime tout agiman ki konsidere nan vèsè 11: "Men, nan lavi n'ap mennen ansanm ak Seyè a, fanm bezwen sèvis gason, gason bezwen sèvis fanm". Sa vle di, pa genyen okenn nan yo de a ki kapab reklame endepandans lòt la, ni kapab etabli yon relasyon kote ke genyen yon chèf ant yo de a.

Kesyon èmenetik la nan seksyon an ta dwe sa a: ki sa ki ta kapab valè vèsè 2 a 16 la jounen jodi a pou moun ki kwè ke Jezi se Kris yo? Pou pi piti, ou kapab rekonèt twa opsyon:

1) Fanm nan oblije mete yon bagay sou tèt li (omwen pandan adorasyon an); epi pratik sa a entèprete kòm yon siy soubòdone li a gason an.

2) Tèks la pa eksplike kontèks kiltirèl premye syèk la; epi se poutèt sa ke li pa genyen anyen pou di nou jodi a.

3) Tèks la sipòte wòl fanm yo antanke dirijan nan adorasyon an; ak rekonesans enpòtans fanm yo epi mesye yo respekte regleman dekorasyon yo. Kòm dabitid, entèpretasyon sa a akonpaye yon pratik eklezyastik ki ekskli fanm yo nan ministè a, ki

kontredi otorizasyon protagonis li ke Pòl prezante nan tèks sa a.

Eseye jodi a pou etabli règ kondwit nan adorasyon kretyen ki baze sou sa fanm ak gason te sanble nan tan Pòl la, mwen pa panse ke sa se fè jistis ak pasaj la. Sa a, deja ke apot la te reponn nan yon moman patikilye ak reyalite nan kominote moun lavil Korent yo; epi mwen pa t ap mete yon dekalòg règ ak règ inivèsèl konsènan tèm ki trete deja a. Pòl, antanke yon nonm nan tan li a, li te panse ke li te pridan pou l te bay kèk gid pou anpeche ni fanm, ni gason yo te idantifye gason nan kominote kretyèn nan oubyen konfonn ak moun k ap patisipe nan yon adorasyon payen.

Kesyon:

- Kisa nou ta dwe bay pi plis atansyon : èske se lafòm nan (aparans) oubyen entansyon adoratè yo? Pou kisa?

- Èske w panse ke dwe genyen yon soumisyon pou pozisyon otorite kote ke se gason an ki dwe lidè prensipal la nan sèvis adorasyon kretyen an? Eksplike.

- Ki opinyon patisipasyon medam yo nan sèvis adorasyon kretyèn yo ak ministè pastoral la merite? Kòmante.

II. Soupe Seyè a: egzijans nan solidarite (1 Korentyen 11:17-34)

Dezyèm tèm ki vrèman kontwovèsyal ke apot Pòl te rankontre se te nan vèsè 17 a 34. Pòl te adrese plizyè tèm ki te gen rapò ak kondwit adorasyon an nan legliz Korent lan. Kòm nou te deja wè li, premye a te gen pou wè ak fason ke moun yo t'ap oganize kilt la ak moun ki te egzèse kèk lidèchip nan kilt la, ni gason ak fi (vv. 2-16).

Sepandan, nan dezyèm mwatye chapit 11 sa a, gen yon konfli lye ak selebrasyon nan Soupe a. Dapre rapò ki te rive jwenn apot la (v.18), li te tounen yon dine endividyalis ak egoyis kote ke kèk moun te toujou rete grangou ak plizyè lòt moun ki te sou (vv.21-22).

A. Denonsasyon: yo te mal gade pòv yo nan Soupe a

Pòl te kòmanse seksyon sa a ak yon gwo repwòch: "Mwen pa kapab felisite ou" (v.17ᵃ VBJ). Reyinyon yo, olye pou yo sèvi pou edifye frè yo, "yo… [te fè] mal olye pou yo te fè yo byen" (v.17b VBJ). Divizyon yo refere yo (vv.21-22) se te yon divizyon sosyo-ekonomik, "yon distenksyon nan klas ant rich ak pòv. Divizyon an te koze yon gwo pwoblèm klas: rich ak pòv. Sepandan, atitid youn ak lòt te fè li klè kiyès ki vrè kwayan yo. Dapre fraz vèsè 20 an, pratik inegalite sosyal la te anile Soupe a kòm yon vrè siy lafwa nan Seyè Jezi ki se Kris la.

Pou apot la, atitid mepri anvè pi plis vilnerab la te opoze ak sans lafwa kretyèn nan; paske li te kontredi tout pratik Jezi ki se Kris la. Seyè a, nan temwayaj levanjil yo, li te pataje a tab, anblèm tout aksepte ak kominyon mityèl ak lòt moun, kèlkeswa sitiyasyon sosyal ak moral yo. Sa a nan eskandal legalis yo ak farizyen yo nan tan apot la (Mak 2:16; Lik 5:29-30, 15:2). Antanke legliz, nou dwe sonje yon legliz nan tradisyon Wesleyèn ke Wesley te afime ke Soupe Seyè a konstitye yon "mwayen" lagras.

Ala fasil li fasil pou w kritike moun Korent yo e pou w mete lejann sou moun Korent yo kòm moun ki ensansib e ki santre tèt yo! Sepandan, menm jan sa fasil la, nou ta ka fè menm diskriminasyon an: nou inyore bezwen lòt moun, ak bezwen pwòp frè nou ki pi defavorize yo. Tradisyonèlman, nan sèk evanjelik nou an, li te pi konfòtab ak pratik pou entèprete tèks la nan pèspektiv "moral" ak "endividyèl"; epi konsa evade responsablite sosyal nou nan kominote a. Kesyon nou bezwen poze tèt nou se sa a : ki sa sa vle di pran Soupe Seyè a san diyite?

B. Pòl te remèt tradisyon Jezi ki se Kris la

Tout sa ki swiv nan pasaj etid la trè enpòtan. Kidonk, yon sentèz mesaj sibstansyèl nan pasaj la. Apot Pòl te fè kòmantè sou sa ke li "resevwa" ak "ansèyman" sou Jezi (v. 23a), lè ke li konnen ke disip li yo nan tout laj, motive pa egoyis, ta inyore pri liberasyon yo a.

Seyè Jezi ki se Kris la te mande pou nou toujou sonje jan li te bay lavi li pou nou. Pou komemore yon moun, li pa ase pou pwononse mo louwanj; ou dwe aji selon egzanp li. Nan langaj biblik la, "sonje" a pa limite a panse; men li gen ladann l aksyon tou (cf. Egzòd 2:24, Bondye "te sonje alyans" li a; sa vle di, li te fè yon bagay pou ede pèp li a).

Nan tout tèm ki plis enpòtan yo nan pasaj la nan etid sa a, kite dèyè pwoblèm nan enjistis kont moun nan bezwen yo, nou dwe fè yon kòmantè tou kout sou fason legliz la entèprete ak anseye siyifikasyon kò ak san Kris la.

Genyen twa entèpretasyon anplis ki rekonèt. Nan premye pozisyon, yon jan kanmenm Kris la vin reyèlman prezante bay kwayan yo atravè pen ak diven an, menm lè sa yo pa chanje nan nati materyèl yo an reyalite. Yon dezyèm entèpretasyon santans Jezi ki se Kris la ki te devlope nan teyoloji katolik la, ki anplwaye tèm "transsibstansyasyon" pou konsèp yo sou sa k ap pase ak eleman yo nan ekaristi a nan mès la, ki vin tounen kò ak san Kris la tout bon vre selon yo menm. An twazyèm pozisyon, li kapab konprann kòm yon metafò, yon figi tipik nan imaj semitik. Egzanp: "Se mwen menm ki pòt la. Moun ki pase nan mwen pou antre, la sove. La antre, la soti, la jwenn manje pou l' manje. Lè vòlè a vini, se vòlò li vin vòlò, se touye li vin touye, se detwi li vin detwi, se sa ase li vin fè. Mwen menm, mwen vin pou moun ka gen lavi, epi pou yo genyen l' an kantite. Se mwen menm ki bon gadò mouton yo. Bon gadò a ap bay lavi l' pou mouton l' yo" (Jan 10:9-11). Sa defini Repa Seyè a kòm yon aksyon pou sonje yon bagay.

C. Egzòtasyon: respekte kò a oubyen soufri jijman an (vv.27-32)

Premyèman, Pòl te plede koupab pou lanmò Jezi a tout moun ki selebre Soupe a yon fason ki pa solidè ak tout moun ki konstitye nouvo kò a, jan ke li montre sa nan v.27: "Se poutèt sa, si yon moun manje pen Seyè a, osinon li bwè nan gode Seyè a yon jan ki pa konvenab, moun sa a koupab, paske li peche ni kont kò Seyè a ni kont san li an".

Apot la te sèvi ak vèsè 27 a 34 pou l pa t avèti sou erè doktrinal konsènan eleman Repa Seyè a; men pou nou mete aksan sou konpòtman eskandal yo te obsève deja nan vèsè 20 a 22.

D. Avètisman: jijman pwòp tèt ou ak jijman (vv.31-32)

Lide avètisman sa a se pou kretyen yo reflechi sou si wi ou non y ap kontribiye pou legliz la vrèman vin kò Kris la, yon kominote ki bay sipò e ki enklizif. Kidonk, Soupe a se pa yon distenksyon pou "pi sen" nan legliz la; men pito se yon opòtinite kote tout moun kapab selebre favè Bondye moun pa merite a, ki enkòpore nan Jezi ki se Kris la epi ki devwale devan limanite pa mwayen sakrifis li ak lanmò li sou bwa Kalvè a.

Tou de seksyon yo nan pasaj ki te analize yo nan leson an ba nou jwenn yon opòtinite pou nou reflechi sou fason nou jere tèm sa yo nan kongregasyon nou yo jodi a. Mande: Konbyen anfaz nou mete nan fason pou konpòte ak òganize nou pou selebre kilt la? Ki sa nou plis bay valè: "fòm" oswa "entansyon" adoratè yo? Ki jan nou kapab reyalize yon bon balans ant fòm ak entansyon? Ki jan divès jenerasyon legliz la kapab adrese konfli potansyèl sa yo nan legliz la jodi a? Menm jan an tou, an referans a dezyèm pwoblèm ki prezante nan pasaj la, an nou reflechi sou sa: ki jan legliz la entèprete konfli ki konsènan tout bagay konsènan Soupe a?, ki sa nou vle di lè nou pran Soupe a san diyite a? ki kote yo ta dwe mete aksan sou selebrasyon an?

Nan leson sa a, nou te eseye adopte yon nouvo konpreyansyon sou de agiman kontwovèsyal ke apot Pòl te fè fas dapre vèsè sa a yo (1 Korentyen 11:2-16 ak 17-34).

Kesyon:
- Nan ki fason ke mòd ke w abòde tèm konfli Repa a pèmèt ou konsidere lòt pwen enpòtan yo nan moman pou diskite pasaj la?
- Mansyone kilès moun sa yo ki kapab mete apa nan Repa Seyè jounen jodi a.

Konklizyon

Nou dwe disène epi aplike prensip biblik ke pasaj etid la anseye nou an; yon fason pou ke pa genyen mepri kont fanm ak kont moun ki nan kategori moun defavorize yo nan legliz nou an.

Don espirityèl nan legliz la

Herbert Barco (Pewou)

Pasaj biblik pou etid: I Korentyen 12, 14

Vèsè pou aprann: "Gen divès kalite don Sentespri a bay. Men, se menm Lespri Bondye a ki bay tout. Gen divès jan moun ka sèvi Bondye, men se yon sèl Seyè a n'ap sèvi" I Korentyen 12:4-5.

Objektif leson an: Konprann ke tout kwayan genyen plizyè kado ke Bondye ba li pou reyalize ministè li antanke kò Kris la.

Entwodiksyon

Apot Pòl se youn nan pi gwo ekspozitè don espirityèl yo nan Nouvo Testaman. Li kontribye anpil nan devlopman eklezyoloji a kòm panse ak yon òganizasyon, tou de sot pase ak modèn, ak tèm don espirityèl yo. Epi pa gen lavi nan legliz la san kado espirityèl yo. Yo gen yon dimansyon entèn, espirityèl ak envizib ki ekstèn nan lavi kretyen an kòm ministè.

Nou dwe konprann kòman yon kontèks ke entèvansyon Pòl la pou koresponn ak yon pwoblèm ki t ap soulve nan legliz lavil Korent lan. Pwoblèm sa a te kado a te devlope ak priyorite nan lang ak atitid inakseptab devan Bondye, devan asanble kretyen yo, e sa te afekte temwayaj legliz la nan kominote Korentyen an.

I. Divèsite nan don yo (I Korentyen 12:1-11)

Premye onz vèsè chapit 12 yo pale nou sou divèsite don yo. Nan kòmansman an nan vèsè 4, 5, ak 6, apot Pòl te ekri mo grèk "Dieresis" ki pou konotasyon nou an vle di "varyete" ak "divèsite" (Vine, W. F. Diksyonè Ekspozitè. Etazini: Editoryal Caribe, 1999, p.858). Nan sans jeneral, don espirityèl yo se yon seri de kalite ofis oswa ministè ke legliz la resevwa ke nou kapab rele tou operasyon oswa aktivite ministeryèl anvè Bondye, anvè legliz la ak anvè mond lan.

La a nou wè ke genyen yon kantite don espirityèl ki limite ke apot la anrejistre; li trè posib selon bezwen legliz kretyen nan lavil Korent yo. Nan lòt lèt ke apot Pòl te ekri yo, li mansyone anpil lòt varyete kado espirityèl. Ann gade lis kado yo nan pasaj biblik etid la:

1. **Pawòl sajès (v.8a).** Li se yon kado ki genyen de dimansyon bon konprann: Sinatirèl pou disène zafè Bondye yo, epi natirèl yo pou disène zafè lòm. Se yon kado ke predikatè yo itilize.

2. **Pawòl konesans (v.8b).** Li se yon kado monitè ak monitris ki kretyen yo itilize nan legliz, se yon kado ke yo resevwa ki soti nan Bondye menm, daprè sa ki ekri nan Bib la.

3. **Lafwa (v.9a).** Se don sa a ki pouse konfyans nan Bondye pa enpilsyon Sentespri a ki lakòz mirak etonan nenpòt kalite. Chak kretyen kapab sèvi ak kado sa a.

4. **Gerizon (v.9b).** Se kado ke Lespri Sen an bay kèk kretyen pou geri maladi fizik, sikosomatik ak maladi nanm nan lè I sèvi avèk diferan metòd gerizon, ki espesyalize atravè disènman nan lespri.

5. **Fè mirak (v.10a).** Se gras ke Lespri Sen an bay sèten kretyen nan legliz la nan yon fason espesyal pou fè mirak gerizon ak ekstraòdinè, operasyon sinatirèl, mirak finansye, edikasyon, pwojè lavi ki te bloke, ak anpil lòt bagay ankò.

6. **Pwofesi (v.10b).** Doktè Purkiser, yon teyolojyen pwisan nan denominasyon nou an, ekri nan sans sa a: "Men, pwofetize nan Nouvo Testaman an vle di plis pase prediksyon. Pòl defini li nan I Korentyen 14:3, kòm "Okontrè, moun k'ap bay mesaj ki soti nan Bondye, se ak moun y'ap pale pou fè yo grandi nan konfyans yo nan Bondye, pou ankouraje yo, pou konsole yo". Plis pase predi, pwofetize vle di pataje Pawòl Bondye a ak moun ki bezwen tande l. Mo grèk la se prophetia, ki soti nan pro (davans) ak femi (pale). Nan tan Apot la, li te itilize pou fè referans a

yon moun ki te pwoklame yon mesaj oswa entèprete diskou yo (mesaj jeneralman non defini) sou fo dye yo, epi lè kretyen yo te itilize li, sa vle di ke mesaj la te soti nan yon sèl vrè Dye a'' (Purkiser, Westlake). . Kado Espirityèl yo. Etazini: KPN, 1979, p.10)

7. Disènman lespri yo (v.10c). Se gras ke Sentespri a bay kèk kretyen pou disène ant Lespri Bondye a, ak lespri malen an ak pa lòm nan envante a ak yon baz imen.

8. Kalite lang yo (v.10d). Se kapasite ke Lespri Sen an bay kèk kretyen pou yo pale plizyè lang yo aprann ak sa ke yo pa aprann; pou yo kapab edifye legliz la.

9. Entèpretasyon lang yo (v.10e). Se kapasite ke Sentespri a bay kèk kretyen nan legliz la pou ke yo kapab entèprete mesaj moun ki pale lòt lang nan.

Fini lis sa a, se kòmsi apot Pòl te prezante nan tan lontan an ak nan prezan an yon varyete nan kado espirityèl pou konpreyansyon biblik ak teyolojik nou yo; se konsa ke kretyen yè ak jodi a yo, nou menm nan pèspektiv disip k'ap kontinye ak sèvis la nan lavi legliz la.

Se Sentespri a ki anchaje li pou pataje kado yo jan li vle. Nou tout te resevwa kado ki diferan de pa lòt moun, pou fonksyonalite kò Kris la. Chak moun dwe reponn devan Bondye pou travay li. Sèvis yo gen valè pou Seyè a; se poutèt sa, ministè kado a pa ta dwe konsidere kòm yon byen pèsonèl ke nou posede, ni kòm yon okazyon pou fè pwofi pèsonèl.

Kesyon:

- Ki de danje ki genyen nan kretyen an nan sèvi ak don espirityèl yo nan yon fason ki malonèt? Make repons ki kòrèk la ak yon "X".

  a. _____ Nou fè yo pou nou epi fè pwogrè pèsonèl ladan yo.

  b. _____ Nou pa sèvi ak yo epi meprize yo.

  c. _____ Okenn ladan yo

- Nan lis don espirityèl yo prezante nan leson sa a, kilès ladan yo ou wè nan legliz lokal ou a? Kòmantè.

II. Bezwen mityèl pou kado (1 Kor. 12:12-26)

Apre sa, apot Pòl te itilize analoji kò a pou l eksplike dinamik lavi legliz la sou kado espirityèl yo. Yon legliz,

san egzèsis kado espirityèl li yo, se yon legliz ki mouri. Li se yon òganis vivan; men pa gen okenn kado espirityèl ki travay poukont li, men pito ki fonksyone youn ak lòt. Apot la eksplike bagay sa yo:

1. Inite legliz la se yon inite ki enpòtan anpil (v.12). Nan vèsè sa a, nou jwenn teyoloji analoji sa a: kò Kris la se tankou kò moun ke li ye; paske li gen anpil manm, se yon sèl kò. Konsa tou se Kris la, Pòl te mansyone.

Don espirityèl fè inite sa a posib antanke legliz; paske legliz la se kò Kris la. Afimasyon sa a pèmèt nou menm, nan tan prezan sa yo, konsantre nou; pou nou kapab kontinye sa nou te resevwa misyon pou nou fè a antanke legliz (Matye 28:16-20).

2. Eksperyans ki sanble yo ke legliz la pataje (v.13). Travay Lespri Sen an se sa ki fè kretyen yo yon sèl kò, yon sèl legliz. Sepandan, apot la te kontinye eksplike de eksperyans ki pataje nan legliz la:

- Batèm nan (v.13a). Nan pèspektiv apot la, tout kwayan yo te batize pa Sentespri a nan yon sèl kò. Sa pa admèt distenksyon tankou sa ki t ap pase nan legliz lavil Korent lan; sa vle di, diferans rasyonèl ak diferans relijye yo ant jwif ak moun lòt nasyon yo, ak diferans ki genyen sistèm sosyo-ekonomik la ant esklav ak lib. Lespri Sen an rann li posib, nan inite, pou legliz la depase tout distenksyon.

- Kominyon Lespri Bondye a (v.13b). Sa a se yon lòt analoji pou di ke tout kretyen te resevwa menm Lespri a. Isit la, yo mete aksan sou aspè enteryè Sentespri a nan kretyen yo ak "ki jan" nou ini nan li.

3. Enpòtans divèsite a (vv.14-26). Ekspozisyon apot Pòl la devan legliz Korent eksprime nan lojik sa a:

- Tout manm nan kò a yo enpòtan (vv.14-26).

- Kò a se pa yon sèl manm, men se pito plizyè man ki konpoze li (v.14).

- Okenn manm pa ta dwe santi li san vale (vv.15-19).

- Okenn manm pa ta dwe panse ke pliske li pa genyen kèk kado, li pa gen valè. Si yo tout te gen menm don an; pa t'ap gen kò. Si yo tout te genyen menm don an; lòt kado yo t'ap manke toujou. Bondye te distribye kado yo nan kò a jan Li te vle a; se pa selon merit moun. Pa genyen okenn kò san plizyè kalite don.

- Okenn manm nan kò a pa ta dwe aji kòm si li pa t bezwen lòt yo (vv.20-26). Menm si manm yo anpil; yo tout fòme yon sèl kò a. Pèsonn pa ta dwe santi ke li pa bezwen tout lòt manm yo.

Kesyon:

- Pou ki sa nou bezwen don espirityèl yo? Make repons ki kòrèk la ak yon "X".

    a. _____ Pou evanjelize moun ki pèdi yo.

    b. _____ Pou akonpli Gran Komisyon Jezi ki se Kris la, Seyè nou an.

    c. _____ Pou fè travay sosyal nan kominote a.

- Ki kapasite ou itilize pou ranfòse inite kò Kris la nan legliz lokal ou a? Poukisa??

III. Don espesifik yo (1 Korentyen 12:27-31)

Nan seksyon sa a, nou jwenn yon verite teyolojik nan eritaj Arminian-Wesleyan nou an nan lavi legliz la: legliz la inifye, men divèsifye. Sa vle di, Kretyen nan legliz la pa chwazi epi yo pa chwazi don espirityèl yo. Se Bondye ki, nan bonte li ak mizèrikòd li, bay kado espesifik pou devlope ministè yo nan yon fason ki byen detèmine, li pa chwazi pa moun nan; men se Bondye ki bay. Ann gade yo chak atravè espesyalite yo ak sa ke yo fè onivo misyon an:

Pou etablisman ak edifikasyon legliz yo (v.28):

1. Apot yo. Se apèl Bondye fè pou voye moun nan al preche Kris la ki te leve soti vivan an kòm premye fwi Levanjil la bay chak moun san Bondye; epi kòmanse nouvo kongregasyon kwayan yo nenpòt kote nan planèt la.

2. Pwofèt yo. Yo se kapasite lokal pou edifye legliz ke n'ap pale de li a. Etimoloji a se "Profit", dapre Diksyonè Vine, "pwofèt yo" yo plase aprè "apot yo", paske yo pa pwofèt pèp Izrayèl la ke yo mansyone la a, men "kado" Seyè a te bay la (cf. Travay 13:1; Ef. 4:8,11). Objektif ministè pwofèt sa yo se te pou edifye, rekonfòte ak ankouraje kwayan yo (1 Korentyen 14:3), pandan ke efè li sou enkwayan yo se te montre yo ke sekrè yo ki andedan kè moun yo se Bondye ki konnen yo, pou konvenk yo de peche, ak kontrent pou adore (1 Korentyen 14:24-25) (Vine, W. E. Diksyonè Ekspozitif. Etazini: Editoryal Caribe, 1999, p. 1427).

3. Monitè yo. Fakilte ke kèk kretyen nan kongregasyon an genyen pou yo enstwi Pawòl Bondye a anndan legliz yo.

Pou travay sosyal legliz la(v.28):

4. Moun sa yo ki fè mirak yo. Fakilte espirityèl nan sèten kretyen ki fè travay ki sinatirèl atravè pouvwa Sentespri a pou akonplisman misyon Kris la.

5. Moun sa yo ki konn fè gerizon. Se kapasite espirityèl ki nan sèten kretyen pou satisfè bezwen fizik sante nan nenpòt moun daprè volonte Bondye.

6. Moun sa yo ki gen don pou ede moun. Li se kapasite espirityèl nan sèten kretyen ki bay tèt li pou bay divès asistans pou kouvri bezwen ak pwoblèm moun ki plis nan bezwen yo.

Pou lavi ak aksyon kongregasyon yo (v.28):

7. Moun sa yo ki genyen don pou administre yo. Li se aptitid espirityèl nan sèten kretyen pou lidèchip, direksyon ak gouvènman nan kominote eklezyastik yo.

8. Moun sa yo ki gen don pou pale plizyè lang. Menm jan nan premye pati leson sa a, apot la te pale de lang ekstaz; lang enkoni, epi legliz Korent la te favorize. Sepandan, sa yo dwe vini aprè don entèpretasyon lang yo; pou ke itilizasyon li nan legliz la kapab valab. Nan kongregasyon Korent lan, yo te wè yon pwoblèm panse nan sans sa a.

Kesyon:

- Kisa ki kado ou oswa kado ou yo?

- Ki jan ou sèvi ak li nan sèvis ou bay Bondye ak legliz la?

IV. Don pou pale plizyè lang ak pwofesi (1 Korentyen 14:1-40)

Nou avanse nan chapit 14 la pou ekspozisyon espesifik Pòl la atravè karant vèsè sa yo:

Moun lavil Korent yo te dwe chèche don pwofesi olye don lang yo; paske pwofesi a pi bon pou edifikasyon legliz la (vv.1-25).

Pwofesi a vin fonksyone kòm predikasyon lokal nan vizyon apot Pòl la, se youn nan pi gwo kado yo; men li genyen nati fini, sa vle di, li pral fini kanmèm yon jou (13:8a). Menm jan an tou, pale an lang lan se bagay k'ap fini yon jou (13:8b).

Sepandan, kado ke moun yo te bay plis enpòtans nan legliz lavil Korent lan se te kado lang yo epi ki te lakòz moun sa yo vin egoyis ak gonfle lestomak yo, epi sa sètènman ki pa t itil pou edifikasyon yon legliz konsa. Pandan se tan, kado pwofesi a te edifye ak anpil pwobabilite nan legliz ki mansyone a.

Nan yon lòt fason, pale an lang lan se pa yon kado ki edifye legliz la toutotan yo itilize li nan yon lòt fòm biblik ki pa kòrèk. Pwofesi a se sa; men li itilize jan Bondye di sa nan Pawòl li a.

Pòl te bay enstriksyon ki klè ak pratik konsènan egzèsis don yo (14:26-40).

Nan pèspektiv Pòl la, nou jwenn bagay sa yo:

a. Règ pou fè egzèsis ak don pale an lang yo (vv.27-28):

- Pa plis pase de oswa twa moun ta dwe pale.

- Yo dwe pale youn apre lòt.

- Youn dwe entèprete.

b. Règ pou fè egzèsis don pwofesi a (vv.29-33a):

- Pa plis pase de oswa twa moun ta dwe pale.

- Lòt yo dwe evalye.

- Yo dwe pwofetize youn aprè lòt.

Konklizyon nan dosye moun legliz lavil Korent yo (vv.36-40).

Deklarasyon sa yo kapab distenge nan entèvansyon apostolik Pòl la:

1. Pòl te mete aksan sou otorite ansèyman l yo. Si yo te rejte ansèyman apot la, moun Korent yo t ap aji avèk ògèy, paske yo te kwè ke se yo menm ki te resevwa mesaj Bondye a.

   Yon tès vrè pwofèt la oswa moun espirityèl la se rekonèt ke sa Pòl te ekri a se kòmandman Seyè a. Moun ki pa rekonèt li, Bondye pa rekonèt li.

2. Pòl te rezime chapit sa a nan kèk mo. Yo dwe bay pwofesi a gwo priyorite, san yo pa entèdi pale an lang lan. Nan limyè vèsè sa a, yon kretyen ta dwe anvi kado pwofesi a.

Koute Pòl li menm ki di: "Konsa, frè m' yo, anvan tout bagay, se pou nou chache don pou nou ka bay mesaj ki soti nan Bondye. Pa anpeche moun pale langaj. Men, tout bagay fèt pou fèt avèk respè, avèk disiplen" (1 Korentyen 14:39-40 VJB).

Kesyon:

- Èske w dakò ak deklarasyon sa a: "Don pwofesi a nan legliz Korent lan se te don lang yo ak itilizasyon egoyis ak ògèy"? Poukisa?

Konklizyon

Pasaj etid la te anseye nou ke se pa kretyen nan legliz la ki fè espre chwazi don espirityèl li yo; men se Lespri Sen an ki ba yo, jan li vle a, selon volonte li. Lè nou dekouvri yo, nou kontan nan egzèse yo kòm ministè anvè Bondye, legliz la ak kominote a.

Yon lanmou ki enkonparab

Hilda E. Navarro (Meksik)

Pasaj biblik pou etid: 1 Korentyen 13

Vèsè pou aprann: "Renmen pa janm fini. Pouvwa pou bay mesaj ki soti nan men Bondye a pa la pou tout tan. Pouvwa pou pale langaj gen pou fini yon lè, konesans gen pou disparèt" 1 Korentyen 13:8.

Objektif leson an: Reflechi sou siyifikasyon biblik renmen ki bon nèt (agapē) Bondye a pou nou, kòm egzanp pou ke nou aplike li nan lavi nou chak jou.

Entwodiksyon

Nan liv Jan an, nou li lè Jezi te poze Pyè kesyon si li te renmen l; epi li reponn di wi. Gen kèk tradiksyon ki pa fidèl ak siyifikasyon orijinal mo Jezi ak Pyè te itilize pou "renmen an". Se poutèt sa, sans sa vin pèdi akoz fason ke chak moun eksprime li. Nan Vèsyon Bondye pale Jodi a, ki nan lang panyòl, Jezi te mande: "Simon, pitit gason Jan an, èske ou renmen mwen plis pase sa yo?" Epi Pyè reponn: "...Wi, Seyè, ou konnen mwen renmen ou..." (Jan 21:15 VBJ).

Ant "renmen" ak "vle", gen yon gwo diferans. Jezi ki se Kris la te itilize vèb grèk agapē (ἀγαπᾷς); Pyè reponn ak philo (φιλῶ), ki soti nan vèb philein (Vèsyon Biblik entèliye nan Nouvo Testaman. Rekipere nan https://www.logosklogos.com/interlinear/NT/Jn/21/15, nan dat 30 Septanm 2020). Premye a eksprime yon lanmou pafè, enkondisyonèl; dezyèm lan se plis yon afeksyon fratènèl oswa lanmou.

Lanmou pafè se "reyalite ki gen eksperyans nan yon relasyon ak Bondye kote kwayan an renmen Bondye ak tout kè li, nanm li, lespri li, ak fòs, epi vwazen li tankou tèt li" (Taylor, Richard. Diksyonè Teyolojik Beacon, A-DTB. Etazini: KPN, 1984, p.45). Pandan ke lanmou fratènèl la se "afeksyon natirèl ak an sante pami zanmi" (Taylor, Richard. Diksyonè Teyolojik Beacon, A-DTB. Etazini: KPN, 1984, p.45).

Yon lòt kalite renmen se eros, ki selon Otto Kuss, se yon lanmou ki opoze ak agapē epi "li enstenktif, ki sòti nan bezwen ak povrete li aspire ranpli" (Kuss, Otto. Kòmantè Ratisbona sou Nouvo Testaman an. Espay: Herder, 1976, p.276).

Malerezman, langaj chak jou nou an pa fè diferans ant yon lanmou ak yon lòt. Men, si sa a vin ajoute ke jodi a ou kapab renmen yon moun, kèk soulye oswa yon bèt kay ki gen menm mo a; sa vin yon ti jan konfonn pou konprann ki sa Bib la vle di lè Li pale de lanmou ki pafè a.

Nan premye lèt li te ekri moun lavil Korent yo, Pòl te byen klè; epi nan chapit 13, chak fwa li te itilize mo renmen an, li t ap pale de lanmou agapē a, yon lanmou san kondisyon ak pafè.

I. Siperyorite lanmou an (1 Kor. 13:1-3)

Anvan sa, nan chapit 12 la, Pòl te pale de don espirityèl yo; epi li te itilize imaj la yon kò ki bezwen diferan manm li yo pou l fonksyone, epi ki jan chak nan yo gen yon travay espesifik. Nan menm fason an, nan legliz la, kado yo konplete ak tout yo nesesè. Nan 1 Korentyen 12:31, apot la te di lektè li yo pou yo chèche pi bon kado yo; epi an menm tan, ke li te montre yo yon fason ki toujou pi bon. Kounye a, nan chapit 13 la, li t ap di moun lavil Korent yo ke okenn nan kado oswa karis li te mansyone yo pa t pi enpòtan pase lanmou. Epi nan tout tèks la, lè li te pale de lanmou an, li te itilize mo agapē a.

Pòl te vle fè moun Korent yo wè ke sa pap itil yo anyen pou gen anpil don espirityèl si aksyon sa yo pa t soti nan lanmou ki pafè a. Li te fè yon lis kado ke kretyen yo kapab resevwa epi fè egzèsis pou edifikasyon an nan legliz la. Men, li te klè lè li te deklare ke si li menm li pa t gen lanmou pafè sa a (agapē), li pa t anyen. Li te fè yon pwogresyon ki t'ap pral debouche sou kado pale plizyè lang lan nan pwofesi epi answit nan konesans (vv.1-3).

Sepandan, apot la pa t di ke li te pale an lang, li te pwofetize oswa li te gen tout konesans yo. Avèk itilizasyon ak kondisyonèl "si a", li te souliye ke menm si li te kapab fè sa, pale an lang moun oswa lang zanj oswa pwofetize, sèlman li te gen yon benefis lè li soti nan renmen. Mansyon son metal yo se te yon reprezantasyon ki sonnen nan yon twou si pa gen aksyon ki fèt pou ta ranpli li epi fè li bay son ki kòrèk. Pa menm lè yo te kapab konprann mistè oswa syans lan te gen valè andeyò lanmou an.

Nan vèsè 2 ak 3, apot Pòl te souliye ke lanmou sa a dwe pi gran menm pase lafwa ak konpasyon. Travay charitab, vizit moun malad, nan prizon, pote manje bay moun ki nan bezwen, pran swen pòv ak moun ki san sekou, tout bagay sa yo bon; men se pa san lanmou.

Dapre Nouvo Kòmantè Biblik St. Jerome, moun Korent yo se te yon legliz ki gen manm, pami lòt karakteristik yo, "te fè konpetisyon youn ak lòt pou yon prestij espirityèl" (Raymond Brown, Joseph Fitzmayer, ak Roland Murphy.

Nouvo Kòmantè Biblik St. Jerome, sou Nouvo Testaman. Espay: Pawòl ki soti nan Bondye, 1972, p.315). Nan premye chapit 1 Korentyen an, nou wè yo menm te fòme plizyè gwoup.

Gen kèk ki te di yo se fanatik Pòl, lòt moun ki di yo se fanatik Apolòs, lòt moun te di ke yo se fanatik Sefas, oswa fanatik Kris la (v.12). Yo pa t konprann ke yo tout te youn. Li te nesesè pou yo te mete fen nan divizyon ak konpetisyon sa a. Pou rezon sa a, Pòl te ensiste ke si te gen yon bagay ki siperyè, yon bagay ki espirityèlman depase tout bagay, se te lanmou an.

Li te enpòtan tou pou l te fè yo wè ke pa gen okenn kado ki te pou itilizasyon prive; e ke moun te ka rive fè zèv charitab san renmen. Kounye a, gen òganizasyon non-gouvènmantal ki ankouraje èd pou bay lòt moun, ki goumen pou jistis, ki bay sipò finansye a fanmi ki pa gen anpil revni, oswa swen medikal. Yo bay moun ki pa ka peye li gratis. Ki diferans ki genyen ant aksyon sa yo ak sa nou fè yo antanke kretyen? Pou Pòl, nan premye lèt li a, li te ekri moun Korent yo, li dwe renmen; ak lanmou agape sa a li ta dwe ranpli epi moule moun nan. Epi kòm rezilta sa a, yon demonstrasyon lanmou an aksyon ta dwe koule natirèlman.

Kesyon:
- Dapre vèsè 1-3, ki sa lanmou siperyè a ye menm?
- Èske w konsidere legliz la ta kapab mete fen ak fè aktivite ki pa motive pa lanmou? Kòmantè.

II. Ki sa ki renmen pafè a? (1 Kor. 13:4-7)
Youn nan fason yo konsèptyalize lanmou an se te dekri li. Nan yon dezyèm seksyon, nan vèsè 4 a 7 nan chapit 13 la, Pòl te esplike moun Korent yo kisa ki lanmou pafè a oswa agapē a nan yon fason yo te kapab konprann.

Chak karakteristik ke apot la mansyone yo se te bagay ke moun lavil Korent yo te konnen byen menm jan avèk nou. Vèsyon Biblik Jerizalèm nan tradwi vèsè 4 la kòm: "Moun ki gen renmen nan kè li gen pasyans, li gen bon kè, li p'ap anvye sò lòt moun. Li p'ap fè grandizè, li p'ap gonfle ak lògèy". Bondye ap pale jodi a (BPJ) di: "Pou gen lanmou se konnen kijan pou andire..." Se sèlman la lanmou pafè a se kapab andire tout bagay, pran pasyans ak tann. Pa gen lòt kalite renmen bay tèt li totalman san yo pa atann resipwosite.

Pòl te di ke lanmou sa a, "pa fè anyen ki mal" (v.5). Reyalizasyon sa a gen ladan li pawòl ak aksyon. Se yon lanmou ki transfòme lespri ak kè moun pou gen konkirans ant sa nou di nou ye, epi sa nou ye vre. Anplis, li pa santi jalouzi, non sipoze, li pa grosye, pa ofanse, li pa kapab kenbe moun nan kè, pou raple lòt moun sou ofans pase yo (vv. 4-6). Pa sanble ofans yo pou w montre yo apre plizyè ane fin pase; kite tout bagay nan tan lontan an, epi li pa sonje li plis.

Menm lè yo blese li, lanmou sa a pa fè kè li kontan nan mal ki rive lòt moun (v.6). Lit toujou fè sa ki bon sèlman; epi li kontan lè verite a triyonfe. Nan vèsè 7 la, Vèsyon Biblik Jerizalèm nan, li di konsa: "Moun ki gen renmen nan kè li sipòte tout bagay: nan nenpòt ki sitiyasyon, li toujou gen konfyans nan Bondye, li p'ap janm pèdi espwa, l'ap toujou moutre jan li gen pasyans". Ki moun ki pa vle yo renmen li ak kalite lanmou sa a?

Pafwa koup jèn yo wè yon feblès relasyon ki te kapab rive nan lotèl la, ak benediksyon Bondye; paske yo te fin abandone. Genyen maryaj ki te di yo te renmen youn lòt; men ak premye tanpèt yo, yo rann tèt yo. Lanmou pafè a pa janm abandone; men li kanpe fèm.

Li klè ke, nan lèt li a, Pòl pa t pale de lanmou ki fèt ant zanmi (philein), oswa mari oswa madanm (eros). Lanmou apot la te trase pou moun Korent yo se te sa ki pi siperyè a. Epi levanjil Jan an te itilize li tou nan vèsè sa a ki byen koni: "Paske, Bondye sitèlman renmen lèzòm li bay sèl Pitit li a pou yo. Tout moun ki va mete konfyans yo nan li p'ap pedi lavi yo. Okontrè y'a gen lavi ki p'ap janm fini an" (Jan 3:16, anfaz ki ajoute). Se sèlman Papa a ki te kapab renmen nou yon fason ke li te bay sèl Pitit li a pou nou kapab genyen lavi ki pap janm fini an. Sa a se lanmou pafè a, li menm ki rann tèt li pou lòt moun menm lè lòt la pa merite sa. Bondye pa janm abandone nou lè nou ale lwen li. Li te rete fèm epi kontinye chèche nou pou l rekonsilye avèk nou.

Tout adjektif yo mansyone pi wo a nan lis Pòl la gen rapò dirèkteman ak lanmou Bondye pou nou. Li pran pasyans pou l padone nou (2 Pye 3:9), menm lè lèzòm pa vle konnen Bondye.

Lanmou Papa a resevwa nou ak bra louvri, menm apre peche kont li (Lik 15:11-32). Lè lòt moun ta fè jalouzi oswa lanbisyon, lanmou pafè a retire tèt li epi rann tèt li. Olye pou l gonfle lestomak li, li edifye (1 Korentyen 8:1b). Li pa fè soustraksyon, li toujou ajoute.

Lè nou li deskripsyon Pòl la sou lanmou, nou pa ka pa di Bondye mèsi paske li renmen nou konsa; epi mande l pou l aprann nou renmen konsa.

Kesyon:

- Ki karakteristik lanmou pafè ki te atire atansyon ou pi plis; epi pou kisa ?

- Ki jan ou ta dekri lanmou agapē a pou moun ki pa kwayan yo?

III. Pa janm chanje (1 Korentyen 13:8-13)

Twazyèm ak dènye seksyon chapit 13 la pale de egzistans lanmou an ki la pou toutan.

Pòl te kòmanse chapit la nan mansyone don an lang, pwofesi, ak konesans (vv.1-2). Nan pati final la, li te ensiste ke tout bagay sa yo pral fini yon jou (v.8). Kado moun Korent yo te ka gen anpil valè pou yo te aktyèlman pase, tanporè; sepandan, renmen, li te di, "pa janm abandone" (v.8). Bondye se renmen li ye (1 Jan 4:8); Ebyen, lanmou an se yon bagay ki pap janm fini.

Sosyete oksidantal nou an, ki abitye itilize atik jetab yo, gen pwoblèm pou konprann pwofondè etènèl la. Lespri fini ak tanporè nou an pa ede tou. Nan vèsè 8, 10, ak 11, Pòl te itilize yon tèm grèk (katargeon) ki tradwi vle di "jete," "sispann," "abandone," "pase" (Strong's. Leksik grèk. Rekipere nan https://www.blueletterbible.org/lang/lexicon/lexicon.cfm?t=kjv&strongs=g2673, nan dat 30 Septanm 2020). Lang yo pral sispann; pwofesi yo pral sispann; syans yo pral jete. Lanmou, yon lòt bò, ap rete.

Nan vèsè ki vin apre a (v.9), Pòl te di moun Korent yo ke sa yo te konnen ak pwofetize yo te enkonplè; yo te konnen an pati e yo te pwofetize an pati. Men, ke "lè sa ki pafè a vini, lè sa a sa ki an pati a pral fini" (v.10). Li pa t klarifye si sa ki te an pati a te refere a kapasite l pou l konnen ak pwofetize. Gen kèk entelektyèl ki gen tandans panse ke se te yon referans a Dezyèm Vini Kris la, lè don espirityèl yo ki te pasyèlman egzèse yo pral sispann epi yo pral chanje nan yon eta ki fini oswa pèfeksyon. Nan lòt mo, sa Korentyen yo te konnen se te sèlman yon ti pati nan sa yo te dwe konnen lè Jou Senyè a te vin manifeste a.

Menm jan an tou, Pòl te fè yon konparezon ak karakteristik yon ti moun ak yon granmoun (v.11). Ti moun nan gen yon fason diferan pou l pale, li trete bagay sa yo sou fason kognitif, epi li fè jijman. Kidonk, yo pa ka mande yon ti moun pou l aji tankou yon gran moun ki gen matirite. Pòl te di moun lavil Korent yo ke jiskaske li te grandi, li te kite sa li te tankou yon ti moun nan.

Pou kontinye lide sa a ki pap fini an, Pòl te itilize figi glas la (v.12). Dapre Kistemaker, miwa, nan epòk Pòl la, se te moso metal poli; epi lè moun te wè tèt yo nan refleksyon an, yo te gen yon imaj defòme nan tèt yo. Korentyen yo te byen konnen sa Pòl t ap pale a. Kistemaker ajoute ke vil la te byen popilè akoz de miwa yo. Kidonk, ak yon glas yo te gen yon vizyon nwa (Kistemaker, Simón. Kòmantè sou Nouvo Testaman an. Ekspozisyon Premye Lèt pou moun lavil Korent yo. Etazini: Liv Defi yo, 1998, p.409). Men, gen yon jou, Pòl te di, lè "nou pral wè fas a fas" (v.12). Sa yo te konnen nan moman sa a, se yon vizyon twoub nan bagay sa yo; men lè a ap rive ke moun pral wè tout bagay fas a fas.

Pou fini, Pòl te retounen sou tèm lanmou an; epi li te di Korentyen yo ke te gen twa bagay ki dire pou tout tan: konfyans, espwa ak renmen. Men, bagay ki pi enpòtan an se te renmen an (v.13). Se pa sèlman mansyone twa bèl kalite sa yo nan Bib la. Nou wè yo nan Women 5:2-5; Galat 5:5-6; Kolosyen 1:4-5; Ebre 10:22-24; ak anpil lòt kote ankò. Kesyon ki poze se sa a: poukisa Pòl te di renmen an te pi gwo? Pandan tout chapit 1 Korentyen 13 la, li te fè anpil efò pou l eksplike sa lanmou ye ak enpòtans li sou tout sa ki te mansyone yo.

Nan Galat 5:22, yo pale nou konsènan fwi Lespri a; epi renmen an se premye bagay ki mansyone. Apot Pyè te rekòmande tou nan youn nan lèt li yo pou yo gen lanmou anvan tout bagay (1 Pyè 4:8). Nan yon sèten fason, konfyans lan ak espwa yo sibòdone ak renmen; men se pa pou nenpòt kalite renmen, men pou se pou renmen agapē a.

Kesyon:

- Ki enpòtans li genyen pou kretyen an ke lanmou agapē pa janm sispann genyen?

- Èske w dakò ak Pòl ke lanmou pi gran pase lafwa ak esperans? Poukisa?

Konklizyon

Li te enpòtan pou apot Pòl pou moun Korent yo te konprann ke lanmou pafè a, lanmou ki soti nan Bondye a, se te sa ki pi espesyal ke yo te kapab aspire. Pa te gen okenn kado espirityèl ki te pi espesyal pase renmen an; li pa t kòrèk pou w egzèse yon kado san lanmou. Si te gen yon bagay ki kapab transfòme lavi moun; se sa lanmou Bondye te vide nan yo a. Epi sa toujou rete vrè jodi a.

Kris la, premye fwi rezirèksyon an

Ela González de Enriquez (Gwatemala)

Pasaj biblik pou etid: I Korentyen 15:1-28,51-58

Vèsè pou aprann: "Si moun mouri yo p'ap leve ankò, Kris la tou pa te leve soti vivan nan lanmò. Si Kris la pa te leve soti vivan nan lanmò, mwen menm mwen pa ta gen anyen pou m' anonse nou, epi nou menm, nou pa ta gen anyen pou nou kwè" I Korentyen 15:13-14.

Objektif leson an: Konprann siyifikasyon espirityèl ke rezireksyon Kris la pou chak kwayan.

Entwodiksyon

Youn nan evènman memorab ak pi transandantal nan listwa, baze sou levanjil la, epi ki make lafwa kretyèn nan, se rezirèksyon Seyè Jezi ki se Kris la. Sa ki te anonse nan levanjil yo; epi rakonte nan liv Travay Apot yo, nan lèt yo nan Nouvo Testaman, ak nan lòt liv ki pa divinman revele yo, men yo pran kòm yon pati nan listwa. Yon evènman konsa te pwofetize pa moun sa a yo ki te reprezante pòt vwa Bondye; e ke akonplisman an pa t yon fab, men pito se manifestasyon reyèl pwofesi ak pwomès Bondye pou delivrans limanite.

I. Yon reyalite Bib la pwouve ak liv istorik yo (I Korentyen 15:4-8,12,20)

A. Pwofesi ak pwomès

Konsènan mo "pwofesi a", premye definisyon an nan Diksyonè Lang Espanyòl, Reyal Akademi Espanyòl (RAE), di: "Kado sipènatirèl la ki genyen ladan li, konnen bagay ki gen pou pase nan yon tan byen lwen ki gen pou vini nan lavni pa mwayen enspirasyon Bondye" (Rekipere nan https://dle.rae.es/profec%C3) %ADa, nan dat 18 Novanm 2020). E menm diksyonè a di nan mo "pwomès la", nan premye definisyon li, sa ki annapre yo: "Ekspresyon volonte pou bay yon moun oswa fè yon bagay pou li" (Rekipere nan https://dle.rae.es/promesa? m =fòm, nan dat 18 Novanm 2020); epi nan sizyèm definisyon li yo nan menm mo a, li di: "Òf solanèl, san fòmil relijye, men ekivalan a yon sèman..." (Rekipere nan https://dle.rae.es/promesa?m=form, nan dat 18 Novanm 2020). Kidonk, "pwofesi" ak "pwomès" se de tèm diferan; epi tou de twouve yo nan Bib la. Premye a fè referans ak yon prediksyon Sinatirèl pa enspirasyon Bondye; ak dezyèm nan, atravè yon òf volontè.

B. Pwofesi yo ki nan Bib la sou rezirèksyon Jezi ki se Kris la

Dapre diksyonè RAE a, nan premye konsèp mo "resisite", li di: "Renmen yon moun ki mouri nan lavi" (Rekipere nan https://dle.rae.es/resucitar?m=form , nan dat 18 Novanm 2020).

Nou konprann ke pou resisite a, li nesesè pou w te mouri. Nan Ansyen Testaman an, pwofèt Bondye yo te fè revelasyon konsènan nesans Jezi ki se Kris la. Kidonk, nan Ezayi 9:6 nou li: "Nou gen yon ti pitit ki fenk fèt. Bondye ban nou yon gason. Se li menm ki pral chèf nou. Y'a rele l': "Bon konseye" k'ap fè bèl bagay la, "Bondye ki gen tout pouvwa a", "Papa ki la pou tout tan an", Wa k'ap bay kè poze a!" (VBJ). An relasyon ak lanmò Jezi, byenke David pa t 'gen tit pwofèt; nan enspirasyon sòm li yo, gen plizyè pwofesi yo wè ki akonpli. Kidonk, li te pale de soufrans Seyè a sou bwa Kalvè a: " Fòs mwen ap cheche, tankou labou nan solèy. Lang mwen kole nan fon bouch mwen. Mwen santi m' prèt pou mouri. Tankou yon bann chen, mechan yo sènen m'. Bann mechan yo fèmen m' toupatou. Yo kraze de men m' ak de pye m' yo. Tout zo nan kò m' parèt. Y'ap gade m', y'ap veye m'. Y'ap separe rad mwen ant yo menm, y'ap tire osò pou rad mwen an" (Sòm 22:15-18 VBJ). Bò kote pa l, nan Ezayi 53:10-11, pwofèt la te di konsa: "Men, se te volonte Bondye pou yo te kraze l' anba soufrans konsa, pou l' te bay lavi li pou Bondye te ka padonnen peche nou yo. L'a wè pitit pitit li yo. L'a viv pi lontan toujou. Se konsa travay Seyè a va mache byen nan men l'. Apre tout soufrans sa yo, l'a jwenn kè kontan ankò. L'a konnen li pa t' soufri pou gremesi. Li te sèvi Bondye yon jan ki kòrèk nèt. Li te pran chatiman anpil moun sou do l'. L'a fè Bondye fè yo gras" (VBJ).

Konsènan rezirèksyon Jezi ki se Kris la nan Ansyen Testaman, nou jwenn bagay sa yo nan Oze 6:2: "Apre de jou, l'a ban nou lavi ankò. Sou twazyèm jou a, l'a fè nou kanpe ankò, n'a viv ankò devan je l'". Menm jan an tou, nan Jòb 19:25 gen yon referans ki di: "Mwen menm, mwen konnen moun ki gen pou vin pran defans mwen an byen vivan. Se li menm an dènye k'ap kanpe sou latè pou pale pou mwen" (VBJ). Epitou Sòm 16:9-10 di: "Se poutèt sa, kè m' kontan anpil. Mwen santi se tout tan mwen ta chante. Ata kò mwen m'ap poze ak konfyans nan Bondye. Paske ou p'ap kite m' kote mò yo ye a, ou p'ap penmèt moun k'ap sèvi ou la pouri anba tè" (VBJ). Nan Nouvo Testaman an, se Jezi li menm ki te pale ak disip li yo nan fason senbolik Jwif yo, nan Jan 2:18-22, sou lanmò li ak rezirèksyon li, klarifye ke tanp li te pale a se kò li. Ou kapab li nan Matye 12:40 bagay sa yo: "Menm jan Jonas te pase twa jou twa nwit nan vant gwo pwason an, konsa tou Moun Bondye voye nan lachè a gen pou pase twa jou twa nwit anba tè" (VBJ). Apot Pòl, nan Women 6:9 te di: "Nou konnen Kris la te leve soti vivan nan lanmò, li pa gen pou l' mouri ankò; lanmò pa gen okenn pouvwa sou li" (VBJ). Lè medam ki te avèk Jezi yo te ale nan kavo a pou yo vide lwil sou li, yon zanj te pale ak yo pou l konfime sila yo t ap chèche a te leve soti vivan pami mò yo (Matye 28:5-6).

Apot Pòl te dedye plizyè pasaj pou pale sou rezirèksyon Jezi ki se Kris la; men se nan 1 Korentyen 15, li te ekri frè yo nan lavil Korent pou reyafime sa li te preche anvan yo. Se konsa, nou li nan vèsè 4 sa ki annapre yo: "Yo te antere l', li te leve soti vivan sou twa jou apre l' te fin mouri, jan sa te ekri nan Liv la tou" (VBJ). Temwen rezirèksyon sa a se te disip sa a yo ke Jezi te parèt devan yo apre l te fin leve soti vivan an, li te fè lòt senk san disip wè li e menm Pòl li menm tou (vv.5-8). Predikasyon apot yo te mete aksan sou rezirèksyon Kris la, jan vèsè 12 la di a; epi li afime li nan vèsè 20, kòm premye fwi rezirèksyon an. Menm sa ki ekri nan Liv la ateste rezirèksyon Seyè nou an Jezi ki se Kris la.

C. Lòt dokiman ak sa ki ekri yo

Pa gen anpil dokiman andeyò Bib la ki rakonte rezirèksyon an, oswa fè kòmantè sou li. Flavius Josephus te ekri sou lavi Jezi ki se Kris la: "Pandan tan sa a te gen yon nonm ki gen bon konprann yo te rele Jezi. Kondwit li te bon e li te konsidere kòm vètye. Anpil jwif ak moun ki soti nan lòt nasyon yo te vin tounen disip li. Pilat te kondane l pou kwa a ak lanmò. Moun ki te vin disip li yo pa t abandone l. Yo fè konnen li te parèt devan yo twa jou apre yo te fin kloure l sou kwa a epi li te byen vivan" (Flavius Josephus. 90 AD. Antik XVIII. 3, 3). Sa yo rele "tradisyon an" soutni Legliz Katolik la, soutni li jan li konnen yo nan ekriti yo. Sanders, ekriven Istorik Figi Jezi, ale menm pi lwen: "ke disip Jezi yo (ak pita Pòl) te

fè eksperyans rezirèksyon an, nan opinyon mwen, yon reyalite. Sa ki aktyèlman te bay nesans ak eksperyans yo se yon bagay ke mwen pa konnen" (Sanders, E.P. ekriven Istorik Figi Jezi. Wayòm Ini: Liv Pengwen yo, 1993, p.277). Nan kat levanjil yo, yo rakonte se medam yo ki te avèk Jezi yo ki te jwenn kavo a vid; e se yo menm ke Jezi antanke Kris la li menm te komisyone yo pou yo anonse evènman an bay disip yo.

Nan mo Stagg pou: "Pandan ke lòt moun te jwenn fanm yo pa kalifye oswa otorize pou anseye, tout kat Levanjil yo montre ke Kris la ki te leve soti vivan an komisyone fanm yo anonse bay gason, pami yo Pyè ak lòt apot yo, rezirèksyon an, fondasyon Krisyanis la" (Stagg, Evelyn; Stagg, Frank. Fanm yo nan mond Jezi a. Etazini: Westminster Press, 1978, pp.144-150).

Kesyon:

- Daprè 1 Korentyen 15:5-8, devan kilès Jezi ki te resisite a te parèt avan?

- Èske w konsidere rezirèksyon an enpòtan nan lavi lafwa w? Poukisa?

II. Baz lafwa nou (1 Korentyen 15:15-17)

Moun ki kwè nan Jezi antanke Kris la epi ki swiv li yo rele kretyen; epi aksepte sa ki nan Ekriti yo sou lavi Pitit Bondye a, nesans li, ministè li, lanmò li, rezirèksyon ak Asansyon nan syèl la, ki se baz lafwa kretyèn nan. Pawòl Bondye a afime nan 1 Korentyen 15:15-17 ke Bondye te leve Kris la; e ke si Kris la pa te leve soti vivan, lafwa kretyen an se t ap pou gremesi. Si se konsa, moun nan kontinye ap viv nan peche l la toujou.

Jan nou te mansyone pi wo a, pwofèt yo te resevwa revelasyon ke Mesi a, Jezi, t ap vini nan mond lan pou bay esperans sali a gras ak lanmò li ak rezirèksyon pwisan li a. Apot Pòl, nan 1 Korentyen 15:3-8, te mete aksan sou aparans Jezi ki te resisite a non sèlman pou disip yo, men pou "plis pase senksan frè" ak anpil lòt moun; Li te rakonte tou eksperyans li te fè nan yon rankont pèsonèl ak Mèt la, se te dènye moun ki te wè l'. Kidonk, lafwa kretyen an gen yon fondasyon solid: sètitid ke Kris la te vini sou tè a nan bi pou sove limanite. Epitou, Lik, doktè a, konpayon Pòl, te rakonte nan Travay 1:3-8 aparisyon Jezi ki te resisite a devan moun li te chwazi yo, li te toujou "pale yo konsènan wayòm Bondye a". Pòl te konnen pasaj Ansyen Testaman yo, tankou Sòm 16:8-10, Ezayi 53:5-12, ak Oze 6:2, e yo te fè referans ak pwofesi rezirèksyon Mesi a te akonpli yo; alizyon ak moun ki pa t kwè nan rezirèksyon an, e ke si sa pa t vre, preche sou lafwa ta anven. Nan 1 Korentyen 15:20, apot la te mete aksan sou Kris la ki te resisite a, epi li te fè "premye fwi moun ki te dòmi yo"; e si li te resisite, reyalite sa a te vin tounen, epi l ap kontinye rete fondasyon lafwa kretyen yo.

Kesyon:

- Ki sa ki baz lafwa kretyen an pou ou menm?
- Ki jan ou entèprete 1 Korentyen 15:16-17 nan lavi ou jodi a?

III. Plan Bondye a pou sove limanite

A. Lòm nan separe ak Bondye

Depi lèzòm te dezobeyi Bondye nan Jaden Edenn lan, te vin genyen yon distans ant li menm ak Bondye. Ezayi 59:2 di, "Men se mechanste nou yo ki mete yon baryè ant nou ak Bondye nou an. Se peche nou yo ki fè l' vire figi l' pou l' pa tande nou" (VBJ). Kidonk, tout limanite te rete san yo pa patisipe nan glwa Bondye a. Women 3:23 di ke "tout te fè peche"; men Bondye, nan Kris la, te fè tout bagay nesesè pou libere nou anba peche epi ban nou bèl kado delivrans lan.

B. Lanmou ak mizèrikòd Bondye a

Akoz de lanmou ak mizèrikòd Bondye pou kreyasyon li a, Li bay lòm valè e li montre l ke li kenbe pwomès li a, dèske li pa fini ak ras moun nan; malgre li te regrèt li te kreye moun, e li te gen lapenn nan kè l nan pwen jouskaske li te vle detwi li sou fas tè a. Epi se pa sèlman nan ras imen an; men tou pou tout bèt yo (Jenèz 6:6-7). Tristès la te rive anvayi kè Bondye akoz de pil peche lòm; men mizèrikòd li gran anpil, epi li bay plis valè ak espès moun nan pase bèt yo. Kidonk, Jezi te di nan Matye 6:26 sa ki annapre yo: "Gade zwazo k'ap vole nan syèl la: yo pa plante, yo pa fè rekòt, yo pa sere anyen nan galata. Men, Papa nou ki nan syèl la ba yo manje. Eske nou pa vo pi plis pase zwazo yo?" (VBJ).

Pou valè sa a ke Bondye bay limanite, plan li a se pat destriksyon; men delivrans atravè renmen. Women 5:8 di li; paske menmsi tout limanite se pechè, li ofri Kris la kòm ti Mouton Paskal la ki te pote peche lemonn antye. Li antre nan Ansyen Testaman an kòm yon pwofesi; ak ki jan yon pwomès, nan Jeremi 33:8. Lanmou san parèy nan Bondye a la pou tout tan, li pa p janm fini. Sòm 136:26 li di: "Lwanj pou Bondye ki anwo nan syèl la! Bondye pa janm sispann renmen nou!" (VBJ). Sa depann de chak nan nou pran oswa kite sakrifis Jezi a sou kwa a. Bondye ofri delivrans, epi moun nan pran desizyon pou l aksepte oswa non; byenke dezi Papa a se pou tout moun sove (2 Pyè 3:9).

Kesyon:

- Ki sa ki te lakòz tristès nan kè Bondye a (Jenèz 6:6-7)?
- Poukisa plan sali a te nesesè an reyalite?

IV. Si Jezi te resisite; disip li yo pral resisite tou (1 Korentyen 15:1-2,51-58)

Plan delivrans lan pou limanite pa t fini ak lanmò Jezi sou kwa a; men ke li te resisite e li te monte nan syèl la, li pran plas li sou fòtèy la, sou kote dwat Papa a. Rezirèksyon Jezi a se yon ekspresyon otantik nan divinite li a. Pwomès Jezi a se sa kote li ye a, gen patizan li yo. Li te di sa ak disip li yo nan liv Jan 14:3: "Lè m'a fin pare plas la pou nou, m'a tounen vin chache nou. Konsa, kote m'a ye a, se la n'a ye tou" (VBJ). Lè ke Jezi ki se Kris la te eksprime pwomès sa a, se paske li pral retounen pou disip yo. Men, se pa sèlman pou douz ki te mache avèk li yo; men pou tout moun ki te kwè li yo, se pou yo ke li te priye nan Jan 17:20. Apot Pòl te konfime ansèyman legliz Korent la konsa : "Bagay mwen te moutre nou, se sa mwen menm mwen te resevwa. Se yo menm ki pi konsekan. Men yo: Kris te mouri pou peche nou, dapre sa ki ekri nan Liv la. Yo te antere l', li te leve soti vivan sou twa jou apre l' te fin mouri, jan sa te ekri nan Liv la tou " (1 Korentyen 15:3-4). Nan vèsè 32 ak 33 nan chapit 15 sa a, apot Pòl te raple kongregasyon an ke anpil moun t ap preche ke pa te genyen okenn rezirèksyon, epi yo te ankouraje yo pou yo pa koute yo, pa fè konvèsasyon avèk yo; paske sa ta fè yo tonbe nan konfizyon. Nan rezirèksyon limanite a, moun ki te mouri anvan Dezyèm Vini Jezi ki se Kris la pral transfòme: kò fizik la, ki gen kò kòwonpi a, "kò bèt la", yo pral transfòme nan yon "kò espirityèl". Paske, jan 1 Korentyen 15:50 di: "Men sa mwen vle di, frè m' yo: Tou sa ki fèt ak vyann epi ak san pa gen plas pou yo nan Peyi kote Bondye wa a. Sa ki fèt pou pouri a pa ka resevwa pouvwa pou l' pa janm pouri"; ak nan vèsè 52, li di ke moun ki mouri yo pral leve soti vivan san peche epi transfòme. Nan 1 Tesalonisyen 4:14-17, nou li ke Jezi te mouri epi leve ankò; e ke Bondye pral pote avèk Pitit li a moun ki te tonbe nan dòmi nan li yo, sa vle di, moun ki te mouri fizikman, men yo te deja kwè nan Pitit Bondye a. Moun ki vivan fizikman yo pral "anlve ansanm ak yo" (v.17); sa vle di, moun ki mouri nan Kris yo, men ak yon kò transfòme, san peche, yo dwe toujou avèk Seyè a.

Kesyon:

- Ki jan ou entèprete 1 Korentyen 15:50 lan?
- Ki jan esperans rezirèksyon an pouse nou viv?

Konklizyon

Jezi te resisite, li te monte nan syèl la epi li te chita sou bò dwat Papa a, li te genyen viktwa sou lanmò. Limanite pa kapab chape anba lanmò, ke Jezi antanke Kris la pa t evade; men li se premye moun ki resisite a, sa vle di premye moun ki resisite nan yon fason ki gen glwa. Bondye vle pou tout moun tounen vin jwenn li, pou yo resevwa sakrifis sa a epi sèten nan valè rezirèksyon an, men sa ki dwe byen klè pou tout moun; se ke Kris la ki te vin bay lavi ki pap janm fini an.

Defi ak benediksyon ministè a

Joel Castro (Espay)

Pasaj biblik pou etid: 2 Korentyen 1:3-24, 2

Vèsè pou aprann: "Ann di Bondye mèsi! Paske l'ap toujou mennen nou ansanm ak Kris la pou fete batay li genyen an. Li pran nou, li sèvi ak nou tankou yon odè k'ap gaye bon sant li toupatou, pou n' ka fè tout moun konnen Kris la" 2 Korentyen 2:14.

Objektif leson an: Konnen kijan pou fè fas ak chak defi avèk bon konprann pou w genyen laviktwa espirityèl.

Entwodiksyon

Dezyèm lèt ki te ekri voye pou moun lavil Korent yo nan sikonstans yon ti jan konplike pou apot Pòl. Te genyen kèk kretyen ki, an repons a premye lèt la, te vle minimize apèl ak ministè apot la. Pou lèt sa a, nou konnen Pòl te soufri jiska dlo nan je pou legliz sa a (2 Korentyen 2:4). Men, te genyen yon bon kolaboratè, ki te ede pa entèsede ant apot la ak frè lavil Korent yo. Nonm konfyans sa a se te Tit. Sa ki etonan, se ke nan liv Travay la, yo pa mansyone l nan vwayaj misyonè apot la te fè yo; sepandan, nan trèz okazyon, Nouvo Testaman site non li, wit fwa nou jwenn non li nan dezyèm lèt sa a ke Apot Pòl te voye bay moun lavil Korent yo. Sa a montre gwo wòl ke Tit te genyen nan entèsede nan devlopman espirityèl legliz Korent lan.

Ekspè nan Nouvo Testaman yo kwè ke nan liv sa a gen fragman nan plizyè epit, kote nan chak fragman enkyetid apòt la te note bay repons pou anpil pwoblèm. Nan leson sa a, nou pral etidye de premye chapit 2 Korentyen yo kote lanmou ak otorite ke Bondye te bay Pòl pou legliz la manifeste. Fè sèvis pou Bondye a gen plizyè sous, epi sa bon anpil pou w wè li nan lantiy apot Pòl la.

I. Sipòte tribilasyon yo (2 Korentyen 1:3-11)

Apot Pòl te yon moun ki te bay tèt li konplètman nan travay Bondye a; e sa te koute l anpil afliksyon ak difikilte nan plis pase yon okazyon, pa sèlman fizikman, men nan tout domèn ke ministè a enplike.

Liv Travay la pale nou sou anpil soufrans apot la (Travay 13:50, 14:19, 18:12); men sa ki detaye nan pasaj 2 Korentyen 1:3-11 la a se yon bagay espesyal, paske li te anseye legliz la ki soufrans, anplis de fè

pati apèl ak obeyisans Kris la, gen objektif diven pou kwasans espirityèl. Mwen mande pou: ki sa nou kapab aprann nan afliksyon yo?

A. Tribilasyon yo pote rekonfò (vv.3-7)

Pa gen pi bon fason pou eksplike tribilasyon pase atravè eksperyans pèsonèl; epi se konsa Pòl rakonte frè Korent yo. Nan okenn ekri, lè li te pale de soufrans, apot la te plenyen; pito, li te transmèt ankourajman li atravè advèsite sa yo. Nan vèsè sa yo (3 a 7), Pòl te pale de afliksyon li yo, e li te itilize yon total wit tèm pou refere a soufrans, kèk ladan yo tankou "tribilasyon, afliksyon, soufri, nou soufri"; sepandan, li te itilize tèm tankou "konfò, konfò, konfò, konfò" dis fwa. Sa a eksplike ke, pi wo pase nenpòt sikonstans negatif, Bondye kenbe pwomès li yo nan pran swen moun.

Pasaj sa a fè nou sonje lè Jòb te gen yon seri de kalamite; e malgre jan soufrans li te pwofon, "li te tonbe fas atè, li te adore" (Jòb 1:20) pandan l'ap di: "...San anyen m' soti nan vant manman m'. San anyen m'ap tounen anba tè. Seyè a bay! Seyè a pran! Lwanj pou Seyè a!" (Jòb 1:21). Se menm bagay la ke apot Pòl te fè tou; paske nan mitan afliksyon li yo li te beni Bondye (2 Korentyen 1:3); epi fè lwanj li, paske se nan li mizèrikòd ak konsolasyon an soti. Kòm yon Papa, li se sous konpasyon; epi antanke Bondye, li se sous kote nou jwenn gwo konsolasyon.

"Yo rakonte istwa ke yon jou nan peyi Ekòs, te genyen yon pastè evanjelik ki te mouri. Nan denmen maten, madanm li te leve avèk anpil detrès. Ak tèt li foure nan fant janm li, li te pase nwit la nan yon kwen lakay li a. Pi piti a nan pitit gason l'yo te pwoche bò kote l epi mande li: - Manman, èske se Bondye ki mouri a? Nan moman sa a, yon gwo limyè te soti nan syèl la pou klere vizaj li. Li tounen vizaj li epi reponn pitit la: - Non pitit mwen, Bondye pa mouri, men li vivan epi li di: "Nou pa bezwen pè. Mwen la avèk nou! Nou pa bezwen kite anyen ban nou kè sote. Se mwen menm ki Bondye nou. M'ap ban nou fòs, m'ap ede nou. M'ap soutni nou ak fòs ponyèt mwen ki pa janm pèdi batay" (Limardo, Miguel A. Fenèt Ouvè yo. Espay: KPN, 1972, p.212).

Se vre, eksperyans ki pi tris oswa afliksyon an kapab vini akoz de Kris la; men tou, se menm Kris la ki pote Konsolasyon pou nou nan abondans (2 Korentyen 1:5). Li klè ke fas avèk tout afliksyon oswa kè sere nan lavi kretyen an, kote ke paske Bondye akonpaye nou ak gwo konsolasyon li. Men genyen soufrans, pap gen konsolasyon.

B. Tribilasyon yo pote senpati

Sa a se yon lòt objektif tribilasyon yo: yo rive jwenn nou ak senpati. Pòl te di konsa: "Li ankouraje nou nan tout lapenn nou, konsa nou menm tou nou ka ankouraje moun ki nan tout kalite lapenn lè n'a ba yo menm ankourajman nou te resevwa nan men li an" (v.4). Soufrans yo, yon fwa simonte, pèmèt nou ede lòt moun lè yo pase atravè menm advèsite a.

Mwen sonje yon sè ki te vin legliz la ap chèche konsolasyon; paske pitit fi li te pran desizyon pou l ale viv nan kay pa li, kidonk, pou l te kapab viv endepandan byen lwen lakay manman an. Sa te afekte li anpil; se konsa nou te ede l nan lapriyè, konsèy ak akonpayman. Gras a Dye, Bondye te ede li simonte ti pwoblèm sa apre kèk mwa. Apre yon ti tan, li reyalize ke ak batay anvan li ak viktwa li te resevwa fòmasyon pou rekonfòte lòt manman k ap travèse menm pwoblèm nan, ak menm rekonfò sa a ke li te resevwa nan men Bondye a.

Pòl te wè yon gwo preparasyon espesyal ke Bondye te fè pou li atravè afliksyon li yo. Li pa t 'wè li kòm yon antrav oswa yon opòtinite pou plenyen, ni kòm yon abandon ki soti kote Bondye. Remake pawòl sa yo: "Li ankouraje nou nan tout lapenn nou, konsa nou menm tou nou ka ankouraje moun ki nan tout kalite lapenn lè n'a ba yo menm ankourajman nou te resevwa nan men li an. Menm jan nou soufri ak Kris la nan tout soufrans li yo, konsa tou, gremesi Kris la, nou resevwa yon gwo ankourajman. Si mwen menm mwen nan lapenn, se pou nou menm, moun Korent

yo, nou ka resevwa ankourajman pou nou ka delivre. Si mwen menm mwen resevwa ankourajman, se pou nou menm nou ka ankouraje, pou nou ka resevwa fòs kouraj pou sipòte avèk pasyans soufrans mwen menm m'ap sipòte a" (vv.4-6). Pou Pòl, afliksyon yo fè pati lavi kretyen an; se poutèt sa, li te atache ak moun lavil Korent yo kòm konpayon ni nan afliksyon, ni nan konsolasyon yo (v.7).

Apot Jan te pale de Lespri Sen an kòm "parakleto"; sa vle di "Konsolatè a". Se konsa, nou menm ki genyen Lespri Sen an, nou genyen Konsolatè a ki rekonfòte epi li ede nou konsole lòt moun (Jan 14:16). Rekonfò ke nou resevwa nan men Bondye a se pa sèlman pou benefis nou; men konsa n ap kapab pote rekonfò ak delivrans pou nenpòt moun ki bezwen li (v.6). Tribilasyon yo pèmèt nou gen kè kontan pou konsolasyon ak fòs Bondye; epi nan fason sa a, nou pral ede moun k ap pase nan menm tray la tou, oswa ki pral pase menm tribilasyon avèk nou.

C. Tribilasyon yo ogmante lafwa nou nan Bondye (vv.8-11)

Yon lòt bagay ke nou aprann nan tribilasyon yo se ke yo pouse nou mete konfyans nou nan Bondye. Nan vèsè 8 jiska 10, Pòl te rakonte youn nan eksperyans kote ke li te pèdi tout espwa viv. Sepandan, dapre vèsè 9 la, nan mitan sitiyasyon sa a li te motive pou l mete konfyans total li nan Bondye sèlman; epi li te delivre l "Mwen te santi yo te dèyè pou yo te touye mwen. Tou sa rive m' pou m' te aprann pa mete konfyans mwen sou fòs kouraj pa mwen, men pou m' te ka mete tout konfyans mwen nan Bondye ki fè moun mouri leve" (v.10). Antanke pitit Bondye, lafwa nou dwe fikse sou li; men pafwa, Bondye ap pèmèt soufrans ak tribilasyon yo menm nan lanmò nan bi pou yo kontinye depann de Li. Lafwa a se tèmomèt ki kantite nou depann de Bondye.

Anplis de sa, dapre vèsè 11 lan, Pòl te sipoze ke moun lavil Korent yo t ap priye pou l te gen favè Bondye; epi konsa li kontinye ap yon benediksyon pou lòt moun. Ala enpòtan li enpòtan pou nou priye pou pastè yo ak misyonè yo! Yo gen yon kontèks kritik, sevè, pèsekisyon e menm lanmò. Priye pou dirijan ou yo.

Afliksyon yo pouse kretyen an chèche volonte Bondye nan lapriyè. Sa ap ranfòse lafwa li.

Kesyon:

- Èske w te fè yon eksperyans negatif kote w te kapab resevwa konsolasyon Bondye? pataje yon ti temwayaj tou brèf.

- Li Jòb 1:20-21 ak 2 Korentyen 1:3, ki jan reyaksyon Jòb ak apot Pòl te sanble?

II. Li eksplike vizit pastoral ki pat akonpli a (2 Korentyen 1:12-2:4)

Apot Pòl te youn nan moun sa yo ki te konn planifye vwayaj li yo; e byenke li te deja gen nan plan li te pase nan Korent de fwa, yon fwa nan Masedwan ak yon lòt fwa tou nan peyi Jide (1:16), li te byen reflechi ak remake ke te gen antrav ki pa ede li reyalize yon vizit konsa. Epi kounye a, ki jan fè legliz sa a konprann ke li pa t kapab vizite li? Vèsè 17 la di sa ki annapre yo, daprè Vèsyon Biblik Jerizalèm nan: "Lè m' te fè lide sa a, èske mwen te twò prese? Lè m'ap pran yon desizyon, èske se avantaj pa m' m'ap chache tankou tout moun kifè m' ta gen de pawòl? ". Pòl te bay tout agiman ke li t'ap genyen pou li eksplike desizyon l ak senplisite ak senserite ki koresponn, li te fè alizyon ak temwayaj nan konsyans li; ke desizyon ke li te pran an pa t nan tèt li, men ke li te santi Bondye pa te vle l ale, selon v.12 : "Men rezon ki fè m' kontan ak tèt mwen anpil konsa: Konsyans mwen pa repwoche m' anyen pou jan m' te mennen tèt mwen byen nan mitan tout moun, ak kè ouvè, san ipokrizi, sitou nan mitan nou menm, moun Korent, jan Bondye vle l' la. Paske, sa se travay favè Bondye a, se pa t' bon konprann lèzòm ki t'ap dirije mwen". Epi jan ke apot la te konnen tèt li byen an, li pa t 'vle ale nan eskandal ki gen peche ki te leve nan legliz la; epi sèvi ak otorite l, t ap mete kèk moun nan kongregasyon an deyò. Se poutèt sa, li te voye lèt la sèlman kòm yon siy tolerans ak lanmou anvè yo (1:23, 2:1-4).

Pòl anseye nou isit la ke, kèlkeswa sikonstans lan, nou dwe toujou montre figi nou, nou dwe sensè ak transparan. Sa yo se karakteristik ki mache ak sentete a. Sinon, li pral yon okazyon pou rimè, tripotay ak fo entèpretasyon. Menm lè ke verite a ak senserite a difisil, nou dwe montre li; paske evite li pral pote konsekans mank de kredibilite ak verasite nan lidè a.

Kesyon:

- Poukisa Pòl pa t kapab vizite legliz ki lavil Korent lan?

- Ki jan li enpòtan pou ke relasyon entèpèsonèl nou yo klè; epi kisa nou dwe evite avèk yo?

III. Padone ofans yo (2 Korentyen 2:5-11)

Yon lòt defi ke apot Pòl te bezwen fè fas la anrapò ak ministè li nan legliz Korentyen an se te konsènan padon. Nan pasaj sa a, nou jwenn sis aksyon espirityèl ki gen rapò ak padon ak moun ki fè ofans lan:

Premyèman, yon ofans afekte pa sèlman yon moun; men tout moun ki konsène yo (v.5). Apot Jak, ki t ap pale de lang, te di konsa: "Konsa tou ak lang moun. Piti kou li piti, li vante tèt li pou gwo bagay li ka fè. Gade ki jan yon ti flanm dife ka boule yon gwo rakbwa!" (Jak 3:5). Se konsa ke ofans lan; li pa sèlman deranje yon sèl moun, men se plis moun. Pòl te di ke nenpòt moun ki te pale mal sou li, pa sèlman ofanse l; men se tout legliz la. Fè atansyon pou nou pa kite lang nou dirije nan relasyon nou! Se pou nou aji ak bon konprann pou nou enfekte kò Kris la ak kritik nou.

Dezyèmman, yo dwe avèti delenkan an (v.6). Pòl pa t opoze avètisman delenkan an; pito li te di: "Pifò nan nou gen tan pini nonm sa a, se kont li" (VBJ). Mwen vle di, pinisyon an bon. Se poutèt sa, si yon moun te echwe ak enfekte bon lespri a, yo dwe reprimande li pou li pa fè menm jan an ankò. Menm jan tolerans lan kapab yon move atitid paran yo anvè pitit yo; se menm bagay la tou andedan legliz la: nou pa dwe toleran, paske se pral kòmansman ireverans ak dezòd yo.

Twazyèmman, moun ki fè fot la retabli (v.7). Anpil nan nou se temwen ki jan padon Kris la te retabli nou. Menm jan an tou nan kongregasyon an, chak delenkan dwe retabli ak renmen. Rezon ki fè apot la li menm te di: "Koulye a se pou nou padonnen l', se pou nou ba li ankourajman pito, pou yon twò gwo lapenn pa kraze l' nèt" (v.7). Lapenn nan kapab pote dezespwa ak destriksyon; epi li pral lakoz ke moun ki fè erè a lwen kò Kris la.

Katriyèmman, padon se sinonim ak renmen (v.8). Si yon kretyen pretann li sen epi li se pitit Bondye; Ou pral oblije pwouve li gras a padon. Sèlman lanmou Kris la ap pèmèt yon moun padone.

Senkyèmman, padon an dwe kominal (v.10). Disiplin nan legliz la dwe chèche restorasyon; epi si delenkan an repanti, legliz la dwe aksepte l nan kominyon. Bò kote Pòl, pa t gen okenn pwoblèm pou l padone moun ki t ap fè peche a; pou rezon sa a, li te di moun legli Korent yo: "Enben, lè nou menm nou padonnen yon moun pou mal li fè a, mwen menm tou mwen padonnen li. Lè mwen menm mwen padonnen li, pou di vre, mwen pa gen anyen pou m' padonnen non, men, lè m' fè sa, mwen fè l' pou nou devan Kris la" (VBJ).

Sizyèmman, padon an fèmen pòt sou dyab la (v.11). Alafen, mank de padon an se yon pòt ki louvri pou dyab la "genyen nenpòt avantaj sou nou." Dyab la entelijan nan enjekte resantiman nan pati ki ofanse a, epi li fini alyene l 'nan legliz la. Se poutèt sa, nou pa dwe inyore manipilasyon l yo.

Kesyon:

- Ki sa ou te aprann sou padon an?

- Ki sa ki rive dyab la lè nou padone fot lòt yo (v.11)?

IV. Eksperimante triyonf nan Jezi ki se Kris la (2 Korentyen 2:12-17)

Apot Pòl, apre agimantasyon li sou konsolasyon nan mitan afliksyon yo; epi apre li fin eksplike chanjman plan yo sou vwayaj li a nan lavil Korent, epi lapriyè pou padon pou delenkan an, kounye a li te ekspoze vwayaj triyonfan li nan non Jezi ki se Kris la. Malgre ke tout bagay kòmanse ak yon enkyetid sèten nan apot la; paske, byenke li pa t ale lavil Korent, li te bezwen enfòmasyon sou lèt li te voye a ak kolaboratè li a. Men, lè li tounen lavil Twoas, li pa te jwenn Tit epi jan ke li te di l la, menm li te gen posiblite pou l kontinye preche nan lavil Twoas, li te ale prèske imedyatman pou Masedwàn pou l te kapab jwenn yon repons atravè Tit (vv.12-13). "Ann di Bondye mèsi! Paske l'ap toujou mennen nou ansanm ak Kris la pou fete batay li genyen an. Li pran nou, li sèvi ak nou tankou yon odè k'ap gaye bon sant li toupatou, pou n' ka fè tout moun konnen Kris la" (v.14), li te finalman kapab resevwa nouvèl benediksyon; byenke isit la li pa di li, men li pataje li nan chapit 7:6-7. Men, isit la, nan kat dènye vèsè sa yo 2:14-17, apot Pòl te pale de triyonf; pliske lèt li te voye ansanm ak Tit lavil Korent lan te bay fwi. Avèk rezilta sa a, apot la te konvenki ke yo te odè dous Kris la (vv.15-16); malerezman, lanmò pou sa yo ki rejte gras Kris la; men se sant lavi pou moun sa yo ki aksepte gras ak disiplin Seyè a "Pou moun k'ap peri yo, se yon sant lanmò k'ap touye yo. Men, pou

moun k'ap sove yo, se yon sant lavi k'ap ba yo lavi. Ki moun ki kapab fè yon travay konsa? (v.16 VBJ). Kesyon retorisyen sa a te reponn nan vèsè 17. Natirèlman, fo predikatè k'ap fè komès ak Pawòl Bondye pou pwofi pèsonèl yo pa nan nivo sa a; men moun ki akonpli Gran Komisyon an "nan senserite, tankou Bondye, ak devan Bondye..." (v.17b).

Sèvitè Kris yo dwe pran pasyans ak pèseveran nan apèl yo a; e menm jan ak apot Pòl, yo pral triyonfe nan mitan lit ki dirab yo. Genyen anpil defi nan ministè a, men gen benediksyon tou; paske yo travay pou Kris la, epi kòm pwopriyetè konpayi sa a, li akonpli pwomès li yo atravè moun ki sèvi l ak tout kè yo.

Kesyon:

- Ki lajwa triyonfan apot Pòl te genyen konsènan legliz Korent lan?

- Site de kalite ministeryèl ou ta kapab wè nan apot Pòl, epi ki merite pou ke nou imite.

Konklizyon

Apot Pòl te montre nou jan ke travay ministè a pa fasil; men nou dwe fè fas ak defi chak jou yo avèk sajès pou finalman nou wè triyonf atravè Jezi ki se Kris la. Èske defi ou yo konte kòm triyonf? Ke jodi a nou te aprann atravè apot la pa wè defi yo kòm echèk.

Apèl Bondye a

Alicia Sardiello (Ajantin)

Pasaj biblik pou etid: 2 Korentyen 3, 4, 5, 6:1-13

Vèsè pou aprann: "Se li menm ki fè m' ka sèvi anba nouvo kontra a. Kontra sa a pa t' fèt dapre lalwa ki ekri a, men dapre pouvwa Lespri Bondye a. Lalwa ki ekri a bay lanmò, men Lespri Bondye a bay lavi" 2 Korentyen 3:6.

Objektif leson an: Konprann ak konsidere ke Bondye rele nou vin minis li.

Entwodiksyon

Youn nan moman ki plis espere epi plis enpòtan apre yon chanjman fin fèt nan gouvènman nan yon nasyon se foto ofisyèl prezidan ki eli a, oswa premye minis la, ansanm ak minis ki deziyen yo. Foto a gen sans pou plizyè rezon; nou kapab mansyone kèk ladan yo:

1. Ofisyèlman, se kòmansman yon nouvo gouvènman ak yon nouvo epòk.

2. Anjeneral, gen yon lajwa siplemantè; pliske otorite ki pi wo a te prèske toujou chwazi pa vòt popilè, epi fanatik li yo selebre li.

3. Li deklare piblikman ki moun ki pral responsab nan diferan domèn nan gouvènman an: Ekonomi, Relasyon Etranje, Defans, Sante, Edikasyon, elatriye.

Malgre ke minis zòn sa yo prèske pa janm eli pa pèp la; li enpòtan pou remake ke nouvo chèf la te chwazi yo pèsonèlman. Otorite ki pi wo a fè yo konfyans pou egzekite domèn sansib nan administrasyon yo; epi sitwayen yo vle konnen ki moun ki pral moun sa yo ki te aksepte apèl la.

Bondye fè menm bagay la avèk ou ak mwen. Li te chwazi nou pèsonèlman. Seyè a ak Souveren an onore lè ke li rele nou chak nan non "Byen lontan anvan Bondye te kreye lemonn, li te chwazi nou nan Kris la pou nou te kapab viv apa pou li, pou n' te san repwòch devan li. Nan renmen li renmen nou an" (Efezyen 1:4). Apèl sa a pa dwe pran alalejè; paske Bondye li menm te chwazi nou, li onore nou avèk apèl li.

I. Minis Nouvo Kontra a (2 Korentyen 3:1-18)

Nan entwodiksyon an, yo mete aksan sou enpòtans yon chanjman nan gouvènman an; ak tout sa sa a enplike. Si ke yo siyale jan pwen sa a se yon reyalite ki genyen anpil enpòtans pou nasyon ke n'ap pale de li a; konsidere kòman inogirasyon Nouvo Kontra ant Bondye ak lèzòm!

Se pa sèlman yon kontra anplis; men se nouvo e alyans definitif ke Bondye ap pwopoze lèzòm nan: pou yo vin mesaje Nouvo Kontra a.

Bondye te renmen fè kontra ak diferan moun ak pèp. Kidonk, li te fè sa ak Noye (Jenèz 9:9), ak Abram (Jenèz 15:18), ak tout pèp Izrayèl la (Egzòd 19:5); men lè nou envestige pi lwen, epi nou rive nan liv Ebre a, nou dekouvri ke "Jezi se garanti yon pi bon alyans" (7:22), epi answit nou wè ankò nan menm liv la, li refere ke alyans sa a kalifye kòm sa ki pi bon an: "Men, koulye a, sèvis granprèt nou an gen pou l' fè a pi konsekan lontan pase sèvis prèt sa yo. Paske, kontra li te ranje ant Bondye ak lèzòm lan pi bon lontan, li gen pi bon pwomès ki garanti li" (8:6 VBJ). Epi nan ka ke nou te genyen nenpòt dout, nan Ebre 13:20, li etabli kòm yon alyans ki la pou toutan.

Bondye pa rele nou nan yon travay "pi piti", oswa nan ke nou fè pati kèk twoupo espesyal; men inogire yon nouvo alyans ki la pou toutan, epi li rele nou kòm minis li.

Nou tèlman abitye ak benediksyon ak privilèj nou genyen antanke pitit Bondye, petèt nou pa bliye ti detay sa yo. Men, toujou gen yon bagay ki pi nouvo, epi ki ta dwe atire atansyon nou: afimasyon definitif ke, anplis li rele nou chak (Bondye) kòm minis li, li etabli nan vèsè sa yo ke kontra sa a pi bèl pase premye a (2 Korentyen 3:9, 11 ak plis ankò).

Nou se minis Nouvo Kontra a avèk bi pou onore Bondye sèlman! Ala yon gwo privilèj!

Kesyon:

- Kiyès ki kapab minis Nouvo Kontra a? Eksplike.
- Ki karakteristik Nouvo Kontra sa a?

II. Minis ki entèg epi ki apwouve yo (2 Korentyen 4:1-18)

Pandan n ap li epi analize pasaj sa a (4:1-18), nou kapab wè plizyè aspè diferan:

A. Premyèman

Pandan ke vin yon minis se yon gwo privilèj, menm jan ke Bondye te etabli li, epi nou verifye li; an nou pa panse ke li se yon bagay fasil, lejè oswa ki pa enpòtan. Reprezante Jezi ki se Kris la, ki te fè I manifeste devan mond lan, epi li pat senp, ni li pap janm senp. Kantite mati ke legliz kretyèn nan temwaye sou sa. Kretyen sa ki vle pran plas li nan premye ranje nan sèvis kretyen an dwe klè ke li pral sib anpil moun.

Pòl te di konsa, "...nou pa pèdi kè" (v.1). ann reflechi sou sòlda sa yo ki pare pou yon batay; ak responsablite ak obeyisans, yo te fòme pou li. Nan devan konba a, jou yo ap pase, fòs yo bese, se fanmi rate, ak inevitableman, anpil fidèl, sòlda brav bay moute batay la. Lèt la pa fè sa li te toujou akòz blesi batay; men anpil fwa, li te tou senpleman akòz fatig, dekourajman, mank de pèseverans ak anviwònman ki afekte yo nan yon fason ekstraòdinatè, epi ki te lakòz yo fini pa bese zam yo ak abandone pozisyon konba yo.

Pòl te egzòte nou pou nou "pa fatige", pou nou "pa abandone batay la"; men sonje ke nou ka avance pou pi devan antanke minis, gras a mizèrikòd Bondye a ki toujou la sou lavi nou. Se li menm ki renouvle fòs nou epi ankouraje nou chak maten (Ezayi 40:31).

Nan tan izolasyon ke COVID-19 la te fòse nou rete lakay nou an, (ane 2020-2021) ak doulè nou te wè anpil moun ki gen sante emosyonèl e menm fizik te afekte pa karantèn nan. Se pa paske li te enposib pou moun yo te rete lakay yo; men se paske yo te tou senpleman fatige, fòs yo te febli, yo te vin dekouraje epi finalman, yo te endispoze.

Bondye rele nou, fòme nou ak fòtifye nou pou, antanke minis dwat ak apwouve, nou akonpli volonte l.

B. Dezyèmman

Nou dwe sonje ke lavi kretyen an se yon kwasans konstan nan gras Bondye ak nan konesans Bondye a (Kolosyen 1:10). Sa enplike pèseverans, rezistans, chanjman; se yon lit aktif ki enplike aksyon ak inisyativ tankou bagay sa a yo:

1. Renonse: "Mwen voye tout bagay lèd lèzòm ap fè an kachèt yo jete. Mwen pa fè okenn riz. Mwen pa chanje anyen nan pawòl Bondye a. Okontrè, mwen fè tout moun konnen verite a jan l' ye a. Se konsa bagay sa yo rekòmande mwen devan Bondye bay tout moun ki gen konsyans" (2 Korentyen 4:2). Nan yon mannyè, tout kretyen yo patisipe nan aksyon abandone, mete bagay sou kote, abitid ki separe nou ak Bondye. Demisyon vle di yon desizyon pèsonèl ki gen matirite, volontè, ki fèt an repons a yon demann Bondye.

Anpil moun, nan rechèch yo pou yon ranplisman total ak Bondye nan lavi yo, yo te dekouvri ke premye bagay ke yo te oblije fè se te dechaje tèt yo, dezabiye tèt yo ak peche kache ki pa konfese yo; pou pita, Lespri Sen an fè bèl travay li a atravè restorasyon ak renouvèlman.

Aktivman pran dezyèm plas (4:5). Ki jan difisil li pa vin pèmanan oto-referans; montre ke eksperyans nou an inik ak gen anpil valè! Bon kretyen, disip ki kòrèk la, evanjelis ki obeyisan an, pa pale de tèt li; men Senyè li a, e li chèche pou I fè lwanj li. Pòl te ankouraje nou pou nou preche Jezikri, pou nou mete I an premye; pou pa pèmèt tèt nou, ni kite lòt moun fè nou okipe yon plas ki pa pou nou. Nou se anbasadè, reprezantan, minis Nouvo Alyans lan; e se poutèt sa, tou de mesaj la ak rezilta yo apatni sèlman nan Bondye.

2. Adopte yon atitid senpati ak lanmou anvè lòt moun ak Bondye (4:15). Lè yo mansyone mo "senpati" a, li refere a ak mete tèt nou nan plas yon lòt moun; santi sa "lòt la" santi; konprann sikonstans lòt moun, avèk lanmou ak mizèrikòd. Li enpòtan pou klarifye ke sa a pa ta dwe konfonn ak "santi regrèt pou lòt la"; men jan Pawòl la di: "Fè kè kontan ak moun ki kontan; kriye ak moun k ap kriye" (Women 12:15). Nan lòt mo, yon minis apwouve dwe mete an pratik kòmandman ki di, "Nonm lan reponn: Se pou ou renmen Mèt la, Bondye ou, ak tout kè ou, ak tout nanm ou, ak tout fòs kouraj ou, ak tout lide ou. Se pou renmen frè parèy ou tankou ou renmen pwòp tèt pa ou" (Lik 10:27).

3. Se pou w dispoze soufri (4:17). Lavi kretyen an, byenke li se yon lavi an viktwa, nan lajwa, nan lapè, nou pa egzante de sitiyasyon estrès oswa enkyetid ki lakòz doulè ak konfizyon.

Kenbe yon atitid pasyan ak espwa anvè soufrans lan, kè sere, amètim, dezespwa oswa tout bagay ke lavi a prezante nou se pa yon bagay senp oubyen pou sa nou prepare. Bon nouvèl la se ke Pawòl Bondye a asire nou ke moman afliksyon oswa tribilasyon sa a, kèlkeswa non li genyen an, se yon bagay ki lapou yon ti moman, li gen pou pase epi viktwa asire, genyen yon glwa k ap vini k'ap simonte nenpòt kalite difikilte. Sa a se paske nou konte sou Jezi ki se Kris la ak gid Lespri Sen an ki fòtifye nou (Filipyen 4:13).

4. Gade ak je lafwa yo (4:18). Nan tan sa yo k'ap pase byen vit la, se konsa anpil moun mete je yo sou bagay k'ap dire yon ti tan, sipèfli, Pòl te rekonèt ke mond lan sanble sèlman deyò a, vizyon li limite; paske li pa gade atravè je Kris la, sèl moun ki pèmèt nou kapab wè bagay sa yo ki p'ap janm fini an, ki pap janm fennen oswa peri.

Gade ak je lafwa se gade lavi ak eksperyans ki sipòte verite Pawòl Bondye a ki ban nou yon pèspektiv kòrèk konsènan reyalite a.

Kesyon:

- Defini mo sa yo: minis, dwat, ak pwouve.
- Bay egzanp yon minis entegrite ak apwouve pa Bondye.

III. Minis ki genyen tout konfyans nan Bondye yo (2 Korentyen 5 - 6:13)

Si byen ke nou sipoze ke pitit Bondye yo mete konfyans yo nan li; li bon pou nou sonje ak souliye ke bon minis kretyen an gen konfyans absoli ak totalman nan Bondye, sa vle di, li depann de li san kondisyon.

Minis kretyen an pa nouri tèt li ak reyalite a ki bò kote l ', ni pa emosyon li oswa pwoblèm ke lavi a poze. Okontrè, li repoze, tann, chèche refij ak pwoteksyon chak jou nan Bondye li a; epi li deklare avèk tout kouraj li:"Si n'ap mache, se pa paske nou wè tout bagay klè, men se paske nou gen konfyans nan Kris la" (v.7).

Ekriven liv Ebre a te di: "Nou konnen pesonn pa ka fè Bondye plezi si li pa gen konfyans nan Bondye. Moun ki vle pwoche bò kot Bondye, se pou yo kwè gen yon Bondye, yon Bondye k'ap rekonpanse tout moun k'ap chache li" (Ebre 11:6). Si Bondye, ak tout omnisyans li ak tout pouvwa li, te deside fè nou konfyans; kijan nou ka pa fè li konfyans!

Kesyon:

- Ki sa w panse de reyalite sa a pou w se yon kretyen e an menm tan "bay fwi" tankou konfli, divizyon oswa pwomosyon gwoup sektè?
- Ki sitiyasyon oswa diferans ki genyen nan legliz nou an ki kapab lakòz divizyon?

IV. Minis ak mesaj rekonsilyasyon an (2 Korentyen 5:11-6:13)

Si nou kontinye ak egzanp yon prezidan, oswa yon premye minis, k ap nonmen ak komisyone minis li yo; nou ka konprann kòm yon bagay trè lojik, e menm espere, ke li rankontre ak yo, epi li ba yo direktiv jeneral ak espesifik dapre vizyon li ak misyon pou gouvène.

Nenpòt moun ki vle vin yon bon minis, l ap rete tann, e menm mande pou yon fèy dewout prensipal sa a; e konsa l'ap kapab akonpli objektif otorite li yo.

Antanke minis Jezi ki se Kris la, nou gen yon mesaj ak enstriksyon espesifik depi nan kòmansman aktivite nou an. Bondye chaje nou ak ministè rekonsilyasyon an:"Tou sa soti nan Bondye ki fè nou vin zanmi avè l' ankò, gremesi Kris la. Se li menm tou ki fè m' konfyans, ki ban m' travay sa a pou mennen lèzòm vini byen avè l' ankò " (5:18).

Sa a se totalman lojik, si nou sonje ke rezon ki fè enkanasyon an ak lanmò Jezi ki se Kris la, Seyè nou an, se te ban nou delivrans ak rekonsilye nou ak Papa a.

Mo "rekonsilye", dapre diksyonè Panyòl-Ameriken Misyon an, vle di reyini nan yon relasyon ak de pati ki te separe (Rekipere nan https://www.bibliatodo.com/Dictionary-biblical/rekonsilyasyon, nan dat 8 oktòb 2020). Rekonsilye se rekonsilye ankò, retabli amoni inite a.

Anvan peche orijinèl la, lòm nan te nan relasyon pafè ak amoni ak Kreyatè l la. Jenèz di nou ke Bondye te mache atravè Edenn epi li te pale ak moun yo (Jenèz 3:8); men peche te separe Bondye avèk nou: "Non! Se pa paske Seyè a manke fòs kifè li pa vin delivre nou. Se pa paske li soudè kifè li pa tande lè n'ap lapriyè nan pye l'. Men se mechanste nou yo ki mete yon baryè ant nou ak Bondye nou an. Se peche nou yo ki fè l' vire figi l' pou l' pa tande nou" (Ezayi 59:1-2).

Rekonsilyasyon an posib gras a sakrifis Jezi sou Bwa Kalvè a, atravè li menm, lèzòm ki te separe ak Bondye akoz de peche yo, yo kapab rekonsilye avè l; tounen ak Bondye yo. Nan rekonsilyasyon sa a, nou wè yon lòt fwa ankò ke delivrans lan ale pi lwen pase padon peche yo; li pèmèt moun nan kowenside, pafè rekonsilye tèt li ak Kreyatè li a. Mesaj lanmou ak restorasyon sa a se sa ke chak minis Kris la dwe pwoklame. Sa a se bon nouvèl sali a.

Kesyon:

- Drese lis twa diferans ou jwenn ant yon minis gouvènman an ak yon minis Bondye.
- Ki karakteristik ou ka identifye nan mesaj rekonsilyasyon an?

Konklizyon

Lè ou konsidere kòm yon minis Bondye, se yon gwo responsablite; e an menm tan, yon gwo defi ki fè nou kontan, ankouraje ak onore nou. Se poutèt sa, minis la dwe yon moun ki ak lavi li ak temwayaj li bay prèv nan sentete a, yo te apwouve, an plas an premye, pa Bondye, pa moun ki bò kote l yo ak otorite l yo.

Rekòmandasyon ak louwanj yo

Loysbel Pérez Salazar (Kiba)

Leson 37

Pasaj biblik pou etid: 2 Korentyen 6:14-18, 7

Vèsè pou aprann: "Mezanmi, se pou nou wi Bondye te fè tout pwomès sa yo. Ann kenbe kò nou ak nanm nou nan kondisyon pou n' sèvi Bondye! Ann voye tout bagay ki ka wete nou nan kondisyon sa a jete! Ann chache viv apa pou Bondye! Ann viv nan krentif li!" 2 Korentyen 7:1.

Objektif leson an: Aprann resevwa rekòmandasyon ak felisitasyon bò kote lidèchip pastoral la; paske yo itil nan edifikasyon kò Kris la.

Entwodiksyon

Se gwo pwoblèm kritik ke legliz lavil Korent lan t'ap fè fas ki te lakòz Pòl te pran plim li pou bay kèk rekòmandasyon ki byen enpòtan avèk objektif de ke kwayan yo viv nan yon fason ki diy jan levanjil Kris la mande l la; men nan menm tan an tou, epi tou, li te fè yo sonje bon bagay lè li fè elòj, pou ke yo pat sispann fè yo.

Nan leson sa a, nou pral analize pawòl apot la te di yo, yo menm ki se plizyè etap pou legliz kretyèn nan.

I. Avètisman pou yo pa mele ak moun ki pa kwè yo (2 Korentyen 6:14-18)

N'ap fè fas ak youn nan tèks ki plis itilize nan tout Ansyen Testaman nan plizyè kongregasyon diferan, yo byen itil ak enpòtan; men se pa san anpil entèpretasyon diferan. Li trè enpòtan pou nou kòmanse pandan ke n'ap poze kèk kesyon k'ap ede nou konprann pi byen: a kisa apot Pòl te fè referans lè ke li te eksprime: "Pa mete tèt nou ansanm ak moun ki pa gen konfyans nan Kris la: Se pa sosyete konsa ki bon pou nou. Ki jan nou ta vle wè sa pou bagay ki bon, bagay ki dwat, mele ak bagay ki mal? Ki jan pou limyè ta ka mache ak fènwa?". Eske li te fè referans ak relasyon kopen ak kopin, maryaj, oubyen menm kèk bagay anplis?

A. Li remakab nan tout istwa Ansyen Testaman an

Depi nan yon epòk byen bonè nan relasyon ant Bondye ak pèp Izrayèl la, yon bagay ki te rete klè nan mitan yo se te opozisyon ke Bondye te afiche akoz de melanj yo, pou mete tèt ansanm, menm nan tèm maryaj avèk anpil lòt pèp ak anpil nasyon (Jenèz 28:1). Men Izrayèl pat toujou akonpli règleman sa a; epi sa ki te rive yo te kraze relasyon yo ak Bondye, sa a ki te pote yon gwo konsekans ki soti nan Bondye (Jij 3:6-8). Prensip biblik sa a pase nan tout kontra yo jouskaske li rive nan "Nouvo Kontra", kote ke apèl apot Pòl la te klè anpil pou yon legliz ki te melanje ak payen nan epòk la. Enstriksyon li an se te separasyon an.

B. Prensip biblik nan Nouvo Testaman an (vv.14-18)

Kisa apot Pòl te vle di, lè ke li te di ke "piga nou mete tèt ansanm ak moun ki pa gen konfyans nan Kris la" (v.14)? Kijan nou konprann pawòl sa yo nan kontèks li a?

Premye enpresyon ki kapab vini nan lespri nou pou nou defini moun ki pa mete konfyans nan Kris la, se nan sans ke yon kwayan k'ap chwazi yon moun ki payen pou madanm oubyen mari li, men ki pa kretyen oubyen kretyèn. Se entèpretasyon sa a ke legliz la te plis kenbe. Men si nou defini pawòl apot Pòl yo pi klè, n'ap konprann ke li te vle eksprime plis bagay. Pandan ke kòmantatè Kistemaker te fè referans ak tèks sa a, li te itilize kontèks moun ki pat mete konfyans yo nan Kris la: "Tèks grèk la revele ke mete tèt ansanm yon moun ki pa mete konfyans li nan Kris la, siyifi ke antre nan relasyon avèk yon moun ki pa menm jan avèk nou. Nan kontèks sa a, li pale de yon moun ki pa fè pati manm fanmi lafwa a epi sa ki lakòz ke kwayan an vyole alyans li te genyen ak Bondye a" (Kistemaker, Simon J.Kòmantè sou Nouvo Testaman. Etazini: Grand Rapids, 2004, pp.193-194).

Nan lespri Pòl, se sa ki entansyon ki te lakoz li bay legliz lavil Korent lan avètisman sa a; epi li te vize pou evite tout kalite relasyon, asosyasyon ak moun ki pa kwayan yo, ki pa t e ki pa konpatib ak lwa Nouvo Kontra a, ak nouvo lavi nan Kris la.

Vèsyon Biblik Jerizalèm nan di konsa: "Pa mete tèt nou ansanm ak moun ki pa gen konfyans nan Kris la: Se pa sosyete konsa ki bon pou nou. Ki jan nou ta vle wè sa pou bagay ki bon, bagay ki dwat, mele ak bagay ki mal? Ki jan pou limyè ta ka mache ak fènwa?" (v.14 VBJ). Asosyasyon entim sa a te mennen moun yo tonbe nan pratike menm lavi ak payen yo nan epòk la, ki pou Pòl "mete tèt ansanm ak moun ki pa kwè ke Jezi se Kris la". Yon kretyen ke Kris la rejenere pa t 'kapab patisipe oswa gen rapò ak tout mond lan ki egziste deja. Nou jwenn yon lòt siyal nan tèks la lè ke Vèsyon Tradiksyon nan lang aktyèl la ki tradwi jan sa a: "Pa patisipe nan anyen ke moun ki pa disip Kris yo ap fè" (v.14a TLA).

Kidonk, lè Pòl te ekri lèt sa a nan 2 Korentyen, li t ap panse pi lwen pase yon maryaj. Apot la te avèti sou tout domèn: sosyal, fanmi, biznis, pwofesyon-travay. Avètisman li a te fò; epi li devlope tèz li a atravè plizyè kesyon, tout diskou ak repons negatif, ki rezime an zewo tolerans pou kominyon ant wayòm Bondye a ak sa ki nan fènwa yo.

De mond konplètman opoze; epi ki pa ta dwe melanje:

Kretyen	Ki pa kwayan yo
Jistis (v.14b)	Enjistis oswa mechanste (v.14b)
Limyè (v.14c)	Fènwa (v.14c)
Kris la (v.15a)	Belyal-dyab (v.15a)
Moun ki kwè (v.15b)	Moun ki pa kwè (v.15b)
Tanp Bondye a (v.16a)	Zidòl yo (v.16a)

Pòl te bay yon deklarasyon ki fò: "Kisa kay Bondye a gen pou wè ak zidòl? Nou se kay Bondye vivan an, pa vre? Se Bondye menm ki di sa: M'a vin rete, m'a viv nan mitan yo. M'a tounen Bondye yo, y'a tounen pèp mwen" (v.16).

Avèk deklarasyon Pòl sa a, li t'ap vle di sa ki vini aprè yo: nou pa tankou payen yo ki gen tanp plen zidòl yo, estati; nou pa bezwen depann de yon tanp pou adore, tankou jwif yo te fè pandan anpil syèk; kounye a nou se tanp Bondye a, ak prezans li nan nou atravè Kris la.

Deklarasyon Pòl sa a nan vèsè 16 la t ap brase konsèp adorasyon ki genyen plizyè syèk; epi sa toujou te rete nan mantalite anpil kwayan nan legliz Korent lan. Ou pa t oblije al adore nan yon tanp payen oswa Jwif nan Nouvo Kontra a; paske moun ki kwè a se tanp Bondye a, epi nenpòt entimite ak moun ki pa kwayan yo se yon "moun ki pa mete konfyans nan Kris la", ke Bondye rayi.

Nan tèks 2 Korentyen 6:16c-18, Pòl te fè apèl kont memwa li. Vèsè sa yo pa yon sitasyon dirèk nan Ansyen Testaman an; men yo soti nan yon melanj de plizyè tèks Ansyen Testaman (Egzòd 25:8, 29:45; Levitik 26:12; 2 Samyèl 7:14; Ezayi 52:11; Ezekyèl 20:34 ; 37:27). Avèk pawòl sa yo, li te sèlman sipòte avètisman sou non-asosyasyon ak enkwayan.

C. Siyifikasyon asosyasyon an ak moun ki pa kwayan yo pou legliz nan tan ke n'ap viv la

Lide apot Pòl la se ke gwo trezò yo nan entegrite ak sentete nan yon kretyen pa foure tèt li nan imoralite nan mond peche ak payen sa.

San okenn dout, tonbe damou epi marye ak yon moun k'ap swiv Kris la se yon bagay ke Bondye apwouve totalman.

Si w gen privilèj pou w nan Kris la epi w ap chwazi yon patnè; chèche yon moun ki genyen konfyans nan Kris la menm jan avèk ou tou, paske se kòmansman benediksyon Bondye a.

Evite gen amitye, biznis, travay ki mennen nan move bagay, pou vyole lalwa Bondye a. Pawòl Pòl yo se sevè anpil pou nenpòt kalite asosyasyon yon moun ki mete konfyans li nan Kris la ak yon moun ki enkwayan ki ankouraje bay manti, ale nan fèt dans, bwè alkòl, itilize dwòg, fimen, dosye anvan maryaj ak andeyò maryaj, elatriye. Pran prekosyon nou pou nou gen kalite asosyasyon entim nan amitye ak yon moun ki pa pataje menm lafwa avèk nou; men se yon enstriman dyab la pou fè w soti ladan l. Paske devan Bondye, sa se yon abominasyon.

Kesyon:

- Ak kisa apot Pòl te fè referans lè l te di: "Yo te mete tèt yo ansanm ak moun ki pa kwayan yo" (v.14)?

- Bay ekzanp yo ki montre yo te gen yon jouk inegal jodi a; epi di ki jan ou panse sa ka evite.

II. Pèfeksyone sentete Bondye a (2 Korentyen 7:1)

Si jiskaprezan, nan tèks anvan an (6:14-18), anfaz Pòl la se pou ke moun ki kwè yo pran distans yo ak tout moun ki pa mete konfyans yo nan Kris la; epi pou ke yo elimine tout asosyasyon ki kapab fè yo soti mal. Kounye a (7:1), rekòmandasyon li se te ankouraje yo mete lòd nan pwòp lavi yo, pou yo pèfeksyone sentete yo, yon bagay ki dwe fèt nan fon kè yo menm. Mande: ki jan nou kapab fè li?

A. Apiye sou pwomès Bondye yo (v.1a)

Pwomès Bondye yo se ankourajman espesyal pou nou viv konfyans nan sa ke Bondye pral fè, ak nan bèl bagay ki pral rive a. Se avèk sa a yo, ke Pòl t ap fè referans lan, se enpilsyon pou viv nan sentete; ak tout sètitid, li admèt "ke nou deja genyen yo". Se konsa, pa gen okenn eskiz pa fè li.

Bib la plen ak pwomès; men sa Pòl t ap pale de yo nan tèks sa a (v.1) se yo menm li te sot di yo:

1. Garanti prezans li: "Kisa kay Bondye a gen pou wè ak zidòl? Nou se kay Bondye vivan an, pa vre? Se Bondye menm ki di sa: M'a vin rete, m'a viv nan mitan yo. M'a tounen Bondye yo, y'a tounen pèp mwen" (2 Korentyen 6:16). Nou pa kapab vin sen san nou pa pèp Bondye, san nou pa fè pati de ekip pa li a. Prezans Bondye pwodwi nan chak kwayan yon dezi sensè pou nou fè l plezi; prezans li ase pou nou viv; epi enpòtans li pou kwayan an pa gen parèy.

2. Bondye akeyi, resevwa: "Se poutèt sa, Bondye te di nou: Soti nan mitan moun sa yo. Pa mele ak yo. Pa manyen anyen nou pa dwe manyen. Lè sa a, mwen menm, m'a resevwa nou" (2 Korentyen 6:17). Bondye resevwa nou, men ak kondisyon pou nou soti nan bagay ki pa pwòp yo. Pou rezon sa a, li fasil pou realize li; paske nou konnen si nou fè sa, pwomès la pral realize imedyatman.

3. Patènite li: "M'a tankou yon papa pou nou. Nou menm, n'a tankou pitit gason m' ak pitit fi mwen. Se Mèt ki gen tout pouvwa a ki di sa" (2 Korentyen 6:18). Pwomès sa a gen entimite ladan li; paske non sèlman li pral "Bondye" pou nou, men li pral yon Papa tou. Epi kounye a nou pral non sèlman yon pèp, men pitit tou. Kòm yon bon Papa, li pral gide nou sou bon chemen an; epi nou menm, antanke pitit, n'ap fè l plezi, se pa pou egzijans li yo, men akoz de lanmou nou pou li, ki kapab konsidere kòm pi wo degre ki kapab egziste nan yon relasyon. Nou rele sa a sentete.

Pwomès sa yo bay tout sa yon kwayan bezwen pou li viv nan sentete natirèlman.

B. Netwaye tèt nou anba tout kontaminasyon (v.1b)

Kontaminezon an te toujou prezan nan chak sosyete. Rekòmandasyon an se pou "netwaye" nou de tout sa ki kapab kontamine nou, swa nan kò nou (VBJ kò) ak nan lespri a tou. Pòl te mete aksan sou ke netwayaj la konplè; li gen ladann tou sa nou fè, panse ak di.

C. Gen krentif pou Bondye (v.1c)

Krentif pou Bondye a ede nou reyalize yon sentete konplè. Se pa sou krentif pou yon Bondye ki pini; men nan respè ak onè pou yon Bondye ki renmen e ki bay tout bagay pou nou. Gen krentif pou Bondye ki baze sou lanmou. Kidonk, nou pa pral fònike, bay manti, vòlè, elatriye; paske li pa renmen nou fè sa, e nou menm antanke pitit li yo, nou kontan fè Papa nou plezi. Si anvan nou fè peche nou sonje jan sa fè l mal pou nou fè sa, epi ki jan li te bay Pitit li a pou nou; nou pap rive egzekite li. Nan lavi chak jou yo, nou rele sa a krentif pou Bondye. Moun ki genyen krentif la adore ak devosyon, li soumèt tèt li nèt, li imilye tèt li, li renmen ak pasyon, epi travay pou li ak devosyon.

Kesyon:

- Pandan ke w'ap baze sou pawòl apot Pòl yo, eksplike ki jan sentete Bondye a ka pèfeksyone nan lavi nou?

- Ki jan w ap aplike pawòl Pòl yo nan lavi w chak jou pou w viv nan sentete?

III. Lajwa akoz de fwi ministeryèl la (2 Korentyen 7:2-16)

Nan pòsyon biblik sa a, apot Pòl te ekri plezi li atravè repons moun lavil Korent yo te bay fas avèk avètisman li yo ki te lakòz yon repantans otantik ak lwayote anvè lidèchip li. Si n ap li tèks la; n ap remake yon chanjman toudenkou nan langaj li: sa anvan an chaje ak severite ak rekòmandasyon, pou frè yo te kapab rive atenn santifikasyon ak sentete a (chapit 6), epi answit yon chapit plen lajwa, lanmou, konfyans ak krentif pou li (chapit 7).

A. Kè kontan gras ak konfyans legliz la (vv.2-4,13-16)

Pòl te montre yo konfyans li te genyen nan (frè Korent yo), menm si gen kèk moun ki te toujou gen rankin kont li, petèt paske yo te rasanble ofrann yo te fè pou legliz Jerizalèm lan ak ka ensès yo te jije yo (1 Korentyen 5:1-5; 16:1-3). Apati de la, nou kapab wè pawòl apot la nan 7:2; men imedyatman, li fè yo konprann ke yo te nan kè l', sa ki montre gwo lanmou Pòl (v.3), konfyans total, ak jan li te santi li fyè de yo, nan pwen kote ke yo te fè kè l kontan nan mitan anpil difikilte (v.4).

Epi non sèlman Pòl, men avèk kè kontan ke Tit te genyen pou fason yo te resevwa li (v.13 VBJ): avèk anpil krentif, respè ak obeyisans (v.15 VBJ). Sa te lakòz lajwa nan kè apot Pòl (v.16).

"Ki jan" nou trete pastè nou yo ak lidèchip la genyen anpil enpòtans. Legliz la dwe resevwa, obeyi ak respekte dirijan yo nan yon nivo konsa ke yo santi yo fyè ak kontan pou kapab travay ansanm. Ala bèl sa bèl, pa sèlman pou tè a, men pou syèl la, lè rapò yon kongregasyon yo agreyab! Sa reyalize lè chak kwayan swiv tras Kris la fidèlman.

B. Lajwa pou entegrite a (vv.6-7)

Entegrite a se yon bagay ki gen anpil valè; trayizon yo, epi kòm kèk moun di "kout kouto nan do", kont li. Pòl te konnen ki jan pou l fè lwanj kalite sa a nan yon legliz ki gen konfli diferan. An jeneral, se nan men yon lòt moun nou konnen si yo te fidèl ak nou oswa pa. Sa a se ka Tit, ki te rive kote Pòl te ye a, ak bon ankourajman li te resevwa nan men moun lavil Korent yo; epi yo te eksprime anvi legliz la pou yo wè apot la, yo t ap kriye sou sa ki te pase a, epi entegrite yo te montre l. Pawòl sa yo te ranpli apot Pòl ak kè kontan, lajwa ak plezi (v.7).

Egzòtasyon an se pou w rete fidèl tout tan; ke lè dirijan, pastè oswa nenpòt moun vire do yo, non sèlman li pa pale mal, men fè tout bagay tankou si yo te prezan. Fidelite a ale pi lwen pase kritik oswa pa. Sa gen pou wè ak angajman kretyen, ak respè, onè ak lanmou.

C. Lajwa akoz de repantans la (vv.8-12)

Pòl te regrèt yon ti kras paske li te voye yo yon lèt ki, li menm li te konsidere kòm grav, epi li te lakòz doulè nan moun lavil Korentyen yo (v.8); men pita li te kontan voye l, paske li te reyalize yon gwo objektif: repantans li ak chanjman kondwit li (v.9). Se sa Bondye vle: yon tristès ki pral detounen yo anba peche epi ki pral lakòz delivrans, diferan de tristès mond lan ki pa genyen repantans e, kidonk, sa li pote se lanmò espirityèl (v.10).

Pouse pa pawòl apot la, moun Korent yo te pran desizyon pou pini sa ki te mal fè yo, epi pou yo korije sitiyasyon ki egziste a nan yon fason ekselan (v.11). Nou pa byen konnen ak kilès Pòl t ap fè referans; men san dout, se te yon ka ki te ofanse l, epi ki te deranje temwayaj legliz la, pou sa li te dwe konfwonte yo. Pòl te ekri yo pou teste fidelite yo anvè dirijan yo (v.12 VBJ); epi li te kontan wè atitid li.

Li pa enpòtan pou erè yo oswa peche yo komèt si gen repantans otantik. Nou dwe rekonesan pou pawòl sevè ki soti kote Bondye; paske yo ede chanje konpòtman nou, fè yon retou ki radikal nan lavi nou. Sa se repantans.

Sa ki mal yo dwe korije nan je Bondye. Legliz la dwe toujou aprann resevwa Pawòl Bondye a kèlkeswa jan li difisil, paske li sèl direksyon k'ap ede nou gen lavi ki pap janm fini an; epi se pa pawòl k'ap sonnen dous nan zòrèy nou tankou anpil lòt jounen jodi a, men ki pa reyalize okenn chanjman oswa transfòmasyon an reyalite.

Kesyon:

- Mansyone atitid moun lavil Korent yo ki te fè apot Pòl gen kè kontan.

- Eksplike kijan sentete a enpòtan.

Konklizyon

Se pou nou respekte rekòmandasyon yo bay pou pa asosye ak enkwayan ak pèfeksyone sentete Bondye a; epi se pou nou toujou fè lwanj paske nou se yon legliz ki repanti, ki fidèl epi ki diy pou fè konfyans.

Libète pou bay ofrann

Marco Velasco (Kosta Rika)

Pasaj biblik pou etid: 2 Korentyen 8, 9

Vèsè pou aprann: "Chonje sa byen: Moun ki simen ti kras va rekòlte ti kras. Moun ki simen anpil va rekòlte anpil" 2 Korentyen 9:6.

Objektif leson an: Devlope yon atitid libète pou pataje.

Entwodiksyon

Apot Pòl te dedye de chapit nan dezyèm lèt la bay Korentyen yo pou l te pale sou ofrann yo. Rezon espesifik pou sa a se kalite relasyon ant legliz moun lòt nasyon yo ak legliz lavil Jerizalèm nan. Dapre Galat 2:9-10, Pòl te ekri frè nan lavil Jerizalèm yo, yo te bay li "yon trè bon repons"; epi yo te mande sèlman pou yo sonje pòv yo.

Pòl te pran inisyativ pou l te ranmase yon ofrann nan twazyèm vwayaj misyonè li a pou bezwen finansye legliz Jerizalèm yo. Nou pa konnen rezon egzak kriz sa a; men li ka gen rapò ak yon pi gwo oswa pi piti degre ak faktè sa yo: "(1) rezilta kontinyèl grangou a, (2) pèsekisyon ekonomik, (3) ke legliz la te konpoze ak kèk moun ki te byen rich ak pòv anpil, ak (4) degradasyon yo nan resous materyèl yo te posede yo" (Carver, F. Kòmantè Biblik Beacon, vol. 8, 2 Korentyen. Etazini: KPN, 1985, p.609).

Fondman enkyetid Pòl la se pa t nan yon enterè benefis pèsonèl; men nan etik Kontra Ansyen Testaman an, selon Levitik 19:17-18: "Piga nou kenbe frè nou nan kè. Si yo gen kichòy avèk nou, regle sa la pou la. Konsa, yo p'ap lakòz nou tonbe nan peche. Piga nou tire revanj sou pesonn. Piga nou kenbe moun menm ras ak nou nan kè, men se pou nou renmen yo tankou nou renmen pwòp tèt pa nou. Se mwen menm ki Seyè a!". Ki donk, ofrann yo te sèvi pou ratifye alyans ak Bondye a nan kontèks adorasyon an. Sa te sigjere yon atitid anvè Bondye ki baze sou rekonesans, olye de devwa, pou mizèrikòd li; epi li mande yon repons ki sensè nan men èt imen an. "Mo kle a se mo ebre chesed (mizèrikòd, bonte oswa senserite). Epi li konekte karaktè mizèrikòd Bondye a ak pèp li a, ak pèp Izrayèl la ki rele pou vin yon pèp fidèl" (Martin, R. Teyoloji Adorasyon an. Etazini : Editoryal Vida, 1993, p.81).

Nan Nouvo Testaman an, avèk revelasyon Jezi ki se Kris la, siyifikasyon ofrann lan te apwofondi. Jezi te deklare ke li te vin bay lavi li "yon ranson pou anpil moun" (Mak 10:45); e sa dwe konprann an tèm de sakrifis. Yon lòt bò, Markus Barth, yon etidyan Nouvo Testaman, fè kòmantè sou

Efezyen 5:2 kote nou li:"Se pou nou viv ak renmen nan kè nou, menm jan Kris la te fè l' la, li menm ki te renmen nou, ki te bay lavi l' pou nou tankou yon ti mouton yo ofri pou touye pou Bondye, ofrann k'ap fè Bondye plezi ak bon sant li ", ke prezantasyon Kris la kòm yon sakrifis ekspyatwa gen orijin li nan Ansyen Testaman an; men sakrifis li a senbolik, li pale de lanmou li montre nan devouman li (Martin, R. Teyoloji Adorasyon an. Etazini : Editoryal Vida, 1993, p.84).

Ofrann ki te rasanble nan mitan moun lòt nasyon yo pou kretyen lavil Jerizalèm yo (Women 15:26) te rann temwayaj nan solidarite legliz la antanke "yon sèl kò nan Kris la" (selon Women 5:5; 1 Korentyen 10:17, 12:12-27; Galat 3:28) (Carver, F. Kòmantè Biblik Beacon, vol. 8, 2 Korentyen. Etazini:KPN, 1985, p.608). Pòl te espere ke moun lòt nasyon yo ki te patisipe nan benediksyon espirityèl jwif yo ta santi tou yon "obligasyon" pou rann sèvis gras a benediksyon materyèl (Women 15:26-29). Kidonk, kominote jwif kretyen an te santi pouse pou l fè lwanj Bondye, selon sa ke nou li nan 2 Korentyen 9:12-15, gras a otantisite lafwa kretyen moun lòt nasyon yo nan Kris la.

Yon ane anvan, apot Pòl te envite legliz Korent lan bay chak semèn pou ofrann kretyen yo nan Jerizalèm; epi lonmen moun nan kongregasyon an pou akonpaye l pou l livre li (1 Korentyen 16:1-4). Men, legliz la pa t sonje demann apot la (2 Korentyen 8:10, 9:2); Se konsa, li te raple frè Korent yo pwojè ofrann lan, epi li te eseye reviv lespri yo bay san gade dèyè.

I. Jenewozite nan mitan povrete (2 Korentyen 8:1-7)

Kretyen nan lavil Masedwàn yo te montre pi bon egzanp nan bay, kòm yon temwayaj sou lafwa yo nan Kris la. Pòl te prezante dosye lajan an avèk anpil entelijans. Li te aplike tèm charis la, sa ki vle di, "gras" pou ofrann nan menm, olye de la tèm "kòlèt" (cf. 1 Korentyen 16:1) (Carver, F. Kòmantè Biblik Beacon, vol. 8, 2 Korentyen. Etazini: KPN, 1985, p.611). Nan epòk sa a, legliz nan lavil Filip, Tesalonik ak Bere te deja kòmanse bay san gade dèyè.

Pòl pa t montre moun Korent yo otorite apostolik li; men nati nan favè Bondye a ki te genyen yo te bay legliz Masedwàn yo (8:1) lagras se la.

Gras la se yon favè Bondye ki gratis pou tout limanite (v.9). Men gen yon paradòks; paske li te anba pèsekisyon, ak nan mitan povrete, ke favè Bondye a te pwodwi nan vil Masedwàn lajwa ak liberalite ki jenere.

Liberalite jenere kretyen Masedwàn yo te montre tèt li nan twa fason, jan yo wè nan vèsè 3 a 5. Mo "bay" (v.5), jan ke Carver di a, se sant tout aksyon (Carver, F. Kòmantè Biblik Beacon, vol. 8, 2 Korentyen. Etazini: KPN, 1985, p.610). Ann wè pi ba a twa fason ki mansyone yo.

1. Premyèman, yo te bay "plis fòs yo" (v.3). Pòl pa t menm oblije fè yo sonje poukisa yo te kapab bay.

2. Dezyèmman, yo te mande "privilèj pou patisipe nan sèvis sa a pou sen yo" (v.4). Mo kle a se "patisipe", ki soti nan mo grèk koinonia. Patisipasyon sa a te soti nan kominyon yo nan Kris la, ki te eksprime vizib nan koleksyon nan ofrann pou frè ki nan lavil Jerizalèm yo. Nan kontèks sèvis Seyè a, li konsidere kòm yon aksyon esansyèl nan kominyon kretyèn nan (Carver, F. Kòmantè Biblik Beacon, vol. 8, 2 Korentyen. Etazini: KPN, 1985, p.610).

3. Twazyèmman, "yo te remèt tèt yo bay Seyè a avan tout bagay, epi aprè sa, nou menm" (v.5). Sa vle di ke repons lib yo a gratis ak jenere a vini an premye atravè tout devouman yo montre pou Jezi ki se Kris la.

Baze sou egzanp moun lavil Masedwàn yo, Pòl te fè apèl a moun lavil Korent yo pou ke yo bay sou baz lagras. Paske favè Bondye a te gen anpil kado atravè gras Bondye a nan yo. Lè sa a, Pòl te motive moun lavil Korent yo dèske yo te abondan nan kado yo, ke kounye a pou yo te abondan "tou nan gras sa a" (8:7). Sonje ke apot la pa t 'sèvi ak mo "lakòlèt la", men "gras", nan yon bagay materyèl ak òdinè tankou ofrann lan. Pòl te plase ofrann yo nan yon nivo ki espirityèl, men se pa nan sans materyèl! (vv.1,5,9).

Kesyon:

• Dapre 2 Korentyen 8:1-5, kisa w panse ki se lòd ki kòrèk la pou nou bay? Mete nimewo yo (1, 2, 3) andedan parantèz yo.

   a) Avèk anpil kè kontan epi san gade dèyè. (_____)

   b) Remèt tèt nou an premye bay Seyè a. (_____)

   c) Bay menm nan mitan mankman ak povrete. (_____)

• Poukisa w panse Pòl te egalize don lafwa, konesans, elatriye, ak ofrann materyèl (v.7)?

II. Egzanp Kris la (2 Korentyen 8:8-15)

Pòl te vle pou ke bay la te fèt nan kè kontan. Men kè kontan sa a nan bay le te eksprime favè Jezi ki se Kris la, li menm ki te "rich" (v.9b), sa vle di, nan eta li anvan enkanasyon an (Filipyen 2:6; Kolosyen 1:15), li te vin pòv, enkanasyon li a; paske "povrete Kris la, sipoze volontèman, sa te gen ladan l vin tounen moun (Fil 2:7), ak obeyisans ki te mennen l ofri tèt li sou kwa a" (Martin, R. Teyoloji Adorasyon an. Etazini: Editoryal Vida, 1993)., p.93). Men, se san yo pa pèdi lajwa a (Ebre 12:2b).

Pòl te kontinye egzòte moun legliz lavil Korent yo deside la menm pou bay pou ofrann pou frè ki nan legliz Jerizalèm yo. Apot la pa t bezwen kòmande moun Korent yo pou yo te bay ofrann lan; men li te fè yo sonje ke entansyon li se pou yo ta vle bay plis pase moun legliz lavil Masedwàn yo (2 Korentyen 8:10). Kounye a, yo te oblije fè aksyon (v.11).

Lè sa te gen pou wè avèk bay, Pòl te fè apèl tou ak prensip egalite a; paske entansyon nan ofrann lan pa t 'anrichi kèk, epi fè kèk lòt moun vin pòv (vv.13-14).

Olye de sa, abondans moun Korent yo dwe kouvri nesesite kèk frè ki te pòv nan legliz lavil Jerizalèm nan" (v.14b), sa vle di soulajman nan bezwen.

Tout sa ki anwo yo mennen nou konsidere gwo egzanp Kris la (v.9). Favè abondan ki te eksprime lanmou li ki san mezi a se règ ke nou kapab itilize pou nou mezire dezi nou genyen pou ke nou bay antanke kretyen. Sa a se te pi bon egzanp pou moun legliz lavil Korent yo, epi li ta dwe ase pou motive yo. Se sèlman lanmou Kris la ki kapab fè motivasyon nou ak aksyon nou yo otantik.

Pòl te di konsa: "dapre sa ki te ekri nan Liv la: Moun ki te ranmase plis yo pa t' gen twòp. Moun ki te ranmase pi piti yo pa t' manke anyen " (v.15). Tèks sa a se yon sitasyon nan Egzòd 16:18 sou istwa rasanbleman lamàn nan ki pale de resipwosite mityèl an tèm de resous; epi Pòl te demontre kisa vrè nati legliz la te ye: "Tout richès se lamàn Senyè a, ki fèt pa pou eksè ak liks, men pou soulaje bezwen frè yo" (Carver, F. Kòmantè Biblik Beacon, vol. 8, 2 Korentyen. Etazini: KPN, 1985, p.613).

Kriz ekonomik akòz pandemi COVID-19, (2020-2021) ak anpil lòt kriz ki sot pase a ak sa ki kapab vini nan tan kap vini an, dwe yon opòtinite pou legliz la, kominyon li bay gras ak lanmou Jezi ki se Kris la nan frè yo. Kidonk, antanke kwayan, nou dwe chèche byen pou frè nou an, pou pa gen plas pou mankman ak povrete. Ann aplike prensip ekonomi J. Wesley la: touche, ekonomize epi bay otan ke ou kapab (Wesley, John. Prèch III. Etazini: Wesley Heritage Foundation, 1996, p.211).

Objektif final la kontrè ak mond lan, se pa touche ak akimile richès; men pito se pou w bay tout sa ou kapab.

Ofrann kretyen yo kapab koute "chè," se pa akòz kantite lajan yo kapab bay; men paske li imite Kris la nan lanmou li, jenewozite, imilite ak obeyisans li, menm nan sitiyasyon kriz oswa soufrans.

Kesyon:

- Eksplike kisa prensip egalite nan bay la genyen ladan li (vv.13-14).

- Ki règ ki pi byen mezire nou bay? Ki konsekans vizib yo t ap genyen si nou te adopte l kòm fason nou viv la (v.9)?

III. Administratè ofrann yo (2 Korentyen 8:16-9:15)

Nati espirityèl ofrann yo pa t yon eskiz pou yo pa t pran swen administrasyon yo epi pa t bay kont piblik sou bon jesyon yo. Legliz la pa ta dwe gen "sekrè" sou administrasyon resous li te resevwa yo. Rezilta nan travay ministè a gen rapò dirèkteman ak bon administrasyon ki responsab.

A. Twa moun te rekòmande pou entegrite yo (vv.16-24)

Vèsè 16 jiska 24 yo te tankou yon lèt rekòmandasyon konsènan entegrite moun ki te administre ofrann yo te rasanble yo; pou yo bay bon temwayaj devan legliz la.

Jan Doktè Frank Carver fè kòmantè li a: "Pòl te ankouraje moun legliz lavil Korent yo pou yo patisipe totalman nan ofrann lan (1) nan jere pwojè a yon fason ki pa kite plas pou sispèk. Li te fè sa (2) lè li te delege yon pati nan kòlèt la ak sipèvizyon li bay lòt moun, (3) bay moun espirityèl ki byen kalifye pou yo vin reprezantan li yo ak moun ki nan legliz k ap voye yo" (Carver, F. Kòmantè Biblik Beacon, vol. 8, 2 Korentyen, Etazini: KPN, 1985, p.616).

B. Jesyon resous yo

Sa nou mande nan legliz yo, kit se ladim oswa ofrann regilye, pa ta dwe janm genyen plas pou dout; men li dwe transparan, toujou anba sipèvizyon plizyè moun ki, akòz karaktè kretyen matirite yo, kalifye ak fè konfyans.

Pòl te aji avèk pridans lè l te voye frè yo (9:3,5), pou yo te ranmase ofrann moun Korent yo te pwomèt la; epi konsa, frè Masedwàn yo pa t ap sipriz yo ki te espere a, dapre temwayaj Pòl la (9:2,4), ke frè nan legliz lavil Korent yo t ap bay san gad dèyè san okenn presyon.

C. Lè ofrann yo se yon sous benediksyon (9:6-15)

Ofrann yo pa dwe fè grandizè sou byen nou genyen oswa sou pozisyon ekonomik nou genyen an. Okontrè, se Bondye ki ban nou sa nou genyen an, (v.10). Se poutèt sa, nou dwe genyen anpil imilite ak rekonesans.

Metafò Pòl te ekspoze pou frè ki te bay yo se te simen an ak rekòt la. Doktè Frank Carver fè kòmantè ke "Pòl te ban nou twa motif valab pou atitid jenere ak bay ak kè

kontan: (1) Bay nan yon bon lespri se yon simen ki garanti yon rekòt, v6-7; (2) Bondye kapab epi li vle bay tout sa yon moun bezwen anndan kou deyò pou pataje avèk amou ak lòt moun v8-10; (3) Sa yo bay yo vle di pi plis pase atansyon bezwen materyèl yo; gen enplikasyon enteresan yo se yon sous benediksyon, 11-15" (Carver, F. Kòmantè Biblik Beacon, vol. 8, 2 Korentyen. Etazini: KPN, 1985, p.620).

Vrè siyifikasyon kigenyen an pou nou mete yon fren andedan nou se, nan kè kontan (9:7c). Sa vle di sa ki annapre yo: (a) ke se yon desizyon ki lib nan kè nou; (b) nou pa fè li tris oswa nan move atitid, pa menm akoz nesesite oswa fòs. Li pa soti nan yon fòs ekstèn, kòmsi nou t ap peye omaj bay esklav. Olye de sa, li dwe dapre "santiman ki te genyen nan Jezi ki se Kris la tou" (Filipyen 2:5); (c) "paske Bondye renmen moun ki bay ak kè kontan" (2 Korentyen 9:7c).

Ansyen Testaman an gen ekspresyon paralèl tankou nan Pwovèb 22:9 kote nou li: "Bondye beni moun ki gen bon kè, paske lè moun ki gen bon kè wè yon pòv, yo separe sa yo genyen an avè l". Nan direksyon opoze a bay ak tristès oswa fòs, gen kè kontan ki bay liberalman. Sans depandans li se sou Bondye sèlman. Kè sa a gratis nan tout kalkil, tristès oswa move imè bay; olye de sa, li gide pa yon depandans nòb ak kontantman nan renmen Bondye. Konsa, bay kretyen yo vin tounen yon sous benediksyon. Li pwodwi, nan moun ki resevwa gras nan men Bondye sèlman (2 Korentyen 9:11), glwa Bondye (v.13) ak lapriyè entèsesyon yo (v.14).

Apot la te pale avèk fòs sou seksyon sa a nan ofrann yo ak anpil emosyon pou kado inefab Bondye a, Pitit li a, Jezi ki se Kris la, ki te bay tèt li pou renmen nou, "... pou nou ka rich nan povrete li" (8: 9). Li se sous tout gras; lanmou ki soti nan legliz yo pou jenewozite yo ak liberalite yo atravè ofrann yo pou frè pòv ki nan legliz lavil Jerizalèm yo.

Nan yon tan kote legliz la defini adorasyon an kòm yon bagay sibjektif ak santimantal, ofrann lan se yon bon korektif. Pa gen pwoblèm sa nou fè nan adorasyon an. Si nou pa te ofri ak mak otantik ofrann Kris la; adorasyon nou an manke, epi li pa reyalize tout objektif li.

Kesyon:

- Ki konsèy apot Pòl te bay pou jeran ofrann yo? Èske w panse sa itil pou epòk nou an? (vv.16-24).

- Poukisa ou panse Pòl te itilize metafò plante semans lan pou bay? Èske w simen ak atitid ke Pòl te pwopoze legliz la?

Konklizyon

Nan ofrann ki sanble ak sakrifis Jezi ki se Kris la, nou ofri bay Bondye sakrifis remèsiman nou an epi nou ofri tèt nou, nanm nou ak kò nou, kòm yon sakrifis vivan, ki sen epi ki fè l plezi. Amèn.

Lidèchip apostolik la

Romina Miño (Ajantin)

Pasaj biblik pou etid: 2 Korentyen 10, 11, 12, 13

Vèsè pou aprann: "Se sak fè tou mwen kontan anpil lè m' santi m' fèb, lè y'ap joure m', lè m' nan lafliksyon, lè m' anba pèsekisyon, lè m' nan difikilte, lè m'ap sibi tou sa akòz Kris la. Paske lè m' fèb, se lè sa a mwen gen fòs" 2 Korentyen 12:10.

Objektif leson an: Konprann enplikasyon lidèchip apostolik yo, epi genyen sètitid ke Bondye resevwa glwa moun sa yo ki rekonèt feblès yo, pandan yo kontinye konnen ke gras Bondye a sifi pou yo

Entwodiksyon

Ki karakteristik yon vrè lidèchip apostolik? Ki defi, ki fè pati li, nou dwe fè fas avèk yo chak jou? Anpil fwa, yon moun gen yon lide amoure epi atiran nan lavi apostolik la san yo pa konsidere enplikasyon li yo.

Kounye a, genyen kèk tèm biblik ki te egzajere pa plizyè definisyon ki pa biblik. Se poutèt sa, li esansyèl pou ale nan sous la epi soti nan prensip pou yon vrè lidèchip apostolik, ki pa baze sou mòd oswa lekti pasyal Pawòl Bondye a. Envite elèv ou yo pataje sa pawòl sa yo vle di pou yo: "lidèchip apostolik".

Nan Pòl epi nan lèt li yo, nou gen yon egzanp klè sou lidèchip apostolik. Nan leson sa a, nou pral konsantre sou kat dènye chapit dezyèm lèt yo te ekri moun legliz lavil Korentyen yo.

I. Konbat fo akizasyon yo (2 Korentyen 10:1-12)

Nan sèvis ak mach nou antanke disip Jezi ki se Kris la, nou pral inevitableman fè fas a "fo akizasyon". Dapre RAE a, "akize" se "1. tr. Montre yon moun ki atribye blame pou yon fot, yon krim oswa yon zak konpwomi. 2. tr. Denonse, trayi… 3.tr. Avi, raye…" (Rekipere nan https://dle.rae.es/akize?m=form, nan dat 7 Janvye 2021). Lè yon moun sibi akizasyon, se yon bagay ki pa bèl ditou; lè ke yo te akize li, bay manti sou moun sa a, se yon bagay ki fè mal anpil. Nou dwe mande tèt nou: kisa nou fè nan sitiyasyon sa yo? ki jan nou ka reyaji?; Dapre ki kritè nou ta dwe okipe tèt nou?

Pòl se yon egzanp pou swiv; pliske li te oblije prezante yon defans pou ministè li. Li pa ta janm deranje apostola li kont moun; men depi levanjil la te anje, li te oblije fè li.

Pòl te okouran de opinyon ak akizasyon ki te di ak monte kont li yo. Epi li te pran chak apresyasyon pou klarifye, defans li a; men pi wo a tout bagay, anseye. Pou pa sèvi ak menm zam ki chèche fè moun mal, ak legliz la mal; men pou kapab fè chak konfwontasyon yon aksyon pedagojik.

Nan sèvis nou an, se pa tout moun ki pral renmen nou. Konsidere sa: pou kèk moun, apot Pòl te twò timid, oswa okontrè, twò grosye. Yo pa sèlman te panse de sèvis li; men yo menm tou yo antre nan pèsonalite li. Men li pat defann tèt li kont sa, li pat klarifye ni demanti anyen.

Isit la nou gen premye leson an: nou pa kapab toujou kanpe sou defans lan. Nou pa bezwen gaspiye twòp enèji sou sa ki pa genyen okenn merit. Gen moun ki jije tout bagay dapre sa ki mal nan kè yo.

Okontrè, si sa ki te an danje se kondwit li antanke apot; si konsekrasyon l 'ak devouman total nan gouvènman Kris la nan lavi li yo te doute; sa te vo fè yon bagay. Paske lè yo difame mesaje a, kredibilite mesaj la afekte. Yon entelektyèl enpòtan Marshall McLuhan te di: "Mwayen an se mesaj la" (Rekipere nan https://es.wikipedia.org/wiki/Marshall_McLuhan, nan dat 7 janvye 2021).

Men kèk akizasyon yo te fè kont apot Pòl: yo te rele l moun fou; yo te konsidere li enferyè; yo te di li pa t yon bon predikatè; ke li pa t renmen moun lavil Korent yo; epi yo sigjere ke li te yon chay epi li twonpe yo (2 Korentyen 11:1-11; 12:16-17. Pòl te defann tèt li lè l te fè remake ke se yon manti, ke li te viv dapre kritè lòm. Apre sa, li mansyone kèk diferans ki genyen nan kritè yo nan mond lan.

A. Ki jan nou goumen dapre 2 Korentyen 10:1-12?

1. Nou pa goumen tankou mond lan fè li (v.3). Li komen pou moun ki pa gen Kris la nan lavi yo rezoud konfli yo nan bay "kou"; chèche fè mal; evite konfwontasyon; nye sitiyasyon an; kite sa pase; elatriye. Nan sèvis nou an, nou kapab tante sèvi ak menm zam yo, ki pral garanti rezilta ki dezagreyab yo. San okenn dout, nou pral atake epi goumen, entansyonèlman ou non. Pwen an trè klè ke nou menm nou pa goumen menm jan ke mond lan fè l la.

2. Zam nou yo gen pouvwa ki soti nan Bondye pou yo chavire gwo fòterès (v.4). Pòl pa t fè ministè l ak zam tankou sa yo itilize nan mond lan jounen jodi a: "Talan oswa entèlijans imen. Kapasite pou òganize, dyatrib elokans, oswa konfyans nan cham oswa fòs nan moun nan…" (Carver, Frank G. Kòmantè Biblik Beacon, 2 Korentyen. Etazini: KPN, 1968, p.625).

Zam sa yo, ki travay pou lojik lèzòm, yo vin demòd epi yo pa fonksyone nan domèn espirityèl la. Yo gen yon efè tanporè, epi yo reyalize twò senp pou konpare ak lè nou dirije pa paramèt Bondye a. Zam moun k ap sèvi Seyè a sèvi ak yo gen anpil pouvwa; paske yo se bagay ki soti nan Bondye.

Lè nou konprann pouvwa levanjil la, dinamit la ki vle di siyifikasyon gras ak padon, lanmou sa a ki transfòme, pouvwa sa a ki genyen batay bon konprann lòm oswa timidite; aprè sa a, nou pa bezwen sèvi ak menm zam lènmi an.

B. Ki kote nou kanpe?

Pòl te baze ministè l sou verite sa yo:

1. Se pou Kris la nou ye (v.7). Pòl te fè pati Kris la. Lè ke nou rive afime sa a, nou pa genyen kontwòl sou lavi nou; nou pa kapab e nou pa vle jete li. Paske ki moun ki kapab fè li se yon moun ki posede: Bondye. Lè ke nou "bezwen vin pou li" se yon bagay ki sekrè, kidonk nou pa bezwen anyen ankò. Anpil lidè deplase selon senserite, nan yon fason pou ke yo prezève pozisyon yo, ran sosyal, rekonesans; men sitou, akoz de nesesite yo genyen pou yo pa eskli, san yo pa fè pati de anyen. Mal sa a ke yo pè a lakòz gwo erè nan ministè a.

2. Otorite nou ki soti nan Seyè a se pou edifikasyon (v.8). Li enpòtan pou pran an kont orijin otorite nou an. Sa a pa soti nan trajektwa a, nan repitasyon an, nan eritaj, nan yon ti non; li pa reyalize akoz de merit, ni pa angajman oswa kalite sèvis nou yo. Otorite nou soti nan Seyè a. Lè nou konprann li konsa, nou egzèse otorite ak libète a ak balans. San yo pa pè, men tou san yo pa tonbe nan abi pouvwa.

Objektif li, dapre Pòl, se toujou edifikasyon an. Edifis la vle di "1. tr. fè oswa bati yon kay… 2. tr. Enplante nan yon moun santiman senserite ak bon kalite. 3. tr. Etabli, jwenn…" (Rekipere nan https://dle.rae.es/edificar?m=form, nan dat 7 janvye 2021). Se konsa, ala sa enpòtan pou sèvi ak otorite pou etabli, ak afime legliz la! Si nan egzèsis otorite nou an, nou pa wè sa; lè sa a, nou dwe mande tèt nou kisa n ap fè.

3. Nou pa fè pwomosyon pou tèt nou oubyen santi nou fyè (vv.13,15,17). Ala de jan li ensansib pou kèk moun atache avèk ògèy yo; ak ki jan sa evidan, pou lòt moun! Moun ki soufri sa, se anjeneral, moun ki vin konnen sa an dènye yo oswa resi admèt li. Sa a se yon peche trè komen nan mitan moun ki nan pozisyon lidèchip yo. Gen yon pozisyon se pa menm jan ak egzèse lidèchip; paske moun ki mennen an, sèvi. Epi nenpòt moun k ap sèvi yo vle imilye tèt li paske li renmen moun li sèvi yo.

Pòl te di, "Konsa, nou wè, mwen pa depase limit Bondye ban mwen. Mwen p'ap fè grandizè pou travay lòt moun te deja fè. Okontrè, mwen gen espwa n'a grandi nan konfyans, pou m' ka fè yon pi gwo travay ankò nan mitan nou, toujou nan limit Bondye ban mwen an" (v.15 VBJ). Gen moun ki fè lwanj pwòp tèt yo, lè yo fè travay Seyè a. Se konsa, pa mansyone li; men nan fon, yo kwè ke yo te gen anpil vizyon nan travay sa. Sa vle di, byenke yo pa mande li, yo chèche rekonesans; men, si pèsonn pa ba yo l', se yo menm menm ki pran li. Konpetisyon an ak konparezon ak sèvitè parèy yo se yon pratik konstan e regretab.

Kesyon:

- Ki souflèt ki pi di ou te resevwa pandan tout ministè w la? Ki jan blesi a te afekte w nan lavi sèvis ou a?

- Ki kalite zam ke mond lan itilize? Ki kalite zam ke nou itilize, nou menm k'ap sèvi Seyè a?

- Mansyone twa verite kote ke apot Pòl te baze ministè li. Ki jan chak nan verite sa yo benefisye ou nan sèvis ou?

II. Fè grandizè nan Bondye
(2 Korentyen 10:13-18, 12:1-11)

Ki sa ki fè grandizè nan Seyè a? Si nou ale nan Ekriti yo; nou pral wè ke li se tou senpleman yon kesyon de rekonèt ke "...nan li n'ap viv, n'ap deplase epi nou se..." (Travay 17:28), sonje chak moman ke gras a Li menm, soti nan Li menm epi pa Li menm "tout bagay yo te kreye" (Kolosyen 1:16). An brèf, ke "Se pèp mwen yo ye. Se mwen menm ki kreye yo pou yo ka sèvi yon lwanj pou mwen. Se mwen menm menm ki te fè yo. Se nan men mwen yo soti" (Ezayi 43:7). Sa vle di ke tout sa nou ye e nou fè se bay Bondye glwa; pa genyen anyen ki pou nou. Li trè fasil pou tonbe nan erè sa a oswa foli jan Pòl te prezante a.

Gen kèk prensip ki ede nou glorifye nan Bondye se sa ki annapre yo:

1. Seyè a ban nou plas kote n ap sèvi a (2 Korentyen 10:13). Se pa akoz de enstitisyon an, se pa akoz lidèchip ou, se pa akoz de nesesite, se pa akoz enpozisyon ou.

2. Kwasans nan travay la, nan moun yo, se Seyè a tou ki pwodwi yo; se nan Li nou genyen espwa (v.15). Se pa sèvis nou, efò nou oswa ansèyman.

3. Moun ki rekòmande/ fè pwomosyon an se Seyè a (vv.17-18). Se pa pèp la oubyen efò nou ak/oubyen kapasite nou.

4. Moun ki bay eksperyans ekstraòdinè a se Seyè a (2 Korentyen 12:2). Se pa lafwa nou, disiplin espirityèl nou, oswa mistik nou.

5. Moun ki pèmèt eksperyans douloure nan lavi nou se Seyè a. (2 Korentyen 12:7). Se pa dyab la, pa enkwayans nou oswa peche nou (byenke tou de kapab pote doulè nan lavi nou). Nan sans sa a, li fè referans a eprèv oswa tribilasyon sa yo ki fè sa ki pi bon soti nan nou.

6. Sila a ki pèfeksyone nou epi ki fòtifye nou nan feblès nou an, se Seyè a (vv.8-10). Se pa dezi nou, lapriyè oswa efò nou. Lè sa a, nou kapab, tankou Pòl, nan nenpòt sikonstans, se glwa pou Seyè a ... paske li sifi.

Li souveren; li travay selon objektif li; li pa gouvène oswa soumèt nan plan nou yo. E sa ta dwe ranpli nou ak lajwa. Gras li a ase; se tout sa nou bezwen; se sa ki pèmèt nou afime ak viv nan konviksyon sa a: "... lè mwen fèb, lè sa a mwen fò" (v.10).

Kesyon:

- Mansyone prensip ki pi atire atansyon w la.
- Ki sitiyasyon nan lavi w ki fè w sonje favè Bondye a ase?

III. Montre egzanp lidèchip konpetan
(2 Korentyen 11:1-33, 12:12-18)

Yon lidèchip konpetan konsantre sou legliz la, sou kò Kris la. Ann fè yon ti gade sa a avèk plis detay.

1. Se moun sa a ki gen sousi pou bay legliz la lavi nan sentete; pou fè Kris la plezi. Pòl te genyen yon objektif ki klè: prezante yon legliz ki san tach, san malpwòpte oswa peche (11:2).

2. Se li menm ki asire ke legliz la pa twonpe tèt nou ak detounen nan yon angajman san tach ak sensè pou Kris la (11:3).

Objektif sa a ta menase si moun lavil Korent yo te twonpe. Donk, Pòl te pale sou gwo diferans ki genyen ant li menm ak "fo apot yo"; epi se atravè yon konparezon trè senp:

Mwen menm Pòl	Yo... "fo apot yo"
Move predikatè; men avèk konesans, anpil siyal ak mirak (11:6, 12:12).	Yo prezante nou yon "Jezi" ki diferan (11:4).
Mwen te preche yo levanjil la gratis (11:8).	Nou genyen abitid anbrase moun sa yo ki san diyite ki fè nou tounen esklav, epi k'ap pwofite de tout sa ke nou posede.
Mwen pat yon chay pou nou (11:9, 12:13).	Yo se fo pwofèt (11:13).
Bondye konnen ke mwen renmen nou anpil; nou enterese m anpil (11:11, 12:14).	Kat make yo (11:20).

Lè sa a, Pòl te denonse "apot" sa yo, epi li te rele yo "fo apot" (2 Kor 11:13-15). Pòl te deklare li renmen moun Korent yo; epi raple yo nan demonstrasyon yo atravè lanmou otantik sa a (11:7-11).

3. Se li menm ki vle soufri (11:23-29). Pòl fè lis tout eksperyans sèvis li kòm apot Jezi ki se Kris la, sa ki lwen sa ke pifò nan moun ki aspire yon apostola reklame.

Sa ki annapre yo se danje apot Pòl t'ap travèse, pliske li te toujou nan mouvman kontinyèl, lè ke l'ap atende legliz ke li te plante nan chak vwayaj misyonè li yo:

• *Danje pou "dekourajman".* Pòl te konn fè tant. Li te travay kòm yon bòs tant, epi li te travay nan ministè a anpil tou. Se te yon travay di epi ke li te toujou kontinye ap fè pou l te sipòte tèt li, ak responsablite li te genyen kòm yon apot, sa vle di ke yo te konplètman patisipe, ki te pote ak li fatig, dekourajman, elatriye.

• *Danje pou soufri ak enkyetid.* Pòl te refere ke enkyetid li pou tout legliz la te peze sou li chak jou Bondye mete. Sa vle di ke, pa te gen yon jou kote li pa t gen chaj sa a sou do li. Epi li pa t sèlman pou yon legliz, misyon oswa ministè; men pou tout legliz la. Paske te gen senpati epi idantifye li ak doulè frè li yo; epi anplis de sa, li te fache kont moun ki te konn ap twonpe yo.

• *Danje pou soufri enkyetid.* Pòl te fè referans ke chak jou li te santi gwo enkyetid pou tout legliz la. Sa vle di ke, pa t' gen yon jou ke li pa t gen chaj sa a. Epi li pa t jis pou yon legliz, misyon oswa ministè; men pou tout legliz la. Paske li te senpati epi idantifye ak doulè frè l yo; e anplis, li te fache kont moun ki te fè yo bite yo.

• *Danje pèsekisyon.* Gen ladann li tou plizyè peryòd nan prizon, pinisyon fizik tout kalite, arasman, akizasyon, entrig, elatriye.

• *Danje nan yon jewografi enkoni.* Nofraj bato yo, malè nan rivyè, lanmè, chan ak vil yo. Toujou eksplore nouvo kote yo, ale pi lwen.

• *Danje kontinyèl ale ak vini.* Derasinen, adaptasyon, adye, renonsyasyon, grangou ak swaf dlo, fredi ak toutouni.

• *Danje nan relasyon entèpèsonèl yo.* Sa a soti nan jwif parèy li yo, bò kote frè li yo, epi bò kote moun ki te gen entansyon jwenn ak levanjil la, moun lòt nasyon yo.

Fè fas ak peche a, epi ofri wout matirite espirityèl la (2 Korentyen 12:19-13:14)

Pòl pa t limite tèt li nan defann ministè l, li rekonèt feblès yo epi bay Bondye glwa pou privilèj pou l soufri pou Li. Tout sa li t ap chèche se te rive nan kè moun legliz lavil Korent yo; pou ke vwal twoublay yo a te tonbe devan je yo; e ke yo gen opòtinite pou yo repanti ak mache nan direksyon pou matirite.

Nou dwe fè afwontman ak lanmou ak senserite, nan lòd pou moun yo kapab restore. Fè li ak esperans

nou baze nan sèl moun sa a ki pwisan, menm panse a pi move senaryo a (12:20-21). Paske, byenke nou fèb, nou gen yon Bondye ki pwisan nan fason li aji ak lavi nou (13:3); toujou kenbe nan tèt ou ke tout sa nou fè, "tout bagay", dwe fòtifye legliz la. Pou rezon sa a, nou pa kapab evite konfwonte peche a; men ak menm lanmou an, ofri chemen pou matirite a pwodwi.

Pòl te rekòmande pou moun legliz lavil Korent yo revize lavi yo chak jou; menm jan li pral rann kont sou vrè lafwa li. Lè ou vle resevwa koreksyon, epi fè sa ki dwat, se yon siy ke ou sou bon chemen an. Finalman, apot la te ankouraje yo pou yo gen lajwa, pou yo vin gen matirite, youn ankouraje lòt, epi pou yo viv nan lapè ak amoni (v.11).

Kesyon:

• Drese yon lis ki genyen twa karakteristik yon lidèchip ki konpetan.

• Èske w te pase kèk nan soufrans Pòl te mansyone yo? Ki sa li te ye, e ki jan ou te santi lè moman sa a?

Konklizyon

Sèvi se yon privilèj ki souvan gen soufrans ladan l. Yo voye nou malgre feblès nou; paske pouvwa Bondye a pafè nan li. Lidèchip la se yon opòtinite pou bay Bondye glwa, atravè yon lavi devouman ak sèvis, ki baze sou konviksyon ke gras Bondye a sifi.

Pinisyon ak rekonpans (Ezekyèl)

KATRIYÈM TRIMÈS

Yon apèl plen glwa ak responsablite
Jijman Bondye yo kont peche
Èske se pwoteksyon oswa pinisyon?, Chwazi
Tretman Bondye bay peche a
Epi w ap konnen mwen se Jewova
Konsekans peche a
Restorasyon Bondye ak responsablite moun yo antanke moun
Pwomès pou kè ki rejenere yo
Pèp Bondye a
Restorasyon pèp Bondye a
Nou sonje tanp lan
Plan Reparasyon Bondye a
Dlo fre!

Leson 40

Yon apèl plen glwa ak responsablite

David Balcázar Medina (Pewou)

Pasaj biblik pou etid: Ezekyèl 1, 2, 3

Vèsè pou aprann: "Apre sa, lè m'a pale avè ou ankò, m'a ba ou lapawòl, epi w'a ba yo mesaj mwen menm, Seyè a, Bondye ki gen tout pouvwa a, m'a ba ou. Sa ki vle koute va koute, sa ki pa vle koute, zafè yo! Se yon move ras moun tèt di yo ye" Ezekyèl 3:27.

Objektif leson an: Konprann, aksepte responsablite apèl ke Seyè a ap fè anvè nou pou nou anonse levanjil la.

Entwodiksyon

Bondye kontinye rele moun menm kounye a. Li enterese pou plis moun konnen lanmou li atravè levanjil la; e pou sa, li vle sèvi ak pitit li yo. Jodi a nou pral aprann sou apèl Bondye a, atravè eksperyans pwofèt Ezekyèl la.

Liv Ezekyèl la klase kòm youn nan senk pwofèt prensipal yo, akòz longè kontni li yo. Kèk karakteristik spesifik nan liv la se sa ki annapre yo: non ekriven an "Ezekyèl" vle di "Bondye fè m fò" oswa "Bondye fòtifye mwen" (Zevallos, Juan. Bib Etid Mundo Hispano. Etazini: Editoryal Mundo Hispano, 2012, p. 1563). Nan epòk sa a, Ezekyèl te yon prizonye nan peyi Babilòn (Ezekyèl 1:1, 11:24-25) e li te kòmanse istwa a nan dekri apèl Bondye te fè li a, nan ministè pwofetik la.

Pliske sa a se yon liv pwofetik li ye, li bon pou sonje kisa nou vle di pa pwofesi oswa ki fonksyon pwofèt la. Pwofetize se bay mesaj Bondye a; enspirasyon pou pwofesi soti nan Sentespri Bondye. De eleman sa yo dekri nan apèl ke Bondye te fè Ezekyèl la, epi yo aplike pou nou menm tou jodi a.

I. Vizyon glwa Bondye ki rele a (Ezekyèl 1:1-28)

A. Ki kote Ezekyèl te ye lè li te wè vizyon sa a?

Li te nan mitan prizonye yo (Jwif yo te trennen soti nan peyi yo epi yo te mennen yo nan peyi Babilòn) (v.1). Ansanm ak Ezekyèl, nan premye depòtasyon an, Nèbikadneza te pran 10 000 nan pi gwo gason nan nasyon an, atizan, bòs fòjewon, chèf, vanyan sòlda, ki gen ladan wa Jojakin li menm" (2 Wa 24:8-17). Lè

Ezekyèl te ekri pwofesi a, li te nan peyi Kalde yo (oswa Babilòn yo), bò larivyè Keba (Ezekyèl 1:3). Se te wa peyi Babilòn lan, Nèbikadneza.

B. Ki sa pwofèt Ezekyèl te wè?

Ezekyèl di ke kèk eleman te soti "nan nò" (v.4): yon van tanpèt, yon gwo nwaj ak yon dife ak yon klète ki fè yon gwo wonn. Nan mitan tout bagay sa yo, sa ki anba yo te deklare:

1. Kat bèt vivan, tankou moun (vv.4-14):

   a. Yo chak te gen kat figi: figi yon moun, figi yon lyon, figi yon bèf ak malfini (vv.6, 10). Sou siyifikasyon figi sa yo, gen entèpretasyon divès kalite. Nan Revelasyon 4:6-7, yo mansyone kat bèt vivan ki gen figi ki sanble ak sa ki mansyone yo nan pasaj sa a tou.

   b. Yo chak te gen kat zèl, epi de nan yo ki te kouvri kò yo (Ezekyèl 1:6, 11).

   c. Yo te gen pye dwat yo ki te byen klere (vv.7,9).

   d. Yo te sanble ak chabon k ap boule; ak zèklè ki soti nan dife a (v.13).

   e. Bèt vivan sa yo t'ap kouri ale epi kouri retounen... tankou zèklè (v.14). Menm jan an tou, bèt vivan sa yo te mache san vire gade dè yè (v.9).

2. Wou (vv.15-18) koulè krizolit. Koulè sa a ta dwe jòn vèt (vv.15-16). Sa yo te "tankou yon wou nan mitan yon wou" (v.16) epi te genyen ki "wo ak terib" ki plen ak je toutotou (v.18). Èt vivan yo ak wou yo te deplase ansanm, sa vle di an menm tan.

3. Yon ekspansyon (vv.22-24) ki te anlè nan bèt vivan (v.22). Sa yo te gen de zèl ki leve pou yo deplase, epi ki bese lè yo poze. Nan "ekspansyon" an (VBJ 1999), vèsyon Pawòl Bondye pou Tout moun tradwi li ak mo "platfòm" (v.23); ak vèsyon Bondye ki pale jodi a, kòm "vout" (v.23).

4. Yon moun ki te sanble ak yon nonm (vv.25-28) chita sou "yon twòn ki te sanble ak wòch safi" klere ak aparans dife" sou tout kò l. Ekla li te tankou "lakansyèl la".

Vrèman, vizyon sa a etonan anpil. Èske w kapab imajine w ap gade vizyon sa a? Dosye Ezekyèl la pèmèt nou pataje yon bagay nan vizyon glwa Seyè a, epi ki sezi nou. Nou pa menm kapab imajine grandè Bondye nou an. Glwa li te montre Ezekyèl anpil bèl bagay.

Gen yon divèsite nan tantativ entèpretasyon sou sa ki te vrèman rele "resanblans laglwa Seyè a" (v.28) ke pwofèt Ezekyèl te wè a. Gen kèk moun ki te deklare ke li ta yon kalite veso espasyèl ekstraterès!: "Yon enjenyè NASA Josef F. Blumrich... pibliye nan ane 1973 liv li a ki se (The Spaceships of Ezequiel) ("OVNI ke pwofèt Ezekyèl te wè a?" Nan: Rezon ak politik piblik. Rekipere nan https://razoncienciaspr.org/2018/02/17/el-ovni-que-viozequiel/, nan dat 15 Me 2021). Men, li pa ta dwe konprann konsa. Analize sa ak anpil atansyon, nou kapab konkli ke Bondye nou an gran e bèl; e ke gen mistè ak bagay presye ki antoure twòn Bondye a. Tout sa ke li te kreye yo, se bagay ki pi lwen pase imajinasyon nou. Yon jou nou pral wè Li, se lè ke nou va rankontre ak Li pou toutan!

Vizyalize sa Ezekyèl te wè a, nou kapab sèlman sezi epi espirityèlman asime atitid ke pwofèt la te pran: li tonbe fas atè (v.28).

Kesyon:

- Ki sa ki te plis fè w sezi nan deskripsyon glwa Seyè a?
- Ki reyaksyon w t ap fè lè w wè glwa Seyè a?

II. Travay Lespri a ak apèl Ezekyèl la (Ezekyèl 2:1-3:3)

Moun ki sou twòn nan te pale ak Ezekyèl pou l konfye l yon misyon; men nan moman sa a, yon bagay diferan ak nouvo te rive: Lespri a te antre nan Ezekyèl (v.2). Isit la, tout kòmantatè biblik dakò ke se Sentespri a ki te antre nan Ezekyèl. Nan fason sa a, prezans Lespri

a t ap prepare l pou misyon li ta resevwa a, menm jan li pèmèt nou jodi a ak pouvwa li (Travay 1:8).

A. Ale lakay yon rebèl (vv.3-7)

Misyon Ezekyèl la pa t fasil; paske yo t ap voye l kote moun ki t ap fè rebèl anpil. Li revele ke nan senk vèsè sa yo yo itilize mo "rebèl" oswa yon bagay konsa yon total de sis fwa lè w ap pale de kay pèp Izrayèl la. Anplis de sa, yo itilize lòt kalifikasyon tankou sa yo:

- "Ti moun ki gen vizaj ak kè di" (v.4)
- "Wozon ak pikan ... eskòpyon" (v.6)

Malgre pèp sa a te tèlman rebèl, Ezekyèl pa ta dwe pè; paske se Seyè a menm ki t ap voye l. Li te vle pou Ezekyèl pale ak yo, kit yo koute oswa pa; konsa, pèp Izrayèl la konnen, nan kèlkeswa rebelyon yo te ye, te toujou gen yon pwofèt nan mitan yo. Nou menm tou, Bondye voye nou kote "tout kreyati" yo (Mak 16:15), koute oswa sispann koute.

Lespri a te antre nan Ezekyèl, e yo te di l pou l pale pawòl Seyè a.

B. "... manje woulo liv sa a" (2:8-3:3).

Nan tan sa yo, pa t gen liv tankou sa nou konnen jodi a. Liv nou konnen jodi a yo fèt ak papye epi yo enprime ak lank; epi tou, yo pwodwi an mas. Woulo a, menm jan ak sa Ezekyèl te manje nan vizyon an, se te yon bann kwi byen long ki genlè mezire anviwon 10 mèt longè ak 25 cm wotè (Zevallos, Juan. Bib Etid Mundo Hispano. Etazini: Editoryal Mundo Hispano, 2012, p. .1568). Anjeneral, yon woulo te ekri sèlman sou yon bò; men sa a te ekri sou tou de bò yo, epi sa li te genyen an se te "plenn ak lamantasyon ak malè yo" (v.10).

Woulo sa a t ap prepare Ezekyèl pou sa l t ap gen pou l di pèp Izrayèl la. Li enteresan pou nou wè ki jan Bondye aji ak sèvitè l yo nan diferan fason. Li te pouse Jeremi ekri yon woulo avèk èd Bawouk (Jeremi 36:18); Li fè Ezekyèl manje yon woulo. Li pa fè nou manje yon liv oswa yon woulo; men li ban nou levanjil la pou nou anonse lòt moun li (Matye 28:20).

C. Koute oswa sispann koute (vv.4-11)

Yo pa t voye Ezekyèl nan yon vil etranje ki gen yon lang difisil; men pito se te nan mitan pwòp pèp li a, avèk menm lang li a (vv.4-5). Malgre ke li te yon nasyon rebèl, Ezekyèl te bay mesaj la kanmèm (v.5).

Kisa sa di nou? Nou menm tou, nou genyen opòtinite pou ke nou preche moun ki gen menm lang avèk nou yo. Ki eskiz nou pral bay pou nou rete an silans? Seyè a te avèti Ezekyèl ke pèp la pa t ap koute li; paske li pa t vle tande Bondye li menm, menm jan an tou, li te yon pèp ki te gen tèt di (v.7). Men, li te di pwofèt la tou li te prepare l nan fè fwon ak figi l fò; pou li te kapab fè fas ak kay rebèl sa a (v.8).

Lè Seyè a voye nou, nou pa ta dwe pè, menm si yo moun "difisil" pou yo nou dwe preche Pawòl la. Seyè a ap prepare nou pou nou akonpli misyon sa a. Jan ke Seyè a te di Ezekyèl la, li te dwe pale ak pèp la…"koute, oswa sispann koute" (v.11).

D.   Epilòg premye vizyon Ezekyèl la (vv.12-15)

Lespri Bondye a te deplase pwofèt Ezekyèl, li mete li akote prizonye yo ki te nan Tel-abib, ankò bò rivyè Keba a (v.15). Nan kou sa a, Ezekyèl te santi li endiye epi ranpli ak amètim; gen plis chans ke se te akoz de rebelyon kay Izrayèl la (v.14). Li te tande bri zèl bèt vivan yo ak yon vwa k ap beni non Seyè a (vv.12-13). Se Seyè a menm ki te pale avè l; epi li te komisyone l pou avèti yon kay rebèl. Ala bèl glwa Seyè a bèl!

Fas avèk tout evènman sa yo… pwofèt Ezekyèl te etone oswa sezi san konnen sa pou l di pandan sèt jou yo (v.15). Ki jan nou t ap ye devan yon evènman menm jan an? Ki jan nou rete kounye a devan glwa Seyè a ak apèl li a?

Kesyon:

- Ki travay Lespri Sen an te fè nan lavi w?
- Èske w te santi apèl Seyè a tou? Kisa w ap fè sou sa?

III. Responsablite ak defi nan apèl pwofèt Ezekyèl la (Ezekyèl 3:16-27)

Sèt jou apre premye vizyon Ezekyèl la, Seyè a pale avè l ankò. Pwofèt la pa di nou ki jan; men wi sa ki te di a. Ezekyèl te bay enstriksyon sou responsablite li ak apèl la, ak ki jan li te oblije aji.

A.   Ezekyèl, faksyonnè kay Izrayèl la

"Faksyonnè a", nan tan lontan, se te yon nonm ki te anjeneral sitiye nan yon gwo kay won kote li te kapab gade si lame lènmi an oswa lòt danje t ap vini. Fonksyon li se te ke, si li obsève yon danje, li te anonse l 'bay wa a oswa moun ki koresponn pou pran aksyon ki nesesè

yo ak anpeche domaj la. Nan kèk pasaj nan istwa biblik yo, nou kapab wè egzanp wòl faksyonnè yo nan mitan pèp Izrayèl la (2 Samyèl 13:34; 2 Wa 9:17).

Kidonk, Ezekyèl te resevwa komisyon Bondye a pou l vin faksyonnè pou kay Izrayèl la. Ann wè ka kote li te oblije aji antanke faksyonnè:

1. Si Senyè a te di mechan yo ke li ta mouri pou mechanste li (v.18-19): Ezekyèl te oblije avèti li; sinon, Ezekyèl t ap koupab de san moun sa a. Si Ezekyèl te avèti l, epi li pa repanti, nonm mechan an t ap toujou mouri a; men Ezekyèl t ap san repwòch, paske li t ap akonpli wòl li kòm faksyonnè.

2. Si moun ki jis la vire do bay jistis li epi li kòmanse fè mechanste (vv.20-21): si Ezekyèl pa t avèti li epi li te mouri; li ta blame pou san li. Men, si li te avèti l epi li repanti, moun ki jis la t ap viv. Epi Ezekyèl ta delivre nanm li.

Ala yon fonksyon enpòtan ke Seyè a te konfye pwofèt Ezekyèl! Li fè nou reflechi sou responsablite ke nou genyen ansanm ak lòt moun, nou tout ki konnen delivrans gras a Jezi ki se Kris la epi ki genyen benediksyon pou pataje levanjil la. Èske ou konsidere kòm yon "Faksyonè" pou fanmi ou, vwazen ou, zanmi ou, elatriye?

B.   Dezyèm vizyon glwa Seyè a

La a, yo itilize menm ekspresyon sa a ki soti nan 1:3 ki di "men Seyè a" te vin sou Ezekyèl (3:22). Nan lòt mo, Ezekyèl repete eksperyans li te rakonte nan premye chapit la konsènan vizyon glwa Seyè a. Malgre ke nan dènye vèsè twazyèm chapit la li pa dekri li ak anpil detay ankò; sepandan, pwofèt la mansyone ke "glwa Seyè a te la, tankou tout bèl pouvwa li te wè bò larivyè Keba a" (v.23).

Glwa Seyè a te kapab manifeste nenpòt ki kote, menm jan ke kounye a li parèt devan nou gras a prezans li, gras a Lespri Sen li a! Epi Ezekyèl te genyen yon nouvo eksperyans ak Sentespri a, ki prepare l pou l resevwa mesaj sa a:

C.   "… lè m fin pale avè w, m ap louvri bouch ou …"

Pwofèt la te resevwa twa endikasyon:"Men, Lespri Bondye a antre sou mwen, li fè m' kanpe sou de pye m'. Li pale avè m', li di m' konsa: -Al fèmen kò ou lakay ou " (v.24); "Mwen pral fè lang ou lou nan bouch ou. W'ap bèbè, ou p'ap ka avèti move ras moun tèt di sa yo " (v.26) ; "Apre sa, lè m'a pale avè ou ankò, m'a ba ou lapawòl, epi w'a ba yo mesaj mwen menm, Seyè a, Bondye ki gen tout pouvwa a, m'a ba ou. Sa ki vle koute va koute, sa ki pa vle koute, zafè yo! Se yon move ras moun tèt di yo ye" (v.27).

Diferan sitiyasyon ta kapab rive pwofèt la; men li dwe konprann ke li te toujou rete yon pwofèt. Jan sa di nan kòmansman leson an, yon pwofèt se yon moun ki bay mesaj Bondye a anba enfliyans Lespri Sen an, se pa pwòp mesaj pa l. Donk, si Seyè a di nou pou nou fèmen, nou dwe fèmen; si li di nou soti, nou dwe soti; si li di nou antre nan kay la fèmen tèt nou andedan, nou ta dwe fè menm jan an. Avèk prezans Lespri Sen an, nou aple pou nou obeyi vwa li epi sèvi l nan tou sa li mande nou.

D. Ki sa nou kapab aprann nan leson jodi a?

Bondye rete menm jan ak tout bèl pouvwa san parèy li a, pi gwo ak pi bèl pase sa ke nou ta kapab imajine nou. Nou pa dwe bliye ke Bondye ki rele nou an se toujou menm gwo Bondye ki gen bèl glwa sa a ki te rele pwofèt Ezekyèl la tou.

Lespri Sen an kontinye prepare sèvitè l yo pou akonpli apèl Bondye a. Gen anpil moun ki pap toujou dispoze koute nou; yo ta kapab rebèl. Sepandan, nou pa ta dwe fè silans pou sa; men si Seyè a rele nou, nou dwe pale ak yo san pè anyen. Kisa n ap di yo? Bon nouvèl ke nan Jezi ki se Kris la, Seyè nou an, gen delivrans. Chak kilè? Otan de fwa ke sa nesesè.

Apèl Bondye fè a enplike yon gwo responsablite. Si nou pa obeyi, nou pral koupab pou sa. Se konsa, apèl sa a enplike obeyisans nan tout bagay, tan ak sikonstans. Apre apèl Bondye a, nou dwe toujou swiv direksyon Lespri Sen an. Si Lespri Sen an di nou: "Fèmen"; nou ta dwe fèmen bouch, si li di nou: "Pale", nou dwe pale. Kèlkeswa sikonstans yo, konsa n'a akonpli volonte Seyè a.

Kesyon:

- Ki jan w ap pataje levanjil la ak moun ki poko konnen Jezi kòm Sovè yo?

- Nan yon ti tan ki byen kout, rakonte yon eksperyans kote ke ou te santi pouse Seyè a pou pataje levanjil la.

Konklizyon

Bondye se menm Bondye glwa ki te rele pwofèt Ezekyèl la. Menm jan an tou, se menm Lespri Sen an ki pèmèt nou obeyi apèl Seyè a epi bay mesaj li a jan sa dwe fèt la; kit yo koute nou oswa pa. Se pou nou prepare epi obeyi kòmandman Bondye a.

Jijman Bondye yo kont peche

Francisco Borralles (Meksik)

Pasaj biblik pou etid: Ezekyèl 4, 5, 6, 7

Vèsè pou aprann: "Seyè, nan tout bondye yo, kilès ki tankou ou! Pouvwa ou fè yo respekte ou! Ou se Bondye ki apa nèt! Kilès ki tankou ou? Ou menm ki fè mirak, ou menm ki fè mèvèy pou fè moun pè! Kilès ki tankou ou?" Egzòd 15:11.

Objektif leson an: Rekonèt ke Bondye souveren nan linivè a, se poutèt sa, li dwe souveren nan lavi nou tou; epi nou dwe toujou pare pou nou obeyi kòmandman li yo epi konsève tout sa ke li mande pou nou fè yo.

Entwodiksyon

Bib la, ansanm ak long eksperyans limanite atravè anpil syèk yo, montre klèman nati maladi moral la ki afekte tout èt imen. Peche yo, krim ak vis yo k'ap kraze lavi lèzòm depi nan kòmansman listwa, se temwayaj byen "bèl" sou reyalite, ke genyen yon bagay k'ap mal fonksyone anndan nou, ni nan sa nou ye, ni nan sa nou te fè. Atik Lafwa V ("Peche orijinèl ak pèsonèl") nan doktrin Legliz Nazareyen an trete pwoblèm debaz sa a nan pèvèsyon imen (Purkiser, WT. Yon ti kout je sou doktrin biblik la. Etazini: KPN, 1989, p. .71).). Sitiyasyon sa a ki te gen ladan l aspè sosyal, moral ak espirityèl la te prezan e li te elaji nan mitan pèp Bondye a, nan epòk pwofèt Ezekyèl te responsab pou l te prezante mesaj ke Seyè te montre l la. Mesaj sa a te enplike yon aksyon ki genyen pinisyon ladan li (ki gen rapò ak gwo konsekans) ke Bondye ta egzèse sou pèp la. Nou jwenn nesesite pou fè aksyon sa a lè nou konsidere li kòm yon fason pou sispann move konpòtman, ak konsekans ke sa a ta pote pou pitit Bondye yo. Ann analize pwochen leson an pou nou konnen mesaj Bondye bay pèp li a atravè pwofèt Ezekyèl la; ak sa Pawòl sen epi etènèl li a gen pou di nou kounye a menm.

I. Peche pitit li yo elimine manje ak pwoteksyon Bondye (Ezekyèl 4, 5, 6:11-12)

Apati de komisyon ke Bondye te bay pwofèt la (Ezekyèl 3:4,16-17), kote ke anplis de travay pwofetik li a, li te nonmen tou kòm yon santinèl, kite l byen etabli ke li pa ta dwe eskive responsablite li pou okenn rezon; nou gen kontèks kote ke Bondye prezante bay Ezekyèl analoji brik la ak lavil Jerizalèm, ak yon plak an fè (Ezekyèl 4:1-6). Pwofèt la, bò kote pa li, li te transmèt analoji sa a pandan ke li te jis prezante yon imaj ak pwòp tèt pa li moun montre mechanste wayòm peyi Izrayèl yo ak peyi Jida.

Sa a ta gen yon ekivalans pou lavi nou jodi a pa egzanp: limen yon limyè endikatè sou kapo machin nan; tande yon sirèn anbilans; atravè nouvèl nou tande pale de yon tandans ki tris konsènan ekonomi; detekte kondwit oswa konpòtman etranj nan yon ti moun; oswa nan fason ki pi grav, lè ke doktè a di nou ke nou gen yon maladi difisil ki pou trete.

Se pou nou rekonèt sa, menm jan ke Bondye te prezante avètisman li bay pèp Izrayèl la ak peyi Jida a, pwofèt Ezekyèl, petèt ap ban nou siyal avètisman sa a tou. Nan Ezekyèl 4:4-5, Bondye te di pwofèt la :"Lèfini, kouche sou bò gòch ou. W'a pran tout peche moun pèp Izrayèl yo sou ou. Ou rete kouche konsa pandan tout tan w'ap pote chay peche yo a. Mwen deside pou yo pase twasankadrevendizan (390) ap peye pou peche yo. Konsa, m'ap fè ou pase twasankatrevendi (390) jou ap pote chay peche moun peyi Izrayèl yo, yon jou pou chak lanne". Lefètke moun yo te chwazi yo te inyore mesaj sa a, sa te lakòz Bondye vire do bay yo. Kidonk, li literalman te pran manje yo pa sèlman nan sans materyèl manje ak bwè; men tou separe de prezans li, epi ak kè poze ak fòs espirityèl ke sèlman bò kote Bondye nou an nou kapab jwenn (4:10-17).

Ke Bondye ta pral retire manje nan men pèp li a, sa ki te pral tradwi an yon peryòd nan kè sere, grangou ak laperèz pou tout moun ki te oblije viv nan kondisyon sa a. Kidonk, nou kapab li nan Ezekyèl 4:10-11, ke pòsyon yo te bay pou yon jou a te koresponn apeprè ak sa yon moun mwayèn adilt manje nan yon sèl repa (dejene oswa repa midi). Epi nan menm fason an, pòsyon dlo a te ekivalan a mwatye lit, ki très limite pou satisfè kondisyon likid sa a, selon bezwen chak jou yon moun. Nan fason sa a, li te senbolize ke lè yo viv lavi retire nan men Bondye, ak refize koute avètisman li yo; Seyè nou an ta prepare tout sa ki apwopriye pou moun ki responsab yo ta dwe soufri konsekans korespondan yo.

Yon endikasyon ki pi dezagreyab te prezante bay Ezekyèl (4:12). Se konsa pwofèt la te fè konnen rezon ki te fè li te oblije manje manje I yo kwit yon fason ke yo te konsidere yo san dout pa pwòp, selon 4:14:"Lè sa a, mwen di: -O non! Seyè, Bondye ki gen tout pouvwa a, mwen pa janm manje manje ou defann moun manje. Depi m' piti, mwen pa janm manje vyann bèt ki mouri toufe, ni vyann bèt lòt bèt touye. Non, mwen pa janm mete nan bouch mwen vyann ou defann moun manje!". Sa a pa sèlman soti nan pwen de seremonyèl; men tou nan yon pwen de vi byolojik. Li lojik pou panse ke nou tout, nan kèk okazyon, te oblije pran manje an nan yon moman kote kè nou te lou ak gwo doulè oswa enkyetid. Li evidan ke nan kondisyon sa a, nou pa jwenn imajinasyon pou jwi manje materyèl nou an. Epi nan ka pwofèt la, ak sitiyasyon jeneralize sa a ak pèp Bondye a, se yon koneksyon etabli ak lefèt ke relasyon yo ak Seyè yo pa t 'nan bon tèm. Lè I te inyore kòmandman Bondye yo, lavi I te sal ak transgresyon li yo; e se sa pwofèt la te bay prèv (cf. Pwovèbs 15:17, 17:1).

Kesyon:

- Diskite sou kèk koutim aktyèl ki montre degradasyon moral sosyete a ak fason ou panse ke Bondye wè yo.

- Panse ak yon imaj ki reprezante yon siy avètisman. Ki atitid ou afiche anvè li?

II. Entèvansyon Bondye a detwi idolatri yo (Ezekyèl 6:1-10,13-14)

Nan Ezekyèl 6:1-3, nou jwenn pwofesi a kòm yon mesaj dirèk ki te soti nan Bondye pou pèp li a. Nan sans sa a, nou konsidere ke "pawòl pwofetik Bondye a depase tan ak espas, epi li kapab pale an menm tan nan tan pase a, nan prezan ak nan lavni" (Vila, Samuel; Scuaín, Santiago. Nouvo Doksyonè Biblik Ilistre. Espay. : CLIE, 1982, p.955). Konsènan pwofesi a, apot Pyè te ekri pawòl sa a sèten; se poutèt sa, nou dwe ba li yon atansyon espesyal, pou nan li nou jwenn limyè ki gide nou nan mitan fènwa a, jiskaske jou a leve. Pawòl sa a pa soti nan lide moun; men nan enspirasyon Bondye (2 Pyè 1:19-21).

Nou jwenn mesaj Bondye a atravè pwofèt Ezekyèl la nan 6:3-6 pasaj sa a yo dekri tout sa Bondye te pral detwi: tanp zidòl yo, lotèl yo ak zidòl yo, ak yon anfaz evidan sou tout bagay ki gen rapò ak idolatri kòm aspè espesifik ke Seyè nou an te deside elimine nan mitan pèp li a.

Malgre ke kounye a pèp kretyen an konnen konsèp idolatri a nan yon fason ki jeneral, osi byen ke pifò nan aspè ki gen rapò ak li; Li merite mansyone ke "Idolatri - Adorasyon zidòl te san dout fòm ki pi ansyen nan adorasyon, anvan envokasyon an nan espri benign oswa malfezan ki ansyen moun te atribiye evènman ki pa t 'kapab eksplike" (Gran

diksyonè ansiklopedi vizyèl. Kolonbi: Pwogram edikasyon vizyèl, 1993, p.644).

Nan epòk Nouvo Testaman an, kretyen yo t ap viv nan mitan kominote payen yo. Kounye a, nou kapab di ke nou menm antanke manm yon kongregasyon kretyèn; se poutèt sa, yo te egzòte, e nou menm tou, pou yo evite nenpòt akò oswa relasyon ak idolatri a.

Jan ke sa deja mansyone nan menm pwen sa a, Seyè a te pale ak pwofèt la sa ki annapre yo:"W'a di moun nan mòn peyi Izrayèl yo: Koute mesaj Seyè a, Bondye Sèl Mèt la. Men sa li di moun nan mòn yo, nan ti mòn yo, nan ravin yo ak nan fon yo. Mwen pral voye lènmi atake nou ak nepe pou detwi tout kote nou konn fè sèvis pou zidòl yo", "Y'ap kraze tout lotèl nou yo, y'ap fè lotèl lansan nou yo tounen miyèt moso. M'ap fè yo touye moun nou yo devan vye zidòl yo a", "Y'ap detwi tout lavil ki nan peyi yo a. Y'ap kraze met atè tout kote yo fè sèvis pou zidòl yo ansanm ak tout lotèl yo. Y'ap kraze zidòl nou yo, y'ap disparèt yo. Y'ap kraze lotèl lansan nou yo an miyèt moso. Tou sa nou te fè ak men nou yo pral disparèt" (vv.3, 4, 6). Li evidan, pral gen konsekans pou moun ki sòti nan entèvansyon dirèk Bondye sa a. Nou jwenn konsekans sa yo nan Ezekyèl 6:11-12, kote literalman nou ka li:"Men sa Seyè a, Bondye Sèl Mèt la, di ankò: -Mare ren ou, leve de bra ou anlè! Rele gras lamizerikòd! Akòz tout bagay mal, bagay mwen pa vle wè menm, moun pèp Izrayèl yo ap fè a, yo pral mouri nan lagè, nan grangou, anba gwo maladi. Moun ki lwen yo pral tonbe malad, y'ap mouri. Moun pre yo pral mouri nan lagè. Sa ki va rete yo pral mouri grangou. M'ap move sou yo jouk mwen p'ap kapab ankò" Pandan n ap etidye sijè sa a jodi a, li nesesè pou nou analize pwen sa a.

Ki rezon ki fè sa ta kapab rive nan lavi nou?

Nenpòt fòm idolatri dwe retire nan lavi nou; natirèlman, nou pa ta dwe adore nenpòt ki kalite zidòl oswa reprezantasyon nan mond espirityèl la, ni yo pa gen dwa patisipe nan pratik espirityalis ki soti, pa egzanp, soti nan Nouvo Laj la, filozofi lès oswa senkretis ki pratike rejyonalman ak, kote anpil fwa, yo rele sa "manifestasyon kiltirèl". Menm jan an tou, nou pa dwe tonbe nan aspè idolatri fè konfyans byen materyèl nou, nan pozisyon sosyal oswa travay nou, oswa nan resous ekonomik nou genyen yo. Se avèk sa ke pwofèt la te fè referans nan Ezekyèl 5:16-17 (cf. Deteronòm 8:7-17).

Kesyon:

- Mansyone kèk siy bò kote w ke Bondye ta kapab itilize kòm yon avètisman. _____

- Mansyone kat aspè kote otorite Bondye a evidan nan tout sa ki antoure nou; ak kat lòt aspè kote ke volonte Bondye pa respekte.

III. Peche pitit li yo akselere lafen an pou pote destriksyon (Ezekyèl 7:1-27)

A. Gwo entèvansyon Bondye a kont sa ki mal

Se anpil moun k'ap pale di e yo menm preche ke "yon Bondye ki renmen pa pral pini pitit li yo". Sa a kapab lakòz ke nou menm moun sa a yo ki fòme pèp kretyen an detann koutim nou yo, neglije pratik devosyon nou yo, e menm pi seryezman, patisipe nan sitiyasyon ak aksyon ki an opozisyon dirèk ak kòmandman Seyè nou an. Lè nou konsidere sa ki pi wo a, yo pwopoze pwochen pwen pou nou kapab soulve yon diskisyon, lè nou konsidere ke leson sa a se pou etid ou ak refleksyon ou; sa vle di, chak pwen ak pwopozisyon dwe analize nan fason ki genyen plis prekosyon ak pwofondè posib.

Pandan n ap etidye Ezekyèl chapit 7 la, li vin evidan ke, akòz peche pèp chwazi a, destriksyon an te rive sou li (v.2). Men ki jan Bondye te dekrete ke pral gen boulvès, men pa gen kè kontan (v.7); paske "p ap rete youn nan yo, ni nan foul moun yo" (v.11). Ni moun ki eseye kouri, ni moun ki rete nan vil la ap mouri (v.15); chak moun pral plenn pou inikite yo (v.16); "Yo pral mete rad sak sou yo. Yo pral tranble nan tout kò yo. Yo pral wont, y'ap kale tèt yo nèt " (v.18); yo pral chèche lapè epi p ap gen okenn (v.25); Deblozay ap vini pou kraze (v.26). Kidonk, nou dwe pran avètisman ke Bondye te bay pèp li a pou atire atansyon li a oserye, epi ki ta kapab rive nan pwòp lavi nou; pliske pou inyore avètisman sa yo, Seyè a nan pouvwa absoli li te bay jijman li tou. Pawòl Bondye a di l konsa: "Wa a pral nan gwo lapenn. Pitit wa a pral rete sezi, tout pèp la pral tranble. M'ap pini yo pou sa yo fè, m'ap fè yo menm sa yo te fè lòt moun. Lè sa a, y'a konnen se mwen menm ki Seyè a " (v.27 VBJ). Kòm yon konklizyon nan pwen sa a, nou kapab etabli ke se peche pèp chwazi a ki ankouraje entèvansyon Bondye a, pote destriksyon epi akselere lafen an.

B. Objektif Bondye

Kesyon an leve imedyatman: ki objektif Seyè nou an kapab genyen atravè entèvansyon li nan yon fason konsa nan mitan pèp li a, nan mitan pitit li yo ke Li renmen ak lanmou ki pap janm fini? Repons kesyon sa a nou jwenn li nan Ezekyèl 6:11, kote ke, imedyatman apre yo fin deklare: "Mechan yo ap pran baton pou kraze brize. Anyen p'ap rete nan richès nou yo, nan bèl bagay nou yo ak nan gwo pouvwa nou yo"; menm Bondye a deklare: "Machann yo ap gen tan mouri anvan yo touche lajan pou sa yo te vann lan, paske wè pa wè, vizyon an gen pou rive vre, tout moun gen pou pase. Tout moun te lage kò yo nan fè mechanste san sa pa rapòte yo anyen" (v.13). Alelouya, Glwa pou Bondye! Sa a an reyalite, se yon bèl objektif.

Se pou nou sonje ke pèp la (pitit Bondye yo) te soufri konsekans deja etidye pou pa te mache nan kòmandman Bondye a; dèske li pa te kenbe lwa li yo; ni menm dapre lalwa nasyon yo (5:7).

Ki jan nou kapab eksplike ke yon Bondye ki genyen anpil lanmou kapab egzekite yon pinisyon radikal kont pitit li yo? Anpil fwa, sa nou ta ka defini kòm yon pinisyon se sitou konsekans pwòp aksyon nou yo. Men, li kapab tou yon bezwen ijan. Pa egzanp, bezwen pou retire maladi a anvan li gaye, menm jan se fè nan yon operasyon apendis; oswa nan yon fason ki pi chokan pou moun ki fè eksperyans li, li oblije koupe youn nan manm li yo akòz de kontaminezon an. Sa ki pi wo a ta kapab konsidere tou yon zak sakrifis lanmou, atravè li menm ke Bondye ap aktive yon alam, yon avètisman, kòm yon anbasadè.

Objektif Bondye se pwovoke yon fason pou nou rekonèt li kòm Toupwisan an, li menm ki gen otorite sou tout bagay. Epi mwen ekri sa jisteman nan mitan pandemi COVID-19 ki te afekte limanite nan ane 2020 an. Menm jan an tou, nou kapab refere a yon tranblemann tè, oswa nenpòt lòt katastwòf natirèl, ki di: "Se sèl Bondye ki kapab fè li! "; epi, nan yon sans espwa ak rekonfò, di: "Se sèl Bondye ki kapab anpeche li!" Pou pita, nou tout, pitit Bondye yo, nou te soufri kalamite apre kalamite, lwen tout fyète, awogans ak oto-sifizans; ann rann tèt nou devan Seyè a, epi rekonèt li ankò kòm Seyè ak Bondye, di: "Seyè, nan tout bondye yo, kilès ki tankou ou! Pouvwa ou fè yo respekte ou! Ou se Bondye ki apa nèt! Kilès ki tankou ou? Ou menm ki fè mirak, ou menm ki fè mèvèy pou fè moun pè! Kilès ki tankou ou? " (Egzòd 15:11; cf. Revelasyon 15:3-4).

Kesyon:

- Èske w konnen ka yon moun ki te aksepte Jezi ki se Kris la apre li te soufri yon kalamite chokan nan lavi li? Diskite sou sa ki te rezilta a ki vin apre nan lavi moun sa a.

- Ki jan deklarasyon sa a "Kadav yo pral gaye nan mitan zidòl bò lotèl yo, sou tèt tout ti mòn yo, sou tèt tout gwo mòn yo, anba pyebwa plen fèy vèt yo, anba gwo bwadchenn yo, kote yo te konn boule bèt yo ofri pou fè zidòl yo plezi ak bon sant yo. Lè sa a, y'a konnen se mwen men ki Seyè a" (Ezekyèl 6:13) gen rapò avèk nou? Èske gen fason favorab ak fason ki pa favorab pou konnen kilès Bondye ye?

Konklizyon

Si Seyè a te kite nou san disiplin; nou pa t'ap lejitim. Nan moman kote ke disiplin nan aplike a, li pa p pwodui okenn kè kontan; men, lè lè a rive, li bay fwi lapè. Alelouya! Seyè a toujou delivre nou anba sa ki mal. Sèl bagay ki enpòtan se simonte nenpòt sikonstans se lapriyè, pou ke nou kapab rekonsilye ak Bondye.

Leson 42 — Èske se pwoteksyon oswa pinisyon? Chwazi

José Barrientos (Gwatemala)

Pasaj biblik pou etid: Ezekyèl 8, 9, 10

Vèsè pou aprann: "Li di l' konsa: -Ale nan tout lavil Jerizalèm. Mete yon mak sou fwon tout moun w'a wè k'ap plenn, ki nan gwo lapenn pou tout vye bagay derespektan k'ap fèt nan lavil la" Ezekyèl 9:4.

Objektif leson an: Konprann ke Bondye ki sen an pwoteje moun sa a yo ki chèche sentete li nan obeyisans; men li pini moun sa a yo ki pa akonpli kòmandman li yo.

Entwodiksyon

Liv Ezekyèl la gen yon repetisyon enteresan sou resanblans glwa Bondye a. Nan chapit 1 an, li dekri li dapre vizyon li; nan chapit ke nou pral etidye kounye a, li site li ankò nan vizyon li yo. Antanke moun, nou limite nan konprann sa Bondye ye; nou kapab sèlman konnen sa li revele nou atravè Pawòl li. Nan nou, kapab genyen estimilis pou vle wè li pèsonèlman; sepandan, nou fè pati gwoup Seyè Jezi te priye pou sa a: "Se pa pou yo sèlman m'ap lapriyè, men pou tout moun ki va mete konfyans yo nan mwen lè y'a tande mesaj la" (Jan 17:20). Ala yon gwo privilèj! N ap obsève, nan pwofesi Ezekyèl yo, ke aplikasyon yo pa t sèlman nan peyi Jida epòk li a. Li reprezante tou yon deskripsyon lavi nou, nan limit ke nou pran desizyon pou chèche, swiv ak fè Bondye plezi, pèsevere jiska lafen, oswa demisyone epi ekspoze tèt nou nan plan diven yo pou moun ki rejte apèl mizèrikòd li a.

I. Revelasyon abominasyon yo (Ezekyèl 8:1-8)

A. Bondye prepare Ezekyèl

Bondye te etabli lòd sakrifikatè a soti depi nan konstitisyon pèp Izrayèl la, apre yo fin libere li nan peyi Lejip; li te nonmen Arawon kòm premye sakrifikatè ansanm ak pitit gason l yo (Egzòd 28:1). Apati de la, lòd sakrifikatè a te sòti, pami desandan yo, nou jwenn pwofèt Ezekyèl tou. Yo pa t souvan pwofetize an menm tan ke sakrifikatè yo. Sa a se paske apre yon sèten tan, prèt yo menm te deplase ale e yo te aksepte enfliyans negatif kèk wa nan desizyon tanp lan, (2 Kwonik 28:22-24, 33:1-7; Jeremi 19:14-15 : 20:1-2). Kidonk, Bondye te pale atravè gason ak fanm kote prezans Lespri a te vin sou yo; Li fè yo konnen plan Bondye yo. Nan Ezekyèl 8:1, aktivite Ezekyèl la dekri reyinyon ak ansyen nan peyi Jida yo, yo tout nan kaptivite. Li enpòtan pou sonje ansyen yo te yon figi enpòtan pou pèp Izrayèl la. Bondye te bay Moyiz lòd pou l chwazi 70 gran moun aje, ki apre yo fin resevwa lespri ki te nan Moyiz la, yo t ap ede l pote chay pou dirije pèp la (Resansman 11:16).

Sèn Ezekyèl sa a, nan asiste ansyen yo nan konsiltasyon li yo, li te kominike enpòtans ki te genyen nan mitan prizonye yo, e an patikilye, ak ansyen yo. Sa a, san dout, se paske li te kenbe kominyon li ak Bondye, rekonèt pa ansyen sa yo ki te konn konsilte li. Ezekyèl t ap sèvi pèp la, menm nan mitan depòtasyon an. Bondye te konnen dispozisyon kè Ezekyèl; e se pou rezon sa a ke li te prepare l nan vizyon pou sa ki ta gen pou rive, ni pou li menm li te kapab ankouraje li, epi egzòte pèp la pou yo tounen vin jwenn Bondye.

B. Abominasyon yo nan tanp lan

Ezekyèl te gen yon vizyon kote li te wè yon figi ak karakteristik tipik yon kreyati ki nan syèl la, ki te pran l nan tèt li (vv.2-3). Epi Ezekyèl te eksprime ke Lespri a te leve l ant syèl la ak tè a; li mennen l nan lavil Jerizalèm nan yon gran vizyon.

La a, nan direksyon pòtay nò a, li te identifye yon chanm kote yo te jwenn "imaj jalouzi a", sa a ki se yon gwo zidòl; epi li te afime sou imaj sa a, ke se "sila a ki pwovoke jalouzi" a (v.3). Wa Manase, plizyè ane de sa, pami lòt abominasyon yo, te mete yon estati Achera nan tanp Bondye a (2 Wa 21:7). Sa a kapab siprann nou; men li pi etonan toujou lè li endike ke glwa Bondye te la (v.4). De vèsè sa yo (3 ak 4) revele nou de atitid opoze yo: pèp la, ak yon konpòtman rebèl anvè Bondye; epi Li menm ki te montre pasyans, konsève glwa li nan tanp lan malgre abominasyon yo. Isit la li bon pou sonje ke, nan vizyon glwa Bondye a (Ezekiel 1:28), pwofèt la te dekri yon lakansyèl, ki enkòpore mizèrikòd Bondye (Jenèz 9:13) (Lacueva, Francisco, tradiktè ak adaptè. Kòmantè Biblik Matthew Henry, travay konplè, Etazini: Editoryal CLIE, 1999, p.901).

Men, mizèrikòd li toujou sijè a kòmandman li yo, kote ke pa genyen okenn lòt bondye te yon bagay ki klè (Egzòd 20:3). Menm jan an tou, prèske 150 ane anvan, pwofèt Ezayi te repete ke Bondye pa t pataje glwa li (Ezayi 42:8). Bondye pa ta tolere li ankò; epi efè li ta pwodwi sou vil la ta gen konsekans terib. Malgre lefèt ke Ezekyèl ak yon pati nan pèp la te deja deplase pou ale an kaptivite, nan Jerizalèm abominasyon an pèsiste.

Kesyon:

- Ki relasyon ou wè ant aktivite Ezekyèl te fè nan moman vizyon li a, ak chwa Bondye fè pou l ba li vizyon an? (vv.1-2).

- Ki jan pèp la bay egzanp sou move konpòtman rebèl ak mank de pasyans yo anvè Bondye a?

II. Pwoteksyon moun sa yo k ap rele nan pye Bondye (Ezekyèl 9:1-4)

A. Repons fas ak abominasyon an

Apre yon deskripsyon abondan sou abominasyon ki te fèt nan tanp lan, ni prèt, ni gason ak fi te fè, repons Bondye a te vini. Ezekyèl te tande yon vwa byen fò ki t'ap anonse ke bouwo lavil la te rive. Pasaj sa a enpòtan anpil; paske zanj ki te konn veye Jerizalèm yo t ap vin detwi l kounye a (v.1). Mo "bouwo" a ranplase, nan kèk vèsyon, pa "vizitè" (Vèsyon Biblik Jibile, VBJ); paske mo ebre "pequddah", dapre konkòdans Strong, nan rasin prensipal "paqad", vle di vizite ak yon objektif zanmitay oswa ostil (Rekipere nan https://www.bibliaya.com/search-H6485-CHG, nan dat 20 Septanm 2020). Nan Jòb 10:12, gen yon manifestasyon benefis swen oswa vizit Bondye (Pequddah). Sepandan, vizit Ezekyèl la te fè referans a sa ki te yon pinisyon; ak zanj yo ki te la pou bay pinisyon yo. Se menm mo a ki itilize nan Jeremi 8:12 kote fraz Bondye a te repete lè l te mande: "Èske w wont pou w fè yon bagay abominab?" Epi li reponn: "Sètènman pa"; e li te endike: "Se poutèt sa, pami moun ki tonbe yo; lè li pini yo, yo pral tonbe," Seyè a di," lè l sèvi avèk mo "pequddah" nan sans vizit ostil. Sa a se yon revelasyon trè enpòtan. Malgre ke li dekri sitiyasyon moun ki rete Jerizalèm yo; se menm apèl sa a tou ke Seyè Jezi ki se Kris la fè a: "Tounen vin jwenn Bondye", nan Matye 4:17, kòm yon prevansyon nan vizit sa a nan lavni pou limanite. Li se tou yon manifestasyon favè prevansyon ki dekri konsa: "Nou kwè ke gras Bondye a gras ke Jezi ki se Kris la bay tout moun gratis, sa ki pèmèt ke tout moun ki vle, vire soti nan peche pou vin nan jistis, kwè nan Jezi antanke Kris la, resevwa padon ak pirifikasyon peche ak swiv bon zèv ki fè l plezi ak akseptab devan li" (Manyèl Legliz Nazareyen an, 2017-2021. Etazini: KPN, 2018, p.24).

B. Pwoteksyon moun k ap chèche Bondye yo

Youn nan eksperyans ke anpil peyi te fè nan tan lontan an se yon santiman repete sou aplikasyon "enjis" nan jistis la. Reyalite sa a se manifestasyon depravasyon imen ki soti nan peche a. Men, menm jan yo ka chwazi sa ki mal la, gras a gras ki vini avan an, nou kapab identifye epi chwazi sa ki bon. Se te eksperyans rès abitan lavil Jerizalèm yo, nan tan Ezekyèl la. Bondye te montre mizèrikòd li pou moun ki t'ap kriye e ki t'ap plenn poutèt abominasyon ki te fèt la. Epi isit la se yon lòt revelasyon nan ministè Seyè Jezi ki se Kris la bay limanite. Nonm ki te pote lank lan (Ezekyèl 9:2) se responsab pou mete mak sou moun ki sove anba kòlè Bondye yo. Mizerikòd Bondye a anvè moun ki mache dwat yo parèt isit la; epi li vin tounen yon pwomès pou moun ki chwazi mache dapre sa ki fè Bondye plezi. Kòmandman an se pou moun ki pote mak la pa ta dwe touche (v.6). Menm jan ak dènye fleo ki te fèt nan peyi Lejip la, pèp Izrayèl la te mete yon mak san ti mouton sou lento kay yo pou yo pa manyen yo (Egzòd 12:7); ki te yon senbòl san Seyè Jezi ki se Kris la ki ta pral koule sou kwa a, epi ki kounye a se sous sali a. Enjistis sanble triyonfe; men je Bondye toujou an fòs, epi lè pinisyon l lan parèt, mak san Kris la ap pwoteje nou.

Kesyon:

- Ki enpòtans ou wè ki genyen nan anonse pinisyon pou moun ki defye kòmandman Bondye yo? (v.1).

- Ki jan ou panse sa a aplike jodi a? Èske gen yon diferans ant moun ki fidèl ak moun ki pa fidèl yo?

III. Pinisyon moun k ap fè peche yo (Ezekyèl 9:5-11)

A. Pinisyon Bondye a se yon bagay ki jis

Enstriksyon ke zanj yo te resevwa yo te twoublan anpil. Yo te bay lòd pou yo detwi gason, fanm ak ti moun nan tout kondisyon yo (v.6). Sa sonnen trè di. Nan mitan bagay sa a, jistis ak mizèrikòd Bondye yo toujou fò a: "Men, nou p'ap pwoche bò kote tout moun ki gen yon siy" (v.6). Nan Ezekyèl chapit 8, pwofèt la te wè abominasyon yo t ap fèt menm nan tanp lan. Sa a se prèv ki pwovoke jijman Bondye kont Jida. Se prèv ki montre tou ke Bondye jis, tankou Bondye sen ke li ye; epi li endike ke l ap peye chak moun dapre travay yo (Revelasyon 22:12). Prekosyon egzak li pou moun ki pote mak la yo byen klè: "Touye ni granmoun, ni jenn gason, ni jenn fi, ni fanm, ni timoun. Men, pa manyen moun ki gen mak sou fwon yo. Konmanse depi nan tanp mwen an. Yo konmanse ak chèf fanmi ki te kanpe nan Tanp lan" (Ezekyèl 9:6). Se yon swen espesyal; paske yo pa t soufri okenn mal kòm konsekans pinisyon

Bondye a, ki te dirije sou moun ki te fè abominasyon ki te deklannche jalouzi Bondye a, epi ki pa te montre tou pa gen okenn dispozisyon pou repanti.

B. Mizerikòd Bondye a gen limit li

Nan youn nan leson lekòl Dimanch yo ke Chemen Verite a te prezante nou sa fè plizyè ane de sa (Picavea, Patricia, ed. Chemen Verite a: Liv 9. Etazini: KPN, 2017, p.93), yo te anseye yo sou enpòtans ki genyen nan preche levanjil la konplèt. Sa a te refere a lefèt ke gen yon tandans konsantre nan atache ak pasaj biblik sa yo ki pi konfòtab pou nou. "Bondye se renmen" se fraz biblik ke moun pi renmen sou latè; menm itilize pa moun k ap chèche diskredite Bondye lè yo di: "Ki jan yon Bondye, ki se renmen, pèmèt anpil evènman dezagreyab?" Nan fen ane 2019, yon gwo pandemi te eklate ki te lakòz divès maladi atravè mond lan, tankou lanmò ak pèt sipò finansye yo. Sa te ankouraje plizyè reyaksyon, tankou kesyone poukisa Bondye pèmèt sa, demontre tandans pou ke nou blame Bondye an konsekans de nati nou an ki tonbe ak move atitid nou yo. Leson ki soti nan egzanp Chemen Verite a te site pi wo a te raple nou ke anseye lanmou Bondye, san yo pa enkli jistis li a, pa konplè. Pwomès Bondye yo akonpaye pa yon kòmandman pou akonpli. Seyè Jezi ki se Kris la te di: "Si w renmen m, se pou w obeyi kòmandman m yo" (Jan 14:15).

Konsènan tanp Jerizalèm nan, Bondye te fè yon alyans ak Salomon. Seyè a te di l je l t ap toujou la; men li te avèti l ke si yo te tonbe nan idolatri, li t ap vire do l e li t ap detwi l (1 Wa 9:1-). Bondye te klè sou sa. Malerezman, sa yo pa t dwe fè se sa Ezekyèl te wè yo fè.

Kesyon:

- Ki relasyon ou jwenn ant rezon ki fè zanj yo bay lòd pou yo detwi, ak sosyete kote w ap viv la ? (vv.5-6).
- Ki jan w t ap kapab esplike ke lanmou Bondye gen limit li?

IV. Glwa li abandone tanp lan (Ezekyèl 10:1-22)

A. Manifestasyon glwa Bondye a

Nan Ezekyèl chapit 10, pwofèt la te site glwa Bondye nan tanp lan ankò. Kòm yon prèt jwif, li te idantifye ak yon konpreyansyon prezans Bondye a kòm yon bagay ki espesyal. Wè glwa Bondye se yon bagay ki enpresyonan. Deskripsyon Ezekyèl la se yon fenèt nan imajinasyon sa nou pral wè nan syèl la. Sa vle di tou, nan pawòl Pòl (Women 8:31,38), si se Bondye ki avèk nou, ki moun ki ka kont nou? Men, si Bondye, ki te sipòte nou ak gwo pouvwa li a, pa t 'nan nou ankò; li ta vrèman tèt chaje. Kidonk, byenke glwa Bondye te toujou la, pinisyon Jerizalèm yo te kontinye. Gen yon nouvo enstriksyon pou nonm ki

te abiye ak twal blan fen an: pran chabon dife tou limen nan mitan zanj cheriben yo, gaye yo nan vil la (Ezekyèl 10:2). Matthew Henry te fè kòmantè ke sa a te antisipe ke li ta tounen sann nan moman destriksyon li; epi ajoute siyifikasyon pirifye dife a genyen nan pèspektiv biblik la (Lacueva, Francisco, tradiktè ak adaptè. Kòmantè Biblik Matthew Henry, travay konplè. Etazini: Editoryal CLIE, 1999, p.909).

B. Glwa Bondye a abandone tanp lan

Rezon ki fè Ezekyèl te wè glwa Bondye nan moman sa a te malere. Lajwa pèp la lè glwa Bondye a te parèt nan yon gwo nwaj lafimen nan dedikasyon tanp lan, kounye a t ap etenn nan menm fason an. Avètisman Bondye t ap kite tanp lan se sa Ezekyèl t ap wè a.

Ezekyèl antanke yon sakrifikatè, sa a te trè fò. Tout sa ki te rete nan tanp lan, ki te deja san glwa Bondye, pa vle di anyen. Pakonsekan enpòtans pou nou rekonèt ke tout sa nou fè oswa nou genyen menm nan tanp fizik yo dedye a Bondye ak nan kò nou kòm yon tanp, dwe fè l plezi; sinon, li pa vo anyen. Bote tanp Jerizalèm nan, nan vizyon Ezekyèl la, te toujou konsève; men lè glwa Bondye a te leve, senbòl yo reprezante nan sen an pa t vle di anyen ankò (vv.18-19). Dosye vizyon sa a afime jalouzi Bondye kont idolatri ak tout abominasyon, kòm yon kòz pou glwa li kite tanp lan. Jodi a nou konnen Bondye pa abite nan tanp lèzòm fè (Travay 17:24); men nou menm nou se tanp sa a (1 Korentyen 6:19). Nan limit ki mache nou an an akò ak kòmandman biblik yo, Seyè a p ap kite nou.

Kesyon:

- Ki bagay jodi a ki kapab fè prezans Bondye deplase lwen lavi mwen?
- Ki ansèyman ki pi enpòtan pou ou nan etid Ezekyèl chapit 8, 9 ak 10 la?

Konklizyon

Vizyon Ezekyèl sou peche ak konsekans li yo montre sa k ap pase nan lavi nou lè nou vire do bay Bondye. Nou menm ki te aksepte levanjil la dwe rete fèm nan Kris la. Jodi a nou se tanp Lespri a. Si nou antre nan peche, n ap retire glwa Bondye nan lavi nou epi nou p ap jwenn delivrans. Ou mèt deside ou menm.

Tretman Bondye bay peche a

Natalia Pesado (Etazini)

Leson 43

Pasaj biblik pou etid: Ezekyèl 11

Vèsè pou aprann: "M'ap ba yo yon lòt kè, yon lòt lespri. M'ap wete kè di kou wòch yo te genyen nan lestonmak yo a, m'ap ba yo yon kè ki gen bon santiman" Ezekyèl 11:19.

Objektif leson an: Reflechi sou jistis san parèy la, gras pwisan an ak prezans Bondye a ki sen.

Entwodiksyon

Nan relasyon ant yon papa oswa yon manman ak pitit yo, nou ka rekonèt ke plis de moun yo pase tan ansanm, se plis yo ka fè konesans youn ak lòt; e kòm yon rezilta, gen anpil kalite sante ki devlope nan yon relasyon konsa, tankou konfyans, pwoksimite emosyonèl, yon sans de koneksyon, ak sipò mityèl.

Antanke pitit Bondye, nou dwe devlope, nan kè nou, dezi pou nou konnen plis bagay sou Papa nou ki nan syèl la. Lè nou vin konnen Bondye pi byen, konfyans nou nan li grandi natirèlman; epi nou kapab santi nou gen plis relasyon ak Kreyatè ki renmen nou an. Nan leson jodi a, nou pral fè yon pi bon analiz sou karakteristik jistis Bondye, favè Bondye, ak prezans li atravè pasaj nou jwenn nan Ezekyèl 11 lan.

I. Jistis enfayib Bondye a (Ezekyèl 11:1-13)

Nan premye pati nan pasaj etid nou an pou jodi a (vv.1-13), nou jwenn kote ke pwofèt Ezekyèl rakonte yon revelasyon ak yon mesaj ke li te resevwa nan men Bondye. Nou wè, nan vèsè 1, ke "Lespri a" li menm te vin kote Ezekyèl te ye a, li "leve l'" (VBJ); epi li "mennen" l nan yon lòt pati nan vil la. Pouvwa Bondye a te montre depi nan kòmansman an lè pwofèt la te mennen sou yonn nan pòtay tanp Bondye a yon fason sipènatirèl; epi la, li te montre li chèf pèp la, e li te revele li ke "sa yo se moun ki fè lide mechanste, epi ki bay move konsèy nan vil sa a" (v.2). Pasaj la di ke lidè sa yo te konseye pèp la si yo ta dwe bati kay ak/oswa etabli nan vil la; epi si yo t ap an sekirite, oswa si lagè ak tan difisil t ap vini. Lidè sa yo, nan mank de sajès ak ògèy yo, yo te fè move plan ki te kite pèp la san pwoteksyon ak an sekirite.

Konsènan move konsèy dirijan sa yo bay, Kòmantè Beacon an eksplike ke "pwofèt fidèl yo (ki fè referans a Jeremi ak Ezekyèl) te vle pèp la evite jijman Bondye a ak soufri opresyon Nèbikadneza a" (Price, Ross E., Gray, C. Paul, Grider, J. Kenneth, Swin, Roy E. Kòmantè Biblik Beacon, Vol IV. Etazini: KPN, 2007, p.566). Sepandan, dirijan mechan yo te di pèp la ke yo t ap an sekirite nan vil la, olye yo te anseye yo pou yo tounen vin jwenn Bondye atravè repantans. Kòmantè Beacon an elaji tou ke "Jeremi te di opresyon an t ap dire 70 ane, lè ke nou gade nan Jeremi 25:11-12: "Tout peyi a pral kraze tounen mazi, yon dezè. Nasyon ki nan vwazinaj yo pral sèvi wa Babilòn lan pandan swasanndizan. Apre swasanndizan sa yo, m'a pini wa Babilòn lan ansanm ak pèp li a pou peche yo fè. Se mwen menm Seyè a ki di sa. M'ap detwi peyi moun Kalde yo, m'ap fè l' tounen mazi pou tout tan". Li te initil pou eseye chape anba jouk apre kèk ane sèlman - jan pèp Izrayèl la te eseye fè l byento..." (Price, Ross E.; Gray, C. Paul; Grider, J. Kenneth; Swin, Roy E. Kòmantè Biblik Beacon, volim IV. Etazini: KPN, 2007, p.566). Nou dwe rekonèt tandans imen sa a pou evite disiplin li rive trè souvan; men nan pasaj sa a, nou kapab wè ke Bondye vle vrèman transfòme nou, epi san yo pa pran rakousi nan vèsè ki vin apre yo, nou wè Bondye kontinye pale ak Ezekyèl; epi li te revele li ke li konnen trè byen sa ke yo "di ak panse" (v.5 VBJ). Se sa ke Bondye te konnen ke lidè yo te plen lari yo nan lavil la avèk anpil moun ki mouri (v.6); epi se akoz de dega sa yo ke yo te kite rive kont moun yo ke yo te dwe pran swen yo, Bondye te pral voye pinisyon kont yo epi yo te pè anpil (v.8). Pasaj la di ke chèf yo te pè lanmò atravè nepe; epi ke yo te aparamman eseye pwoteje tèt yo nan miray lavil la. Sepandan, enjistis sa a ki te fèt pou kite pèp la san pwoteksyon pou yo te pwoteje tèt yo pa t neglije nan je Bondye. Mesaj la te klè: "Ou te pè yon epe, e m ap pote yon nepe kont ou, se Seyè a, Bondye ki di sa" (v.8). Epi li te ajoute: "M'ap fè yo mete nou deyò nan lavil la. M'ap lage nou nan men moun lòt nasyon yo. M'ap pini nou jan m' te pwomèt nou sa" (v.9).

Lè m te pi piti, li te difisil pou m konprann pasaj biblik yo ki te pale de destriksyon an kòm pinisyon Bondye. Mwen te aprann fè Bondye konfyans kòm yon papa ki renmen e ki padone anpil. Lè sa a, se nan reprimann ke Bondye te bay pèp li a, pa fwa, pou mwen se te tankou si mwen t'ap li osijè de yon moun konplètman diferan oswa menm opoze. Mwen te mande ki jan yon Bondye ki genyen tout lanmou sa konsa kapab bay reprimand ki tèlman fò. Mwen kwè ke andedan kè mwen, mwen te santi gwo lapèrèz'; epi lespri jèn mwen an pa t kapab rekonsilye de karakteristik sa a yo ki te sanble opoze pou mwen. Mwen envite ou reflechi si w'ap fè eksperyans ak pwosesis sa a nan pwòp lavi ou. Nan lespri mwen toujou fre, lanmou ak jistis pa fè sa ke yo ta kapab fè pati menm Bondye a. Lanmou Bondye ak jistis pa t 'kapab konprann kòm yon bagay ki gen patipri, sa vle di, tou de yo nesesè. Nan moman sa a nan lavi mwen, rezolisyon mwen se te kenbe konfyans nan Bondye, menm lè gen pati mwen pa t 'konprann, konnen ke bonte li ak sentete li ta toujou gen byen mwen kòm nòt final la. Kòm tan an vrèman pwogrese ak devlope tou nan fason espirityèl, emosyonèl ak entèlektyèl, mwen te kapab konprann plis nan jistis Bondye a.

Mwen klèman sonje yon jou ete, mwen t'ap vwayaje atravè eta Colorado, nan Etazini. Nan yon levasyon, k ap grenpe yon mòn nan Cordillera de las Montañas Rocky, chante sa a te vin nan tèt mwen ki di: "Jistis ou se tankou yon gwo mòn. Mwen reyalize sa nan moman sa a mwen te sou yon mòn oblije, ke li pat kapab pa prezan. Apre sa, mwen te reflete ke sa a se jistis Bondye.

Yon lòt chanjman te rive lè ke nan travay mwen kòm konseye, mwen te kòmanse travay ak ti moun ki te fè fas ak sitiyasyon abi. Rekonèt jistis enfayib Bondye a prezan nan mitan tout enjistis sosyete jodi a (tankou enjistis sosyal, abi sou ti moun, abi pouvwa, elatriye) se te yon konsolasyon ki te fè yon diferans nan kè m. Kidonk, mwen te kontan anpil nan jistis enfayib Bondye sa a ke mwen pa t konprann anvan; men kounye a mwen konprann ke li gen yon plas endispansab nan mond lan.

Pandan n ap vin gen matirite, nou kapab konprann jistis Bondye se balans pafè lanmou Bondye a. Si lanmou Papa a pa t gen jistis; li ta sispann renmen vre.

Vrè lanmou an bezwen mete limit pou evite destriksyon oswa domaj pèmanan. Nou kapab konprann wòl yon papa oswa yon manman nan dirije pitit yo. Lanmou pwofon pou pitit yo pouse papa a oswa manman an mete limit ki anpeche mal la rive. Pa egzanp, leve vwa w pou anpeche yon ti moun travèse lari a lè yon machin ap vini; oswa kenbe l byen sere si li twò pre yon falèz kote li ta kapab tonbe. Nan moman severite oswa seryozite sa yo,

papa a pa enjis (malgre lefèt ke yon pitit ki pa genyen matirite kapab wè li konsa); men se byen opoze a, papa a ap renmen epi jis nan pwoteje pitit la. Donk, nou kapab konkli ke jistis Bondye a enfayib, byenke li sèvi pou pini peche a, se tou senpleman yon pati esansyèl nan lanmou Bondye a ki pap janm fini.

Kesyon:

- Ki jan ou te konprann jistis Bondye nan lavi ou?
- Èske w chanje pèspektiv ou, ak pasaj nan tan ak devlopman nan matirite ou, osijè de enpòtans jistis la?

II. Gran favè Bondye a (Ezekyèl 11:16-20)

Nan dezyèm pati nan pasaj etid nou an pou jodi a Ezekyèl 11:16-20 la a, nou wè yon deskripsyon chokan nan mesaj Bondye t ap bay pwofèt Ezekyèl. Seyè a kontinye pale ak pwofèt la, li detaye plan bèl redanmsyon an. Plan Bondye pa t fini ak destriksyon move lidè yo (gade pwen # 1 nan leson sa a ak vèsè anvan yo nan pasaj la); men Bondye te chwazi pou l travay nan lavi Izrayelit yo ki te gaye nan lòt vil yo, epi ki te bliye antanke moun ki te rete lavil Jerizalèm. Bondye te revele pwofèt la ke plan li se te pou li menm (Bondye) pou l vin "yon ti tanp nan nenpòt ki peyi kote yo rive" (v.16); pou ke la tou, yo kapab rankontre avèk prezans Bondye epi adore li. Kòmantè Biblik Beacon esplike: "Men, moun ki te gaye aletranje e ki te sèvi Seyè a t ap resevwa mizèrikòd Bondye... paske 'yon ti tan' Bondye t'ap tounen yon 'tanp' pou yo nan mitan peyi kote yo te ale yo'" (Price, Ross E.; Gray, C. Paul; Grider, J. Kenneth; Swin, Roy E. Kòmantè Biblik Beacon, Vol. IV. Etazini: KPN, 2007, p.566).

Plan an te enkli tou rasanble yo nan vil etranje kote yo te ye a, epi rasanble yo nan vil sen Jerizalèm nan (v.17); yon fason pou ke yo te kapab viv nan tèt ansanm, nan kè poze ak sekirite. Bondye te di yo tou ke, pou sa, li te nesesè pou yo te retire "tout idolatri yo ak tout abominasyon yo" (v.18). Finalman, plan Bondye a pale de yon restorasyon konplè pou pèp li a, ki enkli non sèlman kote jeyografik kò yo, aktivite deyò nan lavi chak jou yo; li enkli yon transfòmasyon enteryè san parèy tou.

Vèsè 19, anvan tout bagay, li revele nou kondisyon entèn moun nan: yo gen yon kè wòch. Karakteristik yon kè konsa tris ak douloure. Wòch yo difisil epi yo kapab gen pwen byen file oswa ki graj; yo kapab trè frèt oswa trè cho; epi tou depann de pwa yo, yo ka lakòz anpil domaj si yo tonbe sou yon moun oswa yon bèt. Epitou, wòch yo se egzanp nan ekselans nan yon bagay totalman ensansib ak san lavi; se poutèt sa, wòch yo pa gen okenn entèraksyon entansyonèl ak anyen bò kote yo.

Dezyèmman, vèsè 19 revele nou bezwen limanite: gen yon kè chè. Karakteristik yon kè chè totalman opoze. Po moun ak misk yo gen yon wo nivo de sansiblite emosyonèl. Lachè nou santi tanperati anviwonman an, kalite lè a bò kote nou, li santi nenpòt touche li resevwa, kit se yon moustik ki pike li, yon cheve ki tonbe sou po a, oswa yon karès yon lòt moun. Chè a se pi bon egzanp nan yon bagay ki totalman nan entèraksyon ak repons anviwònman an ki antoure li.

Epi finalman, pasaj la revele ke yon chanjman nan kè se yon pwosesis ki posib pou Bondye. Li di ke li menm li pral bay kè chè a tout moun bezwen. Kòmantè Biblik Beacon dekri ke "yo pral gen kè pwòp; sa vle di, yo pral motive pa sèlman yon sèl bagay - volonte Bondye a"; epi li se "jan Jezi te ye a epi li te fè l posib pou nou an" (Price, Ross E.; Gray, C. Paul; Grider, J. Kenneth; Swin, Roy E. Beacon Bible Commentary, Vol IV. USA: CNP, 2007, p.567). Nou ka wè yon resanblans ak Detewonòm 30:6 ki di: "Seyè a, Bondye nou an, va mete mak kontra li a sou kè nou ak sou kè pitit nou yo, pou nou ka renmen l' ak tout kè nou, ak tout nanm nou, pou nou ka gen lavi". (Price, Ross E.; Gray, C.Pòl; Grider, J. Kenneth; Swin, Roy E. Kòmantè Biblik Beacon, Vol. IV. Etazini: KPN, 2007, p.567).

Se enpresyonan ak espwa. Nou wè pouvwa kreyatif Bondye aji nan èt imen an, bay nanm nan nouvo lavi. Nou wè ke Bondye vle chanje kè nou an wòch ensansib, pou yon kè nan lachè sansib, ki santi lanmou ak konpasyon pou sa ki alantou; swa pa anviwònman an, pa fon ak lòt èt imen. Bondye vle chanje egzistans nou soti nan "wòch" yo dwe vrèman moun. Se isit la ke nou wè gwo favè Bondye a pou aji an konjonksyon avèk jistis li. Menm si se pwòp peche nou ki te lakòz. Se pou kè nou tounen yon wòch; gras Bondye a rive jwenn nou nan kondisyon ki domaje nou an, epi li ban nou yon nouvo kè. Mwen sipliye w pou w reflechi sou pwòp dezi w genyen pou w viv avèk limanite e avèk sansasyon avèk èd Bondye; epi jete moso wòch ki kapab rete nan pèsonalite w ak nan kè w. Pi gwo dezi Bondye se ban nou yon lavi nouvo. Se pou nou remèsye li pou favè ki gen tout pouvwa ak enkonparab li a!

Kesyon:

- Ki jan ou fè eksperyans gras Bondye nan lavi ou?

- Ki jan ou ta dekri diferans ki genyen ant yon kè wòch ak yon kè chè? Èske ou ta kapab bay kèk egzanp sou kijan sa parèt nan lavi chak jou?

III. Prezans sen Bondye a (Ezekyèl 11:22-25)

Nan vèsè 20, nou kapab li sou nouvo kondisyon Bondye vle bay pèp li a. Lè ke li chanje kè an wòch yo a an kè chè, kapasite vilaj la yo totalman diferan. Nou wè kounye a yo kapab viv yon lavi apa de sa ki mal; epi se selon dezi kè Bondye. Nou wè kounye a yo kapab mache nan òdonans Seyè a, epi respekte dekrè l yo epi akonpli yo; epi finalman, yo dwe vin pèp Bondye a, epi Bondye vin Bondye yo. Gen relasyon ini sa a ak li se bagay ki pi bèl ki kapab rive nou nan egzistans nou; epi se egzakteman sa Bondye vle nou fè eksperyans bò kote l.

Prezans Bondye a sen; epi li vle ban nou pirifikasyon soti nan tout enjistis. Nan dènye vèsè yo, v.22-25: "Bèt vivan yo pran vole, wou yo pati ansanm ak yo. Bèl limyè prezans Bondye pèp Izrayèl la te anwo yo. Bèl limyè prezans Seyè a soti kite lavil la, li ale poze sou mòn ki te sou bò solèy leve a. Nan vizyon an toujou, mwen wè lespri Bondye a pran m', li mennen m' tounen lavil Babilòn nan mitan moun yo te depòte yo. Lèfini, vizyon an disparèt. Mwen rakonte moun yo te depòte yo tou sa Seyè a te fè m' wè". Nan pasaj etid nou an pou jodi a, nou wè ke konklizyon vizyon an gen ladann depa prezans Bondye a. Nou kapab reflete ke sentete Bondye a pa kapab ni rete nan mitan peche. Yon pwofesè inivèsite ak teyolojyen ki rele Frank Moore te eksplike ke nan yon sèten fason se kòm si Bondye te "alèji ak peche" ("Nòt pèsonèl nan klas Teyoloji mwen nan ENTE". Espay: 2000); li pa kapab pran sant li; reyaksyon li se malèz total ak doulè, tankou lafimen dife nan je li. Epi, malerezman, pèp Bondye te chwazi a swiv pratik danjere ki te mennen yo lwen li.

Li enpòtan pou nou reflechi sou figi prezans Bondye k ap deplase lwen vil la; konnen lanmou pwofon Papa a genyen anvè pèp li a. Alejans sa a siman fè mal anpil. Kounye a, desizyon an te nan men pèp la sou sa yo ta pral fè: kontinye fè move pratik, oswa pwoche bò kote Bondye nan obeyisans. Mwen kwè jodi a nou gen menm desizyon an devan nou: nou pral chwazi fè bagay ki fè nou mal ak lòt moun; oswa nou pral chwazi pou nou pre prezans sen Bondye a atravè obeyisans.

Kesyon:

- Ki jan sentete Bondye a te travay nan lavi w? Èske ou ta kapab pataje kèk egzanp ki sot pase?

- Ki sa kè w santi lè w li prezans Bondye kite vil la? Poukisa?

Konklizyon

Bondye konnen pitit li yo; epi lè yo sou wout destriksyon, li deplase pou entèvni ak jistis enfayib li a ki gen objektif pou rachte pèp la anba move chemen yo. Bondye deplase pou rale pitit li yo tounen nan bra diven li yo; ki toujou ranpli ak yon favè pwisan ki kapab transfòme tout kè moun. Prezans Bondye a sen, epi nou dwe rankontre avèk Li la a; paske sa a se volonte li, epi se pi bon kote pou nanm nou.

Leson 44

Epi w ap konnen mwen se Jewova

Pedro Salinas Huaches (Ekwatè)

> **Pasaj biblik pou etid:** Ezekyèl 12, 13, 14, 16, 17
>
> **Vèsè pou aprann:** "Se poutèt sa, w'a di yo: Men sa Seyè a, Bondye sèl mèt la, voye di yo: Mesaj m'ap bay la p'ap pran tan pou l' rive vre. Pawòl m'ap di a pral rive. Se mwen menm Seyè a, Bondye sèl Mèt la, ki di sa" Ezekyèl 12:28.
>
> **Objektif leson an:** Konprann ke Bondye rele pitit li yo vin mache nan yon relasyon avèk Li; epi rebelyon, fo pwofesi, idolatri ak enfidelite a fè nou ale lwen Bondye, epi fè ke jijman li tonbe sou moun sa yo ki pratike kalite peche sa yo.

Entwodiksyon

Fas avèk yon jenerasyon ki pretann ap fè tèt li plezi, pandan ke tout moun ap bat pou yo se sant tout bagay, liv Ezekyèl la fè nou sonje ke Bondye se sant lan. Li se Seyè a, epi Li chita sou gran twòn li, l'ap gouvène sou tout kreyasyon.

Nan ane 598 av.K, wa Jowasim te mouri. Pitit li Jekonyas te rete sou twòn nan. Wa sa a te vin soufri akoz de atak wa Nèbikadneza, li menm ki te fini nan ane 597 av.K. Jekonyas te rann tèt li, yo te mennen li ale nan prizon (Ezekyèl 17 :12); epi an menm tan an tou, se te premye depòtasyon abitan lavil Jerizalèm pou ale nan peyi Babilòn, kote ke te genyen pami yo pwofèt Ezekyèl.

Nèbikadneza te mete Matanyas kòm wa peyi Jida, (nan plas neve li Jowakin), li te chanje non li, li te rele li Sedekyas (2 Wa 24 :17); epi li te fè l fè sèman pou l te rete fidèl (Ezekyèl 17 :12-14).

Nan sikonstans sa a, Bondye te manifeste devan pwofèt Ezekyèl nan yon nasyon ki etranje ; yon fason pou l te kapab denonse peche ke pèp Li a t'ap komèt epi mande yo tounen vin jwenn Bondye, li t'ap di yo ke yo te dwe chanje fason ke y'ap mache devan Bondye.

I. Rebelyon (Ezekyèl 12, 17)

Izrayèl te yon kay rebèl (12 :2-3, 9, 17:12). Se Bondye menm ki te rele yo bann rebèl; se pat nan yon konklizyon ke pwofèt Ezekyèl te rive. Pèp la te dwe aksepte reprimand Bondye a epi tounen vin jwenn Bondye.

A. Yo pa t wè ni tande

Pèp Izrayèl pa t wè ni tande (Ezekyèl 12:2). Langaj sa a mansyone pou di ke yo te yon bann rebèl, li pat fè referans moun montre ke yo pat kapab tande ak wè fizikman; men pito ke yo pat reponn sa ke yo te tande ak wè sa ke pwofèt yo t ap anonse yo nan yon fason ki pozitiv. Nan fason sa a, yo te demontre yon opozisyon ki radikal kont Bondye.

Menm konsa, Bondye te mande Ezekyèl reyalize kèk aksyon ki byen senbolik; sa a yo ki te kèk siyal pou nasyon Izrayèl la tankou sa ke nou kapab li nan Ezekyèl 12:6. Sa ke li te fè a, se sa ki te pase pèp Izrayèl la, selon chapit 12:11. Se pat moman pou pretann, atravè entelijans ak bon konprann lòm, pou moun nan libere tèt li fas ak sa ke Bondye te di; men pito, te wè ak tande, aksepte ak obeyi nan yon soumisyon ki nòb devan Seyè a.

1. Ti rès abitan Jerizalèm yo, moun ki te kouri epi kaptire pa wa Sedekyas yo (12:1-16). Pou rezon sa a, Ezekyèl te oblije prepare li tankou sòlda pou deplasman li pou kaptivite a (vv.3-4) nan jou a ; fè yon pakèt mete sou miray la nan aprè midi ; epi soti la nan aswè (v.7). Tout sa yo se pou yo te kapab wè (vv. 3-4, 6-7).

Eksplikasyon (vv.8-16) fè referans ak wa Sedekyas, ki pat atende vwa Bondye, nan akonpli sa ke Bondye te di li depi davans (17 :13-21) avèk yon final byen tris (2 Wa 25:3-7).

2. Tristès moun ki t'ap viv nan lavil Jerizalèm yo (Ezekyèl 12:17-20). Sa te rive akonpli nan ane 588 av.K., lè ke wa Nèbikadneza te anvayi lavil la. Soti nan

dat 25 pou rive nan dat 28 Dawou nan pwochèn ane a, ane 587 av.K. (Noel, Damien. Istwa Izrayèl: 3yèm pati. Espay: Navarra, Pawòl ki soti nan Bondye a, 2004, p.9), vil la ak tout tanp lan te boule sann ; epi tout moun sa yo ki te genyen yon responsablite oubyen yon ofis enpòtan, yo tout te tou depòte nan premye depòtasyon ki te fèt nan ane 597 av.K, la.

3. Reyafimasyon ke Pawòl Seyè a pral akonpli (12 :21-28). Pèp chwazi a te fè referans a pwovèb popilè sa yo pou yo te detache yo de mesaj la (.22). Akoz de sa, Bondye te oblije reyafime ke pawòl li a pral akonpli, wè pa wè (v.25); epi tan an te konfime li. Genyen anpil moun ki te panse ke pawòl pwofèt la t'ap di yo se te pou lòt tan (v.27); ke an reyalite, yo pa t'ap viv sa ke pwofèt la t'ap denonse yo. Sa a se te rebelyon ki te fè yo pa genyen okenn entansyon pou pou konsidere Pawòl Bondye a kòm yon reyalite pou yo. "Si mwen pa renmen l, li pa pou mwen". Sa a se lojik la. Menm nan tan ke n'ap viv kounye a. Bondye kontinye envite nou vin wè ak tande avèk kè nou dispoze, epi soumèt nou devan li ak obeyi Li.

B. Mechanste a ogmante

Jijman ki te leve kont pèp chwazi a se te akoz de mechanste tou (Ezekyèl 12:19). Nan rebelyon yo, yo te jis bay Bondye do epi refize tande vwa li, yo chak te konn fè sa yo te panse ki bon. Kòm rezilta ki pat kapab evite, mechanste a te vin ogmante, sa ki te lakoz destriksyon lòm nan. Bondye te oblije fè entèvansyon li pou ke li te kapab sove kreyasyon li a fas ak destriksyon li.

C. Seyè a pral fè yon boujon tounèf pete

ENan chapit 17 la, yo prezante nou yon alegori powetik ki gen pou wè avèk de gwo malfini (vv.1-10). Bondye menm te eksplike siyifikasyon li nan vèsè 11-12; epi li te fini avèk yon pwomès esperans pou pèp Izrayèl la (vv. 22-24).

Premye malfini an te pran yon ne nan pye sèd la (wa Jowasim ak Jekonyas) epi li te pote l ale nan peyi Babilòn. Li te plante yon pye rezen nan plas li (Sedekyas) anba lonbraj li, avèk yon kontra sèmante sou non Seyè a. Men olye pou ke li te admèt avèk li, pye rezen an te prefere retounen al jwenn gwo malfini an, Lejip. Sa a se te yon aksyon rebèl kont Bondye menm, ke li menm pa t'ap kite l san pinisyon (v.19).

Nasyon rebèl la (v.12) te sipoze aksepte plan Seyè a epi prepare kè li pou konvèsyon an. Li te dwe abandone fo sekirite yo epi apiye li nan sèl refij solid la : Seyè a. Men Bondye, nan lanmou ak fidelite li, li pat kite yo detwi nèt. Li te sèlman kapab plante yon ti boujon sèd sou montay li a ki t'ap soti nan fanmi David (vv.22-24); epi fè li grandi jiskaske li rive grandi pou fè yon gwo pye bwa ki t'ap kapab kouvri tout pitit ki gaye nan peyi Izrayèl yo.

Nan fason sa a, Bondye montre nou ke se li menm sèl ki vrè pwotagonis ak Seyè tout istwa, epi se pa kèk pwisans ekonomik, sosyal oubyen politik.

Kesyon:

- De ki sa Bondye t ap pale lè l te di pèp li a pa ni wè ni tande? (12:2).

- Ki ekspresyon oswa pawòl ki itilize nan kominote w la; pou inyore Pawòl Bondye a?

II. Fo pwofesi (Ezekyèl 13)

Pèp Izrayèl la pat koute Bondye; men li te bay tout atansyon li a fo pwofèt yo.

A. Fo pwofèt yo ak mesaj yo te pote yo

Fo pwofèt yo se moun sa yo ki bay Fo mesaj ki soti nan pwòp kè pa yo (vv.2, 17); epi yo "mache selon sa ke yo panse nan kè yo" (v.3). Moun sa a yo se yon bann blofè ke yo ye; yo pat wè anyen nan sa ke y'ap anonse a (v.3b). Definitivman, yo te swiv pwòp dezi chanèl yo ak sa ke yo te tande nan lari (2 Timote 4 :3); epi se pa Bondye ki te voye yo menm (Ezekyèl 13:6). Yo te mansyone kèk fanm tou ki t'ap tante twonpe izrayelit yo atravè vye pratik majik ak mistè yo (v.18).

Nan moman kriz yo, moun yo ap chèche yon pawòl sekirite fas ak laperèz k'ap maltirize yo a, men yo pat pare pou yo koute sa Seyè a genyen pou l di. Yo te santi ke sa te pi bon pou ke yo te kouri al chèche pawòl nan bouch fo pwofèt yo pou chèche jwenn yon soulajman pou yon ti moman; men yo te fè ka moun ki t'al chèche yo a pi grav toujou, lè yo te fè yo depann de yo. Nou dwe konnen ke Bondye pa yon pouvwa san rezon ki nan sèvis dezi egoyis moun sa a yo ki se kreyati li. Li pale, epi nou dwe pare pou nou soumèt nou a Pawòl li.

Pwofèt Bondye yo te anonse tonbe Jerizalèm nan iminan ak opresyon advèsè li yo; men fo pwofèt yo te pale sou lapè a (vv.10, 16), nouri fo espwa. Bondye atann pou pwofèt li yo avèti pèp la epi yo kanpe nan espas sa a (v.5) pou yo vin lapriyè devan Seyè a. Vrè pwofèt la pa rete sou sifas pwoblèm nan, fè fas ak konsekans yo; men li ale nan rasin nan pou bay vrè Pawòl Seyè a ki mennen nan repantans ak rekonsilyasyon ak Bondye.

Bondye reprimande fo pwofèt yo ki te lakòz pèp la bati yon miray frajil (ak rit ekstèn ak obsèvans) kouvri ak labou ki lach (v.10), nan afime ke yo te fè Bondye plezi. Lè fo pwofesi (fo Pawòl Bondye a) abiye ak yon fòm relijye ak espirityèl, li kapab twonpe menm moun ki te chwazi yo (Matye 24:24). Men, se Bondye li menm ki pral kraze miray sa a, epi ki pral montre sa ki te vrèman konstwi a (Ezekyèl 13:14).

B. Sa yo te pwodwi a

Fo pwofèt yo te lakòz lanmò moun sa a yo ki pa ta dwe mouri, ak lavi pou moun sa a yo ki pa ta dwe viv (v.19). Yo fè kè moun k'ap mache dwat yo lapenn ak manti; epi yo te ankouraje moun k'ap fè mechanste yo pou yo pa kite move chemen yo a (v.22).

Sa a se te yon afwon anbarasan fas ak plan Seyè a ki te vle pèp li a repanti. Bondye pa vle lanmò mechan yo; men se pou l vire do bay move chemen l, pou l kapab viv (Ezekyèl 33:11). Pou kè ki kontri ak enb lan, Seyè a pa meprize (Sòm 51:17).

C. Sa ke Seyè a pral fè avèk yo

Bondye kont fo pwofèt yo (Ezekiel 13:8); e pa gen anyen ki pi mal pase tonbe anba men yon Bondye vivan (Ebre 10:31). Ezekyèl te di ke sa yo pral eskli nan kominote pèp sen an (Ezekyèl 13:9b), finalman sa ki lakòz lanmò yo (Detewonòm 18:20).

Bondye te pwomèt ke li menm li ta entèvni pou delivre yo anba men yo (Ezekyèl 13:20). Se Bondye ki pral libere anba tout maji atifisyèl ke pèp li a te sibi (v.21). Vil ou a se pwopriyete w ki pi presye; pou Bondye pa kite twoupo li a kontinye twonpe tèt li. Ann priye pou Bondye kontinye aji jodi a.

Kesyon:
- Ki karakteristik santral fo pwofèt yo?
- Èske w kwè gen fo pwofèt jodi a? Ki jan ou te rive idantifye yo?

III. Idolatri (Ezekyèl 14)

Bondye te montre Ezekyèl fòmidab aberasyon zidòl ke pèp la ak dirijan li yo t ap fè nan lavil Jerizalèm, enkli nan tanp lan (c.8). Definitivman, Bondye pa kapab prezan kote yo pwofane non li. Se konsa, glwa li te kite tanp lan (c.10).

Men, nou pa kapab panse ke idolatri sèlman gen rapò ak adorasyon imaj, oswa adore lòt dye nan reprezantasyon yon objè materyèl. Sa ki prezante nou nan chapit Ezekyèl 14:1-11 la se ke idolatri a se yon pwoblèm ki nan kè a. Chèf pèp la ki te ale pou konsilte Jewova pa mwayen pwofèt li a te mete zidòl yo nan kè yo (v.3); epi yo te vire do swiv Seyè a, pliske yo te mete zidòl yo nan kè yo (v.7).

Idolatri a retire Bondye sou twòn kè kwayan an, sa ki lakòz lòt bagay, objè oswa moun gen tandans nan afeksyon pwofon li yo. Lè Bondye pa sou twòn kè yon moun, genyen yon lòt bagay ki la. Bondye pa kapab gouvène; epi lè li pa gouvène, genyen yon lòt bagay ki fèt. Konsa nou meprize apèl Seyè a ki rele nou pou nou renmen l ak tout kè nou (Matye 22:37).

Bondye pa kapab gen relasyon ak moun k'ap sèvi zidòl. Seyè a rayi idolatri, epi li p ap aksepte anyen mwens pase twòn kè imen an. Bondye di Ezekyèl sou fòm yon kesyon: "Ki jan mwen kapab pèmèt yo konsilte mwen?" (Ezekyèl 14:3 VBJ). Okontrè, Bondye ap reponn moun sa a dapre kantite zidòl li yo (v.4): l ap vire figi l sou li, l ap detwi l, l ap fè l yon siy pou l pini pèp li a (v.8).

Bondye pa vle separe lèzòm de prezans li; men, li pa kapab fè zanmi ak moun ki gen zidòl nan kè l. Envitasyon Seyè a se repantans, abandone zidòl ak abominasyon (v.6). Se konsa sèlman ke kapab gen kominyon ak Bondye, yon fason pou li kapab gouvène.

Kesyon:
- Ki kote pwoblèm santral idolatri a ye? (vv.3, 7).
- Lè w gade dèyè, èske w panse ou toujou kenbe zidòl nan kè w? Kisa ou pral fè depi kounye a?

IV. Enfidelite (Ezekyèl 16)

Nou kapab estriktire chapit sa a jan sa a: a) denonse enfidelite ak engratitid ebre a (vv.1-34); b) santans pou krim yo te komèt yo (vv.35-43); c) konfwontasyon Jerizalèm ak lòt vil nan peyi Palestin (vv.44-58); ak d) gras Bondye ak padon pou madanm enfidèl la (vv.59-63).

Jerizalèm, pitit fi payen yo (v.3, Etit ak Amorit ki te imigre nan Kanaran nan 9yèm-18yèm syèk anvan epòk nou an) Izole, li te senyen prèt pou mouri (v.6). Bondye te pran pitye pou li; li te fè li grandi ak devlope; epi li pran l pou madanm li (v.8, alyans Moyiz la). Soti nan men Senyè a, yon pèp pwospere ak anpil te grandi e li te vin tounen (vv.9-14, rèy David ak Salomon, tan ki te pi bèl nan pèp Izrayèl la); men, toudenkou, Jerizalèm vire do l ba li, li pa sonje tout sa Bondye te fè pou li yo (v.15). Li te kite byenfektè fidèl ak renmen l pou li rann tèt li nan bra li yo.

Ann wè kèk aspè santral nan tout istwa sa a:

A. Alyans lan

Bondye te chwazi yon pèp pou li, li fè yon kontra avèk yo. Yo t ap trezò espesyal Senyè a pi plis pase tout pèp; yon wayòm sakrifikatè ak yon pèp ki sen (Egzòd 19:5-6).

Alyans ak pèp Izrayèl la te yon siy lanmou Bondye pou kreyati li yo; li rann temwayaj sou yon Bondye ki vle gen rapò ak kreyasyon li a. Bondye ta fè konnen tèt li ak yon pèp, li fè yo konnen karaktè sen li an; pou yo te kapab mache avèk li.

B. Enfidelite pèp Izrayèl la

Nan afwon li bay pèp la, Bondye te klè nan afime ke Jerizalèm (Izrayèl) te enfidèl (v.15), nan pwen jiskaske li te menm rele l yon "fanm jenès" (v.35). Malgre ke non sa a te toujou kout, paske jennès yo peye; men pèp Izrayèl la, okontrè, te peye rayisab li yo (vv.33-34). Pèp Izrayèl la pa t ap akonpli objektif Bondye te fè pèp li a pou li a; okontrè, li te tonbe tèlman ba ke peche l yo pa t konpare ak moun Samari ak Sodòm te fè yo, men lè yo te konpare yo, nasyon sa yo te jistifye (v.51).

Men, kisa ki te rive pèp Izrayèl la, poukisa li te rive nan eta sa a? Bondye li menm bay repons lan: li te kwè nan tèt li ak endepandan de Senyè li a. Ezekyèl te di li nan pawòl sa yo: "Men, ou kite bèlte ou la fè ou pèdi tèt ou. Ou pwofite dèske tout moun ap nonmen non ou lan pou ou lage kò ou nan dezòd, ou kouche ak dènye moun k'ap pase. Ou lage kò ou ba yo" (v.15).

C. Fidelite Senyè a

Bondye li menm te oblije entèvni pou l sove madanm li renmen anpil la. Jijman ak disiplin li yo toujou soti nan favè li ak lanmou li pou pitit li yo. Men

sa Tozer di: "Chak eprèv kòlè nan listwa mond lan se yon zak prezèvasyon sen. Sentete Bondye a, kòlè Bondye a, ak sante kreyasyon an pa kapab separe. Kòlè Bondye a se entolerans absoli li anvè tout bagay ki degrade oswa detwi" (Tozer, A. W. Konesans Bondye ki sen an. Etazini: Editoryal Vida, 1996, p.116).

Bondye reyafime fidelite l nan disipline pèp li a; pliske "Senyè a disipline moun li renmen" (Ebre 12:6). Men, disiplin sa a ap toujou pou byen kreyati li yo. Bondye pa janm bliye alyans li fè yo (v.60); Li toujou fidèl. Pèp Izrayèl la pral wè nan lavni atitid yo ak fason Bondye te aji avèk yo, epi yo pral wont (v.61); men yo pral rejwi nan favè Bondye, lanmou, ak mizèrikòd li anvè yo (v.63). Epi y'a konnen se li menm ki Senyè a.

Kesyon:

- Ki rezon ki fè pèp Izrayèl la te rive nan yon eta deplorab konsa devan Bondye? (v.15).

- Ki bagay ki fè moun ale lwen Bondye jodi a?

Konklizyon

Bondye anvi mache nan yon relasyon lanmou ak chak moun. Li pwoche, li chèche nou pou fè nou konnen non li sen; l'ap tann yon repons pou favè ak lanmou li montre nou an; ak yon volonte pou abandone peche. Si nou pral mache avèk li; nou pa ka fè li nan okenn fason. Kidonk, Bondye li menm deside entèvni atravè Jezi ki se Kris la, pou libere nou anba esklavaj peche a; epi fè lwanj non li.

Leson 45

Konsekans peche a

A. Denis Espinoza S. (Nikaragwa)

Pasaj biblik pou etid: Ezekyèl 18, 20-32

Vèsè pou aprann: "Moun ki fè peche, se yo k'ap mouri. Yon pitit p'ap peye pou peche papa l' te fè, ni yon papa p'ap peye pou peche pitit li fè. Moun ki mache dwat va jwenn rekonpans pou dwat yo te mache dwat la. Mechan an va peye pou mechanste li fè a" Ezekyèl 18:20.

Objektif leson an: Konprann ke peche a pote konsekans ki grav anpil kont lèzòm, lè moun sa yo pratike li epi yo pa repanti.

Entwodiksyon

Ezekyèl chapit 18 pou rive nan chapit 32, yo rakonte nou tout konsekans byen tris ke peche a te pote. Nan Bib la genyen yon istwa byen long ki gen pou wè avèk nasyon Jwif la. E se paske pèp ke Bondye te chwazi a te lage kò li nan peche san fren epi aji kont volonte Seyè yo a. Li menm ki te sove yo anba men farawon an nan peyi Lejip, li te ba yo kòmandman li yo, dekrè ak règleman li yo ; men yo pat vle tande enstriksyon li yo. Nan leson sa a, nou pral wè sa avèk plis detay.

I. Chak moun responsab devan Bondye pou peche li (Ezekyèl 18)

Tandans ke lòm nan genyen nan tèt li se evade responsablite pou peche a. Nou wè sa nan Bib la avèk Adan ak Èv lè ke yo te tonbe nan peche a epi Bondye te afwonte yo (Jenèz 3:12-13).

A. Responsablite endividyèl

Lòm nan te fèt avèk tout libète li. Antanke yon kreyati ki kapab panse, ki genyen kapasite pou disène ant sa ki byen ak sa ki mal, li responsab devan Bondye, li menm ke lòm nan genyen pou rann kont pou tout aksyon ke li poze yo.

Konsa, yon moun pa gen okenn dwa pou l pase tout lavi li ap repwoche ansyen zansèt li yo, anviwònman an, e alevwa pou Bondye. Li dwe rekonèt tò li, tounen vin jwenn Bondye epi kontinye pou pi devan.

B. Konsekans endividyèl

Bib la di ke : "... Moun ki fè peche a, se li menm k'ap mouri. Moun ki fè peche, se yo k'ap mouri. ..." Ezekyèl 18 :4, 20. Pa genyen okenn moun ki pral peye konsekans peche lòt moun.

Se menm jan an tou ke pa genyen okenn moun k'ap kapab sove oubyen jistifye devan Bondye pou jistis lòt moun.

Nan Epòk pwofèt Ezekyèl, moun yo eseye pa pran responsablite yo fas ak peche ke yo komèt; epi yo te prefere ap lage chay la sou ansyen zansèt yo. Yo te pito atache ak yon pwovèb lari ki di ke: "Papa ak manman manje rezen vèt, men se dan pitit yo ki gasi" (v.2). Se poutèt sa, "jan nou konnen mwen vivan vre a, se mwen menm Seyè a, Bondye sèl Mèt la, ki di sa: Nou p'ap janm repete pwovèb sa a ankò nan peyi Izrayèl la" (vv.3-4).

C. Konvèsyon endividyèl

Bondye rele pechè a tounen vin jwenn li; pou konfese peche li yo epi kouri lwen yo. Sa a se fason pou moun nan kouri soti anba lanmò ak jijman Bondye a. Pwomès Bondye a pou moun sa yo ki tounen vin jwenn Bondye epi kwè Kris la se padon ak lavi. Mechan ki tounen vin jwenn Bondye a ap resevwa mizèrikòd; paske Bondye bon epi li gen anpil konpasyon.

D. Lavi ak Lanmò

Bondye te pwomèt lavi pou nonm ki mache dwat la (v. 9); pou pitit ki mache dwat la ki soti nan yon papa ki pa mache dwat (vv.14-17); pou mechan ki sispann fè sa ki mal la ak peche yo (vv. 21-23). Yo pap mouri, y'ap viv.

Se menm jan an tou, li te dekrete lanmò pou nonm ki refize mache dwat la (v.18); soti nan yon pitit ki pa mache dwat, men papa a mache dwat (v.24). Yo pap viv, yo gen pou yo mouri.

Kesyon:
- Ki jan ou entèprete pawòl sa a: "Papa ak manman manje rezen vèt, men se dan pitit yo ki gasi" (v.2)?
- Ki siyifikasyon responsablite endividyèl devan Bondye?

II. Kondannasyon ak destriksyon pou pèp la (Ezekyèl 20-24)

A. Istwa idolatri pèp Izrayèl la (20:1-32)

Gran moun yo nan mitan pèp Izrayèl la te pwoche bò kote pwofèt Ezekyèl pou konsilte Bondye travè li menm (v.1). Yo pa di nou kisa yo te konsilte a; men wi yo di nou sa ke Bondye te reponn. Nou jwenn ke Seyè a te vrèman negatif nan repons li a; epi li te mande pwofèt yo pou ke li te reponn yo (vv.3-4).

Repons pwofèt la se te yon denonsyasyon abandon lafwa kont nasyon an. Istwa pèp li a se te yon istwa ki te antoure ak anpil enfidelite ak idolatri.

1. Nan peyi Lejip (vv.5-9) : Lejip te yon peyi ki te plen ak idolatri. Nan non Bondye, peofèt Ezekyèl te repwoche pèp Izrayèl la ki te plonje nan sèvi zidòl; epi li pat vle abandone zidòl peyi Lejip yo. Bondye te mande yo pou ke yo te retire zidòl sa a yo nan mitan yo, men yo pat vle.

2. Nan dezè a (vv.10-27): vèsè 13, 16, 21 ak 24 yo montre rebelyon nasyon Izrayèl la. Bondye te denonse yo pliske yo pat aksepte mache sou lòd li yo; yo te meprize kòmandman li yo, yo te nye jou repo yo; epi yo te pito sèvi zidòl zansèt yo.

3. Nan kanaran (vv.28-32): pandan ke yo nan tè pwomès la, pèp Izrayèl te kontinye ak idolatri li a. Li te adopte sant adorasyon ak seremoni relijyon kanaran an. Yo te vyole lalwa Moyiz la, lè yo te ofri sakrifis yo nan sant sa yo, olye pou yo te ofri yo nan tanp lan oubyen tebènak la (Detewonòm 12:1-5).

Bondye te bay pèp li a lòd ke, lè ke li te rive pran tè Kanaran an, yo te kòmanse detwi lotèl sakrifis moun demon yo ak fo dye ke moun Kanaran yo te genyen (Egzòd 23:24); men yo pat fè sa konplètman (Ezekyèl 20:28-32).

B. Jijman Bondye a: dife ak epe (20:45-21:32)

Dife a dekri tout fòs lame lènmi ki gen pou fè envazyon an, epi nan menm tan an tou, kòlè Bondye kont pèp li a ki pa fidèl. Jijman Bondye a te tonbe sou nasyon an depi nan Sid jiska Nò tankou yon dife ki deklannche nan yon forè (v.47). Bondye te voye lagè ki t'ap gen pou l konsonmen ladan yo "tout pye bwa ki vèt ak tout bwa ki sèch yo" (v.47); sa vle di, tout bagay ta genyen pou yo resevwa pinisyon.

Epe a se senbòl jijman Bondye. Li te deja pare pou l te rale soti nan djenn li: "Men, mwen pa t' fè l' pou sa pa t' bay

pèp peyi kote yo t'ap viv la okazyon pou yo trennen non mwen nan labou, paske se devan tout pèp sa yo mwen te fè moun Izrayèl yo konnen mwen t'ap fè yo soti kite peyi Lejip la" (21:9). Se pat yon moso epe ; men pito li te byen prepare epi prèt pou detwi tout sa ke li jwenn sou wout li. Zam sa te reprezante wa peyi Babilòn nan, li menm ke Bondye ta pral chwazi pou l akonpli jijman li a.

Wa Nèbikadneza se te epe a. Pwofèt Ezekyèl te wè li ansanm avèk lame li a k'ap pran depa pou atake epi detwi lavil Jerizalèm. Nan pakou li a, wa sa a te twouve li nan yon kwen ki genyen de chemen. Lite twouve li nan yon laberent ak yon gwo dilèm (21:21). Kilès nan de chemen sa a yo ke li te dwe pran an premye? Si ale kote moun peyi Amon yo, pou pran kapital yo a ki se Raba ; oubyen chemen dirèk ki mennen lavil Jerizalèm. Nan mitan yon gwo konfizyon, wa Nèbikadneza te oblije rele divinò pou l te kapab pran desizyon ki kòrèk la (v.22). Divinò a te lonje dwat sou lavil Jerizalèm; poutèt sa, li te deplase menm kote a pou ataque lavil Jerizalèm. Vil sa a te déjà pare pou sibi destriksyon an. Menm si ke wa Nèbikadneza pat konnen sa, se te Seyè a menm ki te chwazi bay lavil Jerizalèm pinisyon sa a.

C. Jijman kont nasyon ann

Bondye te di pèp Izrayèl la konsa: "W'a di yo: Men mesaj Seyè a bay pou nou: Mwen leve dèyè nou koulye a. Mwen pral rale nepe m' nan djenn li, mwen pral touye nou tout, bon kou move" (21:3). Sa a se te yon deklarasyon ki te di anpil ; se te yon move nouvèl pou pèp la avèk wa a. Pèp Izrayèl la te refize Seyè a ki te rele li avèk yon lanmou ki byen pwofon an. Kounye a, yo te vin tounen lènmi li. Dosye pou ke Sedekyas ak moun ki t'ap sipòte pou vwa a avèk li yo te deja klase pou tout te tonbe atè.

Pèp Bondye a te koupab akoz de idolatri a, paske yo te konn fè anpil san koule, yo te konn piye vèv ak òfelen yo (vv. 6-7) ; se te anpil move bagay ki pat fè Bondye plezi ditou (vv. 7, 10-11); yo te lage kò yo nan kontamine bagay ki sakre yo (Ezekyèl 22 :8) ; yo te konn ap kouri dèyè byen materyèl, yo te genyen lanbisyon ak move lanvi (v.12); yo te konn ap plede fè tout kalite sèman san enpòtans (v.9); anpil vòl, anpil fònikasyon ak sèvi zidòl, nou kapab jwenn yon ti remak nan Ezekyèl 22:11-12. Se poutèt sa, Bondye te voye yon gwo pinisyon ki byen sevè kont li, daprè Ezekyèl 22:13-16. Tout moun ki etidye zetwal nan lavil la yo te repwoche yo pou menm bagay la, epi te fè yo konnen ke se te fòt ak responsablite yo menm: gouvènè yo, sakrifikatè yo, pwofèt ak tout pèp la an jeneral. Te genyen yon repwòch kont yo tout.

D. De sè adiltè yo (c.23-24)

Ola (vv.5-19) ak Oliba (vv.11-23) yo te reprezante peyi Samari, capital Izrayèl, epi Jerizalèm, ak kapital li ki se Jida. Yo tout te kòwonpi epi lage kò yo nan fè jenès, yo te lage kò yo nan fè adiltè espirityèl avèk moun yo damou yo; sa vle di, avèk nasyon ki pa kwè nan Bondye yo, epi lage kò yo nan idolatri. Osijè de Oliba, li di ke manzè depase sè l la nan kesyon fònikasyon an (v.11).

Lavil Jerizalèm te pase 18 mwa antoure ak lènmi yo avan li te tonbe a. La a te genyen wa peyi Babilòn nan. Antouraj la te fini jous aprè destriksyon lavil la aprè dife.

Kesyon:

- Peche idolatri a se te kòz prensipal Bondye te jije ak pini pèp li a. Èske w panse peche a toujou egziste jodi a? Eksplike.

- Pèp Izrayèl la ak Jida te bite sou adorasyon lòt dye yo: Baal, Molòk, Achtòt, ak anpil lòt ankò. Fè lis kèk fo dye modèn ki ta kapab tante pèp Bondye a pou yo adore yo epi vire do bay Seyè a.

III. Kondannasyon ak destriksyon kont nasyon yo (Ezekyèl 25-32)

Nan chapit sa a yo, genyen sèt pwofesi ki dirije kont menm kantite nasyon ke Bondye pral jije ak pini yo. Nasyon sa a yo se Amón (25:1-7); Moab (25:8-11); Edon (25:12-14); Filisti (25:15-17); Tir (26-28:19); Sidon (28:20-26) y Lejip (29, 30, 31, 32).

Nasyon sa a yo te tonbe anba kolè ak jijman Bondye akoz de sa ki te alabaz la se paske yo te repouse ak rayi pèp Bondye a, epi kè kontan ak gwo fèt ke yo te fè lè pèp Izrayèl te tonbe an degraba. Sa ki egal avèk sa, yo te deklare tèt yo lènmi jire pèp Bondye a ; awogans ak jan yo t'ap gonfle lestomak yo a te entèprete kòm yon defi pou Seyè a, Li menm ki genyen tout pouvwa a.

A. Prensip biblik segman sa a

Ann kòmanse analize definisyon sa ke nou rele prensip biblik yo. Yon prensip se "yon règ oubyen lide fondamantal ki gide panse a oubyen konpòtman an" (Diksyonè CODESA, volim 3. Espay : Edisyon Credimar, sa., p.760). 3.k e nou aplike Bib la, prensip yo se jis verite sa yo, règ oubyen lwa biblik ki gouvène panse nou yo ak kondwit nou antanke kretyen.

1. Prensip souverènte Bondye a. Souverènte sa se dwa ke Seyè a genyen pou l gouvène tout linivè a ; se sa ki fè ke, se li menm ki kreyatè ak moun k'ap sipòte kreyasyon an, e menm tout nasyon ki sou latè ak

moun k'ap gouvène yo a ak pèp yo tou. Ebyen, se konsa ke nou kapab di ke Bondye se Seyè nasyon yo, menm si nasyon sa yo se payen nan dènye degre. Nan Ezekyèl, nou jwenn yon afimasyon osijè de otorite Bondye. Nan kalite sa a, Li genyen tout otorite pou l egzekite jijman li kont lèzòm ak pèp ki rebèl yo. Bondye se Seyè tout moun ki rete sou latè. Pou rezon sa a, pa genyen okenn nasyon ki kapab chape anba jijman li; epi menm jan ke li te kondane ak pini nasyon yo, yo menm ki te fè rebèl kont li menm jan ak pèp pa Li a.

2. Prensip jistis Bondye a pote avèk li fidelite akoz de alyans li a. Se severite Seyè a pou l aji selon nati li ki sen. Nan Bib la, jistis la genyen ladan li sa ke nou kapab rele kòlè Bondye sou mechanste ak destriksyon mechan yo. Bondye se yon Bondye ki jis, epi jistis li mande pinisyon pou moun ki koupab la. Bondye pap janm pran pou inosan, ni kite moun sa a yo k'ap maltirize ak peze pèp li a. Pi bonè ke pi ta, Bondye te fè entèvansyon li pou fè moun k'ap soufri yo jistis.

3. Prensip akonplisman pwofetik la. Pwofesi biblik la te toujou genyen epi l'ap toujou genyen yon akonplisman ki egzat. Tout sa ke Bondye te anonse ki t'ap gen pou vini kont bann nasyon payen sa yo, epi sa ke li te di ki t'ap gen pou rive jodi a oubyen demen, yo tout genyen yon akonplisman ki egzat.

4. Prensip sentete Bondye a. Bondye ki sen an san tach epi li dwat nan relasyon li avèk limanite ke Li te kreye a. Karaktè sen li an refize peche a nan nenpòt nan manifestasyon li yo. Li pa tolere peche a, ni kite enpinite a san jije.

5. Prensip tanporè a. Li pa egziste, ni li pat janm egziste, ni pap janm genyen okenn sistèm imen ki pa gen feblès ak yon egzistans ki tanporè. Nasyon yo, gouvènman oubyen sistèm imen yo pa la pou lontan, yo pa genyen tout pouvwa non plis. Tout sistèm politik li, sistèm militè ak ekonomik la egziste pou yon ti bout tan. Se poutèt sa, lè ke yon moun pran sistèm sa yo pou refij, se mete esperans ak konfyans nan yon bagay ki frajil, yon bagay ki manke fòs ak vigè.

6. Prensip simen ak rekòlte a. Nasyon sa a yo ke nou sot mansyone nan sekyson sa yo te fè semans mechanste, idolatri, enjistis, rebelyon, rayisans, lawont ak fawouch. Sa te rale jijman Bondye a ki jis kont yo, sa ki te fè yo tonbe anba gwo destriksyon.

7. Prensip nan meprize Bondye a. Seyè a pa aksepte pataje glwa li avèk okenn moun. Menm si lèzòm ta genyen anpil pouvwa, yo pa dwe fè awogans kont pouvwa kreyatè Seyè a, ni pretann ke yo se Bondye epi merite adorasyon ; paske sa a se vòl, mank de respè ak yon defi kont Seyè ki gen tout pouvwa a. Idolatri a, ògèy epi lè yon moun gonfle lestomak li, se yon abominasyon devan Bondye, epi sa se yon vyòl kont premye kòmandman an (Egzòd 20 :3).

8. Prensip vanjans Seyè a. Se Seyè a ki plase pou fè vanjans, selon Women 12 :19 : "Yo te tande son klewon k'ap kònen, ansanm ak vwa yon moun k'ap pale. Lè pitit Izrayèl yo tande vwa sa a, yo mande l' sispann pale"; Ebre 10 :30 : "Nou menm, nou konnen moun ki te di: Se mwen menm sèl ki gen dwa tire revanj, se mwen menm sèl ki va bay moun sa yo merite. Se li menm tou ki te di: Bondye gen pou l' jije pèp li a". Bondye te fè jistis, epi li te pran vanjans li kont nasyon ki te lènmi pèp li a. Seyè a te ranje koze li avèk yo.

B. Leson ke nou aprann yo

1. Nou pa dwe fè nou kontan ke Bondye pini yon fanm oubyen yon gason ki koupab devan li; paske sa kapab atire kòlè sou nou.

2. Remò ak endolans lèzòm gen pou brize plat atè epi imilye pa pwisans Bondye ki genyen tout pouvwa a, selon sa ki nan Ezayi 10:33: "Seyè sèl Mèt ki gen tout pouvwa a pral desann yo tankou branch bwa y'ap koupe mete atè. L'ap koupe tèt tou sa ki wo yo. Tou sa ki byen kanpe yo, l'ap lage yo tè"; Danyèl 4:37: "Koulye a, mwen menm Nèbikadneza, m'ap fè fèt pou wa ki nan syèl la, m'ap fè lwanj pou li, m'ap di jan li gen pouvwa. Tou sa li fè bon. Li pa fè paspouki pou pesonn. Li konn jan pou l' fè ak moun ki kite lògèy vire tèt yo. L'ap desann kòlèt yo". Nou dwe konprann ke Bondye egziste; epi Li jije epi Li jije pechè a.

3. Menm si ke w a Nèbikadneza te yo rele li "wa tout wa yo" (Ezekyèl 26 :7), pliske anpil wa te soumèt tèt yo devan li; sepandan, Jezi ki se Kris la, depi nan letènite pou rive jous nan letènite, se li menm ki sèl Wa tout wa yo epi se li menm tou ki Seyè tout seyè yo (Revelasyon 17 :14; 19 :16) ki te etabli pa Papa nou ki nan syèl la antanke gran Souveren sou lemonn antye.

4. Nou dwe plase konfyans nou nan Bondye, men se pa nan anpil richès, popilarite oubyen pouvwa. Genyen anpil moun ki mete konfyans yo nan riches, yo genyen yo epi adore yo tankou yon dye; men lè bagay sa yo pèdi oubyen fini, moun nan lage poukont li epi san pwoteksyon.

5. Bondye se Seyè tout moun; epi moun sa a yo chèche ak sèvi li kapab jwi manifestasyon glwa ak pouvwa li nan tout aspè nan lavi yo.

6. Lèzòm bezwen konnen kilès Bondye ye, pou ke yo kapab konnen li, renmen ak sèvi li avèk tout kè yo "Ban mwen kè ou, pitit mwen" (Pwovèb 23 :26a).

7. Lèzòm an jeneral, ak tout moun ki kretyen yo an patikilye, nou bezwen aprann de Jezi ki se Kris la ak Pawòl Bondye a osijè de fason nou kapab viv byen; avèk sèl objektif pou ke nou fè Bondye plezi, epi konsa evite jijman Bondye a. Byen viv sa a gen pou wè avèk relasyon pèsonèl nou avèk Bondye, li menm ki bon epi li se sous tout bonte; menm jan avèk pwochen nou yo. Si se pa konsa, se mal viv la ke n'ap jwenn, ki se yon lavi lwen Bondye, plonje nan peche epi sijè a jijman ak kòlè Bondye.

Kesyon:

- Ki rezon prensipal ki fè Bondye te detwi kat nasyon payen yo: Amon, Moab, Edon ak Filisti?

- Èske gen moun jodi a ki di yo se bondye tankou wa Tir ak wa Lejip yo te fè a? Jistifye repons ou a.

- Ki jan nou kapab aplike mesaj pwofèt Ezekyèl la nan epòk nou an?

Konklizyon

Ezekyèl chapit 18 a 32 montre nou ke lè moun yo, nasyon yo ak chèf yo peche kont Bondye, epi yo pa repanti, yo pral oblije fè fas ak jijman jis Bondye a. Epi, lè sa a rive, p ap gen okenn fason pou nou chape, eksepte lè nou pran refij nou nan Jezi ki se Kris la. Jistis Bondye a manifeste nan korespondans ak kilpabilite imen an fas ak peche; déjà ke moun pa kapab pase Bondye nan betiz, paske nenpòt sa yon moun simen, se menm bagay sa a li pral rekòlte.

Restorasyon Bondye ak responsablite moun yo antanke moun

Leson 46

Macedonio Daza (Bolivia)

> **Pasaj biblik pou etid:** Ezekyèl 33, 34
>
> **Vèsè pou aprann:** "Enben, ou menm w'a di yo: Jan nou konnen mwen vivan vre a, se mwen menm Seyè a k'ap pale! Men sa mwen di: Mwen pa pran ankenn plezi nan wè mechan yo mouri. Mwen ta pito wè yo sispann fè sa ki mal pou yo ka viv. Nou menm moun pèp Izrayèl yo, sispann fè sa nou pa dwe fè. Tounen vin jwenn mwen. Poukisa se lanmò n'ap chache konsa?" Ezekyèl 33:11.
>
> **Objektif leson an:** Konprann ke, nan restorasyon ki soti nan Bondye a, responsablite ke lèzòm dwe akonpli yo se bagay ki enplisit.

Entwodiksyon

Bib la genyen anpil tèm ki byen santral tankou pwen sa yo: lanmou Bondye a, kondisyon peche lòm nan, chemen delivrans lan, kondanasyon pechè yo, ak bonè etènèl kwayan yo. Nan sans sa a, nan leson sa a ki baze sou liv pwofèt Ezekyèl te ekri a, n ap jwenn yon rezime tèm santral sa yo. Lanmou ki soti nan Bondye a ki dekri nan bon bèje k ap chèche mouton I yo. Kondisyon limanite ki gaye, blese ak ekspoze a lènmi an. Enpòtans pou tande apèl Bondye a atravè santinèl la ki di: "Tounen tounen, tounen tounen" (Ezekiel 33:11); ak yon avni ki pwomèt, si pechè a repanti epi pèsevere. Alyans lapè a gen kondisyon sa a nan wayòm Bondye a pou kounye a ak tan ki gen pou vini an.

Pwofèt Ezekyèl te deja bay avètisman sou destriksyon ak pinisyon pèp Izrayèl la, degradasyon lavil Jerizalèm nan depi nan premye chapit yo. Te gen menm pwofesi pou nasyon vwazen yo; men, apati de chapit 33, lè pwofesi degradasyon lavil Jerizalèm nan te akonpli, yon fwa nouvèl la te rive, te gen yon chanjman nan mesaj ki te dwe bay la.

"Apre evènman sa a, pi gwo swen li se te konsole Jwif ki te ann egzil yo pa pwomès pou I te pote yo sekou nan tan ki gen pou vini an ak restore peyi yo; epi ankouraje yo avèk asirans benediksyon alavni yo" (Pearlman, Myer. Atravè Bib la. Etazini: Editoryal VIDA, 1952, p.147).

Anfen, nou pral gade alyans lapè a ki pote benediksyon an, ki se Nouvo Alyans ki akonpli gras a Jezi ki se Kris la.

I. Yon faksyonnè ki pote Pawòl la (Ezekyèl 33:1-34:10,17-22)

"Ezekyèl se esansyèlman yon predikatè espwa ak restorasyon ki chaje ak kreyativite ak anpil atansyon atikile, mesaj redanmsyon li nan mitan yon seri konplèks nan evènman nasyonal ak entènasyonal yo" (Pagán, Samuel. Liv Pwofetik Ansyen Testaman yo. Espay: Editoryal Clie, 2016, p.85).

A. Faksyonè a (santinèl)

Bondye, pou retabli pèp Izrayèl la, Li te bezwen yon moun ki pou anonse non li. Nan pasaj etid nou an, nou wè ke yon moun vin touren yon faksyonnè nan de fason: a) gras a asiyasyon dirèk li anba men Bondye: "Koulye a, nonm o! Mwen mete ou faksyonnè pou veye pou pèp Izrayèl la. Lè w'a tande mesaj m'a ba ou a, w'a avèti yo pou mwen " (Ezekyèl 33:7, cf. 3:17). Yon sètitid ke pwofèt la te genyen pou I te komisyone pou I akonpli yon gwo travay nan non Bondye; b) lòt aspè a se akòz chwa pèp la: "Nonm o! Pale ak moun pèp Izrayèl yo. W'a di yo konsa: Lè m'ap voye lènmi atake yon peyi, moun peyi a va chwazi yonn nan yo, y'a mete l' faksyonnè pou veye peyi a'' (33:2).

Nan pratik legliz nan tan kounye a yo ak gouvènman li an, li vin yon pati nan fondasyon biblik la pou gen lidèchip pa randevou ak pa eleksyon. Kidonk, Bondye ka sèvi ak lidèchip eklezyastik la pou bay yon travay ministeryèl, se menm bagay la pou moun ki pratike lidèchip episkopal la. Yon lòt bò, se pèp la menm ki chwazi fè eleksyon an, atravè vòt la pratike pa moun ki nan gouvènman kongregasyon an. Anfen, genyen moun ki pratike fòm konbine gouvènman ki anwo yo tou.

B. Pawòl la

Sa a soti nan Bondye. Se li menm ki voye mesaj la, ki gen Pawòl ki te vèbal ak non-vèbal la. Nan premye ka a, nou jwenn li nan vèsè sa yo: "Koulye a, nonm o! Mwen mete ou faksyonnè pou veye pou pèp Izrayèl la. Lè w'a tande mesaj m'a ba ou a, w'a avèti yo pou mwen" (v.7). Isit la, espesyalman, pwofèt la te dwe akonpli travay li kòm moun ki resevwa mesaj Bondye a epi ki bay pèp la li: "Si mwen fè ou konnen yon mechan gen pou l' mouri, epi ou pa avèti l' pou l' chanje, pou l' kite move pant l'ap swiv la pou l' ka sove lavi l', l'ap toujou mouri poutèt peche l' yo, men se ou menm m'ap rann reskonsab lanmò li; Konsa tou, m' avèti tout mechan yo yo gen pou mouri. Men, si yon mechan sispann fè sa ki mal, epi li tanmen mache dwat devan mwen, l'ap fè sa ki byen " (vv.8, 14); "Wi, mwen deklare tout moun k'ap mache dwat yo gen pou viv. . . ." (v.13).

Fason kominike a se non-vèbal tou: "Nonm o! Pale ak moun pèp Izrayèl yo. W'a di yo konsa: Lè m'ap voye lènmi atake yon peyi, moun peyi a va chwazi yonn nan yo, y'a mete l' faksyonnè pou veye peyi a" (v.2). Bondye pèmèt kèk ensidan, menm fenomèn natirèl, kote ke li kominike atravè yo menm: "Lè m'a pini pèp la pou tout bagay derespektan yo fè yo, lè m'a fè peyi a tounen yon dezè san pesonn ladan l', lè sa a, y'a konnen se mwen menm ki Seyè a" (v.29).

Nan Nouvo Testaman an, jan ekriven Ebre a te di: "Nan tan lontan, Bondye te mete pawòl nan bouch pwofèt yo nan divès okazyon ak divès jan pou l' te ka pale ak zansèt nou yo" (Ebre 1:1). Ann byen gade kijan ke ekriven an te fè yon gran referans pou l di ke Seyè a te konn kominike nan plizyè fason ki diferan nan tan lontan; sepandan, li medite ke ekspresyon maksimòm kominikasyon sa a soti nan Bondye a se Jezi antanke Kris la (Ebre 1:2).

C.   Responsablite faksyonnè a

Isit la pwofèt Ezekyèl te akonpli travay la pou livre Pawòl Bondye a; e se poutèt sa, yo wè pwofèt la kòm yon mwayen oswa yon kanal atravè li menm, mesaj Bondye a te transmèt. Nou jwenn sa nan pasaj etid yo, fidelite nan bay mesaj Seyè a (Ezekiel 33:11, 34:8); "Epi pawòl Senyè a te vin jwenn mwen, li di" (33:23). "Men sa Seyè Bondye a di," "Seyè Bondye a di", (33:27; 34:30; cf. 34:2, 10, 11, 17, 20). Mesaj la pa soti nan pwofèt la, se pa li menm ki kreye mesaj la; okontrè, li fèt, li soti nan Bondye. Sèl bagay pwofèt la fè se delivre bay pèp la sa ki soti nan Bondye a: mesaj Bondye a.

D.   Kontni mesaj la: restorasyon an

Retablisman an se delivrans, libète ak lavi. Li gen rapò ak avèti mechan yo pou yo repanti. Òf Bondye a, pou moun ki vire do ba li yo, se lavi: "Enben, ou menm w'a di yo: Jan nou konnen mwen vivan vre a, se mwen menm Seyè a k'ap pale! Men sa mwen di: Mwen pa pran ankenn plezi nan wè mechan yo mouri. Mwen ta pito wè yo sispann fè sa ki mal pou yo ka viv. Nou menm moun pèp Izrayèl yo, sispann fè sa nou pa dwe fè. Tounen vin jwenn mwen. Poukisa se lanmò n'ap chache konsa?" (33:11).

Delivrans lan pa sèlman endividyèl; men libète Bondye ofri a se pou tout nasyon an: "W'a pale ak yo, w'a di yo men mesaj Seyè sèl Mèt la voye ba yo: Jan nou konnen mwen vivan vre a, se mwen menm Seyè a k'ap pale: Rès moun k'ap viv nan lavil kraze yo pral mouri nan lagè. Moun k'ap viv andeyò yo, se bèt nan bwa ki pral manje yo. Moun ki al kache kò yo nan mòn, nan twou wòch, se maladi ki pral fini ak yo" (34:27).

E.   Reseptè a

Sa a gen responsablite pou reponn oswa inyore. Mesaj la te adrese li ak lidè yo, pèp Bondye a ak mechan yo. Responsablite a te nan lib volonte moun nan: reponn oubyen non. Konsekans yo ta dwe selon desizyon yo te pran.

Responsablite faksyonnè a se te bay avètisman byen klè: "Men, si ou avèti mechan an, lèfini li pa chanje, li pa kite move pant l'ap swiv la, l'ap mouri poutèt peche l' yo, men ou menm w'ap sove lavi pa ou" (33:9); yon lòt kote: "Men, si faksyonnè a wè lènmi ap vini epi li pa bay kout klewon an pou avèti moun yo, lènmi an ap vini, l'ap touye moun. Moun yo ap mouri akòz peche yo fè, se vre. Men, se faksyonnè a k'ap pote reskonsablite lanmò yo" (33:6).

Responsablite moun ki resevwa konvèti a, nan pwen sa a, yo konsidere moun sa kòm yon moun ki jis, se jan sa a: "Ou menm, nonm o! Men sa w'a di moun ou yo: Yon moun te mèt bon kou l' bon, li te mèt mache dwat kou l' mache dwat, jou li fè sa ki mal, li gen pou l' peye sa. Jou mechan an va sispann fè sa ki mal, yo p'ap pini l' pou sa li te konn fè a. Konsa tou, lè yon moun ki t'ap mache dwat pran fè sa ki mal, yo p'ap gade sou jan l' te konn mache dwat la pou yo pa fè l' peye sa l' fè a. Wi, mwen deklare tout moun k'ap mache dwat yo gen pou viv. Men, si yo tanmen mete nan tèt yo, paske yo te konn mache dwat la yo gen dwa fè sa ki mal, mwen p'ap chonje jan yo te konn mache dwat la menm. Y'ap mouri paske yo fè sa yo pa t' dwe fè" (33:12-13).

Sa Bondye mande moun ki deja retabli yo se pèseverans. Ann wè ki jan youn nan kòmantatè yo kalifye Ezekyèl an relasyon ak vèsè yo site yo: "Pwofèt la, yon Arminian de mil ane anvan Arminius, di... Sa sanble tankou yon atak dirèk sou doktrin 'yon fwa nan favè Bondye a, toujou nan favè Bondye a', souvan yo rele li doktrin "sekirite etènèl la" tou (Grider, Kenneth. Kòmantè Biblik Beacon, Volim 4. Etazini: KPN, 1982, p.600).

Responsablite mechan yo se jan sa a: si li pa koute anons la, li pral mouri. Bib la di konsa: "Si yon moun tande klewon an, men li pa okipe l', kifè lènmi an rive, li touye l', se djòb pa moun sa a, l'ap pote reskonsablite lanmò li " (Ezekyèl 33:4).

Sepandan, lè li koute mesaj la epi li vire do bay inikite l, l ap viv. Annou li: "Konsa tou, lè mechan an sispann fè mechanste pou li mache dwat, pou li fè sa ki byen, l'ap sove lavi l' poutèt sa" (33:19).

Kesyon:

- Dekri ki responsablite yon faksyonnè te genyen.

- Ki jan nou kapab veye jodi a kote n ap viv la?

II. Yon bon bèje ki pote manje ak pwoteksyon (Ezekyèl 34:11-16,23-24)

Bon bèje a sove e rasanble twoupo li yo. Pwofèt la te itilize metafò sa a pou yon pèp ki te ann egzil; ak pou ki moun li te patikilyèman enpòtan. Kontrèman ak wa yo, majistra yo ak prèt yo ki pa t gen konpasyon; ke yo pa t okipe pèp la ki te ba yo pouvwa a.

Gadò a sove mouton yo epi li te chèche yo; epi li antre nan yon relasyon entim avèk yo nan fè konesans avèk yo: "Men sa Seyè sèl Mèt la di ankò: -Se mwen menm menm ki pral chache mouton m' yo pou m' swen yo" (34:11). Gen yon paralèl ak bon bèje Nouvo Testaman an. Isit la, Jezi antanke Kris la idantifye tèt li lè li dekri relasyon entim ak twoupo li a: "Mwen menm, mwen se gadò mouton yo. Papa a konnen m', mwen konn Papa a. Konsa tou, mwen konnen mouton m' yo. Yo menm tou yo konnen mwen" (Jan 10:15).

Bon bèje a bay mouton li yo manje epi pwoteje yo tou. Move bèje yo manje pou tèt yo epi yo pa bay mouton yo manje. Sa yo ap kouri monte desann paske yo pa gen yon bèje; epi yo "Paske mouton yo te san gadò, yo gaye nan raje yo, bèt nan bwa touye yo" (Ezekyèl 34:5). Okontrè, bon bèje a di: "M'ap kite yo manje nan bon jaden zèb. Sou tout mòn byen wo nan peyi Izrayèl la, yo pral jwenn kote pou yo rete san danje. Se la yo pral poze kò yo, yo pral jwenn kont zèb vèt yo sou tout mòn peyi Izrayèl yo" (34:14). Nan Sòm 23:1-4, mouton an dekri bon bèje a ak karakteristik sa yo. Kèk fraz yo pran nan sòm sa a fè lwanj bon bèje a pwomèt ak pwotektè.

Bon bèje a geri mouton l yo epi li pran swen mouton l yo. Move gadò mouton yo pa gen konpasyon pou moun ki fèb yo, ni yo pa geri moun ki blese yo; sepandan, yo pwofite mouton yo, ak yon atitid egoyis pou yo byen manje ak byen abiye.

Pèp Izrayèl la, yo te depòte Babilòn ak lòt nasyon yo, te soufri anpil blesi emosyonèl, separasyon ak fanmi yo, ak kite tèritwa yo ak koutim yo. Blesi emosyonèl la afekte lòt zòn moun yo; san dout, travay di ak tretman enjis ak inimen te mande gerizon: "Sa ki pèdi yo, m'ap chache yo.

Sa ki te soti nan bann yo, m'ap fè yo tounen nan plas yo. Sa ki blese yo, m'ap mete renmèd pou yo. Sa ki malad yo, m'ap geri yo. Men, sa ki gra yo, sa ki byen gwo yo, m'ap touye yo. M'ap swen mouton m' yo jan m' dwe fè l' la" (Ezekyèl 34:16).

Mesaj sa a te ba yo espwa ak pwomès. jis tankou li te di tou atravè pwofèt Ezayi ki t ap bay bon nouvèl la pote nouvèl bay pòv yo, pou geri moun ki gen kè brize yo, libere prizonye yo, ouvri je avèg yo pou yo wè, epi moun ki maltrete yo libere (Ezayi 61:1-3). Bondye enterese nan delivrans entegral lòm.

Ezekyèl 34:16 kontinye pou l di: "Sa ki pèdi yo, m'ap chache yo. Sa ki te soti nan bann yo, m'ap fè yo tounen nan plas yo. Sa ki blese yo, m'ap mete renmèd pou yo. Sa ki malad yo, m'ap geri yo. Men, sa ki gra yo, sa ki byen gwo yo, m'ap touye yo. M'ap swen mouton m' yo jan m' dwe fè l' la".

Bon bèje a manje ak jistis, li pwoteje moun ki fèb yo. Enterè jistis sosyal la se te yon pwoblèm enpòtan pou Ezekyèl. Bondye ap jije mouton ki gra yo ak mouton ki gen fòs yo. Sa a gen pou wè ak moun ki eksplwate frè yo epi ki pwofite de kanmarad yo, san yo pa konsidere yo egal ak yo. Kidonk, Bondye pral jije eksplwatasyon, travay bon mache, trafik moun ak lòt maladi sosyal yo.

Kesyon:

- Ki karakteristik bon bèje a?

- Èske mwen te santi Bondye kòm bon bèje mwen? Ki jan?

III. Yon alyans kè poze ki pote benediksyon (Ezekyèl 34:25-31)

Ezekyèl 34:25 la di konsa: "M'ap pase ak yo yon kontra k'ap garanti yo kè poze, m'ap fè tout bèt nan bwa disparèt nan peyi a. Konsa mouton m' yo va rete san pwoblèm nan savann yo, y'a dòmi nan rakbwa yo". Sa a gen rapò ak sa pwofèt Jeremi te di tou: "…Lè a pral rive, mwen pral pase yon lòt kontra avèk moun peyi Izrayèl yo ansanm ak moun peyi Jida yo" (Jeremi 31:31). Kontra sa a pral pi bon pase premye a; pliske nan Nouvo Kontra a, lalwa a pral nan lespri yo epi ekri nan kè yo. Kondisyon sa a pral fè yo gen Seyè a pou Bondye; epi li pral genyen yo pou pèp li a.

Ekriven lèt Ebre yo ban nou yon imaj konplè ak akonplisman pwomès sa a: "Men sa m'ap mande Bondye pou nou, li menm ki te fè Jezi, Gran Gadò mouton yo, leve soti vivan pami mò yo. Jezi se Seyè nou an ki te mouri pou l' te ka siyen kontra ki la pou tout tan an ak san li"(Ebre 13:20). San okenn dout, vèsè ki site a totalman eklere sou lapè a kòm yon kado Bondye bay; epi tou li idantifye gwo bèje mouton yo ak san Nouvo Alyans lan, ki pa sèlman tanporè, men ki dirab.

Alyans lapè a pote sekirite:"M'ap pase ak yo yon kontra k'ap garanti yo kè poze, m'ap fè tout bèt nan bwa disparèt nan peyi a. Konsa mouton m' yo va rete san pwoblèm nan savann yo, y'a dòmi nan rakbwa yo" (Ezekyèl 34:25).

Ki sa kè poze a ye?

"An reyalite, nan tèm Ansyen Testaman, lapè a se Shalom, sa vle di konplè, solidite, byennèt. Yo itilize li lè w ap mande oswa lapriyè pou byennèt yon lòt (Jen.43:27; Egz. 4:18; Jij.19:20), lè yon moun ann amoni oswa konkòd ak yon lòt (Joz 9:15 ; 1R. 5:12), lè w ap chèche byen yon vil oswa yon peyi (Sòm.122:6; Jer.29:7)" (Bruce and Others. Nouvo Diksyonè Biblik. Kolonbi: Editoryal CERTEZA UNIDA, 2003, p.1041).

Nan ajitasyon moun ki te ann egzil yo, epi lè ke yo te resevwa nouvèl destriksyon lavil Jerizalèm nan, mesaj sa a nan alyans kè poze a te trè enpòtan. Lapè Senyè a se absans tout ajitasyon espirityèl. Li se konfyans pou kontinye nan pwomès li yo. Jezi te di konsa:"M'ap ban nou kè poze. M'ap fè kè nou poze nan jan pa mwen. Mwen p'ap fè li pou nou jan sa fèt dapre prensip ki nan lemonn. Pa kite anyen toumante tèt nou, nou pa bezwen pè" (Jan 14:27).

Alyans kè poze a pi plis pase absans konfli yo; dimansyon an gen ladan li byennèt total la. Lib anba danje bèt sovaj yo, yon entèpretasyon literal ki t ap vini sèlman nan wayòm Bondye a nan lavni. Nan sans senbolik, bèt nan janden yo t ap nasyon yo, sitou Babilòn, li menm ki te fè pèp Izrayèl la anpil mal.

Abondans nan rekòt, fètilite nan peyi a ak vejetasyon. Benediksyon obeyisans yo dekri nan Levitik ak Detewonòm yo prezan: "lè sezon an rive, m'a ban nou lapli. Konsa, tè nou va bay rekòt, pyebwa nan jaden nou va donnen" (Levitik 26:4)."L'a rete nan syèl la, l'a louvri trezò li, l'a voye lapli sou peyi a lè sezon an va rive, l'a beni tout travay n'ap fè. N'a gen pou nou prete tout moun. Nou p'ap janm bezwen mande pesonn prete" (Detewonòm 28:12).

Libète anba tout opresyon moun. Alyans lapè a pote libète:"Pyebwa nan jaden yo va donnen, jaden yo va bay bèl rekòt, tout moun pral viv ak kè poze nan peyi yo a. Lè m'a wete chenn lan nan kou yo, lè m'a delivre yo anba men moun ki te fè yo tounen esklav, lè sa a y'a konnen se mwen menm ki Seyè a " (Ezekiel 34:27). Sa vle di yo p ap piye nasyon yo ankò; men gen yon avni gloriye k ap tann yo, kote pral gen sekirite, jistis ak lapè. Yo t ap vin konnen

vrè karaktè Bondye lè yo viv yon reyalite limanite retabli e pafè, kote Jewova se Bondye yo e yo se pèp li a; gadò mouton an ak mouton li yo; Bondye avèk nou.

Kesyon:

- Ki sa Shalom vle di?

- Èske mwen santi ke Shalom nan lavi mwen ak nan legliz la jodi a? Ki jan?

Konklizyon

Pwofèt Ezekyèl te esansyèlman yon predikatè espwa ak restorasyon nan men Bondye. Pati diven an fèt; sepandan, gen responsablite imen: si faksyonnè a bay mesaj la; lè sa a, l'ap libere nan responsablite li. Sinon, Bondye ap reklame li nan men li. Si moun ki mache dwat yo pèsevere jiska lafen; lè sa a, l'ap viv. Sinon, jistis li te fè anvan an p ap konte. Si mechan yo repanti, epi yo tounen vin jwenn Bondye; lè sa a, l'ap viv. Sinon, l'ap mouri nan peche l'yo.

Bondye se bon bèje ki prezève, bay manje epi pwoteje mouton li yo; epi li ofri yon avni ki gen pwomès ak gwo benediksyon pou pèp li a.

Pwomès pou kè ki rejenere yo

Daniel Pesado (Etazini)

Pasaj biblik pou etid: Ezekyèl 35, 36

Vèsè pou aprann: "M'ap benyen nou nan bon dlo klè pou nou ka vin nan kondisyon pou fè sèvis pou mwen. M'ap mete nou nan kondisyon pou sèvi m', m'ap wete tout vye bagay derespektan nou t'ap fè yo ak tout zidòl nou yo" Ezekyèl 36:26.

Objektif leson an: Demontre atravè Labib ak istwa ke Bondye toujou akonpli pwomès jijman li yo pou moun sa yo ki pa obeyi kòmandman li yo, ak anpil benediksyon pou moun ki obeyi li yo.

Entwodiksyon

Lè ke n'ap viv ak lide nou santre sou souvni yo, sa fè nou pèdi konsantrasyon nou sou gwo plan ke Bondye genyen nan djakout li pou avni moun ki fè konfyans ak obeyi li. Men, detanzantan, li nesesè pou nou gade dèyè epi sonje pwomès Bondye yo ak akonplisman total oswa pasyèl yo; paske yo renouvle lafwa nou e yo rann espwa nou pi solid. Se vre Bondye plis enterese nan avni nou pase nan tan pase nou; men se vre tou ke nou te aprann fè li konfyans lè nou te wè yon pakèt pwomès ki te montre nou rive vre ke Bondye diy pou moun fè konfyans.

Se menm bagay la tou ki pase avèk nou; epi, sa te rive tou ak pèp Izrayèl la, yon pèp ke Bondye te chwazi ak renmen, men anpil fwa, li te konfonn objektif eleksyon li a.

Mòn Seyi a se non yo te bay Edon (Idumea tou). Pèp sa a te desandan Ezawou, pitit gason Izarak epi frè Jakòb, te resevwa mòn Seyi nan men Seyè a kòm yon eritaj (Detewonòm 2:5); e li te toujou lènmi ak pèp Izrayèl parèy li a.

Pandan pèp Izrayèl la te Kadès, nan pèlerinaj nan dezè a, peyi Edon an te anpeche pèp chwazi a fè wout ki pi kout nan vwayaj yo lè yo travèse peyi yo (Nonb 20:18-21); se konsa, pèp Izrayèl la te oblije kite tèritwa Edon yo. Men, prensipal kòlè Seyè a te limen kont Edon an se paske li te touye Izrayelit yo nan lagè yo te fè kont wa Babilòn lan, Nèbikadneza. Epi, plis toujou, touye anpil moun ki te kouri pou sove lavi yo pandan atak la (Abdyas 10-14).

Bondye pa janm gaspiye opòtinite yo. Sa ki kapab parèt inatandi pou nou, menm sa ki pa kapab jistifye, Bondye itilize yo pou devlope objektif li nan tout moun ki patisipe nan pwosesis pou ede nou pran matirite nan lafwa kretyèn nou. Sikonstans sa a nan istwa pèp Bondye a te itilize nan yon fason sipèlatif pa Bondye pou korije pèp li a

ki se Izrayèl; touye Edon; renouvle pwomès benediksyon pou pèp li a; epi ban nou avètisman sou nesesite pou nou viv nan volonte li pou resevwa tout benediksyon li te pwomèt yo.

I. Bondye korije pèp Izrayèl la

Abi ke pèp Edon an te fè sou pèp Izrayèl la pa t genyen okenn jistifikasyon. Men, nasyon Bondye te chwazi a pou montre mond lan nati l ak objektif li te detounen nan volonte l, ki, byenke li pafwa sanble enkonpreyansib oswa kaprisyez, Pòl fèmman deklare ke li "bon ... agreyab ak pafè" (Women 12:2). Nasyon Bondye te chwazi a te dezobeyi l nan diferan sikonstans ak aspè. Nou kapab wè omwen de okazyon anvan lè Edon te maltrete yo a. Nan Detewonòm, Moyiz te ankouraje pèp la lè l te raple yo youn nan pi gwo pwomès Bondye yo: "Nou wè! Men m'ap ban nou tout peyi sa yo. Al pran posesyon peyi mwen menm Seyè a, mwen te pwomèt m'ap bay zansèt nou yo, Abraram, Izarak ak Jakòb, pou yo ak pou tout pitit yo ak pitit pitit yo apre yo" (Detewonòm 1:8). Men kanmenm, Pèp Izrayèl la te pito aksepte rapò dis espyon yo, yo menm ki te chaje moun yo ak egzajerasyon ak dekourajman; e menm yo te blame Bondye pou sitiyasyon an. Konsekans enkwayans lan te mennen nan dezobeyisans:"Men, nou pa t' vle al ladan l'. Se konsa nou te derefize obeyi lòd Seyè a, Bondye nou an, te ban nou " (Detewonòm 1:26). Pou rezon sa a, yon jenerasyon antye te peri nan dezè a. Men, pèp Izrayèl la pa t aprann de sikonstans sa a; epi li deside pran peyi a ak pwòp fòs li. Nan awogans li, li pa t koute Bondye ki te di l pa mwayen Moyiz: "Men, Seyè a di m' avèti nou: Piga n' al atake, piga n' al fè lènmi nou yo bat nou, paske li p'ap kanpe avèk nou" (Detewonòm 1:42). Men, se egzakteman sa pèp Izrayèl la te fè.

Epi se jisteman nan defèt douloure sa a ke Edon te pwofite frajilite pèp Izrayèl la pou anpeche moun ki te pran echèk yo chape poul yo, pandan ke yo t'a pèmèt ke lènmi an mete men sou yo; pou touye moun ki te kouri sove lavi yo; epi yo te antre nan lavil Jerizalèm ak lènmi yo pou piye li.

Sa a se te youn nan leson ki plis fè mal ke pèp Izrayèl la te eksperimante; epi li raple nou, jan ke moun te konn toujou ap di bagay sa a yo ki anba a: "Jiskaske nou pa aprann leson ki devan nou an, Bondye p ap pèmèt nou vire paj liv lavi a".

Kesyon:

- Ki sa ou panse ki te pwoblèm pèp Izrayèl la kòm yon nasyon, poukisa li te bezwen anpil fwa pou Bondye te genyen rezon pou disipline l?

- Èske w panse sitiyasyon Izrayèl la te sanble ak sitiyasyon pa nou an jodi a? Ki jan?

II. Bondye egzekite jistis li kont pèp Edon an (Ezekyèl 35)

Grann mwen te toujou konn di konsa: "Bondye pa koud san fil". Pou li sa vle di ke pou tout sa Bondye fè oswa pèmèt, li toujou gen omwen yon entansyon. Sa a te demontre yon lòt fwa ankò nan fason li te trete peyi a ak moun lavil Seyi yo. Pèsonn, endividi oswa nasyon, pa gen dwa egzekite jistis ak pwòp desizyon yo; epi se mwens, menm abize moun ki fèb nan moman yo nan pi gwo danje oswa soufrans yo. Men, se egzakteman sa ke moun peyi Edon an te fè pèp Izrayèl la. Poum peyi Edon yo te bliye yon bagay ki transandantal: lefèt ke pèp Izrayèl la, menm lè li te dezobeyi Bondye e li te oblije pini li, men li te toujou yon "pèp chwazi" ak yon "trezò espesyal".

Bondye pap neglije okenn enjistis; san gade sou kilès oubyen ki moun ki komèt mechanste a. Petèt Edon te panse ak tan ke Seyè a t ap bliye fè jistis. Reta aparan Bondye yo se opòtinite pou repantans ak restitisyon; men Bondye pa janm abandone jistis li. Sa a te demontre pa pwofèt Ezekyèl, lè ke li te di konsa: "Nonm o! Pale ak chèf fanmi pèp Izrayèl yo. Di yo men mesaj Seyè sèl Mèt la voye di yo: Nou vin chache konnen volonte m', pa vre? Jan nou konnen mwen vivan vre a, mwen p'ap kite moun mande m' anyen. Se mwen menm, Seyè sèl Mèt la, ki di sa" (v.3).

Pawòl pwofèt la trè revele. "Men sa Seyè sèl Mèt la di," epi pi lwen ankò: "Kòm mwen vivan an, Seyè a, Bondye a di" (v.6a), se konsa li te tèlman dirèk, sa pa kite okenn dout. Li asire nou ke moun ki pale a, se Bondye, e l'ap akonpli sa li di yo. Jozye te raple pèp la sa a: "Mwen menm, mwen pa lwen kite tè a. Nou tout nou konnen nan kè nou ak nan lespri nou Seyè a, Bondye nou an, te ban nou tout bèl bagay li te pwomèt nou yo. Li kenbe tou sa li te pwomèt, yo tout rive vre" (Jozye 23:14). Salmis la te deklare: "Non.

Mwen p'ap kase kontra mwen pase ak li a, ni mwen p'ap janm manke l' pawòl" (Sòm 89:34).

Pwofèt Ezekyèl te ajoute: "Se poutèt sa, jan nou konnen mwen vivan vre a, se mwen menm, Seyè a, k'ap pale: m'ap fè nou benyen nan dlo kò nou, nou p'ap ka chape. Wi, nou te mete san yo deyò, san an gen pou pousib nou" (Ezekyèl 35:6 VBJ).

Men, Bondye pa t chwazi Edon an abitrè pou l pini; men, li te byen wè ki jan pèp sa a te toujou opoze ak pèp Izrayèl la. Epi opozisyon fas ak pitit Bondye yo se menm bagay la ak kanpe kont plan li yo. Ezekyèl te deklare li nan fason sa a: "Men sa mwen menm, Seyè sèl Mèt la, di ankò: M'ap move anpil, m'ap denonse lòt nasyon ki sou fwontyè nou yo. M'ap denonse tout moun nan peyi Edon an tou. Lè yo t'ap pran peyi mwen an pou yo te piye l' nèt ale a, yo pa t' manke kontan, yo pa t' manke pase nou nan rizib" (v.5); sa vle di, Edon te toujou opoze ak plan Bondye te fè pou pèp Izrayèl la. Li trè posib ke referans sa a tounen nan sa Rebeka te pwofetize nan Jenèz 25:23; e ke yon ti kras pita Ezawou te fè l reyalite a: "Seyè a reponn li: -Ou gen de nasyon nan vant ou. W'ap fè de pèp: chak ap pran bò pa yo. Yonn p'ap vle wè lòt. Yonn ap pi gwonèg pase lòt. Pi gran an pral sou zòd pi piti a".

Anplis de sa, Bondye te asire tout bagay nou pral li la a yo atravè pwofèt Ezekyèl: "Se poutèt sa, jan nou konnen mwen vivan vre a, se mwen menm, Seyè a, k'ap pale: m'ap fè nou benyen nan dlo kò nou, nou p'ap ka chape. Wi, nou te mete san yo deyò, san an gen pou pousib nou" (Ezekyèl 35:6). Bondye se sèl jij ki jis nèt. Efikasite jistis li a konsiste nan kapasite san limit li pou disène entansyon yo ak sekrè ki pi kache nan kè lèzòm. Jeremi te deklare: "Mwen menm Seyè a, mwen konnen tout lide ki nan tèt yo, mwen sonde santiman ki nan kè yo. M'ap bay chak moun sa yo merite dapre jan yo mennen bak yo" (Jeremi 17:10). Anpil fwa, disiplin Bondye ap chèche korije ak mennen nou nan akonplisman volonte li. Men, isit la nou wè klèman ke Bondye, siman apre li te bay opòtinite pou repantans lan, li te enflije yon pinisyon terib sou moun ki te reziste kont avètisman li yo. Epi Malerezman, pinisyon an te mennen nasyon ki lènmi pèp Izrayèl la nan yon destriksyon ki total kapital. Pwofèt Ezekyèl te dekri sa yon fason ki plis frekan: "Se poutèt sa, jan nou konnen mwen vivan vre a, se mwen menm, Seyè a, k'ap pale: m'ap fè nou benyen nan dlo kò nou, nou p'ap ka chape. Wi, nou te mete san yo deyò, san an gen pou pousib nou. M'ap fè mòn Seyi yo, peyi Edon an, tounen yon dezè kote moun pa rete. M'ap touye dènye moun k'ap ale vini nan peyi nou an. Mwen pral kouvri mòn nou yo ak kadav. Ti mòn nou yo, fon nou yo ak ravin nou yo pral kouvri ak kadav moun yo touye nan lagè. M'ap fè peyi nou an tounen dezè pou toutan. p'ap gen yon moun nan lavil nou yo. Lè sa a, n'a konnen se mwen menm ki Seyè a" (Ezekyèl 35:6-9). Reta ke li te pran pou l te aplike jijman kont nasyon sa a pa t vle di ke Bondye te bliye Pawòl li a. Pwofèt Abakouk te anonse, san dout nan non Bondye, byen klè ak fèm: "Vanyan sòlda l' yo gen plak pwotèj pentire tou wouj sou bra yo. Yo abiye ak rad wouj violèt. Cha lagè yo klere kou dife! Y'ap vin pou atake nou! Y'ap souke zam yo nan men yo" (Abakouk 2 :3). Pa genyen okenn Pawòl Bondye k ap rete san akonpli.

Kesyon:

- Ki sa ki fè w panse ak ekspresyon sa yo: "Men sa Senyè Bondye a di", epi "jan mwen vivan an, se Seyè a, Bondye a ki di sa" (vv.6)? Kòmantè.

- Èske fraz sa yo se yon reyalite nan lavi w ak legliz la jodi a? Ki jan?

III. Bondye beni pèp li a (Ezekyèl 36)

Fòmil "Men sa Seyè sèl Mèt la di" se te youn nan fòmil ke pwofèt Ezekyèl te plis itilize. Li repete 12 fwa nan chapit 35 ak 36. Repetisyon an sèvi pou plizyè rezon; men san dout, rezon ki prensipal la se, yon lòt fwa ankò, pou mete aksan sou enfayibilite a, verite a, sètitid la e menm severite nan Pawòl ki anonse a. Se menm rezon sa ki fè ekriven Ebre a, menm jan Bondye te fè gwo pwomès li pou l fè pitit pitit li yo miltipliye ak Abraram nan, te deklare bagay sa a yo: "Lè Bondye te fè Abraram pwomès la, li te fè sèman li t'ap kenbe li. Li fè sèman an sou tèt li, paske pa gen pi gran pase li " (Ebre 6:13 VBJ). Seyè a te sèvi ak pwofèt Ezayi tou pou l raple pèp la: "Konsa tou pou pawòl ki soti nan bouch mwen: li p'ap tounen vin jwenn mwen san li pa fè sa m' te vle l' fè a, san li pa fè tou sa mwen te voye l' fè a" (Ezayi 55:11). Epi "pawòl" sa a se pa sèlman pwomès benediksyon; yo se pawòl jijman tou. Li senpleman pale, Pawòl li a ak zèv li yo, byenke sa kapab pran kèk tan, men li pap manke akonpli. Men kèk nan pwofesi ki pi pwisan ke Bondye te bay pèp Izrayèl la:

1. Konsènan nasyon ki te anvayi tèritwa yo a: paske peyi Edon te eseye vòlò tèritwa Izrayèl la, Bondye te asire ke "enben wi, men sa mwen menm, Seyè sèl Mèt la, di: Mwen leve men m' pou m' fè sèman lòt nasyon ki sou fwontyè nou yo pral peye pou jan yo te pase nou nan betiz la" (Ezekyèl 36:7).

2. Sou peyi Izrayèl la: "Men, sou tout mòn peyi Izrayèl yo, pyebwa yo pral fè fèy ankò, y'ap donnen pou nou menm, pèp mwen an, pèp Izrayèl la. Paske nou pa lwen tounen nan peyi nou. Paske mwen kanpe la avèk nou. Mwen pral swen nou. Tè jaden nou yo pral raboure, yo pral plante" (vv.8-9).

3. Sou popilasyon an: "Mwen pral fè tout moun fanmi pèp Izrayèl yo peple, yo pral vin anpil. Tout lavil yo pral plen moun. Yo pral rebati tout kay ki te kraze yo. M'ap mennen nou tounen, nou menm moun pèp Izrayèl yo, pou nou ka viv nan peyi nou an. Nou pral pran peyi a pou nou. Peyi a pral rele nou pa nou. Li p'ap janm kite pitit li yo mouri ankò. Konsa tout moun va di: Gade peyi ki te ravaje a non! Koulye a, li tounen yon bèl jaden tankou jaden Edenn lan. Gade jan lavil ki te fin kraze, piye, demoli yo tounen bèl lavil ak gwo ranpa plen moun non! Seyè sèl Mèt la pale, li di: M'ap kite moun pèp Izrayèl yo vin mande m' sekou. M'ap kite yo peple tankou yon bann mouton. Lavil ki te fin kraze yo pral plen moun tankou lavil Jerizalèm plen mouton yo mennen pou touye pou Bondye lè jou fèt yo. Lè sa a, tout moun va konnen se mwen menm ki Seyè a" (vv.10, 12, cf. 35,37-38).

4. Sou kontaminezon yo te koze ak zidòl yo: yo te kontamine nasyon yo a avèk vye zidòl yo epi yo te derespekte non Seyè a. Kounye a, Bondye te pwomèt yo: "Menm jan nou te trennen non m' nan labou nan mitan lòt nasyon yo, konsa m' pral sèvi ak nou pou fè lòt nasyon yo wè jan m' gen pouvwa, jan m' se yon Bondye ki apa. Lè sa a, nasyon yo va konnen se mwen menm ki Seyè a. Seyè a pale avè m' ankò, li di m' konsa: -Nonm o! Lè moun pèp Izrayèl yo te rete nan peyi yo a, yo mennen bak yo yon jan ki mete peyi a nan kondisyon li pa ka fè sèvis Bondye ankò. Lavi yo t'ap mennen an te mete yo nan kondisyon yo pa t' ka fè sèvis pou mwen. Nan je mwen yo pa t' pi bon pase yon fi ki gen lalin li. Se poutèt sa mwen fè yo santi jan mwen ka move sou yo, paske yo te fè anpil san koule nan peyi a, yo te mete zidòl toupatou. Konsa yo te mete peyi a nan kondisyon pou l' pa t' ka fè sèvis pou mwen ankò. Mwen gaye yo nan mitan lòt nasyon yo. Mwen simaye yo nan tout peyi etranje yo. Mwen pini yo pou jan yo te mennen bak yo mal ak pou tou sa yo te fè. Nan tout peyi kote yo rive, yo lakòz moun derespekte non mwen ki yon non apa. Yo fè moun ap di sou yo: Men pèp Seyè a wi! Yo blije soti kite peyi li te ba yo a! Sa te ban m' tèt chaje pou m' te wè jan moun pèp Izrayèl yo te lakòz moun t'ap derespekte non m' nan tout peyi kote yo pase. Se poutèt sa, w'a di moun pèp Izrayèl yo: Men mesaj Seyè sèl Mèt la voye ba yo: Sa m' pral fè a, se pa pou tèt nou m'ap fè l', tande. Se poutèt non mwen ki yon non apa, non nou te trennen nan labou nan tout peyi kote nou pase yo. M'ap benyen nou nan bon dlo klè pou nou ka vin nan kondisyon pou fè sèvis pou mwen. M'ap mete nou nan kondisyon pou sèvi m', m'ap wete tout vye bagay derespektan nou t'ap fè yo ak tout zidòl nou yo" (v.23, cf. vv.16-22,25).

5. Yo pral tounen nan peyi yo soti nan tout pwent latè: "M'ap wete nou nan mitan nasyon yo, m'ap sanble nou soti nan tout peyi yo, m'ap mennen nou tounen nan peyi pa nou an. Lè sa a, n'a rete nan peyi mwen te bay zansèt

nou yo. Se nou menm ki pral pèp ki rele m' pa mwen. Mwen menm se Bondye nou m'ap ye" (v.24, cf. v.28).

6. Va gen anpil manje pou tout pèp la. "M'ap delivre nou anba tout vye bagay mal nou t'ap fè yo. M'ap bay ble yo lòd pou yo donnen anpil. Konsa mwen p'ap janm voye grangou sou nou ankò. M'ap fè pye fwi nou yo ak jaden nou yo donnen an kantite. Konsa, nou p'ap nan grangou, nou p'ap wont ankò devan lòt nasyon yo" (vv.29-30).

Anpil nan pwomès sa yo deja reyalize. Gen lòt ki pral fini; men yo gen yon kondisyon endispansab epi ki san parèy: lafwa nan Jezi antanke Kris la. Lè Bib la deklare ke Bondye te egzalte Jezi, li te fè sa "Konsa, tou sa ki nan syèl la, tou sa ki sou tè a ak anba tè a, yo tout va mete jenou yo atè devan Jezi pa respè pou non Bondye te ba li a. Tout moun va rekonèt Jezikri se Seyè a. Sa va sèvi yon lwanj pou Bondye Papa a" (Filipyen 2:10-11). Sa yo "tout jenou" ak "tout lang" gen ladan yo tou pèp jwif la. Men, reyalite final la se ke "...tout pwomès Bondye yo se verite. Se poutèt sa tou, gremesi Jezikri, nou ka di amèn lè n'ap fè lwanj Bondye" (2 Korentyen 1:20).

Kesyon:

- Pèp Izrayèl la te resevwa pwofesi, men nan Pawòl la gen pwomès pou nou tou. Mansyone kèk ladan yo.

- Pataje si nenpòt nan pwomès sa yo te deja akonpli.

IV. Bondye lonje gras li ban nou

Gras ak lafwa nan Jezi antanke Kris la, nou tout se desandan Abraram, atravè pwomès Bondye te fè l la; e se poutèt sa, nou se yon pati nan pèp li a. Se konsa, pwomès sa yo ki soti nan kè Bondye, ki plen favè ak mizèrikòd, yo pou nou menm tou.

Alyans Bondye te fè ak Abraram lan te renouvle ak Izarak, pitit li a. Nan Jenèz 26:3, Bondye te di Izarak: "M'ap avè ou, m'ap beni ou, paske mwen pral ba ou tout tè sa a pou ou menm ak pou tout ras ou. m'a kenbe sèman mwen te fè bay Abraram, papa ou" (VBJ). Apre sa, menm alyans lan te renouvle ak Jakòb, pitit gason Izarak la. Bondye te parèt nan Betèl, e li te konfime kontra a: "...Se mwen menm, Seyè a, Bondye Abraram, zansèt ou, ak Bondye Izarak. Ou wè tè kote ou kouche a, m'ap ba ou l' pou ou menm ansanm ak tout pitit pitit ou yo. Pitit pitit ou yo pral menm kantite ak grenn pousyè ki sou latè. Yo pral gaye nan tout direksyon, lès, lwès, nò, sid. Ou menm ak tout pitit pitit ou yo, nou pral tounen yon benediksyon pou tout moun ki sou latè. Pa bliye, m'ap toujou la avèk ou, m'ap voye je sou ou kote ou pase. M'ap fè ou tounen nan peyi sa a, paske mwen p'ap lage ou san m' pa fè tout sa mwen sot di ou la a" (Jenèz 28:13-15).

Men, alyans sa a ant Bondye ak pèp Izrayèl la toujou valab pou nou menm jouk jounen jodi a. Akò sa a ant tou de pati yo depann de obeyisans nou. Se pa sou sakrifis towo bèf ak bouk kabrit ankò ki pa jis satisfaksyon pou tout dezonore akimile nan non Bondye pou peche pèp Izrayèl la. Se sou lwayote, angajman ak obeyisans anvè Bondye. Pwofèt Miche te klarifye ke se pa yon kesyon pou ofri plis sakrifis: "Y'a reponn li: Non monchè. Seyè a te moutre ou sa ki byen. Tou sa li mande ou, se pou ou fè sa ki dwat, se pou ou gen kè sansib nan tout sa w'ap fè, se pou ou mache san lògèy devan li" (Miche 6:8).

Men sa pwofèt Ezayi te denonse: "Nou te tankou mouton ki te pèdi bann, chak moun bò pa yo. Men, chatiman ki pou te tonbe sou nou an, Seyè a fè l' tonbe sou li" (Ezayi 53:6). Kidonk, ki jan yon Bondye jis kapab padonnen anpil peche epi libere pechè yo? Ankò, n a' jwenn repons lan pi devan; epi Bondye li menm te reponn kesyon sa a nan sans sa a: "M'ap mete lòt santiman nan kè nou. M'ap mete lòt lide nan tèt nou. M'ap wete tèt di nou an, m'ap fè nou tande lè m' pale nou. M'ap mete Lespri m' nan nou, konsa m'ap fè nou mache dwat dapre lòd mwen ban nou, pou nou fè tou sa mwen mande nou fè. N'a kenbe prensip mwen yo" (Ezekyèl 36:26-27). Bondye te deja fikse dat larive Pitit li a ak sakrifis li a ki t ap repare tout domaj yo te fè nan onè Bondye akoz de dezobeyisans limanite. Nan kèk ti mo, pwomès ke Bondye te fè pèp Izrayèl la ansanm avèk nou sou tan Moyiz la vin posib sèlman atravè Jezi antanke Kris la. Si gras a lafwa nou obeyi kòmandman l yo; Bondye ap pwoteje nou anba lènmi nou yo epi l'ap akonpli bèl pwomès li yo nan lavi nou.

Kesyon:

- Ki jan Bondye lonje gras li ban nou jodi a?

- Ki jan nou ta dwe viv jodi a, anba favè Bondye, nou menm ki se desandan Abraram gras a lafwa?

Konklizyon

Sa ki te pase ak pèp Izrayèl la ak peyi Edon an montre nou ke Bondye toujou konsistan avèk Pawòl li a. Istwa ras limanite a, enkli Izrayèl ak Edon, epi siman istwa endividyèl nou yo pral montre tou ke Bondye toujou chèche repantans ak benediksyon nan men chak moun ki egziste. Fè rezistans ak bonte ak mizèrikòd li mennen nou nan fè vye eksperyans konsekans ke Bondye pa t vle pou nou.

Pèp Bondye a

Efraín Muñoz (Etazini)

Pasaj biblik pou etid: Ezekyèl 37

Vèsè pou aprann: "Se la m'ap viv avèk yo. Se mwen menm k'ap Bondye yo. Yo menm, se pèp ki rele m' pa m' lan y'ap ye" Ezekyèl 37:27.

Objektif leson an: Konprann ke bafon ki plen ak zòsman an yo se yon leson pou lavi, men se pa pou lanmò, atravè pouvwa Lespri Sen an; avèk objektif pou ke nou vin pèp Bondye, epi pou Li menm li kapab vin Bondye nou pou toutan.

Entwodiksyon

Pandan tout listwa limanite, Bondye te revele tèt li bay pèp Izrayèl la; e youn nan objektif sa a se pou nasyon yo sou tè a konnen vrè Dye a, selon Jenèz 12:2-3: "M'ap ba ou anpil pitit pitit. Y'a tounen yon gwo nasyon. m'a beni ou. Y'a nonmen non ou toupatou; w'a sèvi yon benediksyon pou tout moun. M'ap voye benediksyon mwen sou tout moun ki va mande benediksyon pou ou. Men, m'ap madichonnen tout moun ki va ba ou madichon. Gremesi ou, tout nasyon sou latè va jwenn benediksyon". Pliske peche a te antre nan mond lan atravè premye Adan an (Women 5:12); lanmò te pase nan tout moun, epi anachi a te etabli nan tout limanite. Rebelyon sa a te fè nou pa chèche Bondye; nou te konplètman bliye plan ak objektif Seyè a pou nou.

"Bafon ki plen zosman yo" se reprezantasyon kondisyon ke pèp Bondye a te rive. Pou ranvèse reyalite sa a, entèvansyon diven an nesesè pou tande Pawòl Bondye a ak aksyon pouvwa Sentespri li a, li menm ki se moun ki kapab enspire lavi espirityèl la nan mitan lanmò, pou fè nou leve soti vivan nan lanmò epi viv dapre plan ak objektif etènèl li a; sa vle di, vin pèp Bondye a.

I. Kondisyon yo: sèk (Ezekyèl 37:1-2, 11)

Nan premye vèsè chapit sa a, yo di nou ki jan pwofèt Ezekyèl te sezi pa prezans Bondye menm e li te mennen l nan yon dezè trè dezè. Pwofèt la pa t 'kapab wè anyen men yon gwo bafon ki plen ak zosman ki byen sèch. Lespri Seyè a mete l nan mitan fon an, nan mitan zosman yo. Premye bagay Ezekyèl te remake se ke bafon sa a te plen zo moun ki mouri; yo pa menm di yo se zo eskèlèt, men se zo ki gaye. Nou remake tou ke pa te gen okenn espas ant zo ak zo; bafon an te chaje ak moso zo. Senaryo sa a revele nou ke kantite moun ki te mouri la te anpil tankou kantite moun ki pa t kapab konte; epi, pliske zo yo te tèlman pre, li te sanble kòm si yon lame ki te frape imedyatman. Men, sa ki pi te atire atansyon pwofèt Ezekyèl la se kondisyon zo sa yo: "Li fè m' pwonmennen nan tout fon an, nan mitan zosman yo. Mwen wè te gen anpil anpil zosman atè nan fon an. Zosman yo te fin chèch nèt" (v.2b).

Nan ane 722 anvan epòk nou an, Asiryen yo te mennen dis tribi Izrayelit nò yo nan dezè a; epi li detwi kapital Samari a. Lè sa a, Babilòn yo te ranplase Asiryen yo lè yo te pran wòl anpi mondyal la nan ane 612 anvan epòk nou an. Pwofesi Ezekyèl yo te revele lè Izrayèl te ann egzil nan peyi Babilòn nan, ak Nèbikadneza kòm wa ant 604 anvan epòk nou an. epi 562 av.K. (Price, Ross E.; Gray, C. Paul; Grider, J. Kenneth; Swimm, Roy E. Gwo Pwofèt yo, vol. 4. Etazini: KPN, 1969, pp.532-533). Sa ki te lakòz tout dezolasyon sa a pou Izrayelit yo se paske yo te dezobeyi kòmandman Bondye yo. Yo te vire do bay Seyè a. Epi konsekans lan se ke li te abandone yo nan pwòp sò yo.

Pwofèt Ezekyèl te kòmanse ministè I ak yon apèl pou pèp Izrayèl la tounen vin jwenn Bondye. Nan chapit 18, pwofèt la te mande pèp la pou yo retounen nan lwa Seyè yo a; non sèlman pou li repanti, men li fè byen ak pwochen I, epi aji byen.

Deskripsyon Ezekyèl te fè konsènan kondisyon zo yo ki "twò sèk" (Ezekyèl 37:2) fè nou reflechi sou faktè tan an. Sa te fè lontan depi solèy dezè a te fè ravaj sou yo. Zo yo te literalman dezentegre. Se poutèt sa, Izrayelit yo te di konsa: "Nou fin deperi, nou pa gen espwa ankò. Nou fini nèt" (v. 11).

Kesyon:

- Ki rezon ki fè pèp Izrayèl la te konsidere kòm "zosman deseche a"?

- Èske ou kapab identifye tèt ou ak kondisyon sa a? Poukisa?

II. Nesesite li: koute Pawòl Bondye a (Ezekyèl 37:3-4)

Apre vizyon zosman deseche yo, Bondye te poze pwofèt la yon kesyon trè enteresan e etonan an menm tan: "èske zo sa yo kapab reviv?" (v.3 VBJ). Antanke moun ke nou ye, nou ta reponn di NON! Men Ezekyèl reponn: "Seyè ki gen tout pouvwa a, ou konnen" (v.3b VBJ). Tou natirèlman, yon moun ta kapab jije repons pwofèt la kòm yon repons ki fèb; kòm yon repons pou nou pa pèdi zanmitay ak Bondye a; oswa petèt, kòm yon repons dout sou pouvwa Seyè a. Li klè ke Ezekyèl te yon sèvitè Bondye. Li te resevwa yon apèl pou l gen yon kominyon trè sere ak Kreyatè a; kidonk, san dout, li te temwen dewoulman pouvwa ekstraòdinè nan moun sa a ki kapab fè tout bagay la: Bondye!

Nan repons Ezekyèl la, nou remake omwen de bagay enpòtan: Premyèman, Bondye genyen "tout-pwisans" epi Bondye "konnen tout bagay". Li gen objektif etènèl pou pèp li a; epi li dispoze fini sa li te kòmanse a (Filipyen 1:6). Youn nan vèsè ki pi chokan nan tout Bib la se lè Bondye te kòmande Ezekyèl pou l te pwofetize sou zo sèk yo, selon Ezekyèl 37:4 : "Lè sa a, li di m' konsa: -Bay mesaj sa a pou zosman yo. W'a di zosman ki fin chèch yo pou yo koute pawòl Seyè a". Mo "pwofetize" a vle di anonse yon evènman ki gen pou rive a lavni; epi pi fò nan tan yo, nan Ansyen Testaman an, li gen plis konotasyon sou pwononse oswa plegonnen yon mesaj ki soti nan Bondye. Jiskaprezan nou pa gen okenn gwo pwoblèm pou konprann reyalite sa a. Sa ki twoublan an se konprann kòmandman Bondye bay pou pwofetize sou zo sèk

yo: "Zo sèk, koute pawòl Seyè a!" (v.4b VBJ). Demann Bondye a te sanble "biza" e menm "ridikil". Imajine sèn nan: yon pwofèt ebre k ap preche yon moun ki mouri nan dezè a! Ki jan sa a te kapab koute? Pou reponn kesyon entrigan sa a, ann gade yon egzanp trè patikilye nan istwa pitit fi yon nonm yo rele Jayiris (Lik 8:52-56). Isit la, Jezi te rele byen fò, li di: "... Ti fi, leve. Lè sa a, lespri l tounen, epi imedyatman li leve..." (Lik 8:54-55).

Mo "kriye" a soti nan rasin mo grèk "prosphoneo" ki vle di "rele, konvoke oswa envoke, avèk fòs." (Strong, James. Diksyonè Strong nan sou Mo ki Orijinal nan Ansyen ak Nouvo Testaman yo. Etazini: Editoryal Caribe, 2003, fòma dijital). Jezi ki se Kris la te pwofetize sou kò inaktif jèn fi sa a; e byenke li te mouri, se pa kò fizik li ki te tande, men lespri li, menm jan ak lè nou tande yon Pawòl Bondye atravè predikasyon. Se pa sans fizik nou ki koute a an reyalite, men pito se lespri nou.

Rezon ki fè Bondye te kòmande pwofèt Ezekyèl pou l pwofetize sou zo yo se paske tout sa pwofèt la te kapab wè nan epòk la se te yon pil zo sèk; epi vye zosman deseche sa a yo te genyen pou yo vin genyen lavi ankò gras ak yon Bondye ki pa janm bliye pèp li a, epi ki akonpli alyans li a. Kidonk, byenke se pa zo fizikman ki t ap tande pawòl pwofetik la, men se te lespri yo; lè Kreyatè a sèvi ak Pawòl li a, bagay yo vin egziste: "Lè sa a, li di m' konsa: -Bay mesaj sa a pou zosman yo. W'a di zosman ki fin chèch yo pou yo koute pawòl Seyè a" (Ezekyèl 37:4 VBJ).

Kesyon:

- Ki jan pouvwa Pawòl Bondye a parèt devan moun ki tande l?

- Si chak kretyen yo aple pou pwoklame Pawòl Bondye a; kisa ki anpeche nou?

III. Lavi nan abondans li a: Lespri a (Ezekyèl 37:5-10, 12-14)

Lè nou li vèsè 5 a 10, kreyasyon premye èt imen yo: Adan ak Èv (Jenèz 2:21-22) imedyatman vin nan tèt ou. Nan etid ka nou an, n ap fè fas ak yon rezirèksyon oswa rekreyasyon pèp Bondye a. Ezekyèl te pwofetize: "Wi, men sa Seyè sèl Mèt la voye di yo: Mwen pral fè yon van soufle sou nou pou nou ka tounen vivan ankò '' (Ezekyèl 37:5). Isit la, nou literalman wè men kreyatif Bondye ki desine chak pati nan èt imen an: sou zo sa yo, premye tandon yo; après sa a, chè (misk ak ògàn); epi finalman, po a. Pwosedi sa a prèske idantik ak sa ki rakonte nan Jenèz 2:7; matyè premyè a se menm bagay la, se sa ki, ''pousyè tè a''.

Lè pwofèt Ezekyèl te pwofetize a, selon Ezekyèl 37:7-10 :''Mwen bay mesaj Bondye a jan li te ban m' lòd la. Antan m'ap pale konsa, mwen tande yon gwo bri, zosman yo pran deplase jouk yo jwenn plas yo yonn bò kote lòt. Mwen gade, mwen wè zosman yo te gen venn sou yo. Vyann t'ap pouse sou yo. Lèfini po kouvri yo tout. Men pa t' gen souf nan yo. Bondye di m' konsa: -Nonm o! Bay mesaj Bondye a, pale ak van an. W'a di li men mesaj Seyè sèl Mèt la voye ba li: Vini non! Soti nan kat bòn direksyon yo. Soufle sou tout mò sa yo, fè yo tounen vivan ankò. Se konsa, mwen bay mesaj la, jan li te ban m' lòd la. Souf la antre nan kadav yo, yo vin vivan ankò, yo kanpe sou de pye yo. Te gen anpil anpil moun, kont pou fè yon gwo lame''; la a nou wè kote ke Bondye te montre pouvwa li; ak anpil evènman sinatirèl ki te pase. Premyeman, yon bri, men nou pa konnen ki kalite bri li te ye. Epi byenke kòz yo ta kapab diferan anpil, pwofèt la te deja tande yon lòt bri ki ta genlè ta yon bagay li konnen (1:24). Nan tou de pasaj yo, yo itilize menm tradiksyon an. Lè sa a, yon tranblemanntè te rive; li te souke tè a yon fason ak presizyon konsa ke zo yo te rankontre ak lòt zo parèy yo. Sa fè nou reflechi ke menm lè Bondye fè tè a tranble e souke nou; nan plizyè okazyon, li fè sa pou chanje bagay nan lavi nou. Kounye a, pwofèt la te wè tandon ki te kouvri vye zo eskèlèt yo. Lè li di chè a pouse, nou ta kapab mande: ki kote li pouse? Sètènman repons lan se nan Jenèz 2:7. Anfen, Bondye kouvri epi mete pi gwo ògàn nou genyen an: po a. Ezekyèl te fè yon obsèvasyon trè enpòtan: ''Mwen gade, mwen wè zosman yo te gen venn sou yo. Vyann t'ap pouse sou yo. Lèfini po kouvri yo tout. Men pa t' gen souf nan yo'' (Ezekyèl 37:8). Menm lè a, Seyè a te mande pwofèt la pou l te pwofetize Lespri a. Sa vle di ke li te rele Lespri Bondye a pou l soufle sou kadav yo; pou yo kapab viv. Lè Ezekyèl te rele Lespri a, li te vini e li te antre sou moun ki te kouche mouri epi yo te vin vivan. Kidonk, yo te leve kanpe sou pye yo epi yo te vin tounen ''yon gwo lame'' (v.10).

Vèsè 12-14 yo gen nyans ki trè klè sou fen tan yo. Si pasaj sa a te adrese sèlman ak pèp ebre a pou tan Ezekyèl yo; lè sa a, li refere a nasyon Izrayelit la kòm sa, epi pwomès rezirèksyon fizik ak espirityèl la, mete aksan sou ke Bondye ta fè yo antre nan peyi ki te deja bay paran yo, men akòz peche pèp la yo te mete yo deyò ak egzile.

Dezyèm entèpretasyon an te kapab kote ke li te adrese li a ''vrè'' Izrayelit yo, jan apot Pòl te di (Women 2:28-29); pliske nan Kris la tou, moun ki pa jwif yo, dapre lachè, yo te grefe nan menm pèp Bondye a, selon sa nou kapab li nan Women 11:17:''Pèp Izrayèl la tankou yon pye oliv kay. Yo koupe kèk branch soti ladan li. Ou menm ki pa jwif la, ou tankou yon branch pye oliv mawon yo grefe nan plas branch yo koupe yo. Kifè koulye a, se ou menm k'ap pwofite lèt rasin k'ap nouri pye oliv kay la''. Nan lòt mo, pwofesi sa a ta dwe konsève pou fen tan yo. Kidonk, nou ta di ke nou deja nan tan sa yo; paske Jezi te vini pou premye fwa pou l te anonse levanjil la ak mistè Papa a, li te mouri pou l te ban nou lavi ki pap janm fini an; moman sa a menm nou dwe repanti epi rann lavi nou bay Kris la, epi Bondye deja vide Lespri Sen li a (Travay 2:4).

Si tout sa a te deja yon reyalite; lè sa a, nou ta kapab pale sou yon pwofesi k'ap mache pou l rive. Kidonk, sa Ezekyèl te pwofetize a pa t ap yon evènman nan lavni; men yon tan kote pwofesi a t'ap pran tan ak plas kwonolojik li pou li kapab akonpli. Se sèlman dènye pati etap sa a ki ta manke, ki se rezirèksyon moun ki delivre yo, Dezyèm Vini Kris la, fotèy jijman Kris la (2 Korentyen 5:10), ak jijman an devan gwo fòtèy blan an, kote ke mechan yo pral parèt pou kondanasyon ki pap janm fini an, selon Revelasyon 20:11-15 :''Apre sa, mwen wè yon gwo fòtèy blan ak moun ki te chita sou li a. Sièl la ak tè a pran kouri devan l', yo disparèt nèt ale. Apre sa, mwen wè tout moun ki te mouri yo, gran kou piti, kanpe devan fòtèy la. Yo louvri yon bann liv. Apre sa, yo louvri liv ki gen non moun ki gen lavi yo. Yo jije tout moun mouri yo dapre sa yo te fè, dapre sa ki te ekri nan liv yo. Lanmè a renmèt tout moun mouri ki te nan fon li. Lanmò ak kote mò yo ye a renmèt tout mò ki te nan men yo. Yo jije tout mò sa yo dapre sa yo te fè. Apre sa, yo jete lanmò ansanm ak kote mò yo ye a nan letan dife a. (Letan dife sa a, se li menm ki dezyèm lanmò a). Tout moun ki pa t' gen non yo ekri nan liv ki gen non moun ki gen lavi a, yo jete yo nan letan dife a tou".

Sa yo se sèlman de pozisyon entèpretasyon yo te bay sou pasaj sa a. Youn nan aspè enpòtan tèks sa a anseye nou se lavi ke Lespri Bondye a pwodwi. Lè li pran plas nan yon moun, li toujou pote lavi, menmsi lanmò te egziste deja. Bondye resisite sa ki mouri a.

Kesyon:

- Ki diferans ki genyen ant lavi natirèl ak lavi espirityèl la?

- Kisa Lespri a fè lè li antre nan moun nan?

IV. Final li: inite, yon sèl kò ke tèt la dirije (Ezekyèl 37:15-28)

Pèp Izrayèl la te divize an wayòm nò a ak dis tribi, ak wayòm sid la ak de tribi. Kòz prensipal la se idolatri wa Salomon (1 Wa 11:9-11); epi pita, anbisyon Woboram, pitit gason Salomon (1 Wa 12:14-15). Pèp Izrayèl la se te yon wayòm ki genyen tèt ansanm ke Sayil t'ap gouvène, David ak Salomon te dirije jiska 928 anvan epòk nou an, lè tribi nò yo te revòlte kont Woboram, sa ki te lakòz divizyon an. Tout bagay sa yo se te kòmansman trajedi ki te rive pèp Izrayèl la, tankou anpil envazyon nan diferan anpi; ak sa a, ekzil imilyan yo ki te mennen yo nan esklavaj ak dyaspora atravè mond lan.

Bondye te pwomèt pa pwofèt Ezekyèl pou l reyini nasyon Izrayèl la an yon sèl pèp. Resous pwofèt la te dwe sèvi ak de baton, yo chak te make ak non de wayòm yo: Efrayim kòm wayòm nò a, ak Jida kòm wayòm sid la (Ezekyèl 37:16).

Pwofèt Ezekyèl te oblije pran de baton yo nan yon men kòm yon senbòl tèt ansanm, se konsa ke lè Izrayelit yo mande l 'ki rezon ki te lakoz li t'ap itilize de baton sa yo; lè sa a, li te kapab pwofetize ak Pawòl Bondye a pou di ke yo ta dwe yon sèl pèp ankò. Anplis de sa, Seyè a te vle montre objektif li nan akonpli inite sa a: 1) rasanble pèp li a ki soti toupatou sou tè a (v.21b); 2) rasanble yo nan peyi Izrayèl la anba yon sèl wa (v.22); 3) yo p'ap janm divize ankò (v.22b); 4) p'ap janm sal ankò ak idolatri (v.23a); epi 5) yo pral pirifye anba tout rebelyon, Bondye pral antre nan kominyon ak pèp li a yon lòt fwa ankò (v.23b).

Ant vèsè 24 a 28, Bondye te revele ke li t ap voye yon Mesi-Wa-Bèje; lè sa a, pèp la t'ap mache dapre lòd li yo. Ekspresyon "David, sèvitè m nan" se yon referans ak Jezi ki se Kris la, ki se yon desandan wa David; epi, anplis, se yon konotasyon nan wayòm Davidik la, ki ta youn ki pa ta gen fen, (Ezayi 9:7). Bondye vle bay moun ki fèb yo ankourajman ak lafwa: "Se la m'ap viv avèk yo. Se mwen menm k'ap Bondye yo. Yo menm, se pèp ki rele m' pa m' lan y'ap ye. Wi, m'a fè kay ki apa pou mwen an toujou rete la nan mitan yo. Lè sa a, lòt nasyon yo va konnen se mwen menm, ki te chwazi pèp Izrayèl la pou l' te ka viv apa pou mwen" (Ezekyèl 37:27-28). Pwofesi sa a tou se pou tout moun ki ofri kè yo bay Jezi ki se Kris la. Pou sele pwomès sa a, ann li Revelasyon 21:3-4.

Kesyon:

- Kisa ou panse ou kapab fè si gen peche nan lavi ou ki anpeche relasyon pèsonèl ou ak Bondye byen fonksyone? Pran yon ti tan pou w fè lapriyè pèsonèl ak refleksyon.

- Ki pwomès yon moun resevwa lè l koute Pawòl Bondye a epi li obeyi l?

Konklizyon

Peche a toujou pote konsekans ki grav kont moun nan. Si kèk fwa ou te konsidere tèt ou espirityèlman nan mitan yon bafon ki plen ak zosman ki sèch; menm la a gen espwa lavi. Bondye pa bliye pwomès li yo; li fidèl e li jis pou l padone nou si nou konfese peche nou yo (1 Jan 1:9). Menm jan ak nan tan Ezekyèl la, Bondye envite nou tande Pawòl li a epi resevwa Lespri li a epi bay bon nouvèl sali a chak fwa nou gen opòtinite.

Restorasyon pèp Bondye a

Jorge L. Julca (Ajantin)

Leson 49

Pasaj biblik pou etid: Ezekyèl 38, 39:1-10,17-29

Vèsè pou aprann: "M'ap fè pèp mwen an soti nan mitan lòt nasyon yo pou yo tounen lakay yo. M'ap mache ranmase yo nan tout peyi kote lènmi yo ap viv. Lè m'a fè sa pou yo anpil nasyon va wè se yon Bondye apa mwen ye" Ezekyèl 39:27.

Objektif leson an: Rekonèt ke Bondye nou an souveren, li genyen kontwòl tout sitiyasyon nan lavi a. Li pwoteje pèp li a, epi li sove li anba tout lènmi li yo.

Entwodiksyon

Ezekyèl, pwofèt ki nan liv etid sa a, te grandi nan yon fanmi sakrifikatè; epi li te resevwa fòmasyon li nan tanp kote li te ofisye jiska epòk konkèt Babilòn lan. Dapre Schokel, "Nou konnen ti kras sou Ezekyèl. Nou konnen se te pitit yon prèt yo te rele Bouzi. Pwobableman li menm li te yon prèt, jan li sijere pa lang li, konesans li nan lejislasyon sakre ak enterè li nan tanp lan" (Schokel, Alonso ak J. Luis Sicre. Ezekyèl-Douz Ti pwofèt yo-Danyèl Barik-Lèt pwofèt Jeremi. Espay: Krisyanis, 1980, p.9).

Ezekyèl te resevwa apèl pwofetik li pandan ke li te ann ekzil; epi li te byen asosye ak Jeremi, yon lòt gwo pwofèt nan epòk sa a nan istwa Izrayèl la. Ministè pwofetik Ezekyèl la kapab divize an de gwo peryòd: (1) soti ann ekzil rive nan tonbe Jerizalèm nan ane 586 anvan epòk nou an; epi (2) depi nan tonbe Jerizalèm alavans.

Chapit 38 nan liv la sitiye nan aktivite pwofetik Ezekyèl nan dezyèm peryòd li nan ministè a karakterize pa anons espwa atravè restorasyon pèp Izrayèl la; ak pawòl li yo kont nasyon lènmi li yo, li afime jijman ak souverènte Bondye.

Pasaj sa a te vin anvan vizyon ke pwofèt la te resevwa konsènan "bafon zosman deseche a"; epi pou ke li kominike bon nouvèl ke Bondye pral fè pèp Izrayèl la tounen soti nan kaptivite, epi retabli yo kòm pèp li chwazi a (c.37). Nan pwochen chapit liv pwofetik sa a, ki koresponn ak leson etid sa a, yo te anonse ke avèk èd Bondye, pèp Izrayèl la pral bat dènye lènmi misterye li a.

Menm jan ak lòt liv pwofetik yo, pwofèt Ezekyèl repete dinamik ki prezan nan tout literati pwofetik ki ankadre ant sik rebelyon, jijman ak repantans pèp Bondye a; mouvman ke ant defèt li yo, kòm rezilta dezobeyisans li, ak viktwa li yo, kòm rezilta retounen nan kominyon avèk Seyè a.

I. Bondye se jij souveren an (Ezekyèl 38:1-14)

Pasaj la prezante Bondye kòm jij sou tout nasyon yo. Nan lide pou l restore pèp li a, li voye pwofèt Ezekyèl pwofetize kont Gòg.

A. Gòg, Magòg, Mechèk ak Toubal (vv.1-3)

A kilès non etranj sa yo fè referans? Pasaj la difisil pou entèprete; paske yo pa konnen egzakteman ki moun ki te nouvo lènmi pèp Izrayèl la.

Nan Jenèz 10:2, yo mansyone Magòg kòm yon desandan Jafè; men li pa janm prezante kòm yon lènmi pèp Izrayèl la. Mechèk ak Toubal se te vil ki te nan nò pèp Izrayèl la, epi yo mansyone yo nan I Kwonik 1:5 kòm yon peyi oswa yon gwoup nasyon, men yo pa fè okenn referans eksplisit kòm yo te nan opozisyon ak pèp Bondye a.

Apot Jan, nan Revelasyon 20:8, te mansyone non sa yo; men dapre Grider, apot la "sanble konsidere Gòg kòm yon nasyon olye de yon wa. Men, li te kapab byen entèprete Gòg ak Magòg yon fason senbolik — kòm reprezantasyon nasyon yo ke Satan pral twonpe nan fen tan an epi ki pral goumen answit kont Bondye ak pèp li a" (Grider, Kenneth. Kòmantè Biblik Beacon, vol. IV. Etazini: KPN, 1984, p.612).

B. Ki sa ki te karakterize Gòg ak lame l yo? (vv.4-10)

Pasaj la montre fòs militè lame Gòg la. Vèsyon Biblik Jerizalèm nan tradwi l nan sans sa a: "M'ap fè ou kase tèt tounen, m'ap mete bayonn nan machwè ou. M'ap trennen ou, ou menm ansanm ak tout lame sòlda ou yo, chwal ou yo ak kavalye ou yo, ak bèl inifòm yo sou yo. Yon gwo lame w'ap genyen lè sa a, chak sòlda ak nepe yo nan yon men ak yon gwo osinon yon ti plak fè pwotèj nan lòt men an" (v.4 VBJ). Li fè referans tou ak alyans yo ak lòt lame pwisan yo, ki te Pès, Kouch (Etiopi) ak Pout (Libi), nou kapab jwenn li nan v.5-6 : "Moun peyi Pès, moun peyi Letiopi ak moun peyi Pout ap mache avè ou. Yo tout gen gwo plak fè pwotèj sou ponyèt yo ak kas fè sou tèt yo. Tout sòlda peyi Gome yo, tout moun lavil Bèt-Togama ki nan nò nèt la, yo kanpe avè ou tou, ansanm ak kantite moun anpil lòt nasyon".

Yo mansyone Gòg, nouvo lènmi pèp Izrayèl la, kòm moun k ap dirije Mechèk ak Toubal (v.2); e ke teritwa yo te lokalize nan nò teritwa Izrayèl la (v.15). Pasaj la mansyone tou atak mechan nasyon pwisan ak mechan sa yo kont pèp Bondye a. Nan vèsè 9 ak 10, li endike ke envazyon sa a pral tankou yon "tanpèt" (VBJ), yon "nwaj" (VBJ); e ke yo pral elabore yon "strateji mechan" (VBJ) kont pèp Izrayèl la.

Bò kote pa l, vèsè 15 ak 16 detaye tou lènmi sa a ak "kavalye imans" li ak "lame vanyan" li (VBJ).

Deskripsyon an montre non sèlman fòs lènmi sa yo; men gwo kavalye li a ak nati devastatè atak li a.

C. Vilnerabilite pèp Izrayèl la (vv.11-14)

Sa ki te kanpe an fas gwo lame lènmi sa a se te pèp Izrayèl la: yon pèp frajil, vilnerab, san defans epi aparamman san pwoteksyon. Lè n'ap obsève kalite ak kantite lènmi li yo, pèp Izrayèl te sanble tankou yon viktim ki fasil pou piye ak konkeri.

Yo pat genyen okenn miray ki te pou ba yo pwoteksyon (v.11), sa te montre feblès pèp Izrayèl la ekspoze. Nan tan lontan, vil yo te garanti pwoteksyon yo kont atak lènmi ak maladi atravè konstriksyon mi yo. Atravè yo, yo te kontwole komès, trafik moun, kontaminezon maladi; epi tou ak miray ranpa yo, yo defann tèt yo kont atak lame ki ta anvayi yo.

Pasaj la souliye ke mesaj la soti nan Bondye ki genyen tout pouvwa a (vv.3, 10, 14 VBJ). Li prezan nan mitan kriz ak menas kont pèp li a, menm lè tout bagay sanble pèdi.

Kesyon:

- Ki dinamik ki karakterize mesaj pwofetik Ansyen Testaman an?
- Ki lame swadizan inevitab nou kapab rankontre nan epòk nou an antanke pèp Bondye?

II. Bondye se moun ki kontwole listwa (Ezekyèl 38:15-39:10)

A. Sikonstans negatif yo se sèn aksyon Bondye (38:15-23)

Lè nou plonje nan sitiyasyon san espwa yo, san nou pa kapab wè yon fason pou sòti, ki jan nou reyaji? Lè ke lafwa nou twouve li nan mitan eprèv yo, nou panse: ki kote Bondye ye? Ki jan l ap travay?

Pandan ke Gòg te konsidere kòm protagonis la, epi li te konsidere tankou yon figi ki pap janm kapab pèdi okenn batay; Bondye te gen yon plan diferan. Pasaj la montre li sèlman sèvi ak lènmi sa yo pou demontre fidelite li ak sentete li, jan sa ekri nan vèsè 16: "Ou pral tonbe sou pèp Izrayèl mwen an tankou yon van tanpèt k'ap pase sou tout peyi a. Lè lè a va rive, m'ap voye ou anvayi peyi mwen an pou m' ka fè lòt nasyon yo konnen ki moun mwen ye, pou yo rekonèt se yon Bondye apa mwen ye lè y'a wè travay ou menm Gòg, ou pral fè pou mwen an".

Envazyon Gòg la pral sèvi kòm sèn pou yon manifestasyon sinatirèl Bondye. Li avèti ke lè Gòg atake pèp li a, li pral bouyi ak kòlè (v.18 VBJ). Manifestasyon li pral nan yon teyofani devan kote tout bèt vivan: pwason, zwazo, bèt nan fèm, ti bèt ak èt imen, pral rekonèt prezans sen Seyè a (v.20).

Luis Alonso Schokel te rezime kraze Gòg la nan tèm sa yo: "Jij la anonse akizasyon yo epi pwononse santans; ekzekisyon an ka akonpaye pa yon teyofani kosmik. Kilpablite li a rezime an de seksyon: agresyon kont moun ki san defans yo, awogans kont Bondye nan pretann yo se sèl kòk chante nan listwa" (Bib Peleren an, volim II. Espay: EGA-Mesaje Verbo Divino, s.a., p.365).

Èske sitiyasyon nan listwa yo ak nan pwòp lavi nou rive sou chans? Konbyen fwa nou te mande tèt nou: èske gen yon objektif nan sitiyasyon espesifik sa a ke m'ap viv la? Pasaj la montre nou ke, menm nan sitiyasyon ki pi ineksplikab yo, Bondye gen yon pi gwo objektif.

Bondye te montre plan li a nan pawòl sa yo: "Se konsa m'ap fè tout nasyon yo konnen jan mwen gen pouvwa, jan mwen se yon Bondye apa. Lè sa a, m'a fè tout nasyon yo konnen se mwen menm ki Seyè a" (v.23 VBJ).

B. Defèt Gòg (39:1-10)

Fòs militè ak laperèz pou Gòg la disparèt devan Bondye Izrayèl la ki gen tout pouvwa a. Awogans li ak sekirite aparan yo pa anyen devan aksyon pwisan Bondye a.

Nan vèsè kote yo dekri defèt Gòg la, eleman sa yo parèt klè:

1. Moun k'ap defann pèp Izrayèl la se Bondye menm li ye: "Seyè sèl Mèt la di ankò: -Nonm o! Bay mesaj mwen ba ou sou Gòg la. Wi, di li men mesaj mwen menm, Seyè sèl Mèt la, m' voye ba li: Ou menm Gòg, pi gwo chèf moun Mechèk ak moun Toubal yo, m' pral leve dèyè ou tou" (v.1). Vèsè sa yo montre klèman ke se Bondye an premye ki soti al goumen kont Gòg:" M'ap fè ou pran yon lòt direksyon, m'ap fè ou soti nan pwent nò a, m'ap mennen ou sou mòn Izrayèl yo " (v.2 VBJ);"Lè sa a, m'ap kraze bwa banza ki nan men gòch ou a. M'ap fè flèch yo soti tonbe nan men dwat ou " (v.3 VBJ);"Ou menm Gòg, ansanm ak tout lame ou la ak tout lòt pèp k'ap mache avè ou yo, nou pral mouri sou mòn peyi Izrayèl la. M'ap kite kadav nou sèvi manje pou malfini karanklou, pou tout kalite zwezo ak bèt nan bwa " (v.4 VBJ);" M'ap voye yon sèl dife nan peyi Magòg ak nan tout peyi bò lanmè kote moun t'ap viv san bri san kont lan. Tout moun va konnen se mwen menm ki Seyè a" (v.6 VBJ).

2. Tonbe Gòg la: Tout obsèvatè te wè klè kijan ke sipremasi militè Gòg la te byen detwi ak pouvwa Bondye a. Ala difisil sa difisil pou yon moun ta genyen Bondye pèp Izrayèl la kòm yon lènmi! (v.1).

Vèsè 3 jiska 6 dekri sa Bondye fè a kòm yon demonstrasyon pouvwa li ak dominasyon li. Vèsyon Biblik Jerizalèm nan mansyone kèk nan aksyon divin

yo ki genyen fòs:"Lè sa a, m'ap kraze bwa banza ki nan men gòch ou a. M'ap fè flèch yo soti tonbe nan men dwat ou " (v.3 VBJ);"Ou menm Gòg, ansanm ak tout lame ou la ak tout lòt pèp k'ap mache avè ou yo, nou pral mouri sou mòn peyi Izrayèl la. M'ap kite kadav nou sèvi manje pou malfini karanklou, pou tout kalite zwezo ak bèt nan bwa" (v.4 VBJ).

3. Prèv viktwa glwa Seyè a: defèt Gòg la fini ak naratif ke pèp Izrayèl la t ap ranmase zam lame lènmi an epi sèvi ak yo kòm bwa dife pandan sèt ane yo (v.9 VBJ).

Ala yon tòde inatandi! Istwa batay sa a kòmanse ak yon anvayisè swadizan sekirize pa pouvwa militè li ak zam li yo; men li fini ak yon lame ki detwi, ak zam ki te ba yo anpil kapasite pou konkeri lòt pèp, yo te vin tounen bwa dife. Èske souverènte ak pouvwa Bondye a pa enkwayab?

Bondye nou an se yon moun ki ranvèse sitiyasyon yo nan sans mirakile ak inimajinab. Nan ka sa a, moun ki te vin piye yo te piye; epi moun ki te vin vòlò yo te vòlò (v.10 VBJ).

Kesyon:

- Ki jan souverènte Bondye manifeste nan sikonstans ki pi difisil nan lavi nou yo?

- Ki vèsè nan pasaj etid la ki montre nou Bondye kòm protagonis nan batay kont Gòg ak alye li yo?

III. Bondye restore pèp li a ak kè poze (Ezekyèl 39:25-29)

Finalman, vizyon pwofèt la fini ak bèl restorasyon rès pèp Bondye a. Seyè a revele tèt li kòm Bondye ki gen mizèrikòd ki toujou aji menm nan moman ke okenn moun pa panse yo.

Bondye listwa a toujou an vòg, li afime alyans li ak pwomès li yo pou pèp li a rekonèt li epi vin yon temwen pou nasyon yo. Gòg ak alye li yo te detwi pa mwayen entèvansyon Bondye ki gen tout pouvwa a. Seyè a gen nouvo benediksyon kòm fwi renouvèlman fidelite li. Kisa Bondye vle anseye pèp li a atravè restorasyon sa a? Bagay sa yo:

1. Se Bondye ki delivre yo anba esklavaj (v.25).

2. Bondye te pwomèt yo yon lavi nan kè poze, nan pwòp peyi yo (v.26a).

3. Aksyon Bondye a se pou l te fè pèp li a genyen matirite atravè yon nouvo pirifikasyon (v.26b).

4. Motif aksyon Bondye a se pou tout nasyon vin temwen sentete li (v.27).

5. Se Bondye ki trese fil listwa: "Lè sa a, pèp mwen an va konnen se mwen menm, Seyè a, ki Bondye yo. Wi, mwen te fè depòte yo nan mitan lòt nasyon. Koulye a, m'ap ranmase yo, m'ap mete yo ansanm ankò nan peyi pa yo a, san mwen pa kite yonn dèyè" (v.28 VBJ).

6. Bondye se li menm ki bay pwoteksyon, li pran swen epi li pa janm abandone pèp li a (vv.28b-29a).

7. Plan li ak aksyon li yo se refleksyon souverènte li (v.29).

Ki jan yo entèprete pwofesi yo? Li se yon travay difisil; paske, yon sèl bagay, yon gwo pòsyon nan Bib la fè pati de jan literè. Men, sou lòt la, paske kalite literati sa a sèvi ak anpil senbòl.

An jeneral, nou konprann pwofesi a kòm prediksyon evènman ki gen pou vini yo; epi atravè konpreyansyon sa a, wòl pwofèt la entèprete kòm yon divinò, yon moun ki kapab adivine lavni an. Sepandan, nou dwe rekonèt ke, nan premye egzanp, pwofèt yo te lektè pi gwo nan reyalite yo; epi mesaj ke yo te resevwa nan men Bondye yo te gen aplikasyon imedya nan pwòp kontèks yo a.

Men sa John Stam, yon etidyan nan entèpretasyon pwofesi yo, te ekri: "Pa gen dout ke Bondye kapab revele pwofèt li yo evènman ki va fèt alavni yo, e sa se yon aspè nan liv pwofetik yo pou nou konsidere.

Men, sa a se pa sans pwofesi a. Menm jan li kapab fè "prediksyon" pou tan ki gen pou vini an (menm egzat) ki pa pwofesi, li kapab fè pwofesi san yo pa prediksyon tou. Si nou limite pwofesi a sèlman nan pati prediksyon li, nou pral fini pa malkonprann tout sa ke pwofesi a ye nan sans biblik li depi nan izolasyon sa a ak defòmasyon li" (Stam, Juan. Revelasyon ak Pwofesi. Ajantin: Edisyon Kairós, 2007, p.35).

Kèk kòmantatè sou pasaj sa a te atribiye a Gòg ak alye li yo, orijin yo, pouvwa lame yo ak karakteristik yo, nan kèk pèp ak nasyon ki gen siyifikasyon kontanporen ki ta vin eskatolojikman kont pèp Bondye a. Sepandan,

entèpretasyon sa yo te echwe; epi yo pa gen anyen plis pase espekilasyon san anpil fondasyon.

Doktè Grider, nan kòmantè li sou liv pwofetik sa a, te ekri: "Apre li fin etidye chapit sa yo ak tout swen posib, e avèk èd yo ka jwenn nan akeyoloji ki sot pase yo, idantite Gòg ak Magòg la rete ensèten. Gen kèk moun ki sijere ke menm ekriven enspire a pa kapab bay yon deklarasyon sèten sou idantite li. Adam Clarke pale de "yon oseyan konsèy" ki antoure yo, epi li di: "Se vre wi, sa a se pwofesi ki pi difisil nan Ansyen Testaman an" (Grider, Kenneth. Kòmantè Biblik Beacon, vol. IV. Etazini: KPN, 1984, p. 611).

A kilès sa a yo ke pasaj sa yo ap refere lè yo mansyone Gòg ak alye li yo? Nou pa konnen egzakteman, men sa ki evidan nan pasaj la se ke Bondye se protagonis a, kòm Jij souveren nasyon yo, li prezan nan listwa epi li kanpe pou defann pèp li a. Li kapab sèvi ak nenpòt sikonstans pou non l jwenn glwa, epi pou ke pèp li a kapab konnen li.

Gòg, alye li yo ak li yo te sèlman youn nan opòtinite pou souverènte Bondye a briye. Diferans ki genyen ant fòs Gòg ak vilnerabilite Izrayèl la ranvèse gras a entèvansyon gwo ponyèt ak pwisans Bondye a.

Pou ke nou kapab byen konprann vizyon pwofetik sa a, nou ta dwe mande tèt nou: ki jan nou reyaji nan sitiyasyon ekstrèm nan lavi nou lè nou santi nou vilnerab? Lè lame ki sanble envensib leve kont nou, kote Bondye ye?

Kesyon:

- Ki leson ki pi enpòtan ke Bondye te vle anseye pèp li a nan mitan sitiyasyon menasan sa a? Èske ansèyman sa yo aplikab pou legliz la jodi a tou?

- Nan kèk sitiyasyon ekstrèm nan lavi w, èske Bondye te montre w ke li te gen yon plan pi gwo ak pafè ke, nan epòk la, ou pa t kapab wè?

Konklizyon

Pasaj la montre nou ke Bondye genyen tout pouvwa nan tout istwa, li toujou prezan epi li angaje li nan alyans li pou l pwoteje pèp li a. Li kapab ranvèse nenpòt sitiyasyon; pou non li kapab glorifye, pou tout nasyon kapab wè temwayaj pèp li a.

Nou sonje tanp lan

Elí Porras Salinas (Pewou)

Pasaj biblik pou etid: Ezekyèl 40, 41, 42, 43, 44

Vèsè pou aprann: "Prèt yo va moutre pèp mwen an diferans ki genyen ant sa yo mete apa pou sèvis mwen ak sa yo pa mete apa pou sèvis mwen, ant sa ki nan kondisyon pou fè sèvis pou mwen ak sa ki pa nan kondisyon pou fè sèvis pou mwen" Ezekyèl 44:23.

Objektif leson an: Konprann ke Bondye toujou akonpli objektif pou I restore pèp li a.

Entwodiksyon

Yon nouvo tanp! Li pa difisil pou nou imajine yon santiman pwofon ke vizyon li te resevwa sou yon nouvo tanp t ap reveye nan pwofèt Ezekyèl. Ann souliye ke byen ke anplis li te yon pwofèt, mesye sa a se te yon sakrifikatè ki t'ap viv ann egzil tou. Kidonk, pwoksimite li ak sa ki gen rapò ak bagay sakre yo te enteresan. Nou menm, ki fèk pase nan etap kote nou pa t kapab rankontre nan tanp oswa kote nou konn al adore yo akòz pandemi an, n'ap byen konprann santiman ke sa a eksite e ke Ezekyèl ak konpatriyòt li yo ta eksperimante.

Pasaj etid yo nan leson sa a dekri an detay konstriksyon yon nouvo tanp. Ann gade kontèks kote vizyon sa a te prezante a oubyen kote vizyon sa a te reyalize a.

I. Apre yon tan san yon tanp (Ezekyèl 40:1-4)

Pwofèt Ezekyèl te rakonte nan liv li a kijan sa a te mal pou I te viv ann ekzil; epi li te pale sou jijman nasyon mechan yo tou. Men, sitou, li te bay avètisman sou youn nan trajedi ki pi tris pou pèp Izrayèl la: destriksyon tanp Bondye a. Sa a ta pral trè dekourajan. Sepandan, depi nan chapit 40, pwofèt Ezekyèl te pale, se pat osijè de jijman Bondye a ankò; men sou retablisman pèp li a. Sa pa te sèlman genyen ladan li, restorasyon an, men tou edifikasyon yon nouvo tanp.

A. Yon vizyon pwofetik

Pawòl Bondye a di: "Nan yon vizyon, mwen wè li mennen m' nan peyi Izrayèl la. Li mete m' kanpe sou yon mòn byen wo. Mwen wè devan m' sou bò sid la yon bann kay bati ou ta di yon lavil" (v.2). Yo te mennen Ezekyèl Jerizalèm nan yon vizyon, apre yo te fin konkeri vil sa a e apre tanp li a te fin kraze. Fason espesifik sa a kote Bondye te montre I mesaj la souvan jenere kiryozite; men li ta ase pou nou jodi a pou nou panse ke fòm revelasyon diven sa a te pou pwofèt sa a an patikilye, e ke sa ke li te resevwa te sòti dirèkteman nan men Bondye. Nan premye vèsè a, ekspresyon "men Seyè a vin sou mwen" touche nou. San okenn dout, Bondye te nan vizyon sa a dirèkteman.

Pèsonaj ki parèt kòm yon gid nan vizyon sa a petèt se te yon zanj. Li klè ke se prezans Bondye ki t'ap gide pwofèt la pou I manifeste ke li te detèmine pou retabli pèp li a; menm moun ki te tonbe nan sitiyasyon sa a kòm rezilta idolatri. Se poutèt sa Ezekyèl te pwofetize nan premye chapit yo ak anpil fòs.

B. Entèpretasyon pwofesi sa a

Tout chapit ki vin apre yo pale byen klè sou restorasyon an, sa genyen tanp lan ladan I tou. Fòk nou note ke te gen anpil pwofèt ki te pale de tanp lan tou, se te pwofèt tankou Jeremi, Ezayi, Aje, Sofoni, elatriye; men se Ezekyèl ki te bay yon vizyon detaye sou etablisman yon nouvo tanp.

Apre egzil la, pèp chwazi a te rebati yon tanp, jan nou li nan Esdras 5:2 , 6:14-15. Men, gen kòmantè ki soutni tou ke tanp nan vizyon Ezekyèl la se pou yon tan mesyanik. Nan sans sa a, lè nou konsilte yon bibliyografi enpòtan, nou jwenn sa ki annapre yo: "Se sak fè, nou menm moun lòt nasyon yo, nou pa etranje ankò, ni moun ki depasaj. Men, se sitwayen nou ye ansanm ak tout moun nan pèp Bondye a, nou fè pati fanmi Bondye a. Nou menm moun lòt nasyon yo, nou se kay Bondye ap bati sou fondasyon apòt yo ak pwofèt yo te poze a, men se Jezikri menm ki gwo wòch ki kenbe kay la kanpe a. Se li menm ki kenbe tout kò kay la kanpe byen fèm, ki fè l' grandi pou l' tounen yon sèl kay yo mete apa pou Bondye. Konsa, nou menm tou avèk lavi n'ap mennen nan Kris la, nou antre nan batisman sa a pou nou fè ansanm ak lòt yo yon sèl kay kote Bondye ap viv ak pouvwa Sentespri li. Nan menm itilizasyon imaj la, Pòl dekri vrè legliz Kris la (Efezyen 2:19-22)" (Purkiser, W. T. Eksplore Ansyen Testaman an. Etazini: KPN, 1974, p.353).

Bò kote pa I, kòmantatè Adam Clarke di: "...tout bagay ki grandyoz oswa ilistre figi pwofetik yo e ki pa literalman akonpli nan epòk pa yo oswa nan epòk ki toupre yo, ansyen Jwif yo te byen konsidere kòm pwen ki te fè pati epòk Mesi a.

An konsekans, lè yo te jwenn dènye tanp lan pa t tankou modèl Ezekyèl te dekri a, yo te sipoze pwofesi a te refere omwen an pati a peryòd yo te mansyone a..." (Clarke, Adam. Kòmantè Bib la, Volim II. Etazini: KPN, 1974, p.313).

Li klè ke entansyon Bondye a se te montre ke apre jijman an, akoz de move aksyon ak rebelyon pèp la, li te pral ofri yon nouvo opòtinite. Bondye, nan lanmou li, li te bay nouvo opòtinite.

Kesyon:

- Ki vizyon Ezekyèl te bay?

- Bondye te bay espwa pou yon pèp ki te soufri anpil pou yo te restore. Ki jan ou panse sa a aplike jodia?

II. Deskripsyon yon nouvo tanp (Ezayi 40:5-42:20)

Pasaj ki bay detay mezi yo, ak fòm ki endike konstriksyon nouvo tanp lan, montre ke tanp sa a sanble an pati ak sa Salomon te bati a (1 Wa 6:2 ,17). Ezekyèl te montre yon vizyon restorasyon yon pèp, pèp Izrayèl la, ki byenke yo te peche ak soufri anpil nan kaptivite a nan peyi Babilòn; Bondye te ofri pou restore li ankò.

A. Simetri, amoni ak lòd

Achitèk yo souvan ajoute eleman simetrik, bote ak estabilite lè y'ap planifye konstriksyon yon bilding. Li evidan ke Achitèk diven an fè sa, e anplis de sa, li fè l pafè. Ann fè yon ti kout je nan chapit 40 lan. Isit la, Ezekyèl te prezante nou sa ki annapre yo: (1) deskripsyon pòtay lès la (v.6-19); (2) pòtay nò (v.20-23); (3) soti nan pòtay sid la (v.24-34). Apre sa, li tounen bay detay sou pòtay lès la nan (v.32-34); ak nan pòtay nò a nan (vv.35-38).

Aprè sa, pwofèt la te fè prezantasyon wit tab yo (vv.39-43); nan chanm yo (vv.44-47); ak pandri a (vv.48-49).

Bondye montre jan travay li pafè ak lòd atravè plan li yo. Dapre deskripsyon pwofèt Ezekyèl te fè nan chapit 41 an, yo montre mezi yo, pati tabènak la, chanm yo ak dekorasyon espesyal yo. Chak bagay nan plas yo; epi prèt yo te dwe toujou lokalize kòrèkteman.

Ann souliye lòd la byen: toujou gen yon distenksyon ant lye sen an ak lye ki trè sen an. "...paske kay sa a apa pou Seyè a" (42:13).

Lakou anndan ak deyò, mi yo ak chanm yo gen mezi ki endike nan vizyon sa a. Mezi sa yo pafè. Sa a jistifye, paske yo pa t ap pale de nenpòt kay; se te kay Bondye a. Nou kwè ke se pa sèlman akòz bilding nan, men paske nan moman sa a prezans Bondye a te manifeste nan estrikti li yo. Jodi a, ki tanp nou dwe pran swen paske Lespri Bondye a rete ladan li?

B. Eleman pou tanp lan

Ki karakteristik esansyèl yo te dwe pran swen nan tanp lan? Nou ta kapab mete aksan sou anpil nan lis la. Men, nan eseye fè yon rezime, gen omwen de karakteristik inevitab pou konsidere nan nouvo tabènak sa a:

1. Konsekrasyon bagay yo: Ezekyèl te toujou sonje ke youn nan faktè ki te kraze tanp lan anvan an se te

kontaminezon an; se pa sèlman plas la, men se prezans Bondye a tou. Sa a pa ta dwe konsa nan nouvo edifis la. Yon egzanp se ke menm rad yo toujou konsakre (42:14). Sa a, san dout, montre ki jan ministè a delika; paske aplike sentete a menm sou bagay materyèl yo.

2. Sentete pèp la: ann pa bliye ke Ezekyèl se te sakrifikatè (1:3); donk li te konsyan ke minis yo te dwe "san tach". Sa a sanble ak sa yo te di Moyiz la: "Se pou nou viv apa pou mwen, paske mwen menm se yon Bondye apa mwen ye. Mwen menm Seyè a, mwen mete nou apa nan mitan tout lòt pèp yo pou nou ka pou mwen nèt" (Levitik 20:26).

Repons biblik pou gen lavi a se sentete. Doktrin diferan nou an sou sanktifikasyon total la prezan sou yon fòk taktik nan vizyon nouvo tanp lan. Malgre ke konsekrasyon bagay materyèl ak moun ki te sèvi nan tanp lan detaye; jodi a tout kwayan yo, nou dwe aplike konsekrasyon lavi nou bay Bondye. Ki jan nou kapab fè sa?

Kesyon:

- Ki enpresyon w genyen sou mezi ak espas ki dekri nan Ezayi 41 ak 42?

- Konsekrasyon bagay ki nan tanp yo ak sentete a kòm yon kalite lavi yo te aspè ki gen rapò ak epòk Ezekyèl. Ki jan sa aplike nan lavi ou jodi a?

III. Glwa Bondye retounen nan tanp lan (Ezekyèl 43, 44)

San laglwa Bondye, nouvo tanp sa a pa t ap plis pase yon senp bilding ki trase ann amoni. Kounye a ke yo te pale sou yon nouvo tanp pou adorasyon Bondye a, kesyon sa a parèt:

A. Ki sa glwa sa a te siyifi? (43:1-5)

Pou Ezekyèl detay mezi pafè yo ta enkonplè si se pa t pou glwa li. Glwa sa a definitivman vle di sa ki annapre yo:

1. Prezans li: jan yo kapab dedwi li nan pasaj biblik la, prezans Bondye te kite tanp anvan an kòm rezilta abominasyon yo ak rebelyon pèp la.

Sepandan, prezans sa a te akonpaye ekzil tankou Ezekyèl ta kapab di ke li te deplase ak rès sa a. Kounye a li t ap retounen nan nouvo tanp lan, dapre vizyon sa a. Pou egzil yo nan tan sa a ilizyon maksimòm nan se te retounen nan tanp Jerizalèm nan; sepandan, li klè ke Bondye pa te fèmen nan yon kay.

Li ta dwe remake ke nan Nouvo Testaman an gen yon konsèp ke Bondye pa kapab tou senpleman fèmen nan yon kote pou adore. Pa egzanp, dam Samaritèn nan te poze Jezi ki se Kris la kesyon konsènan kote yo te konn adore a. Sa Mèt la reponn: "Bondye, se Lespri li ye. Tout moun k'ap sèvi l', se pou yo sèvi l' nan lespri yo jan sa dwe fèt la" (Jan 4:24). Sa fè nou konprann ke, pi lwen pase plas fizik la, kwayan jodi a bezwen prezans Bondye nan lavi li.

Men, ann tounen nan kontèks Ezekyèl 43 a. Prezans Bondye a konsidere kòm retounen nan fonksyònman bèl glwa nouvo tanp lan. Se yon ilizyon ki te pwomèt nan vizyon pwofèt la.

Ki jan nou konprann prezans Bondye apre nou fin fè eksperyans prizon nan sezon pandemi an? (a) Ke Bondye toupatou; li pa sèlman kote nou konn adore yo, men tou nan kay nou yo. Apot Pòl te di sa nan Travay 17:24. (b) Menm apre etap pandemi an, Bondye pral pèmèt nou tounen kote legliz la te konn rasanble a. Menm jan ak kèk nan egzile yo ki pa janm pèdi idantite yo, nou dwe fè menm jan an kèlkeswa moman nou pase yo. Eseye fè yon konparezon ak legliz la jodi a, nou gen defi pou ke nou kenbe idantite a menm nan yon kontèks nan yon mond modèn, k ap chanje, kote ke tout bagay relatif ak enfòmasyon tout kalite fasil pou jwenn sou rezo sosyal yo; nou dwe gen yon idantite ki klè, menm jan ak nan tan Ezekyèl la.

2. Retabli alyans li a: "Nonm o! Men fotèy kote m' chita a! Men kote m'ap poze pye m' yo. Se la mwen pral rete nan mitan moun pèp Izrayèl yo pou tout tan. Ni pèp Izrayèl la ni wa yo p'ap janm fè sèvis pou lòt bondye osinon sou tonm wa yo ankò pou yo derespekte non m" (Ezekyèl 43:7). Endiyasyon kòlè Bondye te mennen pèp Izrayèl la an kaptivite; paske pèp chwazi a te vyole kontra Moyiz la.

Sepandan, Bondye te retounen ak mizèrikòd li pou l bay pèp sa a yon kalite espwa. Menm apre eksperyans dezas nan ekzil la, pèp la te gen opòtinite pou yo retounen. Espwa restorasyon sa a gen pou wè avèk pwomès Detewonòm 30:3. Glwa Bondye te pral tounen nan tanp lan.

Lè nou aplike verite sa a nan epòk nou an, sa revele ke si nou chèche Bondye epi nou rete fidèl, Bondye ap toujou rete fidèl; epi li kontinye respekte pwomès li yo.

B. Glwa sa a mande pou byen aplike règ yo
Moun yo ta dwe byen konnen lwa kay la (Ezekyèl 43:12). Lwa sa yo non sèlman te gouvène fason tanp lan te dwe bati; men tou konpòtman sosyal prèt yo ak popilasyon an. Lefèt ke Seyè a te montre mizèrikòd li pa t vle di ke repantans lan te eskli (v.10). Izrayelit yo te dwe wont pou peche yo te pase yo antanke nasyon.

Règ pou fè ofrann yo te dwe kenbe jan Levitik 6:17 dekri: "Se pou yo kwit pen an san ledven. Se mwen menm menm ki ba yo pòsyon pa yo nan ofrann y'ap boule nèt pou mwen an. Se yon bagay ki apa nèt pou mwen, tankou yon ofrann yo fè pou peche yo ak ofrann yo fè pou peye pou sa yo te fè ki mal". Nan tanp sa a, tankou nan tanp anvan an, lwa sevè konsènan òf sakre ofrann (espyasyon sou lotèl la). Sentete absoli a dwe byen aplike. San mank, moun yo te dwe obsève lwa sentete a; se te lwa fondamantal tanp lan (Ezekyèl 43:12 VBJ).

Epitou, li te vin sonje moun sa a yo ki pa ta dwe admèt, akoz de jan yo te deja mal aji nan tan ki te pase a (Ezekyèl 44:9-10). Bondye te avèti ke moun ki te sèvi zidòl yo te "obstak sa ki mal" (v.12).

Nan tanp sa a, malpwòpte a pa t ap admèt (v.13). Sa a, san okenn dout, te gen rapò ak lefèt ke bagay yo ak sèvitè Bondye yo ta dwe sen.

C. Glwa sa a mande sentete
Pawòl Bondye a di: "Prèt yo va moutre pèp mwen an diferans ki genyen ant sa yo mete apa pou sèvis mwen ak sa yo pa mete apa pou sèvis mwen, ant sa ki nan kondisyon pou fè sèvis pou mwen ak sa ki pa nan kondisyon pou fè sèvis pou mwen" (Ezekyèl 44:23). Sa a se yon gwo endikasyon pou sakrifikatè yo. Minis yo responsab pou anseye pèp la sentete.

Tou depan de kontèks la, jiska pwen sa a Izrayèl te aprann ak anpil doulè pou yo fè yon distenksyon ant aksyon ki sen yo ak aksyon payen yo.

Nan vizyon sa a, pa sèlman gen anpil mezi simetrik ak detay sou fonksyonman kay sa a; men yon egzijans san ekivòk pou sentete pèp Bondye a. Èske yo ta dwe sen sèlman nan tanp lan? Non!; yo dwe sen deyò tanp lan tou. Ansèyman verite sa a gen yon dimansyon ki plis laj. Pèp Bondye a te dwe, ta dwe epi dwe toujou sen. Lè nou fè yon aplikasyon pou epòk sa a, n ap ensiste pou nou chèche disène ant aksyon ki sen yo ak aksyon ki pa sen yo (1 Tesalonisyen 5:21-22).

Jan ke nou te deja di l la, kit se anndan tanp lan oswa deyò li, Bondye toujou mande sentete a antanke yon kalite lavi. Lè nou te viv nan fèmen pòt nan dènye tan sa yo nan pandemi an, nou kapab an pati konprann ki jan prizonye ann ekzil yo ta santi yo. Li evidan ke, menm san tanp lan, yo te oblije kenbe yon kondwit sen nan konsidere prezans Bondye a tout tan. Sa a aplike a kwayan nan tan sa a ki angaje nan viv yon lavi apa pou Bondye, non sèlman nan plas kote nou ofri adorasyon an (tanp); men tou andeyò yo. Kòm nou te di a, prezans sa a pa limite a yon kote.

Bondye te bay opòtinite a yon pèp ki te sibi konsekans peche li yo. Tanp lan te pou pèp Izrayèl la senbòl nasyonal ki te entèdi pou yo; san dout, prizonye yo te byen sonje li. Men, Bondye te bay espwa gras a pwofèt la. Malgre ke bilding sa a nan vizyon pwofèt la te gen mezi ak espas trè byen elabore nan syèl la; li te kontinye raple yo ke kontaminezon an pa t ap admèt (sa ki te sot pase a), pliske glwa prezans li ta pral retounen, men li te mande yon pèp ki san tach.

Kesyon:
- Nan ki sa laglwa Bondye a ye?
- Lè nou te restore nan Kris la, èske li posib pou nou glorifye Bondye ak lavi nou nan moman sa a?

Konklizyon
Moun sa a yo ke yo te mennen nan esklavaj te sonje tanp lan, lè yo te retounen yo ta dwe sen epi rete lwen tout kalite bagay ki mal; menm jan legliz la jodi a dwe viv sen epi pwoklame restorasyon pou moun ki tonbe a atravè levanjil Jezi ki se Kris la.

Plan Reparasyon Bondye a

Leson 51

Eudo Prado (Pewou)

Pasaj biblik pou etid: Ezekyèl 45, 46, 47:13-48:35

Vèsè pou aprann: "Separe tè a pou chak moun jwenn pòsyon pa yo. Mwen te pwomèt zansèt nou yo m'ap ba yo peyi sa a pou rele yo pa yo" Ezekyèl 47:14.

Objektif leson an: Konprann plan restorasyon Bondye pou lavi nou.

Entwodiksyon

Lavi lòm nan, lè li separe ak Bondye, li soufri yon dekonpozisyon total. Peche konplètman defigire konsepsyon diven an nan nou. Men, Bib la montre nou ke Bondye ofri gras li nan yon fason ki inivèsèl; pou nou kapab retabli gras a redanmsyon nan Kris la (2 Korentyen 5:17; Tit 2:11).

Bèl verite sa a revele nan diferan fason ni nan Ansyen Testaman ak Nouvo Testaman. Liv Ezekyèl la se youn nan liv ki anseye nou plis sou sa. Seksyon final liv sa a, li menm ki se fondman pou leson sa a, montre nou entegralite restorasyon ke Bondye vle pou pèp li a.

I. Yon nouvo kilt (Ezekyèl 45:1-7,13-46:24)

Dapre Bib la, priyorite Bondye pou lavi lèzòm se pou nou fè zanmi avèk li (Detewonòm 6:5; Pwovèb 23:26; Matye 6:33). Pwosperite materyèl la pa itil anyen si nanm nan pèdi. Bondye te kreye nou pou yon objektif transandantal. Pakonsekan kesyon enpòtan Jezi a: "... Kisa sa ta sèvi yon moun pou li ta genyen lemonn antye si l' pèdi lavi li?" (Mak 8:36).

Depi nan tan lontan, Bondye te toujou bay pèp li a yon kote pou yo adore nan bi pou yo te kapab genyen yon kominyon avèk li. Nan Ansyen Testaman an, tanp lan te yon kote sakre kote ke prezans Bondye a te manifeste; epi lèzòm te kapab rekonsilye avèk li gras a ofrann ekspiyatè yo (Levitik 5:14-6:7).

Tanp Jwif la te detwi plizyè fwa akòz envazyon lènmi yo, tankou nan ka depòtasyon pou peyi Babilòn nan ki twouve li andedan liv Ezekyèl la. Destriksyon tanp lan te toujou yon konsekans jijman Bondye pou kontaminezon ak mepri sentete li pa Izrayelit yo (Jeremi 7:10-14; Ezekyèl 8).

Si nou konsantre nou sou istwa a, premye chapit Ezekyèl la mansyone kòmansman vizyon pwofèt sa a nan "... senkyèm ane depòtasyon wa Jowakin..." (1:2). "Si

depòtasyon Jowakin nan te fèt nan ane 598 anvan epòk nou an, av.K., kòmansman ministè li a kapab date nan ane 593 a. av.K." (Cevallos, J. C. and Zorzoli, R. O., eds. Kòmantè Biblik Mundo Hispano Biblical, volim 12, Ezekyèl and Danyèl. Etazini: Editoryal Mundo Hispano, 2009, p.28).

Premye pasaj nou pral etidye nan leson sa a konsène vizyon pwofetik restorasyon tanp lan ak adorasyon an: 45:1-7,13-46:24. Ann souliye nan 45:1-7 enstriksyon pou mete yon pòsyon tè espesyal pou bati nouvo Tanp lan; pou chanm sakrifikatè yo; pou administrasyon vil la; epi pou chèf k ap dirije a. Sa a se pou ke lè peyi yo a te restore :"Lè n'a separe peyi a pou nou bay chak branch fanmi pa yo, se pou nou kite yon pòsyon n'a mete apa nèt pou Seyè a. Pòsyon tè sa a va gen douz kilomèt edmi longè sou dis kilomèt lajè. Tout zòn lan va rete apa nèt pou Seyè a" (v.1).

Li enpòtan tou pou remake ke, nan tablo istorik liv Ezekyèl la, nou jwenn anpil pratik idolatri pèp Izrayèl la atravè sa yo konnen kòm Baalism. Yon kòmantatè fè remake ke "...Baalism la te gen yon karaktè materyalis; sa gen rapò dirèkteman ak sik yo nan lanati. Sa yo te konkrè, presi, yo te ka vizib. Yon vil agrikòl te klè ke chak ane swiv yon modèl previzib, men sou ki lavi yo depann. An menm tan, li nesesè pou sonje ke Baal te ofri pwomès ki konkrè tou, plis rekòt, plis ti moun, elatriye, sa jodi a yo ta rele yon 'teyoloji pwosperite' (Ez. 23:1-49)" (Cevallos, JC)., and Zorzoli, R.O., eds. Kòmantè Biblik Hispano, volim 12, Ezekyèl ak Danyèl. Etazini: Editoryal Mundo Hispano, 2009, p.29).

Idolatri, ak materyalis konsekan li yo, te nan nwayo peche pèp Izrayèl la. Materyalis la fè lèzòm pèdi objektif Bondye, e li kowonpi relijyon. Li mennen nou etabli fòm adorasyon ki kontrè ak vrè adorasyon ki biblik la. Petèt, menm jan ak nan tan pwofèt Ezekyèl la, jodi a materyalis la domine yon gwo pati nan kretyen yo, nan pratike yon adorasyon ki "enterese" plis nan benefis relijyon an pase nan Bondye li menm. Evidamman, se sa ki lakòz dega espirityèl pou anpil kretyen, menm jan sa te ye pou pèp Izrayèl la.

Yon lòt bò, youn nan kòz prensipal kriz pèp Izrayèl la te nan epòk sa a se te koripsyon prètriz Levitik la (Ezekyèl 44:10-14). Ann sonje ke ministè prètriz la se te yon enstitisyon kle ke Bondye te bay pou edifikasyon pèp li a. Pandan plizyè syèk, ofis prèt la te ranpli yon plas trè enpòtan nan lavi pèp Izrayèl la. Gen yon kòmantatè ki fè konnen: "Yo te konn okipe yo de ofrann ki te preskri yo, yo te dirije pèp la pou yo te asire yo ekspyasyon pou peche yo (Egz. 28:1-43; Lev. 16:1-34). Disènman volonte Bondye pou pèp la se te obligasyon ki pi solanèl (Nonb. 27:21; Det. 33:8). Lè yo te gadyen lalwa, yo te komisyone tou pou enstwi layik yo. Swen ak administrasyon tabènak la te anba jiridiksyon l tou" (Schultz, Samuel J. Ansyen Testaman an Pale, 2yèm ed. Etazini: Outreach Publications, 1982, p.63). Men, nan kontèks istorik liv Ezekyèl la, prètriz la te rive nan kondisyon kritik, ke li te dekri nan plizyè pasaj nan vizyon pwofetik li yo (chapit 8-9). Lè ministè a gen koripsyon, pèp Bondye a vin nan yon kondisyon mizè espirityèl.

Men, ala gran objektif Bondye a gran! Liv Ezekyèl la fè nou konnen objektif Bondye genyen pou l tabli yon nouvo sasèdòs ki fidèl ak sanktifye, li menm ki akonpli yon wòl kle nan restorasyon an. Nan pasaj sa a, pwofèt la te esplike règleman pou ofrann yo, pou selebrasyon yo, ak asanble solanèl nan yon sèvis adorasyon ki restore. Ann souliye enstriksyon yo pou adorasyon nan nouvo tanp lan nan seksyon 45:13-46:15 la. Nan chapit anvan an (44), pwofèt la te dekri sa Bondye te espere nan minis tanp lan: fidelite, jistis ak sentete. Espesyalman, vèsè 23 nan chapit sa a gen rezon: "Prèt yo va moutre pèp mwen an diferans ki genyen ant sa yo mete apa pou sèvis mwen ak sa yo pa mete apa pou sèvis mwen, ant sa ki nan kondisyon pou fè sèvis pou mwen ak sa ki pa nan kondisyon pou fè sèvis pou mwen".

Jodi a, menmsi nou gen tanp fizik ki se kote pou nou adore Bondye, nou konnen kò nou se vrè tanp Lespri Sen an; epi nou adore Bondye ak lavi nou ki sen (1 Korentyen 3:16, 6:19; 2 Korentyen 6:14-7:1). Nou pa adore ankò atravè sakrifis bèt; men okontrè, nou prezante tèt nou kòm "...sakrifis vivan, sen, yon jan ki fè Bondye plezi..." (Women 12:1). Adorasyon an pa limite a yon senp aksyon, oswa patisipasyon nan yon seremoni; men nou adore ak tout lavi nou.

Nou aprann tou nan pati sa a nan leson an enpòtans yon ministè ki sen genyen, sa a ki gen yon modèl pafè nan Jezi ki se Kris la, Seyè nou an. Nou menm ki aple pou

egzèse ministè sakre a dwe fè sa avèk entegrite ak ladwati; epi tou depann de gras Bondye a (2 Korentyen 3:5, 4:1-2). Finalman, li bèl bagay pou nou konnen kounye a tout kwayan yo egzèse yon prètriz, jan 1 Pyè 2:9 di: "Men nou menm, nou se yon ras Bondye chwazi, yon bann prèt k'ap sèvi Wa a, yon nasyon k'ap viv apa pou Bondye, yon pèp li achte. Li fè tou sa pou n' te ka fè tout moun konnen bèl bagay Bondye te fè yo, Bondye ki rele nou soti nan fènwa a pou nou antre nan bèl limyè li a".

Kesyon:

- Ki jan ansyen pratik idolatri Baalis la ann Izrayèl pafwa sanble ak adorasyon jodi a?

- Ki sa nou aprann nan kondisyon kòwonpi prètriz la nan epòk pwofèt Ezekyèl la?

II. Yon nouvo etik (Ezekyèl 45:8-12)

Yon lòt nan pwoblèm ki te mennen echèk pèp Izrayèl la nan tan pwofèt Ezekyèl la se relasyon enjis ki te genyen ant sitwayen yo. Nan segman chapit 45:8-12, nou pral gade kèk maladi sosyal ki te pote jijman Bondye sou nasyon an; e ki, san dout, yo prezan e yo ap ogmante de pli zan pli nan sosyete jodi a. Se bagay sa yo:

1. Chèf opresyon ak visye nan pwopriyete nan pèp la: "Se pòsyon tè sa a y'a bay wa a nan peyi Izrayèl la pou rele l' pa l'. Konsa, li p'ap bezwen peze pèp mwen an ankò. L'a kite rès peyi a pou branch fanmi pèp Izrayèl la" (v.8).

2. Pèvèsyon jistis la ak lalwa a: "... Sispann maltrete moun, sispann pran sa ki pa pou nou. Fè sa ki dwat, pa fè lenjistis..." (v.9a).

3. Taks enjis yo: "...retire taks ou nan men pèp mwen an..." (v.9b).

4. Komès ki nan koken: "Se pou tout moun sèvi ak bon pwa, ak bon mezi san madou" (v.10).

Nan tout Bib la, nou wè enjistis la pa t sèlman yon pwoblèm nan epòk Ezekyèl la; okontrè, li te prezan nan diferan moman nan istwa pèp Izrayèl la, (Ezayi 1:23, 5:23, 10:1; Jeremi 5:27-28). Sa a se paske peche a se yon mal nan nati moun nan (Jeremi 13:23, 17:9); e sèl remèd li se Bondye.

Dapre vizyon pwofèt la, nan restorasyon an, jistis la te dwe karakterize lavi pèp Bondye a, e sitou chèf yo. Demann Bondye pou pitit li yo, pou kondwit etik anvè lòt moun te klèman etabli nan lalwa Moyiz la (Levitik 10); men li te souvan rete sou kote. Abandone prensip Bondye yo ak kondwit ki sen an te toujou lakòz defèt pèp Izrayèl la (Jeremi 4:18).

Pawòl Bondye a mande kretyen an yon konpòtman etik anvè tout moun (Kolosyen 4:5; 1 Tesalonisyen 4:6; 1 Pyè 2:12). Men, etik kretyen a pa konpoze de obeyisans legalis atravè nòm oswa prensip moral yo. Dapre Bib la, "Sous byen lòm nan chita nan nati Bondye a, pa nan nati lòm kòm fen final li. Ladwati, jistis, mizèrikòd, ak bonte se pa bagay ki separe de volonte Bondye, ni yo pa rezilta kondwit enteryè. Yo se repons a direksyon ki soti anwo yo" (Purkiser, W. T.; Taylor, R. S.; Taylor, W. H. Bondye, Lòm ak Lavi ki pap janm fini an. Etazini: KPN, s.a., p.117).

Nan lòt mo, pouvwa pou viv nan sentete a soti sèlman nan relasyon nou ak Bondye, epi li resevwa pa gras. Bondye rele nou pou nou jwi lavi tounèf sa a kote ke nou dwe mete tèt nou anba pouvwa Kris la (Women 8:2; 2 Korentyen 5:17).

Kesyon:

- Ki mal ki sanble ak sa ke nasyon Izrayèl la te pratike nan tan pwofèt Ezekyèl la ke nou kapab idantifye nan sosyete jodi a?

- Dapre sa ou te aprann nan leson an, ki sa etik kretyen an ye?

III. Yon nouvo eritaj (Ezekyèl 47:13-48:35)

Pasaj biblik etid la montre nou tou ke Bondye enterese bay chak pitit li yo yon posesyon; yon fason pou asire yo yon lavi abondan. Nan Ansyen Testaman an, posesyon tè a te reprezante youn nan pi gwo benediksyon; epi li te konsidere kòm yon eritaj Bondye (Detewonòm 26:1; Jozye 1:15). Pou anpeche vòl eritaj desandan yo te depòte yo, Moyiz te etabli yon règleman detaye nan sans sa a (Nonb 27:8-11). Sepandan, se te youn nan peche pwofèt Izrayèl yo te denonse byen souvan (Ezayi 5:8; Miche 2:1-2).

Nan dènye pati leson an, seksyon final pasaj etid nou an, Ezekyèl 47:13-48:35, bay règleman pou divizyon tè yo pami tribi Izrayèl yo lè peyi a te restore a. Sa a, san dout, se te yon mesaj espwa ni pou moun ki rete lavil Jerizalèm yo, ni pou moun ki te depòte yo ki te nan kaptivite nan peyi Babilòn yo. Dapre tèks la, volonte Bondye se pou tout moun nan mitan pèp Izrayèl la te gen pwòp eritaj pa yo: "Separe tè a pou chak moun jwenn pòsyon pa yo. Mwen te pwomèt zansèt nou yo m'ap ba yo peyi sa a pou rele yo pa yo" (47:14). Yon lòt tèm ki enpòtan nan pasaj la se ke nan règleman pou separasyon tè yo, Bondye te fè pwovizyon tou pou etranje ki te rete ann Izrayèl (v.22). Sa a te konsistan avèk dispozisyon Bondye yo nan lwa Moyiz la konsènan tretman legal ak etranje yo (Levitik 24:22).

Finalman, nouvo non yo bay vil la se yon bagay ki enpresyonan: "Jewova-sama" (48:35). Hoff fè remake: "Dènye non ke nou jwenn yo bay Bondye nan Ansyen Testaman an se Yahweh-shama (Senyè a se, Ezek. 48:35).

Yo itilize li kòm non desizif nan vil sen pwofèt la te dekri a, men akonplisman li pwobableman ap tann Nouvo Jerizalèm nan desann soti nan syè l la (Rev. 21). Glwa sa a, menm jan ak Ezekyèl la, se prezans Bondye (21:11, 22, 23)" (Hoff, Pablo. Teyoloji Evanjelik. Etazini: Editoryal Vida, 2005, pp.202-203).

Ala bèl sa bèl pou nou konnen Bondye pwomèt nou yon eritaj; e ke pwomès li yo fidèl ak vrè!

Eritaj Bondye a pou nou gen pou wè ak akòde nou tout benediksyon nan Kris la, espirityèl ak materyèl. Jan Pòl te di: "Li pa t' menm refize nou pwòp Pitit li a, men li bay li pou nou tout. Ki jan pou l' pa ta ban nou tout bagay avèk Pitit la tou pou gremesi? " (Women 8:32). Nou kapab kòmanse jwi eritaj Bondye a depi kounye a lè nou kwè nan gwo pwomès Bondye yo. Yon lòt bò, eritaj nou an gen yon dimansyon ki pi wo pase sa yo te pwomèt prizonye Izrayelit yo, jan 1 Pyè 1:4 di: "N'ap tann lè pou n' resevwa eritaj Bondye a, eritaj ki p'ap janm pouri, ki p'ap janm sal, ni ki p'ap janm pèdi frechè l', eritaj li sere pou nou nan syèl la".

Kesyon:

- Ak ki sa non "Jewova-sama" fè referans nan Ezekyèl 48:35?

- Ki eritaj Bondye genyen pou nou?

Konklizyon

Objektif Bondye se retabli lavi nou nan konsepsyon orijinal li jan nou te kreye a. Travay sa a kòmanse ak rekonsilyasyon nou avèk li atravè redanmsyon nan Kris la. Lè nou rekonsilye avèk li, nou kapab gen yon zanmitay ak Sila a ki se sous lavi a. Lavi Bondye sa a nan nou eksprime atravè konpòtman sen ki karakterize pa manifestasyon lanmou Bondye a pou lòt moun. Ansanm ak jwisans sentete li a, Bondye ban nou eritaj li a ki pap janm fini an ki se prezans Sentespri a, se sa ki pi gwo garanti a (Efezyen 1:14).

Dlo fre!

Josué Villatoro (Meksik)

Pasaj biblik pou etid: Ezekyèl 47:1-12

Vèsè pou aprann: "Sou de bò larivyè a, tout kalite pyebwa pral pouse pou bay fwi pou moun manje. Fèy yo p'ap janm fennen, yo p'ap janm sispann donnen. Y'ap bay yon donn chak mwa, paske dlo k'ap koule soti nan Tanp lan pral wouze yo. Pyebwa yo pral bay fwi pou moun manje. Fèy yo ap sèvi renmèd" Ezekyèl 47:12.

Objektif leson an: Konprann enpòtans imaj dlo a nan pasaj biblik la epi aplike nan lavi nou, sa ke Bondye kapab ak vle fè nan nou menm atravè dlo vivan li a.

Entwodiksyon

Mesaj Bondye a toujou gen espwa pou pèp li a. Chapit final yo nan liv pwofèt Ezekyèl la se yon egzanp klè sou sa. Ezekyèl te pwofetize yon pèp ki te sibi yon grav depòtasyon nan ane 586 anvan epòk nou an. Ministè li a te devlope nan mitan moun ki te ann egzil yo, anpil moun ki te oblije kite kay yo anba presyon; ke yo te fini ak tout fason ke yo te konn mennen lavi yo; konsa, anpil moun te separe ak fanmi yo; ke yo te wè rèv yo ak ilizyon bloke epi yo te soufri maladi nan mitan emigrasyon an; lavi yo te manke espwa, e yo te antoure pa doulè, esklavaj, soufrans ak veksasyon.

Fas avèk yon pèp ki t ap viv dispèse, apeprè nan ane 574 anvan epòk nou an, sa vle di 12 ane apre gwo ekzil la, pwofèt Ezekyèl te resevwa yon vizyon pwofetik nan men Bondye ki kòmanse nan chapit 40 lan. Ladan li, Seyè a montre pwofèt la kijan tanp ki konstwi a pral ye; menm tanp ki te piye ak detwi pa Babilonyen yo pandan syèj Jerizalèm nan. Langaj yo itilize nan revelasyon an senbolik; epi atravè li menm, Bondye vle kominike pèp li a restorasyon ki pral reyalize nan yon tan ki pap twò lwen. Seyè a anvi fè pitit li yo konnen li pa bliye yo; ke, menm jan ak tanp lan, lavi yo pral leve epi rebati gras a pouvwa Bondye, epi gras ak lanmou Bondye a.

Nan mitan vizyon sa a, ki gen ladann li mezi fizik ak karakteristik konstriksyon tanp sa a (Chap.40-42), osi byen ke lwa kilt yo, prèt yo, ofrann yo ak sakrifis yo (Chap. 43 -46), genyen yon seksyon espesyal ki parèt. Déjà, li pat montre kijan tanp la te ye andedan li, ni sa ki pral rive anndan l; men li pale de sa ki soti nan tanp lan, de yon efè diven ki fè pati restorasyon Bondye a, de yon aksyon lanmou bò kote I, ki pral non sèlman gen yon efè sou tanp lan, men tou sou moun ki toupre li yo. , e menm, nan tout limanite. Nan pwochen pwen, nou pral analize kisa sa ki mansyone pi wo a genyen ladan li.

I. Dlo ki soti nan Bondye a (Ezekyèl 47:1)

Nan kòmansman chapit 47 la, pwofèt la te dekri bagay sa a yo "Apre sa, nonm lan mennen m' tounen devan pòtay pou antre nan Tanp lan. Mwen wè yon dlo k'ap soti anba papòt kay la, li t'ap koule nan direksyon solèy leve. Se nan direksyon sa a pòtay Tanp lan te bay tou. Dlo a t'ap koule desann soti anba fondasyon ki sou bò sid Tanp lan, li pase adwat sou bò sid lotèl la" (v.1 VBJ). Nan premye pozisyon, nou kapab remake ke dlo sa a, ke nou pral jwenn pita tounen yon rivyè, li koule soti nan menm tanp lan.

Yon rivyè kapab pran dlo nan plizyè lòt rivyè, basen yo, akwifè, elatriye, ki pi piti pase li. Sèl sous kote dlo kapab koule pou fòme yon rivyè, san yo pa bezwen lòt sous idwolojik ki pou nou alimante li, se yon sous anjeneral yo jwenn nan yon mòn. Sa a se te yon mesaj trè enpòtan pou pèp jwif ann egzil la; epi se yon bèl senbolis pou nou jodi a: prezans Bondye sifi pou bay lavi.

Dlo a soti dirèkteman nan tanp lan; nan kay Seyè a menm; nan plenitid konplè Bondye a. Pèp yo te chwazi yo pa t ap bezwen lòt bondye, lòt bagay, oswa lòt moun pou yo retabli. Bondye li menm te plis pase ase pou fè pèp li a leve soti vivan, epi fè yo tounen nan lavi. Se toujou menm bagay la jodi a, nou pa bezwen anyen ni okenn lòt moun. Bondye se tout sa nou gen bezwen pou nou jwi abondans, redanmsyon, padon, ak lavi ki pap janm fini an.

Yon lòt bò, imaj ke pwofèt la itilize a se dlo a. Se dlo sa a ki pral objè etid nou nan klas sa a. Sa a se yon senbòl trè pwisan nan lavi, benediksyon ak pwosperite. Bib la pral montre nou, nan diferan pasaj, enpòtans dlo a pou kreyasyon, lavi, sante ak lavi abondan an nan objektif Bondye. Ann wè kèk ka:

1. Nan Jaden Edenn nan, yo te mete yon gwo rivyè pou bay jaden an fètilite (Jenèz 2:10-14).

2. Premye sòm nan konpare moun ki obeyi Bondye ak yon pye bwa ki plante bò kannal dlo (Sòm 1:3).

3. Pwofesi Ezayi a konsènan restorasyon pèp Bondye a gen ladan l vide dlo sou tè sèk la (Ezayi 44:3-4).

4. Pwofèt Joyèl, k ap pale de delivrans Jida a, te sèvi ak imaj rivyè yo (Joyèl 3:18).

5. Pwofèt Zakari te pale konsènan Jou Seyè a, kote ke pral genyen anpil dlo vivan ki pral koule (Zak 14:8).

6. Anfen, Jezi ki se Kris la te pale de "rivyè dlo vivan an" pou ofri yon ansèyman espirityèl (Jan 7:37-39).

Nou ka konkli ke, nan langaj biblik la, dlo a se yon senbòl lavi, benediksyon, gerizon, pwosperite ak lavi ki pap janm fini an. Konpreyansyon sa a ap ede nou entèprete yon fason optimal mesaj pwofetik Bondye te bay pèp li a nan devlopman etid chapit sa a. Ann wè ki karakteristik dlo sa a.

Kesyon:

- Nan tout egzanp ak ka biblik kote dlo yo mansyone, kiyès ki sanble pi enpòtan pou ou? Pou kisa?

- Ki sa sa vle di pou lavi kretyèn ou ke rivyè gerizon an soti anba pòt tanp lan, epi li pa soti nan lòt rivyè?

II. Dlo ki envite nou vin mache ladan l lan (Ezekyèl 47:3-5)

Apre li fin dekri orijin dlo a, pwofèt la rakonte premye rankont li avèk li. Yon nonm, ke yo konprann se yon zanj Bondye, oswa Bondye li menm, ki t ap mezire distans ant pwofondè dlo a, nan segman senksan mèt (VBJ). Sou premye apwòch li, dlo a te rive jiska je pye pwofèt la (v.3 VBJ); senksan mèt pita, li te jiska jenou l (v.4a VBJ; senksan mèt pita, jiska ren li (v.4b NIV). Finalman, apre yon lòt senksan mèt, kouran an te vin tounen yon rivyè ke okenn moun pa t'ap kapab travèse. Li te tèlman grandi ke li te kapab sèlman travèse atravè najwa (v.5 VBJ).

Sa a se youn nan pi bèl envitasyon nou ka jwenn nan vizyon pwofetik Ezekyèl la. Non sèlman gen yon sous dlo ki soti nan prezans Bondye menm, epi ki gen yon gwo siyifikasyon pwosperite, abondans ak benediksyon pou nou; men Bondye li menm envite nou mache nan dlo sa yo. Envitasyon Seyè a te trè klè pou Ezekyèl; epi pou nou menm jounen jodi a se: ale pi fon ak pi fon toujou.

Bondye t ap dirije pwofèt Ezekyèl, li t ap dirije l byen, li t ap fè l suiv li; pou ke kò li vin pi byen plonje nan dlo diven sa a. Talon yo, jenou yo, ren yo epi, alafen, tout li menm te benyen nan yon basen dlo ki te soti nan tanp Bondye a. Sa a ta kapab yon imaj twoublan pou kèk moun, espesyalman pou moun ki te konnen yon gwo larivyè Lefrat, oswa ki te gen eksperyans negatif nan rivyè ki trè pwofon yo.

Yon moun ta kapab panse ke li t'ap pi bon si yo ta rete nan dlo a jiska talon yo, oubyen menm jiska jenou yo; men ale pi lwen an ta kapab danjere. Sepandan, nou dwe sonje orijin kò dlo sa a: dlo sa a soti nan prezans Bondye menm; epi moun ki envite nou antre ladan li a se Seyè a li menm. Dlo sa a pa kapab danjere; pwofondè pa gen entansyon koule oswa nwaye nou. Menm si li rive kouvri tèt nou, sa pap fè nou mal nan okenn fason; okontrè, kouvèti sa a vle geri nou, fòtifye nou, nouri nou epi ban nou lavi ki pap janm fini an. Bondye, se moun ki envite nou antre, li ankouraje nou pou ke nou antre nan pwofondè li epi pi fon nan konesans nou sou Li. Imaj sa a se yon bèl metafò pou pale sou pwogrè nou nan lavi kretyèn nan: nan kòmansman, nou konnen ti kras sou Bondye, nou konnen yon bagay sou Bib la, nou konprann yon pati nan doktrin kretyèn nan, epi nou te gen anpil relasyon ak Kreyatè nou an; sepandan, an mezi ke tan ap pase, plis nou pwoche bò kote li, se plis fwa nou resevwa envitasyon nan men Bondye li menm pou ale pi fon ak pi fon toujou.

Nan pwen sa a, gen yon bagay enpòtan pou nou sonje: se Bondye ki enterese avèk nou; epi li mennen nou gras a favè li a pou nou konnen li pi plis toujou. Se pa ke nou trè bon oswa trè anfòm pou ale kote Seyè a; men se li menm ki ouvri chemen an pou nou, epi ki ban nou kapasite pou nou plonje nan rivyè li a. Li fè premye etap la, li chèche nou, li envite nou, li fòme nou. Pawòl Douglas Steere, nan zèv li a Lapriyè ak Adorasyon, epi Richard Foster rekipere nan koleksyon Classic Devotionals yo, raple nou ke "anvan nou kòmanse priye, nou kapab konnen ke lanmou Bondye a, ki enterese aktivman nan reveye chak lavi epi mennen l nan vrè sant li yo, deja tou dousman touche rivaj lavi sa a. Nan okenn fason se nou menm ki fè li" (Foster, Richard. Classic Devotionals. Etazini: Editoryal Mundo Hispano, 2004, p.105).

Koute envitasyon Seyè a, aksepte l epi suiv li, pou w al pi fon ak pi fon nan konesans Seyè a. Priye plis; fè plis jèn; li Pawòl Bondye a pi plis; ale nan sèvis legliz la pi plis; chèche plis mwayen lagras. Pa dakò pou ke rivyè Bondye a rive nan talon pye ou sèlman oubyen jenou ou; ale tèlman fon ke naje a nesesè, pou ke w kapab inonde totalman ak gras Seyè a.

Kesyon:

- Nan ki pwen relasyon w genyen ak Bondye jodi a ye menm? Èske ou plonje jiska "talon", "jenou", "ren", oswa èske ou deja antre "tout kò" ou?

- Dapre eksperyans ou, pou kisa gen moun ki pa deside antre pi fon nan relasyon yo ak Bondye? ki konsekans atitid sa a kapab pote?

III. Dlo ki bay lavi a (Ezekyèl 47:7-10)

Imaj sa a plen ak lavi. Premye bagay pwofèt la te mansyone se ke bò larivyè Lefrat la te plen pye bwa (v.7).

Depi nan kòmansman an, deskripsyon sa a pale nou de yon bèl peyizaj, ki byen vèt, yon jaden flè k'ap debòde, sa diy de yon foto an wo kalite; yon kote ki kapab fè nou sonje Jaden Edenn nan. Men, detay sa a pa sispann la, paske dlo sa a pa sèlman te bay lavi nan anviwònman natif natal li; men li t ap tou bay lòt rejyon yo lavi. Vèsè sa a genyen Pawòl Bondye sa a:"Li di m' konsa: -Dlo sa a ap koule desann, l'ap travèse pòsyon tè ki bay sou solèy leve a, jouk li rive nan Fon Jouden an pou l' tonbe nan Lanmè Mouri a. Lè l'a tonbe nan Lanmè mouri a, l'ap fè dlo sale a tounen dlo dous " (v.8 VBJ).

Yon ti kras jewografi pral ede nou konprann sa a: Araba a se yon depresyon jewolojik ki nich nan Azi Minè, ki karakterize paske li te konplètman dezè, ki genyen yon vye ti kras moun k'ap viv ladan li jiska jodi a, epi ki gen tè yo ki pa twò bay manje; se tèlman vrè ke nan tèks biblik la, yo rele l "Fon Sèl", selon sa ke nou kapab li nan 2 Samyèl 8:13: "Non David te nan bouch tout moun pi rèd toujou, lè li te fin touye dizwitmil (18.000) moun peyi Edon nan fon Sèl la"; 2 Wa 14:7:"Amasya te touye dimil (10.000) sòlda peyi Edon nan fon Sale a. Li goumen jouk li pran lavil Sela. Li rele l' Jokteyèl, non ki rete pou li jouk jounen jòdi a". Nan anklav sa a, gen Lanmè Mouri a, yon gwo lak natirèl ki pote non sa akoz de gwo konsantrasyon sèl ki genyen nan dlo li yo, yon reyalite ki vle di ke lavi pa kapab devlope ladan li, epi li pa gen kondisyon pou lapèch, oswa ki kapab itilize pou nenpòt lòt aktivite pou benefis moun. Sepandan, Bondye te pwomèt pou l bay tout rejyon sa a lavi; gwo larivyè Lefrat la soti nan prezans Bondye ki pral desann nan lanmè sa a, epi li pral ranpli li ak lavi. Se konsa, menm pwomès Seyè a ki te menm rive fè konprann ke pral gen "pwason an abondans" (v.9 VBJ); epi li pa rete la, men "pwason yo pral anpil ak varye tankou nan lanmè Mediterane a" (v.10 VBJ).

Tout sa yo se deklarasyon espwa nan Bondye. Dlo ki soti nan tanp lan pral kapab pote lavi, abondans ak pwosperite nan yon rejyon ki istorikman te arid, dezè ak initil pou lapèch ak komès. Siman moun ki te resevwa pwofesi orijinal sa a yo te sezi tande li. Ki jan li ta posib ke nan Lanmè Araba a (lanmè Mouri a) ta ka gen anpil lavi menm jan ak nan gwo lanmè a (Mediterane)? Ki jan Bondye t ap kapab retabli yon kote ki te prèske mouri? Se menm bagay la ke Bondye te pwomèt pou l fè ak pèp li a: fè yo leve soti vivan, retabli yo, fè yo soti ann ekzil yo epi mennen yo tounen lakay yo.

Epi se egzakteman sa Bondye vle fè avèk nou: fè nou soti nan peche nou yo; li delivre nou anba move fason n ap viv; li mennen nou soti nan lanmò pou ban nou lavi; epi fè limyè lavi a klere kè arid nou ki di anpil atravè Jezi ki se Kris la.

Kesyon:
- Dapre deskripsyon rejyon Araba a. Ki jan nou kapab dekri lavi yon moun ki nan kondisyon sa a?

- Èske w konnen nenpòt temwayaj sou fason yon moun te retounen nan lavi apre li te gen yon relasyon pèsonèl ak Jezi antanke Kris la? Pataje li.

IV. Dlo ki restore a (Ezekyèl 47:11-12)

Dènye vèsè pati vizyon sa a nan Ezekyèl la montre nou byenfè rivyè sa a. Li enteresan pou nou wè ki jan vèsè sa a sanble ak vizyon final apot Jan an (Revelasyon 22:1-2). Nan tou de pasaj yo, yo mansyone yon rivyè ki gen karakteristik ki sanble anpil:

1. Se yon rivyè ki soti nan prezans Bondye (Ezekyèl 47:1; Revelasyon 22:1).

2. Ak pye bwa sou tou de bò yo (Ezekyèl 47:12; Revelasyon 22:2).

3. Bay fwi chak sezon (Ezekyèl 47:12; Revelasyon 22:2).

4. Fèy pye bwa a se medsin (Ezekyèl 47:12; Revelasyon 22:2).

Sa a se yon mesaj ki gen anpil enpòtans pou nou. Pwofesi Bondye te bay pèp li a atravè pwofèt Ezekyèl la se menm pwomès la ke Bondye fè nou an, epi sa pral akonpli konplètman nan Dezyèm Vini Seyè a.

Nan de ka yo, nou gen yon mesaj eskatolojik: pwofèt Ezekyèl te prezante yon eskatoloji ki te deja akonpli, lè pèp Bondye a te tounen lavil Jerizalèm, epi li te rebati tanp lan ak lavil la; men genyen tou yon eskatoloji ki pa rive vre, ki pral wè akonplisman total li nan yon tan k ap vini, lè Kris la vini pou legliz li a. Atravè imaj sa a, Bondye vle fè nou tounen nan rivyè orijinal la ki te nan Edenn lan, yon rivyè ki byen pwòp, li tankou kristal, ak pye bwa benediksyon ki te sèvi pou bay manje. Sa vle di, mesaj nan Jenèz la, Ezekyèl ak Revelasyon an se menm bagay la: Bondye vle restore imaj orijinal li a nan nou; imaj sa a ki te kòwonpi akoz de peche, men ki kapab rekonstitye pa Bondye menm, atravè Jezi ki se kris la, avèk èd Lespri Sen an nan nou.

Kesyon:
- Kilès nan kat karakteristik rivyè a ki mansyone nan Ezekyèl 47 ak Revelasyon 22, ki gen plis espwa pou ou? Poukisa?

- Ki sa ekspresyon "Bondye vle restore imaj orijinal li nan nou" vle di pou ou?

Konklizyon

Mesaj pwofetik Ezekyèl la te fre anpil pou yo pèp yo te fè prizonye; li te ba li espwa pou lavni; epi li te pèmèt li gen konfyans nan Bondye ankò. Nan menm fason an, se pou kè nou ranpli ak lajwa ak lafwa nan Bondye pou tan ki gen pou vini an, konnen ke dlo li yo disponib pou nou epi nou kapab plonje ladan yo, pou ke nou kapab resevwa gerizon, restorasyon ak lavi ki pap janm fini an.

www.ingramcontent.com/pod-product-compliance
Lightning Source LLC
LaVergne TN
LVHW061335060426
835511LV00014B/1930

9 781635 803082